Frank Goldammer

In Zeiten des Verbrechens

Frank Goldammer

In Zeiten des Verbrechens

Kriminalroman

dtv

Von Frank Goldammer
sind bei dtv u. a. erschienen:
Die Max-Heller-Reihe:
Der Angstmann
Tausend Teufel
Vergessene Seelen
Roter Rabe
Juni 53
Verlorene Engel
Feind des Volkes
In Zeiten des Verbrechens

Die Gustav-Heller-Reihe:
Tod auf der Elbe
Haus der Geister

MIX
Papier | Fördert gute Waldnutzung
FSC® C083411
FSC www.fsc.org

Originalausgabe 2023
2. Auflage 2025

Tumblingerstraße 21, 80337 München
produktsicherheit@dtv.de
Umschlaggestaltung: Isabelle Hirtz
Umschlagmotive: © CollaborationJS / Trevillion Images;
shutterstock.com / © Demianastur und slavcic
Satz: Greiner & Reichel, Köln
Gesetzt aus der Palatino 9,5/13,8˙
Druck und Bindung: CPI books GmbH, Leck
Printed in Germany · ISBN 978-3-423-26364-1

Prolog

Durch knietiefen Schlamm watete er vorbei am Wachposten, der auf einem hölzernen Absatz stand und durchs Periskop blickte. Es hatte aufgehört zu regnen, doch jeder ahnte, dass es nur eine kleine Verschnaufpause war. Der Himmel war grau, es regnete seit Tagen fast ununterbrochen. Nach der nächsten Biegung sprang er über eine scheinbar harmlose Pfütze. Er wusste, dass er bis zum Bauch darin verschwinden würde. Weiter hinten schaufelten zwei Kameraden, bewacht von einem Leutnant, Schlamm zur Seite. Die Grabenwand war eingestürzt, und die Männer versuchten sie zu begradigen und mit einem Lattengestell zu stützen. Doch der weiche Erdboden sackte immer wieder nach. Er salutierte dem Leutnant, der mit verdrossener Miene den Gruß erwiderte, und schob sich an ihm vorbei. Der Offizier war genauso nass, verdreckt, unterkühlt und hungrig wie alle anderen. Einer von den Guten.

Über allem lag das stetige Donnern der feindlichen Kanonen. Seit sechs Tagen ging das so. Stunde um Stunde bestrichen sie die gesamte Front mit Granatfeuer. Tausende, Hunderttausende Granaten, als kämen sie aus einer niemals versiegenden Quelle. Keiner wollte es eingestehen, doch das andauernde Gehämmer, das Pfeifen, das Zerbersten, der Schlamm, der tonnenweise aufgeworfen wurde und wieder zu Boden klatschte – das alles riss an den Nerven, machte die Männer mürbe. Alle dachten sie, mach doch, Franzos', greif doch endlich an, denn das war es, worauf es schließlich hinauslaufen musste. Der Feind schoss und schoss und schoss, versuchte sie verrückt zu machen, versuchte ihre Kraft zu brechen. Noch schlimmer als das Feuern jedoch war der kurze Moment der Ruhe, nachdem eine Granate explodiert war, wenn sie aus gerade noch lebendigen Leibern, schlagenden Herzen und denkenden Hirnen einen Haufen zerfetzten Fleisches gemacht hatte.

Er lief weiter in Richtung seines Unterstandes, um dem Unteroffizier die Meldung zu bringen, die man ihm im Gefechtsstand übergeben hatte. Der Regen setzte erneut ein. Ganz plötzlich goss es aus heiterem Himmel, als schütte der liebe Gott Kannen aus. Seine Stiefel versackten im Schlamm, saugten sich darin fest, und auf den nächsten zwanzig Metern musste er sich ducken. Hier war der Graben nicht besonders tief. Immer wieder gab es Unvorsichtige, denen ein französischer Scharfschütze ein Loch in den Kopf schoss. Ein lautes Pfeifen kündigte eine Granate an, und er warf sich zu Boden. Das Geschoss schlug keine zehn Meter neben dem Graben ein, warf Gras und Erde auf, ließ die feuchten schweren Klumpen auf ihn niederprasseln. Er stand langsam wieder auf, war völlig durchnässt und von oben bis unten mit Schlamm bedeckt. Er hatte nichts zum Wechseln, konnte nur hoffen, dass ihm etwas Zeit bleiben würde, um sich an dem selbst gebauten kleinen Ofen in ihrem Unterschlupf ein wenig zu wärmen, bevor er auf Wache gehen musste.

Endlich sah er den Eingang, ein Loch, nur gebückt zu betreten. Jemand kam heraus und lachte, als er ihn sah. So voller Schlamm, ganz und gar rotbraun, musste er einen erbärmlichen Anblick abgeben. Er tauchte in den Unterschlupf ein. Der Raum war gerade so groß wie eine gute Stube, niedrig wie ein Bergwerksstollen und mit einem Dutzend Männern besetzt. Der Unteroffizier saß an einem hölzernen Tisch, auf dem eine Petroleumleuchte stand.

»Melde gehorsamst …«, begann er, als das gellende Kreischen einer Granate heranraste.

»Deckung!«, brüllte der Unteroffizier.

Schmerz brachte ihn wieder zu Bewusstsein. Erbarmungsloser Schmerz, ein höllisches Feuerschwert, das in seinem Fuß steckte. Er wollte schreien. Doch er konnte nicht. Weder bekam er Luft, noch konnte er seinen Mund bewegen. Nichts konnte er bewegen. Er sah nichts, hörte nichts, fühlte nur den Schmerz.

Und das Gewicht, das ihn niederpresste, das es ihm unmöglich machte, sich zu rühren. Es drückte ihn in den weichen Boden, und er merkte, wie er langsam versank. Kalter Schlamm stieg an ihm auf, durchnässte seinen Rücken, seinen Unterleib, stieg ihm bis zum Hals. Er konnte nichts tun, war begraben unter einer Tonnenlast, schmeckte Schlamm und Blut und fühlte, wie das brackige Wasser immer weiter stieg, Millimeter um Millimeter, schon fühlte er es in seine Ohren laufen. Er wollte schreien, wollte sich bewegen, wollte dagegen ankämpfen, glaubte etwas zu hören, wollte rufen, helft, helft, und die Angst, sie könnten gehen, ihn übersehen, und er müsste ersticken und ertrinken unter dieser Last aus Leibern, Schlamm und Holz, steigerte sich zu blinder Panik. Er schnappte nach Luft, schluckte blutigen Schlamm, wollte sich befreien. Doch er war gefangen, als hätte man ihn in Beton gegossen, eingeschlossen in eine tiefe Gruft, in der niemand ihn jemals finden würde, verschwunden, ausgelöscht, als hätte es ihn nie gegeben.

1917

Die Bremsen quietschten laut und schrill, als der Zug in den Bahnhof einfuhr. Mit einem letzten heftigen Ruck kam er zum Stehen. Max Heller musste einen kleinen Schritt zur Seite machen, um nicht zu fallen. Ihm war in den letzten zwei Stunden der Fahrt kein Sitzplatz beschieden gewesen, und so hatte er sich an die Tür gestellt, um wenigstens aus dem Fenster sehen zu können. Nun stand er dort und musste sich gegen das Drängen der anderen Fahrgäste wehren, die aussteigen wollten.

»Jetzt machen Sie doch mal«, beschwerte sich jemand.

»Steht da und hält Maulaffen feil«, meckerte ein anderer.

Ein Mann, der eine Melone trug, griff an Heller vorbei und entriegelte die Tür. »Hast es wohl geschafft?«, fragte er.

Heller nickte wortlos.

»Meine Jungen sind noch dort. Einer im Westen, einer im Osten, aber bei den Russen ist ja nun Revolution, schreiben die Zeitungen. Vielleicht geben sie ja den Krieg auf«, fuhr der Mann fort. Dann rief er nach hinten: »Nu drängeln Sie mal nicht so! Sie sehen doch, der ist Invalide!«

»Was heißt denn Invalide, da ist doch alles noch dran!«, beschwerte sich eine Frau.

»Lassen Sie sich mal nicht beirren.« Der Mann klopfte Heller väterlich auf die Schulter. »Was weiß die schon?«

Max Heller war mittlerweile die zwei Stufen hinabgeklettert und trat auf den Bahnsteig. Sein rechter Fuß schmerzte bei jedem Schritt. Dagegen konnte auch das Schienengestell, das man ihm als Stütze konstruiert hatte, nichts ausrichten.

Eine Weile lang sah er dem Treiben zu, den Pappkoffer mit seinen wenigen Habseligkeiten in der Hand. Er nahm kaum wahr, was geschah, so unwirklich erschien ihm alles.

Auch im Krieg reiste man also, dachte er. Doch das hier waren keine Ausflügler und Urlauber. Keiner von ihnen fuhr zum Vergnügen. Neben den Geschäftsreisenden sah er vor allem Menschen mit vollen Taschen und Rucksäcken, die wohl auf dem Land Kartoffeln und Mehl erstanden hatten. An der Treppe riefen Gepäckträger, boten ihre Dienste an, doch in diesen Zeiten trug jeder seine Sachen selbst. Es war Nachmittag, und in den Mienen der Leute las er, dass dieser Tag ihnen noch nicht viel eingebracht hatte.

»Nun mal runter vom Bahnsteig!«, mahnte ihn ein Schaffner gar nicht unfreundlich, nachdem der größte Teil der Reisenden an ihm vorbeigeströmt war. »Ohne Bahnsteigkarte kannst du hier nicht bleiben. Wenn du eine Bleibe suchst, im Foyer stehen welche von der Heilsarmee.«

»Danke, nein«, erwiderte Heller und machte sich langsam auf den Weg. Er fühlte sich ein bisschen dösig vor Hunger; den letzten Teil seiner Ration hatte er schon längst verzehrt. Am Leipziger Bahnhof hatte er sich nichts zum Mittagessen gekauft. Da er nicht wusste, ob ihm der nächste Sold gleich ausgezahlt werden würde, wollte er mit seinen letzten Groschen sparsam umgehen. Er wusste nicht mal, ob sich die Soldstelle noch immer am selben Ort befand. Und mit seinem Fuß kam ihm der Weg dahin jetzt auch viel zu weit vor. Zu viel hatte er erlebt mit dieser Armee. Vorerst aber hatte er nur ein Ziel.

Das Treiben vor dem Hauptbahnhof war ihm für einen Moment zu viel. Die Sonne schien frühlingshaft hell, doch die Luft war noch eisig. Er fühlte sich wie erschlagen. Wie konnte es sein, dass an einem Ort der Welt Schmerz, Leid und Tod herrschten, ewiger Kanonendonner, ständiger Hunger und

Schmutz, und nur wenige Tagesreisen entfernt das Leben scheinbar seinen gewohnten Gang ging?

Eine Straßenbahnglocke schrillte, eine Autodroschke hupte. Zeitungsjungen priesen heiser schreiend die letzten Exemplare der Morgenausgaben an. Von einem hölzernen Turm auf der Kreuzung zum Wiener Platz gellte die Trillerpfeife eines Verkehrspolizisten. Links davon scherten die Pferde eines Lastkarrens aus, und der Kutscher hatte alle Mühe, sie zu zügeln. Passanten wichen aus.

»Vorsehen!«, rief ein Fahrradfahrer, als Heller vortreten wollte, und umkurvte ihn schlingernd.

Eine Frau mit kräftiger Statur fuchtelte dem Mann mit ihrem Regenschirm hinterher. »Auf dem Gehsteig haben Sie nicht zu fahren!«

Der Radfahrer lachte nur und schoss davon.

Die Frau wandte sich an Heller: »Sie sind wohl neu hier?«

Heller antwortete nicht, sondern fragte stattdessen: »Sagen Sie, die Bahnlinien stimmen noch?«

»Ja, warum denn nicht?«, wunderte sich die Frau. Dann sah sie seinen Fuß. »Sie kommen wohl vom Krieg. Es heißt ja, er wäre bald gewonnen.« Sie beugte sich verschwörerisch näher. »Ist das wahr?«

»So scheint es wohl«, erwiderte Heller.

Nur halb zufrieden hob die Frau das Kinn. Gern hätte Heller ihr gesagt, dass es ganz und gar nicht schien, als sei irgendetwas gewonnen. Doch er hatte noch keine richtigen Worte dafür gefunden. Er wollte nun erst einmal nach Hause zu seinen Eltern. Viel zu lange schon hatte er keine Gelegenheit gehabt, ihnen zu schreiben.

Viele Monate waren ihm im Lazarett verloren gegangen. Monate voller unsäglicher Schmerzen und Fieber, das nicht enden wollte. Immer wieder hatte man das Lazarett verlegen müssen, und jedes Mal war etwas von seinen Dingen abhandengekommen. Die Briefe, die seine Mutter ihm gewiss geschrieben haben musste, hatten ihn dort nie erreicht.

Es schien ihm eine Ewigkeit her zu sein, dass er den Feldscher angefleht hatte, ihm den Fuß zu lassen. Die Säge ratschte den ganzen Tag, und oft reichte die Zeit nicht, sie noch vom Blut des Vorgängers zu befreien. Oft genug verlängerte die Arbeit der Feldchirurgen und Ärzte das Leiden ihrer Patienten nur noch um wenige Stunden. Sie schienen längst nicht mehr zu sehen, dass es Menschen waren, die unter ihren Händen zuckten. Heller wusste nicht, warum der Chirurg seinem Flehen nachgegeben hatte. War er zu müde gewesen? Hatte er eine Sekunde lang Mitgefühl verspürt? War es ihm vielleicht völlig egal gewesen? Was auch immer es war, Heller wusste nicht, ob er ihm dafür dankbar sein sollte.

»Träumen Sie nicht in den Tag!«, fuhr ihn jemand an.

Heller drehte sich um. Der Tonfall hatte ihn schlagartig aus seinen Gedanken gerissen. Er war niemand, der sich etwas gefallen ließ, früher nicht und jetzt erst recht. Mochte sein Fuß auch kaputt sein, die Fäuste waren noch heil. Dann sah er, dass er einem Offizier der Reserve in piekfeiner Uniform gegenüberstand, kaum älter als er selbst. Er salutierte.

»Herr Oberleutnant!« Hellers Zorn flaute schnell ab. Männer wieder dieser endeten zu Tausenden in Schlamm und Blut. Und auch den hier würde es noch treffen. So schnell ging der Krieg nicht zu Ende, es würde noch der letzte Reservist gebraucht.

»Na also. Wo haben Sie sich zu melden?«

Heller nestelte seine Papiere aus der verblichenen Uniformjacke. »Bei der Soldstelle, Zeit hab ich bis Ende des Monats, Herr Oberleutnant. Den letzten Sold beziehen. Gelte als ausgemustert!«

Der Offizier prüfte Hellers Papiere. Er suchte wohl nach irgendeinem Anlass, sich noch ein wenig aufzuspielen. Doch er fand keinen. Die Stempel in den Papieren anzuzweifeln, hieße das Reich anzuzweifeln, den Kaiser höchstselbst und alles, was man ihm eingetrichtert hatte. Er gab die Papiere zurück. »Wie dem auch sei.« Er salutierte knapp und entließ Heller.

Dieser nahm nun den Koffer, den man ihm gegeben hatte, nachdem sein Tornister abhandengekommen war. In der abgenutzten, ausgeblichenen Uniform, die er bekommen hatte, weil seine ganze Habe verloren gegangen war, kam er sich gar nicht mehr wie ein Soldat vor. Mehr wie ein Landstreicher. Nichts war geblieben von dem Glanz und der Euphorie, mit der sie ausgerückt waren. Weder äußerlich noch innen. In ihm schien es nur noch Leere zu geben. All die Namen und Gesichter der letzten fast drei Jahre verschwammen zu einer grauen Masse. Keiner von ihnen mehr am Leben. Kein Freund, kein Kamerad, vier Leutnants zerstäubt, die guten wie die schlechten. Eine Granate machte keinen Unterschied.

Er lief auf die Haltestelle der Elektrischen zu. Niemand beachtete ihn mehr. Von irgendwo wehte der Geruch von Essen herüber und weckte seinen unterdrückten Hunger wieder, doch das konnte er aushalten. Er hatte viel Schlimmeres durchgestanden.

Die Straßenbahn kam. Noch bevor sie hielt, sprangen einige ab. Heller wartete, ließ andere Fahrgäste vor, griff dann nach der Haltestange, stieg mit dem linken Fuß hoch, zog den rechten nur nach.

»Bis nach dem Neustädter«, sagte Heller dem Schaffner und hielt ihm einen Groschen hin.

Der Mann nickte, reichte Heller ein Billet, schob sanft die Hand mit der Münze beiseite. »Ist gut so, Kamerad«, zwinkerte er ihm zu. Heller war zu verblüfft, um etwas zu erwidern. Er setzte sich auf einen freien Platz recht weit hinten, den Koffer nahm er auf den Schoß.

Fast drei Jahre war es her, dass er sich freiwillig zum Kriegsdienst gemeldet hatte. Die ekelhaften Erniedrigungen vor der Musterungskommission kamen ihm in den Sinn, wo sie ihm und Hunderten anderen ins Maul geschaut hatten wie einem Gaul, wo sie sich hatten bücken müssen, die Pobacken spreizen, den Schwanz vorzeigen. Keiner hatte sich beschwert, denn so musste es sein. Das wusste jeder, der ein stolzer deutscher Krieger sein wollte. Und das war erst der Anfang gewesen. Unsägliches Exerzieren bestimmte die nächsten Wochen. Marschieren, marschieren, marschieren. Bett machen, auf den Zentimeter genau. Den Boden scheuern, der noch vom Vortag glänzte. Latrine putzen. Gebrüll und Schikane. All das für die Ehre, dem Ruf des Kaisers aufs Schlachtfeld folgen zu dürfen. Keiner, den Heller kannte, gab heute noch irgendetwas darauf. Da drüben im Graben wussten alle, dass sie irgendwann sterben oder zum Krüppel geschossen würden. An den Kaiser und den Sieg glaubte längst niemand mehr.

»Gestatten?«, fragte jemand ganz leise.

Heller sah auf und erhob sich hastig, als eine junge Frau neben ihm Platz nahm. Sie trug einen Korb, hatte Besorgungen erledigt. Nur ein Dienstmädchen in schlichter Kleidung, und doch senkte er den Kopf. Er fühlte sich, als stünde er tief unter ihr. Verstohlen sah er sich um. Sicher war kein anderer Platz mehr frei, sonst hätte sie sich nicht neben ihn gesetzt.

Nein, das ist nicht wahr, mahnte er sich. Sicherlich gab es noch andere Plätze. Heller sah wieder auf, sah sie von der Seite an, ganz kurz nur. Wie sie roch. So sauber, nach Seife und frischer Wäsche. So lang war er keiner Frau nahe gewesen, nicht wirklich nahe. Die Schwestern im Lazarett hatten immer kühle Distanz gewahrt, hatten sich abgeschottet von dem körperlichen und seelischen Elend um sie herum. Nur von einigen erzählte man sich, dass sie tief in der Nacht manchmal denjenigen Erleichterung verschafften, die keine Arme oder Hände mehr hatten.

Noch einmal wagte Heller einen Blick. Das Dienstmädchen senkte den Kopf und unterdrückte ein Lächeln.

Nein, sagte er sich, dafür würde noch die richtige Zeit kommen. Wie mochte er ihr erscheinen, in seiner Uniform, die an seinem Leib schlackerte? Er hatte abgenommen, war nur noch ein Schatten seiner selbst. Ausgezehrt von Hunger und Fieber, vom Kampf gegen die Entzündung, die ihn fast umgebracht hätte. Aber der Mann im Zug hatte recht gehabt. Was wussten sie schon, die anderen? Er musste sich nicht kleinmachen. Er musste sich nicht schämen, er hatte seinen Teil getan. Er trug seine Last. Und doch, wenn er in den Gesichtern der Fahrgäste las, glaubte er Widerwillen, Abscheu und Skepsis zu sehen. »Wie dem auch sei«, hatte der Oberleutnant beim Bahnhof gemeint. »Drückeberger«, hatte er wohl wirklich sagen wollen. Nur ein Stempel hatte ihn davon abgehalten.

Am Wettiner Bahnhof vorbei hatten sie schon die Elbe erreicht. Der Fluss war so anders als der Rhein, den er einmal überquert hatte, voller Abenteuerlust und Tatendrang, jung und gesund. Und später dann ein zweites Mal als Krüppel, ausgebrannt, jeder Illusion beraubt. Dies hier war sein Fluss, an diesen Ufern war er aufgewachsen. Doch wenn er geglaubt hatte, hier würde es besser werden, dann hatte er sich getäuscht. Das Gefühl, in einem Traum zu sein, verstärkte sich sogar noch. Die Angst, bald zu erwachen, auf der harten Pritsche des provisorischen Sanatoriums, noch in Hörweite der Artillerie, war übermächtig.

Er sah aus dem Fenster, hoffte, irgendein bekanntes Gesicht auf der Straße zu entdecken. Doch in einer Stadt mit mehr als einer halben Million Einwohnern war das unwahrscheinlich. Er sah den riesigen Speicherbau, noch vor dem Krieg von Erlwein errichtet. Etwas weiter dahinter das Schloss, die Hofkirche. Das Ständehaus, die Sophienkirche. Noch weiter hinten gluckte die Frauenkirche und am anderen Elbufer das Japanische Palais. Alles bekannte Bilder, und doch waren ihm hier alle Leute fremd. Als wären es völlig andere Menschen als jene, die ihn und sein Hundertstes Königliches Grenadierregiment mit Blumen, Blasorchester und Jubelspalier verabschiedet hatten. Hier zeigte niemand Interesse an ihm. Niemand wollte wissen, was er gesehen und erlebt hatte.

Doch sicher urteilte er wieder zu hart. Sie hatten zu tun. Gewiss war alles knapp und rationiert. Gewiss hatten sie alle einen im Felde stehen, Vater, Bruder, Sohn. Und sicherlich kannte inzwischen jeder jemanden, dessen Vater, Bruder oder Sohn dort im Feld geblieben war. Fast musste man sich schon dafür schämen, zurückgekehrt zu sein.

»Schönen Tag wünsche ich noch«, verabschiedete er sich von dem Dienstmädchen, als sein Umsteigepunkt erreicht war. Die junge Frau nickte ihm freundlich zu.

Der Schaffner der Linie 15 nahm seinen Groschen und reichte ihm wortlos die Karte. Immer die Leipziger Straße entlang ging es nun in Richtung der Vorstadt Pieschen. Ein Weg, den er schon Hunderte Male gegangen oder gefahren war. Das Haus, in dem seine Eltern einen Laden und eine Wohnung gemietet hatten, wo er geboren und aufgewachsen war, lag nicht mehr weit entfernt. Wie mochte es ihnen ergangen sein? Was war ihnen widerfahren in den letzten Monaten? Er hatte seinen Kameraden Johann Holzapfel, dem kurz vor seiner Verwundung ein Urlaub genehmigt worden war, gebeten, ihnen einen Gruß zu bestellen. Doch Holzapfel war nie aus seinem Urlaub zurückgekehrt, und Heller befürchtete, dass er es nicht mal bis nach Dresden geschafft hatte. Ein Querschläger, ein verirrter Granateinschlag, ein Jagdflieger, eine Krankheit – es konnte einen überall erwischen. Im Schlaf, beim Essenfassen, auf der Latrine, bei einer Besorgung, auf dem Heimweg.

Wie absurd es war, dass hier alles seinen gewohnten Gang

ging. Heller lachte laut auf und nahm sich sogleich zurück. Doch schon hatten sich ihm ein paar Gesichter zugewandt und musterten ihn.

Die Bahn hatte den ersten Winterhafen passiert, und der zweite kam in Sicht. Bald hieß es aussteigen, und endlich, endlich keimte in ihm etwas. Ein schwaches Gefühl von Freude, ganz vorsichtig noch, denn er wollte die Flamme nicht zu hoch brennen lassen. Vielleicht hatten sie ihm gar keine Briefe mehr geschickt. Schon vor dem Krieg war seine Mutter nie ganz gesund gewesen. Vielleicht war etwas geschehen; sein Vater hätte es nicht übers Herz gebracht, einen Brief mit so tragischem Inhalt an die Front zu schicken.

Schluss. Aus. Still, dummer Kopf, mahnte er sich. Mach dich nicht verrückt, so kurz vor der Heimkehr. So lang hast du ausgehalten, in wenigen Minuten wirst du es wissen. In wenigen Minuten empfängt dich deine Mutter, und alles wird sich aufklären. Dann bist du daheim.

Seinen Fuß würde man behandeln müssen. An Essen würde es nicht mangeln, und die Verkaufslizenzen würden auch in schlimmsten Zeiten eine Versorgung gewährleisten. Er würde sich Arbeit suchen müssen, sicher gab es auch für einen wie ihn etwas zu tun.

Etwas würde sich finden.

Die Bahn hielt, und als Heller mit dem linken Fuß voran vom Trittbrett stieg, sah er endlich das erste bekannte Gesicht. Der alte Sebastian verbrachte sein Leben am Hafen, saß auf Kisten und bettelte, immer eine Flasche unterm Rock. Wenn es einen wie den noch gibt, wenn einer wie der seinen Schnaps bekommt, können die Zeiten nicht so schlimm sein, sprach Heller sich Mut zu. Vermutlich hatte der Alte seine zehn Mark vom Wohlfahrtsamt geholt, sie sogleich im Spirituosenhandel eingelöst und wankte nun wieder zum Pieschner Hafen hinab.

Als Nächstes erkannte Heller die alte Polig, die mit einem Handkarren die Straße entlanglief. Wie immer sprach sie mit sich selbst, und der Eindruck, die Zeit sei hier stehen geblieben, verstärkte sich noch mehr, als die feuerrote Katze des Hafenvorstehers ganz gemächlich die Straße überquerte. Dabei ließ sie sich weder vom Omnibus stören, dessen Zugpferde schnaubten, noch vom Quäken einer Autohupe.

Heller bog in die Torgauer, dann in die Bürgerstraße ab. Vom Güterbahnhof hallten metallische Schläge herüber, Gestein prasselte in leere Loren, und das Kreischen von Bremsen war zu hören. Irgendwo krähte ein Hahn, Tauben gurrten, Sperlinge tschilpten. Hunde begannen zu kläffen, jemand schrie sie an und brachte die Tiere damit zum Verstummen. Viele Menschen kamen ihm entgegen oder überholten ihn auf dem Bürgersteig. Wirklich Notiz nahm keiner von ihm.

Dann sah er Waltraud, genannt Walli, die Tochter des Bäckers. Sie kehrte den Gehsteig, und er musste zweimal hinsehen, um sie zu erkennen. War sie bei seiner Abfahrt noch ein zierliches Mädchen gewesen, gerade konfirmiert, sah sie nun drall, fast pausbäckig aus. Ihr Gesicht hatte beinahe grobe Züge angenommen, und sie ähnelte ihrer streitsüchtigen Mutter. Heller nickte ihr zu, doch sie erkannte ihn nicht, hob schnippisch das Kinn wie eine Dame vom Adel und betrat den elterlichen Laden, als wäre er ein Schloss.

Dann endlich sah er den Laden seiner Eltern. Ein Fähnchen hing draußen, dasselbe wie vor drei Jahren. Der Saum war vom Wind ganz zerfasert. Der Sarotti-Mohr längst verblichen, kaum noch zu erkennen. Das Gemüse in der Auslage vor dem Schaufenster lag welk. Gerade verließen zwei Frauen den Laden und schimpften leise. Sie waren sich einig, dass die Hellers das gute Zeug unter der Ladentheke für die Herrschaften zurückhielten oder es selbst fraßen.

Garstige alte Weiber. Es juckte ihn, denen die Meinung zu

geigen. Seine Eltern waren die bescheidensten Händler in der ganzen Straße. Zu bescheiden, wusste er. Mit wenig Geschäftssinn. Ihr kleiner Krämerladen hatte nie große Gewinne abgeworfen, selbst in guten Zeiten. Trotz des großen Sortiments, oder vielleicht gerade deshalb. Süßwaren und Milch gab es hier, Mehl, Zucker, Salz, Bonbons und Kerzen. Zigaretten, Schnaps, Butter und Käse, Öl und Petroleum, Eis für die Kühlschränke der Herrschaftshäuser. Streichhölzer und Draht, Waschpulver und Seife, Knöpfe und Nähgarn, sogar Schrauben und Nägel sowie unzählige andere Dinge, die immerzu bestellt und sortiert werden mussten. Geld für eine Aushilfe hatten sie nie gehabt. Diese Aufgabe hatte er übernommen, hatte klaglos alle Arbeiten ausgeführt, schon als kleiner Junge. Dafür hatten sie ihm die höhere Schule bezahlt, hatten sich das Geld vom Munde abgespart, um wenigstens ihrem Sohn bessere Perspektiven bieten zu können. Allein der Krieg hatte ihnen einen Strich durch die Rechnung gemacht. Nicht nur hatte er die Schule mit Notabitur abgeschlossen, um sogleich an die Front zu kommen. Seitdem er weg war, hatten sie auch noch allein auskommen müssen.

»Kennen Sie den Heinrich?« Jemand zupfte ihn am Ärmel, noch ehe er den Laden erreicht hatte. Er kannte die Frau. Sie hieß Itzig, und ihr Mann war vor vielen Jahren im König-Albert-Hafen von Fässern erschlagen worden, die von einem Kranseil fielen. Da war Heller gerade zehn Jahre alt gewesen. Wie so viele andere auch, war er damals hingelaufen, um die Leiche zu begaffen. Herr Itzig hatte dagelegen, als schliefe er. Für die Kinder war das fast enttäuschend gewesen, und keiner von ihnen hatte sich Gedanken darüber gemacht, welches Elend damit über die Familie gekommen war. Man hatte der Witwe zwanzig Mark als Entschädigung gegeben. Seitdem hatte sie mit ihrem Sohn Heinrich in einer Dachwohnung hausen müssen. Aus einem Brief, den Heller noch vor der

Schlacht von Vimy von seiner Mutter erhalten hatte, wusste er, dass Heinrich dann gleich in den ersten Kriegstagen gefallen war.

»Ich kannte ihn«, sagte Heller und löste die Finger der Frau von seinem Ärmel.

»Haben Sie ihn gesehen?«, fragte sie weiter. »Sie waren doch drüben, haben Sie ihn gesehen?«

»So viele sind dort, Frau Itzig. An Ihren Sohn kann ich mich aber nicht entsinnen.« Was nützte es, ihr die Wahrheit an den Kopf zu werfen, wenn sie es offenbar noch immer nicht verstanden hatte?

»Geh'n Sie wieder hin?«

»Nein, Frau Itzig, ich bin jetzt daheim.«

»Wenn Sie ihn sehen, sagen Sie ihm, er soll seiner Mutter schreiben!«

»Das werde ich, Frau Itzig. Ich bestell es ihm.«

»Guter Junge, ich danke dir!«

Heller sah der Frau nach, die mit kaputten Hüften davonschlich. Würde sie es je verstehen? Sollte sie das überhaupt? War ihr nicht ein letztes bisschen Leben in falscher Hoffnung zu gönnen?

Heller riss sich zusammen. Zwanzig Schritte noch, dann war er daheim. Dann würde er ein Bett haben, eine Badewanne, warme Mahlzeiten, vertraute Stimmen.

Aber würden sie wirklich vertraut sein? Was, wenn er gar nicht willkommen war? Abgeschrieben? Wenn sie längst akzeptiert hatten, was die Itzig nicht wahrhaben wollte?

Sei nicht feige, mahnte Heller sich. So viel hast du ausgestanden, sei nicht feige. Dem Tod hast du ins Angesicht gesehen.

Natürlich würden sie ihn willkommen heißen.

Heller holte Luft und machte die letzten Schritte. Er streckte seine Hand nach der Ladentür aus. Doch in diesem Moment öffnete sie sich bereits, das Glöckchen darüber läutete, und seine Mutter trat ihm entgegen, eine schmale Holzsteige mit Äpfeln unter einem Arm.

»Gehen Sie nur schon rein«, sagte sie. »Bin sogleich zurück! Zigaretten sind aber gerade aus.«

Heller erstarrte. Wie eine Schaufensterpuppe drehte er sich auf der Stelle und folgte ihrer Bewegung. Er sagte nichts und rührte sich nicht.

Und auch sie erstarrte jetzt vor dem Schaufenster. Die Holzsteige fiel zu Boden, die Äpfel hüpften heraus und rollten vom Bordstein auf die gepflasterte Straße.

»Lieber Herrgott im Himmel …«, stöhnte seine Mutter.

»Ich bin wieder zurück«, flüsterte Max Heller so leise, dass er nicht wusste, ob seine Stimme ihre Ohren überhaupt erreichte. Er fühlte sich elend. Sie hatten ihn nicht erwartet. Sie hatten ihn für tot gehalten.

»Lieber Herrgott im Himmel«, sagte seine Mutter noch einmal und wagte es nicht aufzusehen. »Lieber Herrgott im Himmel, verzeih mir, Max«, brachte sie heraus, und Heller trat vor, um seine Mutter aufzufangen. Denn es sah aus, als taumelte sie, als könnte sie jeden Augenblick zusammenbrechen, weil sie glaubte, einen Geist gesehen zu haben. Es ist alles gut, wollte er sagen, gräm dich nicht, es verletzt mich nicht. Doch er konnte es nicht sagen. Denn natürlich hatte es ihn verletzt, ein klein wenig nur, aber das war nicht ihre Schuld. Jetzt erst, in diesem schmerzhaften Augenblick verstand er, was der Krieg wirklich anrichtete. Er brachte nicht nur Elend, Krankheit und Sterben. Er sorgte nicht nur dafür, dass man seinem Leben nicht mehr traute, dass man keine Freundschaften mehr schloss, weil jeden Augenblick der Tod drohte. Er sorgte auch dafür, dass man die Seinigen nicht mehr erkannte.

Seine Mutter streckte die Hände nach ihm aus, fasste mit beiden Händen nach seinem Nacken und zog ihren Sohn, der einen Kopf größer war als sie, zu sich hinab. »Wie konnte ich damit rechnen, dass du hier bist, Max?«, schluchzte sie ihm ins Ohr.

Natürlich hatte sie nicht mit ihm rechnen können, und er selbst wusste, wie er sich verändert hatte. Seine Züge waren hart geworden, der ganze Leib ausgezehrt. Er bekam keinen Ton mehr über seine Lippen.

Dann erklang das Glöckchen erneut, und einen Augenblick später legte sich eine schwere Hand auf seine Schulter. So standen sie nun zu dritt da, und seine Mutter wollte sich gar nicht mehr von ihm lösen. Die Leute auf der Straße begannen sich umzudrehen und blieben mit neugierigen Blicken stehen, denn kaum jemand zeigte seine Gefühle so in der Öffentlichkeit.

»Ilse, komm, ich hol den guten Kognak«, sagte sein Vater.

Endlich ließ seine Mutter ein wenig von ihm ab und legte ihrem Jungen beide Hände auf die Ohren, sah ihn an, prüfte, begutachtete, blickte ihm in die Augen. »Du bist zurück«, flüsterte sie.

Max Heller nickte nur. So vieles geschah gerade in seinem Kopf. Vor allem packte ihn plötzlich das schlechte Gewissen mit aller Macht. Er war hier, bei seinen Eltern. Und die anderen lagen dort im Dreck.

»Was ist geschehen?«, fragte sein Vater, der nie in einen Krieg hatte ziehen müssen. Für heute hatten sie den Laden geschlossen und saßen nun am Küchentisch in der Wohnung darüber, auf dem immer noch dieselbe Wachstuchdecke wie früher lag.

»Man hat mich ausgemustert.« Erst der dritte Weinbrand löste Hellers Zunge. »Es ist der Fuß«, erklärte er.

»Er ist noch dran?«, fragte Vater, und es kostete ihn offenbar große Mühe. Vermutlich hatte er es noch nicht einmal gewagt, genau hinzusehen, um zu erkennen, ob sein Sohn auf einer Prothese lief. Er war kein Mann, der viele Worte machte, und seine Gefühle verbarg er.

»Man wollte ihn mir abnehmen. Ich hab gewollt, dass er dranbleibt.«

»Gut.« Sein Vater nickte. Die beiden schienen um zehn Jahre gealtert. Mutter hatte Wasser in den Beinen, Vater trug seit einem Jahr ein Bruchband. Grau waren sie geworden. Der Laden brachte sie um, und die Sorge um ihren Sohn hatte alles noch verschlimmert. Die Zeiten waren schlecht. Alles wurde rationiert, Marken peinlichst kontrolliert, jede Unachtsamkeit streng angemahnt. Kunden ließen anschreiben, beteuerten zu tilgen, drohten anderswo einzukaufen und bezahlten ihre Ausstände dann doch nicht.

»Kann man es sehen?«, fragte Mutter, die am Herd stand und Brot auf der Platte röstete. Es war der einzige Ofen der Wohnung, der noch beheizt wurde. Zu knapp waren Presskohlen und Holz.

Heller nickte. Dann streifte er sich den Stiefel ab, dessen Schaft man aufgeschnitten hatte, um Platz für die Schienen zu schaffen. Sein Fuß war komplett verhärtet und wüst vernarbt, wo das Fleisch zusammengenäht worden war. Bei jeder Bewegung fühlte es sich an, als steckte ein eiserner Dorn in seinem Gelenk. Heller löste die Lederriemen der Schiene. Er wollte sie sowieso loswerden, hatte er sich geschworen. Den Rest seines Lebens würde er nicht mit diesem Gestell verbringen.

Als er das Hosenbein hochschob und die Wollsocke abstreifte, sog Mutter leise Luft durch die Zähne. Er konnte sie verstehen. Sein Fuß sah aus, als wäre er ins Maul eines Löwen geraten. Ein Klumpen, der mehr Übel mit sich brachte als Nutzen. Er war schuld daran, dass man ihn misstrauisch beäugte, ihm sein Humpeln nicht abkaufte, ihn selbst zweifeln ließ. Denn was war seine Verletzung schon gegen das, was er in den Lazaretten gesehen hatte?

»Ich war lange Zeit dem Tod näher als dem Leben«, sagte Heller und gab sich dabei, als wäre es ein Bericht über einen

Fremden. »Ich hatte Fieber, wochenlang, lag im Delirium. Man hatte mich wohl auch schon abgeschrieben.« Wochen über Wochen, an die er sich kaum erinnern konnte. In seinen Träumen drehte sich alles wahnhaft im Kreis. Krankenschwestern, die sein Gesicht kühlten, ihm kalte Umschläge machten. Die seine Verbände wechselten und ihm ein Beißholz gaben, damit er nicht schrie. Ärzte bei der Visite, die ihm mit ihren Mienen zu verstehen gaben, dass er Ressourcen verschwendete, ein Bett blockierte, Ärzte und Schwestern an sich band, die woanders dringender benötigt wurden.

»Wär's dann nicht besser gewesen ...« Sein Vater sprach den Gedanken nicht zu Ende aus.

»Möglich«, erwiderte Heller schnell. Wie oft hatte er seinen Fuß verflucht, wie oft den Arzt, der seinem Drängen nachgegeben hatte. Dieser Fuß war wie ein unentdecktes Glutnest, das ein gelöschtes Haus wieder und wieder in Brand setzte. Jedes Mal, wenn er genesen schien, war das Fieber zurückgekommen.

»Wahrscheinlich wäre es mir dann aber auch nicht besser ergangen«, fügte Heller an. Er hatte zu viele Männer gesehen, die nach der Amputation an Wundfieber eingegangen waren. Denen man erst den Fuß, dann den Unterschenkel und schließlich das ganze Bein abgenommen hatte, und die trotzdem verreckt waren.

»Nun bin ich ja hier«, versuchte er von seinen Gedanken loszukommen. »Ich soll gegen die Versteifung ankämpfen, sagte ein Arzt, auch wenn es schmerzt. Ich soll das Gelenk tüchtig bewegen. Es wird sich geben, irgendwann.« Wenn nur der glühende Dorn nicht wäre, der irgendwo da drin zu stecken schien und den es bei jedem Biegen und Dehnen immer tiefer ins Fleisch grub.

»Den Schuberts haben sie inzwischen alle Söhne genommen«, sagte sein Vater.

Heller wusste, dass es fünf Brüder waren. Ob man einen Sohn hatte oder fünf, alle mussten zum Feind, da gab es kein Erbarmen. Man konnte nur hoffen, dass sie nicht alle am selben Ort an die Front kamen. Ganze Schulklassen waren mit einem Schlag ausradiert worden, weil sie alle einer Kompanie angehörten, die von einer Granate getroffen wurde.

»Und Kaluweits wissen nichts von ihren beiden.«

»Lass uns nicht darüber sprechen, Vater«, bat Heller. Er wollte das nicht hören. Was nützte es ihm? Es bereitete ihm nur noch ein größeres schlechtes Gewissen. Und sein Vater sprach nur, weil seine Mutter schwieg und ihm das Schweigen noch unerträglicher war als das Sprechen.

Draußen wurde es dunkel. Der Tag neigte sich dem Ende zu, und damit näherte sich etwas, dessen er noch nicht Herr geworden war. Es lag ihm auf der Seele, seinen Eltern davon zu berichten.

Vater nickte in sich hinein und goss sich noch einen Kognak ins Glas. Mutter begann derweil in der Küche zu hantieren, legte Holzscheite nach, setzte einen Wassertopf auf. Statt das Deckenlicht einzuschalten, zündete sie eine kleine Petroleumlampe an. War das Geld so knapp, dass sie nicht einmal die Lichtrechnung bezahlen konnten?

Heller sah, dass seinem Vater etwas auf der Zunge lag. Seine Lippen bewegten sich, als suche er nach Worten.

»Dein Großvater erzählte oft vom Krieg«, brachte er schließlich heraus.

»Albert!«, mahnte Mutter.

Vater nickte zwar, sprach aber weiter. »Er schwärmte von seinen Erlebnissen.«

»Albert, lass den Jungen doch.«

Heller dachte lange nach und blickte ins niedrig gehaltene Flämmchen des Brenners. Er wollte nicht darüber sprechen. Im Gegenteil. Er wollte das alles vergessen. Begraben. Mit Zement und Asphalt bedecken. Doch er spürte, dass sein Vater etwas brauchte, um sich zu sortieren. Denn die Diskrepanz zwischen dem Hurra-Gebrüll und dem Heldengesang auf der einen Seite und all den Todesanzeigen sowie der Dauer des Krieges auf der anderen war einfach zu groß. Mit dem Feldzug gegen die Franzosen achtzehnsiebzig hatte das nichts zu tun. Das versuchte er wohl zu verstehen.

»Da war nichts, wofür es sich zu schwärmen lohnte«, sagte Heller leise und hoffte, dass sein Vater sich damit begnügen würde. Vom Großvater wusste er nicht viel. So gut wie gar nichts. Und von dem Krieg damals wusste er nur, dass es ein glorreicher Kampf gewesen war, der das Deutsche Reich geeint hatte. Zumindest hatte er das in der Schule gelernt.

»Hast du denn den Feind gesehen?«, fragte sein Vater weiter.

»Albert, lass gut sein!«, mahnte Mutter nachdrücklich.

Heller wusste, dass sein Vater eigentlich etwas anderes wissen wollte. Doch machte es einen Unterschied, ob er einen Feind getötet hatte? Oder zehn oder hundert? Half es ihm, seinen Sohn zu akzeptieren? Brauchte er das für sich oder um es anderen erzählen zu können? Grämte ihn, dass er keinen Orden an der Brust seines Sohnes sah? Dabei sollte er eigentlich wissen, dass man Orden inzwischen mit vollen Händen unter die Soldaten warf. Aber vielleicht juckte es ihn gerade deshalb so sehr, dass sein Sohn nicht wenigstens einen mitgebracht hatte, mit dem man hausieren gehen konnte.

Max Heller spürte, wie Zorn in ihm aufstieg. Doch er sagte sich, dass sein Vater auch nur ein Gefangener war, in den Werten seiner Zeit. So wie er selbst früher, als er sich freiwillig zum Kriegsdienst gemeldet hatte. Dass sein Vater nur verstehen wollte, was vor sich ging. Denn was die Zeitungen schrieben, war inzwischen nur noch Geschwätz. Jeder Rückzug wurde in einen Sieg umgemünzt, die Entente stand seit drei Jahren kurz vor einer Niederlage, und jede anderslautende Meldung galt als Feindpropaganda.

Nun hatte er zu lang geschwiegen, und sein Vater begann wieder zu sprechen.

»Hast du …«

»Wirst du aufhören!«, schimpfte seine Mutter erneut.

Doch Max war bereits aufgesprungen, und der Schmerz in seinem Fuß verstärkte seinen Zorn nur noch. »Wär's dir denn recht?«, donnerte er und schlug mit der flachen Hand so hart auf den Tisch, dass die Flasche und die Gläser sprangen. »Wär's dir recht, ich hätte einen umgebracht, würdest du dann besser schlafen? Oder wär's dir lieber, ich wäre gleich im Feld geblieben? Schämst du dich vielleicht für mich?«

Seine Mutter lief zu ihm, hängte sich an seinen Hals, strich ihm über den Kopf, über die Schultern, versuchte ihn auf den Stuhl zu drücken. »Keinen Streit, keinen Streit heute, ich flehe euch an. Es ist ein Freudentag. Ein Freudentag. Du bist wieder da, du lebst. Was geschehen ist, ist geschehen. Niemand fragt mehr. Und Albert, du stellst die Flasche jetzt weg. Du lässt den Jungen in Ruhe, weiß Gott, was der gesehen hat. Aber es ist vorbei. Es ist jetzt vorbei!«

Doch es war nicht vorbei. Denn es kam zurück. Es kam immer wieder zurück. Wenn er schlafend dalag, der Verstand losgelöst von seinem Körper, losgelöst von allen Ablenkungen. Dann kam es wieder. Dann war er wieder dort, und ein Teil von ihm, vielleicht sogar der größere, würde wohl immer dortbleiben.

Dann begann es wieder zu regnen, stapfte er durch den Schlamm, wollte ins Trockene. Und doch auch nicht, denn er wusste, was geschah, sobald er den Unterstand erreichte. Dann kamen die Einschläge der Geschosse näher. Hämmerten auf seine Trommelfelle, seine Nerven ein. Dann schmeckte die Luft nach Blei und Blut, wurde von Granatsplittern mit grellem Kreischen zerschnitten. Dann kämpften Zuversicht und dunkelste Ahnungen in ihm. Nicht ich, dachte er dann, nicht ich. Und wusste es doch besser, denn es musste irgendwann geschehen. Es musste. Dass er verschont blieb, sprach gegen jede Wahrscheinlichkeit. Dann tauchte er in die stinkende Finsternis des Rattenlochs, in dem sie hockten. Das Schutz versprach und gar keinen bot, weder vor Nässe noch vor Kälte, Krankheit oder Granaten. Dann pfiff es laut, dann zerbarsten Holz und Knochen, zerrissen Stoff und Fleisch. Dann lag er wieder in wilden Schmerzen. Dann stieg der Schlamm.

»Junge«, rief seine Mutter. »Junge, komm doch zu dir, Max. Mein Junge, Max!«

Sie riss und schüttelte an ihm, und im Schein der Lampe erkannte er ihr Gesicht. Seinem Vater sah er an, dass er nun begriffen hatte: Dieser Krieg war nicht wie der seines Großvaters. Er hatte verstanden, dass man nicht Beine und Arme verlieren musste, um ein Krüppel zu sein.

Max wehrte seine Mutter ab, die ihm den Schweiß aus dem Gesicht wischen wollte. »Lass gut sein«, sagte er und hatte immer noch seine Mühe, in die Realität zurückzufinden.

Dann schellte die Türklingel. Man hatte ihn gehört, im ganzen Haus vermutlich. Sein Vater ging zur Tür.

»Was hast du nur gesehen, Junge?«, flüsterte Mutter. »Was ist nur geschehen mit dir?«

»Weck mich immer, wenn du mich hörst«, bat Heller leise.

»Geschieht das oft?«, fragte sie.

Er hatte gehofft, dass es ausbleiben würde, da er nun daheim war. Seit dem Tag, an dem sie die Leiber der Toten und die schweren Balken von ihm genommen und ihn aus dem Schlamm gezerrt hatten, schrie er jede Nacht. Er konnte es nicht abstellen. In der Nacht holten Geist und Körper nach, was begraben unter der tödlichen Last nicht möglich gewesen war. Er schrie sich die Angst aus dem Leib. Im Lazarett hatte man ihm Schlafmittel gegeben, Spritzen verabreicht. Man hatte ihm für die Nacht sogar den Mund zugebunden. Kameraden hatten ihn beschimpft, dass er sie um ihren Schlaf brachte, und Ärzte hatten die Geduld mit ihm verloren.

»Es wird besser«, versprach er. »Ich muss nur wegkommen von dort.«

An der Tür hörte er seinen Vater mit den Hausbewohnern sprechen, die sich beklagten, da sie am nächsten Morgen früh aufstehen mussten. Vaters Stimme brummte, als er versuchte, sie zu beschwichtigen.

Max warf die Decke weg und wollte an seiner Mutter vorbeistampfen. Er würde diesen Leuten vom Krieg erzählen. Sie würden es nicht noch einmal wagen, sich zu beschweren.

Doch seine Mutter hielt ihn auf. »Nicht!«, sagte sie und stemmte beide Hände gegen seine Schultern. »Ihnen ist doch nur der Schreck in die Glieder gefahren.«

»Und Vater? Er muss sich nicht für mich entschuldigen«, knurrte Heller. In ihm brodelte es. Er hörte sich selbst mit den Zähnen knirschen.

»Max, ich flehe dich an. Auch Vater muss es erst verstehen. Er versteht so vieles nicht. Er wäre an deiner Stelle hingegangen. So oft hat er das gesagt. Verstehst du? Er hätte es getan, damit du nicht musst. Fang keinen Streit an mit ihm. Es sind schwere Zeiten. Die muss man zusammen durchstehen.«

Als er am Morgen die Küche betrat, erfüllte ihn ein Gefühl von Scham. Es war still. Niemand sagte etwas. Sein Vater tat geschäftig, rechnete über Zetteln. Es war noch finster wie in der Nacht, das elektrische Licht schalteten sie trotzdem nicht an. Zwei Petroleumlampen brannten.

Mutter stellte Heller eine Tasse hin. »Es ist nur Plempe«, entschuldigte sie sich. Max nickte und setzte sich seinem Vater gegenüber an den großen Tisch. Sah den Mann an. Wie er seinen Kopf niederhielt, ihn sogar noch ein Stück senkte.

»Du hättest noch nicht aufstehen müssen«, meinte Hellers Mutter und stellte ihm einen Teller mit einem Butterbrot hin. Heller schob ihn zu seinem Vater hinüber. Ohne hinzusehen, nahm dieser das Brot und biss ab, während er mit dem Bleistiftstummel weiterschrieb.

»Was ist zu tun?«, fragte Max. Wenn Vater nicht sprechen wollte, ließ er es eben bleiben. Es sollte ihm recht sein. Doch ein kleines Zeichen wäre gut. Ein Blick wenigstens, eine Geste, die ihm half, die Scham zu überwinden. Es hieß immer, sein Großvater wäre ein gefühlloser sturer alter Bock. Doch was war sein Vater dann?

»Viel ist nicht zu tun«, sagte Mutter. »Eh alles knapp.«

Max nickte wieder. Er ließ seinen Vater nicht aus dem Blick, der das zu spüren schien und sich unmerklich noch weiter hinabbeugte, sodass kaum noch eine Faust zwischen Stirn und Tischplatte passte, kaute, schrieb.

»Warum brennt das Licht nicht?«, fragte Heller nun.

»Wir sparen nur. Man muss in diesen Zeiten auf jeden Pfennig sehen.«

»Lampenöl ist nicht billiger. Konntet ihr die Lichtrechnung nicht liquidieren?«

Nun hatte er erreicht, was er wollte. Vater sah auf. »Schalt es an, wenn es dir lieber ist. Wir wollen nur nicht, dass man uns morgens in die Küche sieht«, meinte er leise.

»Ihr lasst die Leute noch anschreiben, oder?«, fragte Heller. Doch er kannte die Antwort bereits. Sie ließen sogar die Herrschaftlichen anschreiben und die Dienstboten der Gasthäuser. Schon immer. Die Angst, keiner könnte mehr bei ihnen einkaufen, war zu groß. Dabei hatten sie es noch nie darauf ankommen lassen. Die Kunden würden nicht ausbleiben, da war er sicher.

Nun war Vater derjenige, der sich genierte. Er versteckte es unter einer Patina aus Groll. »Noch nicht mal einen Tag bist du zurück. Die Zeiten haben sich geändert.«

»Soll ich eintreiben gehen?«

»Nein, Max!«, empörte sich seine Mutter und kam ebenfalls an den Tisch.

»Es ist euer Geld. Kein Geld – keine neuen Waren. Ich kann es für euch holen. Gib mir nur den Zettel mit den Namen.«

»Alle haben Sorgen«, beschwichtigte seine Mutter.

»Aber das sind ihre Sorgen. Nicht unsere. Was kann ich sonst tun?«

»Eis bräuchten wir«, sagte sein Vater.

»Eine Bestellung zum Verkauf oder nur für uns?«

»Für unseren Eisschrank.«

»Und der Eismann liefert nicht mehr?«

»Es ist billiger, wenn man es holt.«

»Haben wir den Handkarren noch?«, fragte Max.

»Im Hof, im Schuppen«, sagte sein Vater.

»Aber Max, dein Fuß …«, mahnte seine Mutter.

»Das muss«, sagte Max. »Es muss ja werden.«

Einen Orden müsste man haben, dachte er, als er in der Morgendämmerung mit dem Handkarren loszog. Das eiserne Kreuz oder ein Verwundetenabzeichen, wie es die Franzosen wohl bekamen. Es hätte ihm vielleicht erspart, dass man ihm hinterherblickte oder ihn unverwandt anstarrte. Denn das taten sie. Vielleicht aber fragten sich die Leute auch nur, woher sie sein Gesicht kannten, versuchten ihn einzuordnen. Er musste sich bemühen, nicht immer gleich das Schlechteste zu denken.

Es war sehr kalt, und sein Atem kondensierte. Er trug seinen alten Mantel und seine Wollmütze.

Noch war der Wagen leicht zu ziehen, denn er hatte sich ausgeruht und etwas gegessen. So konnte er einigermaßen laufen, und war der Fuß erst mal warm und die Sehnen gedehnt, wurde es besser. Die ersten Schritte am Morgen waren jedoch immer die allerschlimmsten. Der Arzt, der ihm gesagt hatte, man müsse ihn bewegen, gebrauchen, auch quälen, in den Schmerz hineingehen, dieser Arzt sollte recht behalten, dachte Heller. Zum Eislager war es nicht allzu weit. Zwanzig Minuten Fußweg. Mit leerem Wagen zumindest, leicht hinab in Richtung der Elbe, vorbei am Winterhafen. Er musste nur auf seine Schritte achten, nicht stolpern oder ausrutschen, keinen unerwarteten Sprung machen.

Ein Auto kam ihm entgegen, blendete ihn mit seinem Licht. So etwas müsste man haben. Fahren durfte er. Das einzig Gute, das ihm die Ausbildung bei der Armee gebracht hatte, war der Fahrschein für Automobile und Laster. Wenn die Leute nicht in den Laden kamen, fuhr man eben zu ihnen hin, dachte Heller. Man könnte Bestellungen aufnehmen und die Leute beliefern, so wie er früher die Herrschaftshäuser beliefert hatte. Mit dem Hundekarren damals freilich nur. Den er jetzt zog. Er hatte selbst noch erlebt, dass man ihre beiden Schnauzer für die Reichswehr konfiszierte. Wie stolz Vater damals noch gewesen war, etwas für den Sieg des Deutschen Reiches beitragen zu können. Wie er sie aus dem Zwinger genommen und ihnen rot-weiß-schwarze Schleifen um den Hals gebunden hatte. Max schüttelte den Kopf, er durfte nicht ungerecht werden. Selbst er war stolz gewesen.

Auf der Elbe waren die Segler schon unterwegs. Ruderkähne setzten über. Vermutlich heimlicher Fährbetrieb, ohne königliche Lizenz. Viele Männer arbeiteten auf der anderen Seite im städtischen Vieh- und Schlachthof oder im König-Albert-Hafen. Schupos waren weit und breit nicht zu sehen. Im Hafen drehten sich schon Flaschenzugkräne. Eine Dampfmaschine wurde angeheizt, der Kesseldruck reguliert, Ventile fauchten und pfiffen.

Nachtfischer kehrten von ihrer Arbeit zurück. Zu müde zum Scherzen oder Fluchen banden sie ihre Boote an, warfen Bastkörbe mit ihrem Fang an Land, wo schon die Burschen der Fischhändler warteten. Gleich würden sie um den Preis zu feilschen beginnen.

Während Heller den Hafen passierte und in Richtung des großen Eiskellers ging, fragte er sich, ob er vielleicht fischen konnte. Ob er mit seinem Fuß auf dem Boot Balance halten konnte wie die Fischer, wenn sie ihre Netze warfen. Oder Reusen stellen. Könnte er womöglich im Fischereibetrieb arbeiten? Wollte er das, Fische putzen, tagein, tagaus? Der Laden rentierte sich nicht für drei. Er musste Geld reinbringen. Der letzte Sold würde schnell aufgebraucht sein.

»Bist du neu hier?«, fragte Ullrich, der Besitzer des Eislagers, als Heller das Tor erreichte.

In Hellers Augen hatte er sich kaum verändert. Stoppeliger Bart, Lederkappe, die Augen vom ewigen Zigarettenrauch verkniffen. Wettergegerbtes Gesicht, die Figur eines Möbelpackers. Eine Zigarette glomm zwischen seinen Lippen. Gerade startete ein Lastwagen, auf dessen Ladefläche sich Eisblöcke türmten.

»Lass ihn nicht zu lang leerlaufen!«, rief Ullrich dem Fahrer zu, doch der winkte nur lachend ab, obwohl es ganz ernst gemeint schien. Dann wandte sich Ullrich an Heller: »Brennstoff wird jeden Tag teurer und rationiert noch dazu. Würden wir nicht an den Hof liefern, wir bekämen wohl kaum noch welchen. Und die blöden Hunde lachen nur. Ich weiß genau, die lassen den Motor laufen, während sie abladen. Und, was willst du?«

»Ich brauch zwei Blöcke, für Heller.«

Ullrich stutzte. »Mensch, Junge, jetzt erst erkenn ich dich.

Maxe, biste zurück!« Er klopfte Heller mit seiner Pranke freudig die Schulter. »Habt ihr's dem Franzmann richtig gezeigt?«

»Ja, und er uns«, entfuhr es Heller. Dabei sollte man mit so etwas vorsichtig sein.

»Recht so«, nickte Ullrich. »Viel Feind, viel Ehr'.« Noch einmal klopfte er Heller auf die Schulter. »Gut, wenigstens einen mal wieder zu sehen. Die ganzen Jungen sind fort. Man sieht nur noch Kinder oder Alte. Du humpelst?«

»Alles noch dran«, sagte Heller nur knapp.

»Gut, Junge. Hör zu, lauf nach hinten zum Lager, da ist Chipka, sag ihm, du bekommst zwei Stangen. Der Eiskeller ist voll vom letzten Winter, und wenn das Eis aus ist, muss seine Majestät sein Bier eben warm trinken.«

»Jawohl, ich dank recht schön!« Heller salutierte, ehe er sich wieder besann. Es steckte einfach zu tief in ihm drin.

»Max!«, rief Ullrich noch mal. »Ich freu mich wirklich!«

Heller nickte erneut, und erfüllt von einer Welle aus warmer Dankbarkeit zog er den Karren zum Lager.

Dort hörte er es rumoren. Das Eislager war wie ein Lagerhaus, das man tief in die Erde gegraben hatte. Mit einem gewölbten Dach, überwachsen mit Gras und Moos, ohne Fenster und einer Schräge nach unten als Zufahrt ähnelte es einer Höhle. Im Inneren sägte der Hilfsarbeiter an den Eisblöcken, schnitt sie handlich für die Eisschrankfächer zu. Nun kam er heraus und wischte sich mit dem Ärmel die Nase. »Nu, Bruder, was kann ich tun?«, fragte er mit seinem böhmischen Zungenschlag. Er wankte beim Laufen. Max wusste, dass ihm einst die Füße abgefroren waren, er lief auf Schuhen, in denen nur noch Beinstümpfe steckten. Doch dafür war er erstaunlich geschickt, hüpfte und balancierte über das Eis.

»Kennst mich doch noch. Der Max bin ich.«

»Maxe, Mensch, groß biste geword'n, hamse dir auch in Krijg jeschickt?«, fragte Chipka im besten Kuchldeutsch.

»Ja, ich war da. Ullrich meint, du gibst mir zwei Blöcke.«

»Was der Ullrich saacht, wird jemacht. Bist ja kein Lügner nich, wie ich dir in Erinnerung hab. Komm nu glei mit die Wagen rinn.« Er drehte sich um und tauchte ins Finstere hinab. Heller folgte ihm die Schräge hinunter, wollte ihm nach, durch den mannshohen Eingang. Doch in dem Augenblick, als er durch die Türpfosten trat, presste ihm eine riesige Zange das Herz zusammen, quetschte alle Luft aus seinen Lungen, und im Dunkeln begann sich etwas zu bewegen, wollten Tentakel und kalte Hände nach ihm greifen, schoben sich die Wände heran. Heller taumelte nach hinten, stolperte über die Deichsel des Handwagens, fiel rückwärts.

»Was ist, bist du jerutscht?«, lachte Chipka irgendwo da drinnen, doch seine Stimme klang wie die eines Ungeheuers, hallend, keifend, grunzend. Heller schnappte nach Luft. Jeden Moment würde eine Klaue hinauslangen und ihn in die Höhle zerren.

Er kroch rückwärts weg vom Loch. Die finstere Öffnung schien ihn anzuziehen wie ein Sog. Als der Hilfsarbeiter ins Freie trat, um ihm die Hand zu reichen, wich er aus, als wäre es ein Dämon aus der Hölle.

»Hast du keine Angst vor mir, bin ich nur der alte Chipka, kann nicht läsen und nicht schreiben, hab dir noch nie nichts getan.«

»Ich hab keine Angst«, murmelte Heller und stand ohne Hilfe wieder auf. Doch er keuchte, und kalter Schweiß klebte auf seiner Stirn. Das hatte er noch nicht erlebt, das war ganz neu für ihn.

»Hast du nicht, ich weiß schon. Niemand hat Angst. Ich mach Licht drin, ja, hab verjessen, Chipka läuft da blind herum, du brauchst was zu gucken für de Äuglein.«

Der Mann kehrte um, wandte sich nach rechts, und ein elektrisches Licht ging an. Nun sah Heller endlich etwas, sah den großen niedrigen Raum, größer als eine Turnhalle, Bogengewölbe, gemauerte Stützen, dazwischen das Eis, im Winter aus der Elbe und dem Hafen gesägt.

Er nahm die Deichsel wieder auf und trat erneut an die Tür heran. Nun sah er, dass sechs Glühbirnen an den Wänden leuchteten. Chipka stand drinnen, winkte ihn freundlich zu sich, doch es war Heller noch immer ganz und gar unmöglich, nur einen Schritt hinein zu machen. Er wusste, augenblicklich würde das Licht erlöschen, würden die Wände zusammenrücken, das Dach sich senken, bis er eingezwängt war, unfähig, sich zu bewegen und zu atmen.

»Nu was, mein Junge, möchtest, dass ich ganze Arbeit allein mach?«

»Ich kann nicht, Chipka«, keuchte Heller und war entsetzt, diese Seite an sich zu entdecken. Es hatte ihm früher nichts ausgemacht, in einen Keller zu steigen. Doch schon bei dem Gedanken, diesen Eiskeller zu betreten, wurde ihm speiübel und er schnappte nach Luft. Er taumelte zur Seite, musste sich auf die steinerne Brüstung setzen.

Chipka kam ein weiteres Mal zurück. »Was ist, Junge?«, fragte er. »Is dir nicht jut? Willst eine rauchen? Ich dreh dir eine, hab noch Tabak und Papierchen.«

»Nein, Chipka, lass gut sein.«

»Junge sag, warste verschitt jewesen?« Er wackelte um Heller herum, setzte sich neben ihn. »Freund von mir, weeßte, war Berchmann, im Silber, der war verschitt jegangen, wie die Decke vom Stollen runterkam. Und wie sie den rausgeholt ham, nach paar Stunden, da wollte der nicht mehr ohne Licht sein, und in der Berch konnter nimmer gehen. Der war wie verrickt in de Birne. Keine Tir konntst mehr schließen, hat der jleich jeschrien. Und du, mein Junge? Biste auch verrickt in Kopp? Kannste nimmer da rein gehen?«

Der Gedanke war ihm noch nicht gekommen. Er hatte noch

keine Gelegenheit gehabt, es herauszufinden, war noch nicht in Verlegenheit geraten, in einen Keller zu müssen. Doch was, wenn ihn Mutter demnächst nach unten schickte, um Kohlen zu holen?

»Komm, Chipka, lass uns reingehen.« Er stand auf, zumal ihm der Hintern sowieso kalt geworden war.

»Gut, Junge, gehst mir nach, bekommen wir hin!«

Der Hilfsarbeiter stellte sich auf, bückte sich nach der Deichsel des Wagens, betrat den Eiskeller. Heller folgte ihm, doch es gelang ihm nur, durch die Tür zu treten. Nicht einen Schritt weiter konnte er gehen. Heller streckte die Hände aus, suchte die Wand, den Türpfosten, trat wieder ins Freie, schnappte nach Luft, keuchte, und ihm war übel.

Chipka sagte nichts mehr. Er tat drinnen seine Arbeit, erschien wieder, den Wagen hinter sich. »Is jut, Junge, hier!« Er reichte Heller die Deichsel. »Wird wieder, wird schon. Denk nur, wie gut du bist davonjekommen. Hab Leite gesehen, die wo kein Gesicht mehr hatten und keine Beine. Ruhe brauchste, was anderes zum Drandenken, ein hibsches Fräulein vielleicht.«

Heller nickte nur, unfähig, Dank auszusprechen. Mühsam zog er den Karren die Schräge hinauf, tat so, als sähe er die Leute nicht, die ihm entgegenkamen, wich einem Laster aus, der zurückstieß.

Bei Herrn Ullrich am Tor blieb er stehen. »Was bekommen Sie? Eine Mark?«

»Lass stecken, Junge. Deine Eltern krebsen doch auch nur rum.«

»Nein, wirklich, das ist nicht nötig!«

»Max, mach mich jetzt nicht unglücklich. Ich geb's gern.« Ob er etwas von dem Vorfall mitbekommen hatte, ließ er sich nicht anmerken.

»Dann dank ich schön!«

»Lass dich mal sehen, vielleicht hab ich Arbeit für dich. Es gibt immer mal was zu transportieren oder zu tragen, wenn du kannst. Und im Winter, wenn es friert, könntest du Eis sägen kommen. Ich sag's nur, wenn mal Not am Manne ist.«

»Gut, ich werde dran denken. Schönen Tag erst mal noch.«

Heller griff sich an die Mütze und machte sich auf den Heimweg, wobei er den Schmerz in seinem rechten Fuß solange es ging ignorierte. Doch die letzten Meter wurden eine furchtbare Qual, und nur weil er zu stolz war, vor aller Augen in Tränen auszubrechen oder auch nur eine Pause zu machen, hielt er sie aus.

Daheim verfrachtete er das Eis in den Kühlschrank. Ein Stück schlug er sich ab und kühlte damit seinen rot glühenden Knöchel. Er schloss die Augen und genoss es, wie der Schmerz nachließ. Dann ging er den Gehweg fegen und half Vater ungefragt, die Auslage vor dem Laden anzurichten. Als der Milchmann mit seinem Pferdekarren kam, nahm er ihm die Kannen ab und trug sie ins Haus. Doch dann war nichts weiter zu tun, und er kam auf den Gedanken, einmal sein Viertel abzuklappern, ob sich nicht der eine oder andere fand, den er aus seinem Jahrgang kannte. Armin vor allem, sein bester Freund, den er gleich nach Kriegsbeginn aus den Augen verloren hatte. Er zog sich seine Uniform an, damit man ihn auf der Straße nicht schräg ansah, was sicher passieren würde, wenn er als Mann seines Alters in Zivil unterwegs war.

Mit Armin war er durch dick und dünn gegangen. Sie gingen so vertraut miteinander um, dass man sie oft genug für Brüder gehalten hatte. Seit Heller sich erinnern konnte, wuchs sein Freund ohne Vater auf. Als sie zur Schule gekommen waren, hatte Heller ihn einmal gefragt, was mit seinem Vater wäre. Er wüsste es nicht, lautete die Antwort, und damit war das Thema ein für alle Mal beendet. Nur wenn jemand anders der Meinung war, er könnte Armin deshalb verspotten, dann hatte dieser Jemand lernen müssen, dass ihn nicht nur Armins Fäuste und Flüche trafen, sondern auch die von Max Heller. Nicht selten hatten die beiden dafür nachgesessen oder sogar Stockhiebe bekommen. Doch gelohnt hatte es sich allemal, denn es wagte bald niemand mehr, dem vaterlosen Jungen unverschämt zu kommen.

»Ich versuche mich mal bei der Soldstelle«, rief er seinen Eltern zu. Damit sie ihm nicht ausredeten, was er vorhatte.

Zuerst ging er zu Frau Richter, Armins Mutter. Sie erkannte ihn im ersten Moment ebenso wenig wie seine eigene Mutter. Als sie endlich begriff, wer vor ihr stand, stieß sie einen kurzen Freudenschrei aus und bat ihn in die Wohnung. Dann brachen alle zurückgehaltenen Ängste um ihren Sohn aus ihr heraus. Armin hatte ihr zuletzt vor einem halben Jahr geschrieben, seitdem hatte sie nichts mehr von ihm gehört. An der Schlacht an der Somme sollte er teilgenommen haben, zumindest war das seine letzte bekannte Adresse im Feld gewesen, und man hörte nichts Gutes über diese Schlacht, flüsterte sie und sah ihn fast flehend an, als ob er ihr über Armins Verbleib irgendetwas anderes berichten könnte.

Sie gab ihm einen Schnaps und briet ein paar Kartoffeln, die vom Abendessen übrig waren. Viel mehr gab es auch nicht. Kaum Zwiebeln, keinen Speck, und Heller genierte sich fast, der Frau die letzten Reste wegzuessen.

»Nun schau nicht so, ich verhungere nicht«, mahnte sie. »Es macht mir einfach Freude, dich so zu sehen. Wenn ich auch zugebe, tausendmal lieber sähe ich meinen Sohn da sitzen. Aber es macht mir Hoffnung, dass noch Wunder geschehen.«

»Ich versteh schon, Frau Richter.« Heller aß und verkniff sich, das zu sagen, was ihm auf der Zunge lag. Er wird schon heimkehren, könnte er sie trösten. Viele andere kamen heim, könnte er ihr sagen. Doch all das waren nur leere Worte. Er hatte Leute getroffen, die von der Somme kamen, und die ihm berichteten, was dort passierte. Hunderttausende sollen dort umgekommen sein. Ein Schlachthaus, in dem ohne Sinn und Verstand die Leben junger Männer vernichtet wurden. Wie absurd es war, dass so viele zum Ruhme eine Nation sterben mussten. Noch vor drei Jahren war ihm das logisch erschienen. Doch ginge es jetzt nach ihm, dann sollten alle Kriege enden, egal wer die Gewinner und die Verlierer waren. Denn weder Freude am Sieg noch Scham wegen einer Niederlage brachte die Toten zurück.

Schließlich zog er weiter, besuchte Haus um Haus, Straße um Straße lief er ab, bis ihm kein Name mehr einfiel, nach dem er noch fragen könnte. Er fand niemanden. Alle waren sie im Krieg, kaum einer hatte im letzten Jahr Urlaub bekommen, viele von ihnen waren schon gefallen, einige wurden vermisst, wieder andere lagen in Hospitälern, wo man versuchte, aus den zuckenden Überresten ihrer Körper und ihres Geistes etwas zusammenzuflicken, das man den Angehörigen zurückgeben konnte.

Und er war hier, humpelnd, mit kaum erträglichen Schmerzen bei jedem Schritt. Doch die sah man nicht, weil er die Zähne zusammenbiss. So lief er in seiner verwaschenen Uniform als König der Invaliden durch die Straßen, denn er hatte sein Augenlicht noch, konnte noch hören, konnte laufen, hüpfte und zappelte nicht, wie viele, die er im Lazarett gesehen hatte, die ihren Körper nicht mehr unter Kontrolle hatten, unter dem Granatschock litten. Kriegszitterer, Schüttelneurotiker, nannten die Ärzte sie. Er jedoch hatte seinen Geist, hatte seinen Körper unter Kontrolle, wenigstens am Tage. Doch er erntete finstere Blicke dafür. Er spürte die Scham seines Vaters, der eigentlich stolz sein sollte. Oder wenigstens froh, dass er noch lebte, denn um stolz zu sein, brauchte es Orden und Auszeichnungen. Da genügte es nicht, dass sein Sohn in einem verjauchten Graben gehockt hatte, auf den Befehl zum Angriff wartete und andere junge Männer umbrachte, die auch nur nach Hause wollten.

Aber er lief weiter, Stunde um Stunde, die Elbe hinab und wieder hinauf, fragte nach Arbeit, am Holzlagerplatz, beim Kohlehändler, in der Schreinerei, in der Bootswerkstatt, in den Pferdeställen. Doch obwohl es überall genug Arbeit gab, da es an jungen Männern mangelte, war nichts dabei, was er mit seinem Fuß dauerhaft hätte tun können. Es galt zu laufen, schwer zu tragen, stundenlang zu stehen. Es galt auf Baugerüste zu klettern oder schwere Schubkarren zu bewegen, Loren zu ziehen. Sein starkes Humpeln machte ihn in den Augen der Vorarbeiter nutzlos; und die wenigen anderen boten ihm Geld, das weit unter allen Tarifen und Gepflogenheiten lag. Als Schreibkraft könnte er es versuchen, riet man ihm halb spöttisch. Doch selbst ernst gemeint war dieser Rat sinnlos, denn er konnte nicht einmal Maschineschreiben. So landete er irgendwann in einer Kneipe, um sich aufzuwärmen. Schließlich gönnte er sich ein Bier, dann ein zweites und ein drittes, obwohl er kaum noch etwas vertrug, und irgendwann sprach ihn jemand an. Heller verstand nicht mal genau, was der andere sagte. Doch es genügte, seinen unterdrückten Zorn aufbrechen zu lassen.

»Mein Junge«, flüsterte seine Mutter und wusch sein Gesicht, nachdem er nach Hause getaumelt kam. Tupfte seine Nase und das Jochbein. Das Wasser in der Schüssel färbte sich rot. »Was ist nur mit dir, Junge?«, flüsterte sie, und Vater saß irgendwo stumm in der dunklen Ecke, hatte wohl Order zu schweigen und tat es auf eine Art, die mehr sagte als Worte.

»Es ist nichts. Ich vertrag nur nichts mehr.«

»Du hast Streit angefangen.«

»Ich simuliere, hat er behauptet«, erinnerte er sich vage und starrte in die finstere Ecke. »Soll er doch meinen Fuß nehmen, hab ich ihm gesagt, soll er sich doch freiwillig melden …«

»Das hast du ihm wohl gesagt«, bestätigte Mutter. »Aber du hast die Fäuste benutzt.«

Das hatte er, und spätestens in dem Moment, als der andere steif wie ein Brett von einem Hieb gegen das Kinn nach hinten fiel und auf den Boden schlug, schämte er sich dafür. Doch der Zorn in ihm wog viel schwerer als dieses Gefühl.

»Die einen nehmen mich nicht, weil ich ein Krüppel bin, die anderen behaupten, ich tu nur so, weil ich ein Drückeberger wär!«

»Sie wissen es nur nicht besser, Max.«

»Aber ist das gerecht? Soll ich mich nicht wehren, wenn einer mich einen Lügner schimpft?«

»Wehren sollst du dich, aber nicht mit den Fäusten schlagen, so haben wir dich nicht erzogen.«

Sie hatten ihn auch nicht dazu erzogen, mit einem Gewehr auf andere zu schießen oder mit dem Bajonett auf Fremde loszugehen. Sie hatten ihn nicht gelehrt, Handgranaten zu werfen oder über ein blutgetränktes Feld zu kriechen. Heller schwieg. Warum konnte er nicht gelassen bleiben? Man strafte einen Provokateur am meisten, wenn man ihm die kalte Schulter zeigte.

»Es kommt nicht mehr vor, ich werde nicht mehr saufen«, versprach er. Doch schon am nächsten Tag brach er dieses Versprechen.

Ein gnädiger älterer Schutzmann, Oberwachtmeister Reuffler, brachte ihn in dieser Nacht aus der Kneipe nach Hause, wo ihn seine Mutter stumm in Empfang nahm. So darf es nicht weitergehen, hörte Heller den Polizisten seiner Mutter zuraunen. Doch was wusste der schon vom Krieg?

Derselbe Schutzmann ließ ihn einige Tage später in einer Arrestzelle seinen Rausch ausschlafen, nachdem er ihn am Abend wieder wegen einer Schlägerei aus einer Kneipe hatte holen müssen. Er mahnte ihn dringlich, dies nicht noch ein weiteres Mal geschehen zu lassen, sonst müsste er ihn aufschreiben. Max nickte und war dem Mann mit seinem Kaiser-Wilhelm-Bart dankbar für die Rücksicht. Er ging gar nicht erst heim, weil er wusste, wie Vater und Mutter ihn ansehen würden. Stattdessen ging er zum Hafen, wo ein Lastdampfer festgemacht hatte. Kalt war ihm, hungrig war er, und er zog die Schultern hoch. Es musste doch etwas zu tun geben, dachte er sich, festen Willens, nicht ohne eine Stellung wieder heimzukommen. Sein Vater würde schon sehen, dass er von Nutzen war, dachte er trotzig. Doch im Hafen schüttelten sie alle wieder nur den Kopf. Jeden Elans beraubt, kehrte er um. Vielleicht konnte er im Laden helfen.

Dort angelangt, schwer humpelnd vor Erschöpfung und Schmerz, betrat er das Geschäft. Beide waren da, Mutter und Vater, fragten nicht, wo er die Nacht verbracht hatte, gaben sich beschäftigt. Doch ihr unausgesprochener Vorwurf lag in der Luft.

»Lasst mich doch die Forderungen eintreiben, so kann ich nützlich sein«, begann er, um seinen guten Willen zu zeigen.

»Noch einmal nein«, sagte seine Mutter. Dass sein Vater nicht sprach, machte ihn traurig und wütend zugleich.

»Irgendetwas muss ich tun«, sagte er leise. »Gibt es Lieferungen zu erledigen?«

»Auch nicht, nein. Max, noch hast du Sold. Erhol dich, schlaf.«

»Du weißt, wie jeder Schlaf endet«, hob er die Stimme.

»Aber schlafen musst du doch. Und irgendwann vielleicht, irgendwann wird es besser, dein Schlaf und dein Fuß. Sei nur nicht ungeduldig. Noch keine zwei Wochen bist du daheim.«

Chipka hatte ihm etwas Ähnliches gesagt, doch wie lang sollte dieses Aushalten andauern? »Ich bin nicht ungeduldig. Es sind die Leute. Wie sie mich behandeln. Wie sie mich ansehen. Reden sie etwa nicht? Hier im Laden? Fragen sie nicht, warum ich daheim bin? Und ihr habt Mühe, es zu erklären? Sag!«

Jetzt schwieg Mutter, und das genügte als Antwort.

»Siehst du. Das Maul zerreißen sie sich, sag ich euch. Kaum, dass sie aus dem Laden sind. Dieselben Leute, die ihre Ausstände nicht zahlen. Dummes Pack.«

»Aber sie wissen es nicht besser.«

»Weil sie belogen werden, Tag für Tag. Weil man ihnen sagt, wir siegen, wir siegen, wir siegen, weil man ihnen die Toten verschweigt und die Krüppel. Weil sie glauben, es ist herrlich, im Kriege zu sein, weil der König lügt und der Kaiser. Hörig und dumm.«

»Bist du still, Max!«, zischte Mutter besorgt. »Das lass ja nie jemanden hören! Du wirst eingesperrt, du bist ein Roter, werden sie sagen. Und wenn es zehnmal die Wahrheit ist, was du sagst.«

»Ich habe etwas für dich«, sagte Vater unvermittelt. Heller verstummte, so überrascht war er.

»Ich traf Doktor Breitbach, und er sagte, du musst den Fuß schonen.«

Vater verließ den Laden durch die Hintertür, Max folgte ihm. Im Treppenhaus lehnte das an der Wand, was Vater ihm beschafft hatte. Zwei Krücken. Heller starrte sie entsetzt an.

»Du musst sie nicht für immer benutzen. Nur für den Anfang.« Unsicher hob Vater die Schultern.

»Die nehm ich nicht«, stieß Heller aus.

»Aber du quälst dich doch ...«, begann Vater.

»Nein, du quälst dich, weil du denkst wie die anderen, weil du denkst, ich hab ja gar nichts. Weil du denkst, ich müsste mich nur zusammennehmen.«

»Max!« Nun kam auch seine Mutter durch die Tür. »Er meint es gut!«

»Ja, Mutter, weißt du das? Ich soll damit laufen, damit die Leute nicht mehr fragen. Einer mit Krücken, der seinen Fuß schleift, das ist wenigstens was. Am besten wär's, ich werf mich vor die Elektrische und lass mir den Fuß abfahren. Dann habt ihr einen echten Krüppel im Haus, mit dem könnt ihr prahlen.«

»Max, du bist ungerecht und unverschämt«, schalt seine Mutter ihn. »Vater meint es gut mit dir, wie soll er helfen, wenn du ihn gar nicht erst lässt?«

»Er soll mir ja gar nicht helfen!«

»Aber du ergehst dich in Selbstmitleid und bist allen anderen böse, sogar denen, die zu dir stehen«, schimpfte Mutter, und das war schlimmer, als wenn sein Vater es täte.

Voller Zorn schüttelte Max den Kopf. Selbstmitleid, das wollte er sich nicht gefallen lassen, und schon gar nicht wollte er sich mit diesen Krücken als Krüppel zeigen. »Weg, lass mich, lass mich hinaus. Niemals nehm ich die, lieber geh ich weg.« Er schob seine Mutter beiseite, die sich ihm verzweifelt in den Weg stellte. Inzwischen vernahm er Schritte im Treppenhaus, Wohnungstüren öffneten sich.

»Hört nur alle her!«, rief Max im Zorn. »Fast drei Jahre war ich weg, ein halbes Jahr lag ich im Graben, den Rest im Lazarett, aber es ist nicht genug, nein. Längst nicht genug, es reicht noch nicht. Besser wäre es doch, ich wäre gefallen. Ja, lacht nur, redet nur! Als ich fortging, da war ich noch gut genug für euch!«

Mutter griff nach ihm, versuchte ihn zu fassen, zu bändigen. »Sei jetzt still, Max, du benimmst dich wie ein kleines Kind. Niemand will dir Böses!«

Doch Heller hatte schon die Krücken in die Hände bekommen, hielt die hölzernen Gestelle über den Kopf und drosch sie so heftig auf den Boden, dass sie brachen und Splitter durch die Luft flogen.

»Wär's nicht besser, ich wär tot?«, brüllte er. »Einen Helden hättet ihr gehabt! Einen Stein hätten sie mir meißeln können, sagen, was für ein guter Junge ich war.«

»Max!«, rief Mutter. »Nu beruhig dich doch.« Sie war die Einzige, die es wagte, sich ihm in den Weg zu stellen, nahm ihn bei den Schultern, doch er befreite sich und stürmte zur Tür. Er musste hinaus. Musste die Gedanken betäuben. Er stürmte wieder zur Elbe hinab. Sollten sie doch denken, er wollte sich ertränken. Dabei hatte er das nicht vor, nicht, nachdem er den Krieg überstanden hatte. Aber weg musste er. Von den mitleidigen Gesichtern, dem spöttischen Lachen, von der Mutter, die eigentlich auf seiner Seite stehen sollte.

Er lief und lief. Lief in seinen Schmerz hinein und weit darüber hinaus. Immer elbabwärts lief er, humpelte, vorbei an einem Gefangenenlager, in dem französische Soldaten untergebracht waren. Irgendwo auf den breiten Elbwiesen kam er langsam zur Besinnung. Noch wehrte er sich dagegen, suchte nach dem Zorn, der ihn gerade aus dem Haus getrieben hatte, doch der hatte sich verloren. Eine Schafherde graste. Nichts schien sie aus der Ruhe zu bringen. Der Schäfer war in der Sonne eingenickt. Sein Hund hielt Wache.

Er war ungerecht, wusste Heller und setzte sich ins hohe Gras. Alles war ungerecht. Aber was hieß das schon? Er lebte ja noch. Ihm war heiß geworden, und er hatte Durst, der Schmerz war aus seinem Fuß bis weit übers Knie gestiegen, und das ängstigte ihn. Denn es erinnerte ihn an die immer wieder aufbrandende Entzündung, an die Zweifel und das Hadern, ob nicht besser wäre, sich den Fuß abnehmen zu lassen, ehe die Entzündung zur Hüfte hinaufstieg. Wär ich doch nur gestorben, dachte er und meinte es doch nicht so. Er hatte ja leben wollen und wollte es noch. Es war der Trotz, der aus ihm sprach, und einige Minuten gelang es ihm noch, diesen Trotz hochzuhalten, sich an ihm zu laben, sich auszumalen, wie sie die Todesnachricht aufgenommen hätten, wie Vater über der Nachricht in Trauer stürzte und wünschte, er hätte nie an seinem Jungen gezweifelt.

Oder wie er mit amputiertem Bein heimgekehrt wäre, und die Jungen in seiner Straße hätten ihn bewundert und ausgefragt, wie es dazu gekommen war. Dann hätte Vater etwas zum Prahlen gehabt. Aber er hätte dann ansehen müssen, wie sich irgendwann alle Bewunderung verlor, die Leute sich an den Anblick gewöhnt hätten. Und was blieb, war ein Krüppel, den man zu versorgen hatte.

Irgendwann verwandelte der Trotz sich in Verzweiflung, denn so wie er war, bekam er keine Orden, keine Arbeit, keinen Ruhm. Misstrauen schlug ihm entgegen, Unglaube. Am Abend fürchtete er sich davor, die Augen zu schließen, fiel dann in einen unruhigen, ängstlichen Schlaf, aus dem er jedes Mal von seinem eigenen Schreien geweckt wurde.

War dies sein Preis dafür, dass er noch lebte und alle anderen tot waren? Dass er es Nacht für Nacht noch einmal erleben musste, den Granateinschlag, das lebendig begraben sein, das langsame Ersticken, während die anderen einen seligen ewigen Schlaf schliefen? Wäre er doch dageblieben, dachte er, diesmal ohne Trotz, sondern voller Elend. Man konnte kaum schneller sterben, als von einer Granate zerrissen zu werden.

Warum war ausgerechnet er am Leben geblieben? Siebzehn Mann im Unterstand, liegend in ihren gezimmerten Betten, sitzend auf Stühlen, hockend auf dem Boden, der Leutnant am Tisch, vor dem Eingang die Kameraden. Ein Volltreffer, ein Krater, der sich mit Wasser füllte, mit Blut und Schlamm, in dem Gliedmaßen schwammen, Holzstücke. Alle weg, alle vom Erdboden gefegt. Siebzehn Mann, von denen zwei gerade angekommen waren, noch nicht einmal achtzehn Jahre alt, und von denen die ältesten schon seit der ersten Kriegsminute dabei gewesen waren. Nur er war am Leben geblieben. Er hatte sich das nicht ausgesucht.

Der Schäferhund kam zu ihm, schnupperte an seinem Fuß, zeigte keine Aggression. Heller beugte sich vor, schob ihn weg. »Hau ab, Köter«, sagte er ohne Nachdruck. Der Hund setzte sich, als wäre Heller ein Schaf, das es zu bewachen galt. Er sah sich nach dem Schäfer um, der noch zu schlafen schien.

»Verschwinde, los!«, befahl er dem Hund, doch der sah ihn nur hechelnd an und rührte sich nicht vom Platz.

»Dann geh ich eben«, murrte Heller und erhob sich.

Er ging bis ganz zur Elbe hinunter, stieg vom Treidelpfad hinab zum Wasser. Auf einer Kiesbank zog er sich den rechten Stiefel und die Socke aus, krempelte das Hosenbein hoch und trat mit dem nackten Fuß ins kühle Nass. Es war eine Wohltat. Eine Weile lang blieb er so stehen und betrachtete zwei Segler, die langsam gegen den Strom fuhren. Woher kamen sie? Meißen? Magdeburg? Wohin ging es? In die Stadt, weiter nach Pirna, nach Prag? Es würde eine Ewigkeit dauern, ehe sie ihr Ziel erreichten. Doch irgendwann kamen sie an. Er hatte doch nicht überlebt, um jetzt zu verzweifeln. Er würde allen zeigen, aus welchem Holz er geschnitzt war. Er würde beweisen, dass er kein Betrüger war, kein Simulant. Er würde zu Ullrich gehen und ihn um Arbeit bitten, denn das hatte der ihm ja angeboten. Er musste nur vermeiden, den Eiskeller zu betreten. Aber vielleicht konnte er sich auch daran noch gewöhnen.

»Gerade hab ich nichts«, sagte Ullrich und gab sich abweisend. Er saß in seinem Büro in der Holzbaracke hinter dem Schreibtisch und rauchte. Papiere stapelten sich. Die Lampe brannte, obwohl heller Tag war.

»Ich wollt nur gefragt haben«, verbarg Heller seine Enttäuschung schlecht.

»Und ehrlich gesagt, um den Hof zu fegen und die Jauchegrube zu leeren, bis du doch zu pfiffig.«

»Ich mach alles, ich schäme mich für keine Arbeit. Und gelernt hab ich nichts, nur das Notabitur habe ich, der Krieg kam dazwischen.«

Ullrich schüttelte langsam den Kopf. »Nee, Junge, du müsstest was machen im Büro, etwas Kultivierteres, Schreiber oder Buchhalter vielleicht. Aber den hab ich schon, und der ist auch gut. Dich anzulernen, dafür fehlt mir die Zeit.«

»Nun dann«, sagte Heller, stand auf und hob die Hand zum Gruß, denn er hatte keine Lust, sich noch länger die Ausreden des Mannes anzuhören. Es war ja doch nur Geschwätz gewesen, als er ihm Arbeit angeboten hatte.

Ullrich aber bedeutete ihm mit einer Geste, sich wieder zu setzen, und lächelte jetzt. »Wart noch, Junge, du bist viel zu ungeduldig. Du kannst doch fahren, hast du gesagt, den Fahrschein hast du gemacht? Geht es auch mit deinem Fuß, kannst du den in die Bremse stemmen?«

»Ganz einwandfrei«, log Heller und setzte sich wieder. Probiert hatte er es seit seiner Verwundung nicht mehr.

»Auch einen Fünftonner?«

Heller nickte. Wollte Ullrich ihn vielleicht mit seinem Benz-Laster fahren lassen? Aber was war mit seinem Fahrer?

»Und weißt du dir zu helfen, wenn der Motor mal nicht will?«

»Das hat man mir auch beigebracht.« Auch das war nicht ganz die Wahrheit. Er wusste nur in groben Zügen Bescheid.

Ullrich wollte das jedoch gar nicht überprüfen. »Dann hab ich vielleicht was. Eine Sache. Einen Transport. Ganz unbedenklich.«

Unbedenklich. Warum erwähnte er das, wenn es tatsächlich so unbedenklich war? Heller wurde skeptisch.

»Ein Transport nur? Keine feste Stelle?«

Ullrich grinste wieder, doch nicht spöttisch, sondern anerkennend, so erschien es Heller. »Nur Geduld, Junge. Eines kommt nach dem anderen. Zuerst muss ich dich ja testen.«

»Also?«, gab Heller sich hart.

»In Berlin liegt gelegentlich Ware für mich, die soll nach Dresden. Vorkriegsware. Nichts Verbotenes in dem Sinne.«

»Nein?« In dem Sinne. Wieso erging Ullrich sich in solche Formulierungen?

Ullrich blickte nun ganz ernst. »Nein, da sei ganz unbesorgt, die Frachtpapiere sind in Ordnung. Die Laster haben auch tadellose Papiere. Es ist nur so, dass die Ware natürlich begehrt ist. Da möchten andere gern ihren Fuß draufstellen und ihren Stempel draufdrücken. Deshalb ist es nötig, dass man die Nebenwege fährt, am besten sogar nachts.«

Heller nickte. Ullrich hatte diesen einen Laster behalten dürfen, weil er Hoflieferant war. Die meisten anderen Laster waren zu Kriegsbeginn konfisziert worden. Wenn Ullrich nun von mehreren Fahrzeugen sprach und noch dazu immer wieder betonte, dass alles in Ordnung war, konnte es wohl nur das Gegenteil bedeuten.

»Räuber, meinen Sie? Straßenräuber?«

»Wenn du sie so nennen willst.« Ullrich nickte. »Aber das klingt viel zu dramatisch. Eigentlich ist es nur so, dass ich einen guten Fahrer brauche. Einen verlässlichen, von dem ich weiß, dass er den Anweisungen folgt und keine Sperenzchen macht. Verlässlich bist du ja wohl!«

Das war keine Frage. Heller nickte aber trotzdem.

»Na also. Und, bist du dabei?«

»Ich will's mir überlegen«, sagte Heller freundlich. Dass Ullrich erst Raub und Diebstahl andeutete und dann abwiegelte und ungefragt beteuerte, alles sei in Ordnung, war ihm nicht geheuer. Und dass man um diese Ware so ein Geheimnis machen musste.

»Es ist nicht oft zu fahren, zweimal im Monat vielleicht. Und so weit ist es nicht, die Fahrt als solche dauert drei Stunden, vier vielleicht.«

»Ist recht.« Heller nickte noch einmal. Er wollte lieber nichts damit zu tun haben. Das war nicht die Arbeit, auf die er aus war.

»Du denkst vielleicht, ich mache krumme Geschäfte. So ist das aber nicht, Maxe. Es geht nur darum, nicht zu viel Aufmerksamkeit zu erregen«, lavierte Ullrich.

»Ich hab schon verstanden.« Er fragte sich, warum er nicht einfach ging. Nur weil Ullrich einmal nett zu ihm gewesen war? Ein zweites Mal stemmte er sich aus dem Sitz.

»Hundert Mark springen dabei heraus.« Ullrich sah ihn aufmerksam an.

Heller schnaubte. »Dafür lohnt sich doch die Fahrt nicht, oder?«

Ulrich senkte die Stimme. »Für den Fahrer.«

Das war allerdings ein Pfund, mit dem Ullrich jetzt wucherte. »Hundert Mark?«, fragte Heller leise und sank in den Sitz zurück. »Für eine Fahrt?«

Ullrich nickte. »Und davon zwei im Monat, manchmal drei.«

Zweihundert Mark im Monat, dreihundert vielleicht. Das war sechsmal so viel, wie der Laden abwarf. »Und … und wie …«

Darauf hatte Ullrich nur gewartet. »Du bekommst einen Zugfahrschein nach Berlin. Ich geb dir eine Adresse, die du im Kopf behalten musst. Auf einem Lagerplatz übergibt dir jemand einen Laster, den bringst du nach Dresden. Es ist ganz einfach.«

Es hörte sich wirklich nicht kompliziert an. Aber warum machte Ullrich es dann nicht selbst und sparte das Geld?

»Und … wenn mich jemand aufhalten sollte, also die Leute, von denen Sie sprachen?« Nun erst verstand er, wen Ullrich meinte, wenn er von Straßenräubern redete: die Preußische oder die Königlich Sächsische Landgendarmerie.

»Dann bist du der Fahrer, hast Frachtpapiere. Sonst weißt du von nichts und bist fein raus.«

»Und warum ich? Wo ist der letzte Fahrer?«

Ullrich lächelte nur. Heller nickte. Für eine solche Geldsumme sollte man wohl nicht zu viele Fragen stellen.

»Ich schicke dir einen Laufburschen, wenn es so weit ist.«

»Also gut.« Nun wollte Heller wirklich gehen. Mit sehr gemischten Gefühlen. Er war nicht sicher, ob er dabei sein sollte. Das war nichts Gutes, was er da tat. Doch der Gedanke an hundert Mark war zu verlockend. Damit konnte man für vier Wochen ein Zimmer mit Frühstück mieten und hatte immer noch die Hälfte übrig. Außerdem wollte er Ullrich nicht enttäuschen, nachdem er seine Dienste so angeboten hatte.

»Eins noch, Max«, sagte Ullrich, und plötzlich war der freundliche Tonfall in seiner Stimme verflogen. Er hatte sich offenbart, hatte die Karten auf den Tisch gelegt. Es gab keinen Grund mehr, väterliche Gefühle zu zeigen. Heller hielt noch einmal inne, sah den großen Mann an.

»Du bist ein gescheiter Kerl, aber trotzdem sag ich es dir: Du wirst mit niemandem darüber sprechen.«

»Käme mir nicht in den Sinn.«

Ullrich war noch nicht zufrieden. »Und besser wär's, gar nicht erst angehalten zu werden. Von niemandem.«

»Ist auch gut.«

»Und noch was, Maxe. Du wirst einen Beifahrer bekommen.«

»Ist gut«, sagte Heller leise, weil es ihm einen Stich versetzte. Denn das bedeutete, dass Ullrich ihm nicht vertraute. Ullrich musste sichergehen, dass seine Ladung nicht verschwand oder der Laster allzu schnell aufgegeben wurde.

»Gut, Max, bis hier ist alles gesagt. Aber warte noch. Hier ist ein kleiner Vorschuss!« Ullrich kam hinter seinem Schreibtisch hervor und drückte Heller zwei Geldscheine in die Hand. Dabei hielt er seine Hand ganz fest und wurde wieder väterlich.

»Kauf dir etwas zum Anziehen. Mit diesen Sachen am Leib wirst du aussehen, als hättest du den Laster gestohlen. Verschwende das Geld nicht an irgendwelche Weibsbilder. Und nimm dir ein Zimmer, Max. Alt genug, das Haus zu verlassen, bist du allemal. Und noch was, etwas Privates; es geht mich zwar nichts an, aber sei deinem Vater nicht gram. Der weiß nur nicht, was er denken soll. Er weiß nicht, was da vor sich geht, er möchte gern glauben, dass Krieg etwas Herrliches ist. Und nun sieht er dich und versteht das alles nicht.«

»Waren Sie in einem Krieg?« Was wusste Ullrich von ihm und Vater? Oder ahnte er es nur?

»Nee, Junge, aber ich bin rumgekommen in der Welt, ich sehe mit offenen Augen. Mir macht man nichts vor. Was hast du davon, für dein Land zu sterben oder für den Kaiser? Tot bist du so oder so, und weder dein Land noch dein Kaiser weiß deinen Namen. Das alles ist nur Trug. Nur Dummenfang!«

Das waren harte, klare Wort, wie Max sie noch nie von einem anderen gehört hatte. Es waren genau seine Gedanken, aber sie galten als Hochverrat und wurden in diesen Zeiten sicher mit dem Tode bestraft. Max konnte nur staunen und verließ das Büro ohne Erwiderung.

Zwanzig Mark hatte Ullrich ihm in die Hand gedrückt, stellte er draußen fest. Genug, um sich ein Zimmer zu suchen. Und er wusste auch schon wo. Das Haus gehörte einer älteren Dame, stand etwas abseits in der Nähe des Ballhauses am Elbufer, aber nur ein paar Minuten Fußweg von der Wohnung seiner Eltern entfernt. Es hatte acht Zimmer, von denen zwei im ersten Obergeschoss belegt waren. Frau Krämer wohnte mit ihrem Dienstmädchen im Erdgeschoss. Sie gab sich ganz als feine Dame, wirkte jedoch selbst wie das Haus an sich, einstmals sehr schick, inzwischen angeschlagen und sichtlich gealtert. Martha, die Dienstmagd, war eine junge Frau mit stets fröhlichem Gesicht und erstaunlicher Oberweite. Sie war für alle Arbeiten zuständig, die im Hause anfielen, heizte die Öfen, stellte das Frühstück bereit, bezog die Betten, machte sauber. Offenbar war sie mit ihrem Leben bei Frau Krämer zufrieden. Das mochte auch daran liegen, dass die ältere Dame sehr schlechte Augen hatte und kaum sah, wie genau sie es mit dem Reinemachen nahm.

Die zweite Etage stand leer, doch Heller zog freiwillig ganz oben in die dritte Etage. So würde man ihn nicht hören, hoffte er, wenn ihn seine Träume plagten. Es war ausgemacht, dass er Frühstück bekam, Kaffee, falls vorhanden, wenigstens Tee, und zwei Stullen mit Butter oder eben Margarine. Die Zeiten waren schlecht, und es war schwer für Frau Krämer, zahlungskräftige Untermieter zu finden. Also begnügte sich die Frau mit fünf Mark die Woche. Dafür sollte er Martha keine schönen Augen machen, durfte auch sonst keinerlei Frauenbesuch auf seinem Zimmer empfangen und musste abends vor 22 Uhr zurück sein. Da er aber alle Schlüssel hatte, war dieser letzte Punkt für ihn nicht weiter von Belang. Es fiel ihm jedoch schwer, Martha nicht hinterherzusehen. Inzwischen weckte der Anblick einer jeden jungen Frau gewisse Begierden in ihm. Marthas Anblick jedoch ganz besonders, und auch sie musterte ihn während seines Gesprächs mit der Krämer mit tiefen Blicken.

Sein nächstes Vorhaben lenkte ihn davon ein wenig ab. So unangenehm es auch war, er musste daheim Bescheid sagen. Darauf hätte er gern verzichtet. Um seine Kleidung zu holen, hätte er sich zwar auch einfach tagsüber in die Wohnung schleichen können, wenn seine Eltern im Laden waren, doch diese Blöße wollte er sich nicht geben.

Dieses Vorhaben dann umzusetzen, fiel ihm noch schwerer als gedacht. Mutter sah auf, als er den leeren Laden betrat. Sie machte ihm keinen Vorwurf, fragte nicht, wo er in den letzten Stunden gewesen war, schien nur froh zu sein, dass er überhaupt wieder erschien.

»Mutter«, begann er zu sprechen, da betrat Vater den Laden. Max verstummte. Es wäre ihm lieber gewesen, es nur seiner Mutter zu sagen, damit sie es dann Vater beibrachte.

»Mutter, Vater«, begann er aufs Neue. »Ich bleib hier nicht. Ich zieh zur Krämer ins Haus«, stieß er dann hervor, und das Herz schlug ihm bis zum Hals.

Beide schwiegen lang. Dann kam Kundschaft in den Laden. Heller trat beiseite. Die Frau, ein kleines Kind an der Hand, verlangte artig nach Bindfaden und Lampenöl und nahm einen Kanten Hartkäse mit. Das Kind, ein Junge von vier Jahren, drehte sich zu Heller um, sah ihm zuerst auf die Füße, dann neugierig zu ihm hinauf.

Das konnte nicht sein, dachte Heller, dass der von mir weiß, doch er fühlte sich angestarrt und durchleuchtet. Es war kaum möglich, dem Blick des Kindes standzuhalten.

Dann war die Frau fertig und verließ den Laden wieder.

»Ist gut«, sagte Mutter jetzt leise. »Dann mach das, bist alt genug, und eine Weile wird dein Geld wohl reichen.«

»Sei unbesorgt«, sagte Max, und ihm war jetzt viel leichter ums Herz. »Ich suche mir Arbeit. Ich verdiene mein Geld, ihr werdet sehen, und wenn ihr mich braucht, verlangt nach mir. Die Krämer hat ein Telefon. Oder ihr schickt jemanden.« Nun schien es fast zu leicht, dachte er, nun war er fast enttäuscht, dass sie es einfach hinnahmen und nicht einmal Mutter versuchte, ihn zurückzuhalten.

»Ich gehe hoch und hole noch ein paar Sachen von mir.«

»Es sind noch Bemmen oben, in Ölpapier eingeschlagen, die sind für dich«, sagte Mutter.

Heller nickte und verließ den Laden, ohne dass Vater nur ein Wort gesagt hatte.

Ullrichs Auftrag kam viel schneller als gedacht. Heller hatte sich noch nicht mal eingelebt in seinem kleinen Zimmer, in dem ein Bett, ein Schrank und ein Tisch mit einer Waschschüssel und einem Spiegel standen. Außerdem hatte er noch keine wirkliche Gelegenheit gehabt, Martha über den Weg zu laufen. Immer war die Krämer in der Nähe. Schon zwei Tage nach seinem Umzug kam ein Junge zu ihm, meldete, Herr Ullrich ließe bestellen, dass er sich am nächsten Tag auf den Weg machen sollte. Er reichte ihm ein Zugbillet und nannte ihm eine Adresse, die er Heller auf Ullrichs Geheiß dreimal wiederholen ließ, gab ihm weitere Informationen, was im Notfall zu sagen war, und richtete freundlichst aus, dass er doch versuchen sollte, tagsüber ein wenig zu schlafen, damit er in der Nacht wach bliebe.

Max gab sich gelassen, dankte, und gab dem Jungen zehn Pfennige. Dann aber übermannte ihn doch die Aufregung. Es war lang her, dass er einen Laster gelenkt hatte. Er konnte nur hoffen, dass es ihm wirklich gelang, zumal ein Beifahrer dabeisitzen würde, sodass ihm keine Zeit blieb, sich daran zu gewöhnen. Er tröstete sich, dass sie im Dunkeln fahren würden, mit wenig Verkehr. Abspringen konnte er nun sowieso nicht mehr, von Ullrichs Vorschuss hatte er mehr als die Hälfte verbraucht, hatte damit die Kaution für Frau Krämer, eine Hose und eine wattierte Jacke bezahlt, außerdem eine Mütze aus Stoff, ähnlich wie Ullrich sie aus Leder trug. Ein Schieberdeckel, hatte die Verkäuferin lächelnd gemeint. Ganz passend, dachte sich Max insgeheim, irgendeine Schieberei wird es schon sein, die Ullrich ihm da aufgetragen hatte.

Für die Fahrt machte Heller sich seine alte lederne Schultasche zurecht, die auch als Aktentasche durchgehen konnte. Er legte seine Papiere hinein, damit es einen geschäftlichen Eindruck erweckte, sollte er wirklich aufgehalten werden. Doch das würde schon nicht passieren. Es gab so viele Straßen, und ein Laster in voller Fahrt war sehr schnell. Er konnte nur noch hoffen, dass der Lkw lief wie geschmiert, damit seine zweifelhaften Fähigkeiten als Mechaniker gar nicht erst auf die Probe gestellt werden mussten. Seinen Eltern wollte er nichts davon sagen. Sie würden sich nur unnötige Sorgen machen.

Am nächsten Tag, nachdem er in der Nacht ausgesprochen schlecht geschlafen hatte und sich auch tagsüber trotz Müdigkeit keine Ruhe einstellen wollte, nahm er den Mittagszug nach Berlin und wurde schon auf dem Neustädter-Bahnhof kontrolliert. Ein Schupo prüfte eingehend seine Entlassungspapiere, seinen Pass, sein Soldbuch, fragte nach seinem Weg und seinem Ziel. Hellers Herz pochte noch schlimmer als bei seinem letzten Gespräch mit den Eltern. Er erklärte, in Berlin eine Tante besuchen zu wollen, Frau Elwira Hassbeck, wohnhaft in Dahlwitz bei Hoppegarten, Landgrabenstraße 110. Ob es diese Adresse wirklich gab, wusste Heller nicht, doch auf den Wachtmeister machte sie genügend Eindruck, um Heller laufen zu lassen.

Es war gar nicht notwendig, doch Heller humpelte absichtlich noch mehr, als er in Richtung seines Bahnsteigs davonging. Nun bereute er, dass er in seiner Wut die Krücken zerschmettert hatte, denn hier hätten sie ihm gute Dienste leisten können, um seine Verletzung zu verdeutlichen, fragende Blicke zu vermeiden. Vater hatte es auf seine Art wirklich nur gut gemeint. Und Geld gekostet hatten sie auch. Er musste es zurückzahlen und wohl wirklich lernen, seinen Zorn zu zügeln. Und er musste den Leuten zugestehen, dass sie sich womöglich einfach nur interessierten, musste lernen, dass nicht jeder Blick misstrauisch war, dass sich die meisten aber wohl einfach einen Dreck um ihn scherten.

Die Zugreise zog sich ewig, niemand sprach ihn an in seinem Abteil. Seine Aufregung flaute ab und verwandelte sich in Neugier. Es war ein Abenteuer, brachte Schwung ins Leben. Er aß von den Broten, die er sich gemacht hatte, und bei einem Zwischenhalt eine Bockwurst, die nur zur Hälfte aus Fleisch bestand, das sicherlich zweifelhaften Ursprungs war. Doch wer in diesen Zeiten Wurst aß, wusste, worauf er sich einließ. Noch dazu war sein Magen vom Krieg viel Schlimmeres gewohnt. Von Kommissbrot über Wassersuppe, dicken geschmacklosen Brei und Konservenfraß bis hin zu von Maden zerfressenem Zwieback hatte er alles bekommen.

Noch vor Berlin stieg er aus, inzwischen war es früher Abend. Niemand beachtete ihn. Jeder war mit sich und seinem Gepäck beschäftigt. Mit einem Pferdeomnibus fuhr er weiter, zusammen mit müden Arbeitern, die einen weiten Heimweg hatten, sowie Bäuerinnen, die mit leeren Körben vom Markt heimkehrten. Es war eine ländliche Gegend, und er wunderte sich, dass dies alles noch zu Berlin gehörte. Wahrhaft riesig war diese Stadt. Die letzte Strecke musste er laufen, nachdem er sich vom Kutscher den Weg hatte erklären lassen. Hier war niemand mehr auf der Straße, es wurde finster, Beleuchtung gab es nicht, kein Hund bellte. So war er regelrecht erleichtert, als er das Schild erkannte: *Baugeschäft und Lagerplatz Hentschel.* Seine Taschenuhr verriet ihm, dass es schon nach neun war. Das Tor war verschlossen, und Heller klopfte an die Tür einer Bretterbude.

Jemand trat hinter der Bude hervor und sprach unverkennbar Berlinerisch: »Du kommst von Ullrich?«

Heller zuckte erschrocken zusammen.

»Wo ist der zweite Mann?« Die Gesichtszüge des Fremden blieben im Dunkeln, sein Alter war schwer zu schätzen.

»Ich bin allein gekommen, so wurde ich angewiesen.«

»Na ja, noch ist Zeit. Zijarette?«

Heller schüttelte den Kopf. Der Mann steckte sich selbst eine an, das Licht des Streichholzes erhellte für einen Moment sein Gesicht, das von einer schrecklichen Narbe verunstaltet wurde.

»Musst nicht erschrecken«, kommentierte der andere Hellers Blick trocken. »Man hat mich als Kind aus einem Feuer gerettet.«

»Bitte um Verzeihung«, sagte Heller und genierte sich dafür, dass man ihm sein Entsetzen wohl so deutlich angemerkt hatte.

Der Fremde winkte nur ab. »Mit der Zeit gewöhnt man sich an alles, und ich bin es seit fünfzig Jahren gewöhnt. Du lahmst recht, kannst du fahren? Oder bist du der Beifahrer?«

»Ich fahre!«, sagte Heller mit gewissem Stolz. Hier würde es ihm leichtfallen. Hier war weit und breit kein Polizist oder Gendarm. Wenn hier der Motor eines Lasters dröhnte, würde es keiner bemerken. Hier gab es keinen Stadtverkehr mit engen Straßen, Bahnen und Kutschen.

»Der Tank ist voll, aber du wirst unterwegs auftanken müssen. Auf der Ladefläche stehen Kanister, Stücker drei zu je zwanzig.«

Heller nickte. Er kannte die Kanister, die aussahen wie zu große blecherne Arzttaschen. Ein voller Tank und sechzig Liter Reserve sollten ausreichen bis nach Dresden. »Sonst noch was?«, fragte er, gab sich gelassen.

Der andere schüttelte den Kopf und stieß Rauch aus. »Der Motor läuft eins a, hatte noch nie Probleme. Papiere liegen auf deinem Sitz.«

Heller nickte wieder, fragte sich, wo der zweite Mann blieb. Davon abgesehen, dass dieser wohl auf ihn aufpassen sollte, war es sicherlich nicht schlecht, jemanden als Gesellschaft zu haben.

»Eine Landkarte auch?«

Der Fremde hielt kurz inne. »Du hast keine? Dann will ich dir einen Autoatlas leihen. Hab einen von Continental. Den lässt du im Laster. Und für das nächste Mal besorgst du dir selbst einen. Du fährst Nebenwege, hältst so wenig wie möglich an, und sollte sich jemand dir in den Weg stellen, fahr einfach drauf zu und Kopf runter. Die springen schon.«

Heller nickte. Doch wer sollte sich ihm in den Weg stellen? Er würde doch niemanden umfahren müssen?

»Und eines schreibst du dir hinter die Ohren. Was immer geschieht, hierher kommst du nicht zurück, du nennst auch die Adresse nicht. In den Frachtpapieren steht, was du zu sagen hast. Sollte es hart auf hart kommen, bist du auf dich gestellt.«

»Ist recht«, sagte Heller. Der Mann hätte ihm das nicht sagen müssen. Weil er es sowieso wusste, und weil es nicht gerade dazu beitrug, ihn zu beruhigen.

»Haste eine Spritze dabei?«

»Nein!« Wozu sollte er eine Pistole brauchen? Um einen Gendarmen zu erschießen? Oder gab es wirklich Straßenräuber, gegen die es sich zu wehren galt?

»Auch gut«, brummte der andere. »Da kommt wer!«

Der Mann machte einen Schritt zur Seite und verschwand dann ganz unvermittelt in der Finsternis.

Tatsächlich kam jemand näher, unter seinen Füßen knirschte der Sand.

»Bist du allein?«, sprach der Mann Heller an.

»Nein, ich …« Weiter kam Heller nicht, denn der andere trat wieder aus seinem Versteck.

»Zeit, dass du kommst!«, knurrte er und steckte etwas weg, das Heller erst jetzt als Revolver erkannte.

»Wurde aufgehalten«, sagte der Neue. »Das ist ja ein Grünschnabel«, murrte er dann, nachdem er Heller etwas näher betrachtet hatte.

»Ich war im Krieg, in zwei Schlachten, und verwundet war ich noch dazu. Grüner als du kann ich nicht sein«, sagte Heller, doch der andere blieb davon unberührt.

»Soll mir recht sein«, sagte er nur. »Gehen wir nach dem Lastwagen sehen.«

Der Wagen war ein Benz. Heller hüpfte das Herz, und er vergaß darüber den latenten Schmerz im Fuß. Denn diesen Wagen kannte er. Er fuhr auf Stahlrädern und Vollgummireifen, und kaum hatte er die Tür geöffnet und Platz genommen, war alles wieder da, so als wäre er gestern erst vom Bock gestiegen. Wie man kuppelte, Zwischengas gab, die Bremse nutzte, dass die Räder nicht stempelten, das alles wusste er.

Er griff nach den Frachtpapieren, las dort, dass sie Talkumpulver geladen hatten, für eine Gummifabrik in Dresden. Dreißig Fässer. Was außerdem noch in denen steckte, sollte ihm egal sein. Davon konnte er nichts wissen, er war ja nur der Fahrer. Der Motor ließ sich mit der Kurbel ohne Murren starten, bollerte und schnurrte vertrauenerweckend. Die Pedale ließen sich auch mit schmerzendem Fuß gut bedienen, wenn es auch über die Zeit recht anstrengend werden würde. Sicher konnte er auf langen Geraden den linken Fuß nutzen, um das Gaspedal zu drücken.

Sein Beifahrer, der sich nicht vorgestellt hatte, prüfte derweil die Ladung, zählte die Fässer, zurrte die Gurte fest, überprüfte die Reifen. Dann wechselten die beiden Fremden noch ein paar Worte, reichten sich die Hand, und obwohl es völlig finster war, schien es Heller, als hoben sie die Faust zum Gruße.

Augenblicklich wurde ihm speiübel. Konnte es sein, dass es Rote waren? Kommunisten, Anarchisten? Und was hatten sie auf dem Wagen? Sprengstoff oder Munition? Waffen? Wollten sie einen Anschlag verüben, half er gerade dabei, ein Attentat vorzubereiten? Auf einen Minister etwa? Oder galt es dem König? Er begann zu zittern, musste seine Hände ans Steuerrad klammern. Worauf hatte er sich eingelassen?

Nun stieg sein Beifahrer ein, und auch seine Jacke beulte verdächtig. Trug auch er eine Pistole?

Der andere öffnete das Tor, winkte sie eilig hinaus. Heller kuppelte, gab Gas. Der Laster fuhr an, ruckte kurz, und los ging die Fahrt.

Erst jetzt fiel ihm auf, dass er den Atlas gar nicht bekommen hatte. Doch sein Beifahrer schien den Weg gut zu kennen.

»Fahr rechts, dann geht es eine halbe Stunde nur geradeaus«, meinte der.

Heller tat wie geheißen. Die Fahrt selbst ging sich gut an, die Scheinwerfer gaben gerade genug Licht. Die Straße war völlig leer. Wenn sie weiter so gut durchkamen, würden sie morgens um vier am Ziel sein. Doch insgeheim fragte er sich, ob er nicht vielleicht einfach in einem Waldstück anhalten und fliehen sollte. Andererseits hatte der andere sicher nicht umsonst eine Waffe dabei. Und wohin sollte er auch? Heim, um Ullrich der Polizei zu melden? Der würde längst über alle Berge sein. Oder versuchen, ihn zum Schweigen zu bringen.

»Halte Obacht. Manchmal läuft Wild ins Licht«, sagte der Beifahrer.

»Werd's mir merken«, erwiderte Heller gepresst. Aus dieser Sache kam er nicht mehr raus. Er musste sie durchstehen.

»Vielleicht erwischst du einen Fuchs, dem zieh ich dann das Fell über die Ohren. Kenn welche, die zahlen fünf Mark dafür.«

Heller erwiderte nichts, er würde sowieso nicht anhalten. So lautete seine Anweisung.

»Falls du müde wirst, ich hab etwas«, sagte sein Beifahrer und klappte eine flache Dose mit weißem Pulver auf. »Das macht dich wach für ein paar Stunden.«

»Es wird schon gehen«, entgegnete Heller, und eine Weile fuhren sie schweigend weiter. Das konnte eine lange Fahrt werden, dachte er sich, vor allem, wenn man die ganze Zeit darüber grübelte, was auf der Ladefläche lag.

»Sag, was haben wir eigentlich geladen?«, fragte er schließlich, als er den Gedanken nicht mehr ertrug, dass sie Dynamit oder Gewehre transportierten.

»Das soll dich nicht kümmern«, erwiderte der Beifahrer.

»Es kümmert mich aber«, hielt Heller dagegen.

»Wenn es Ullrich dir nicht gesagt hat, wirst du es von mir auch nicht erfahren.«

»Ich will nur wissen, womit ich es zu tun habe, sollte uns die Gendarmerie anhalten.«

»Weiß ich, ob du mich für Ullrich ausspionierst? Von mir erfährst du kein Wort!«

»Tu ich nicht! Bin kein Spion und keine Petze.«

»Schweig jetzt und fahr.«

»Ich kann auch anhalten und nachsehen, ich habe keine Angst vor deinem Revolver. Habe viel Schlimmeres ausgehalten im Krieg.«

Sein Beifahrer ließ sich nicht beeindrucken, schwieg beharrlich. Dabei sah er ihn an, und Heller wagte es nicht, noch weiter nachzubohren. Der nächste Schritt wäre nämlich, seine Drohung wahr zu machen, anzuhalten, auf die Ladefläche zu steigen. Was aber, wenn der andere wirklich schoss, sobald er auf die Bremse trat? Er würde den Laster sicherlich auch allein zum Zielort bringen können. Niemand wüsste davon. Er würde hier im Wald liegen gelassen, und seine Eltern würden sich vergeblich fragen, wo er blieb. Denn sie ahnten ja nicht einmal, dass er hier war. Worauf hatte er sich nur eingelassen?

Lange fuhren sie weiter, eineinhalb Stunden mit etwa sechzig Stundenkilometer. Asphaltierte Strecken gab es zwar, die meisten Straßen jedoch waren gepflastert, einige ganz unbefestigt. Staubwolken zogen ihnen hinterher, die am Tage weithin sichtbar gewesen wären. Sie konnten trotzdem von Glück reden, dass es nicht geregnet hatte. Im Schlamm und auf nassem Kopfsteinpflaster wäre die Fahrt anstrengend und gefährlich gewesen. Und sollten sie tatsächlich Dynamit transportieren, konnte jeder Unfall in einer Katastrophe enden.

Die Federung des Lasters war sehr starr, jeder Schlag ging durch Mark und Bein. Hellers Fuß schmerzte, und langsam steigerte sich die Pein. Doch irgendwann würden sie tanken müssen. Dann würde sein Fuß endlich eine kurze Pause bekommen. Er wünschte, er wäre seinen Kollegen nicht so harsch angegangen, denn nun kam keinerlei Gespräch auf, und die Müdigkeit wurde zu einem Problem. Von dem weißen Pulver aus der Dose seines Beifahrers aber wollte er nichts wissen. Aber vielleicht würde der andere Mann ja den Tank befüllen, dann könnte Heller fünf Minuten lang die Augen schließen.

Nach zweieinhalb Stunden erregte ein weißes Band seine Aufmerksamkeit, das an einen Baum am Straßenrand gebunden war und sich müde im Wind bewegte. Kurz darauf sah er noch ein zweites.

»Nimm an der nächsten Kreuzung den linken Abzweig«, befahl sein Beifahrer.

»Was bedeutet das?«, fragte er.

»Frag nicht, das hat schon seine Ordnung.«

»Warum soll ich nicht fragen?«, hakte Heller nach und bremste leicht ab. War der andere vielleicht ein Spion für die Polizei? Oder verfolgte er andere Pläne als Ullrich? Es waren alles Verbrecher, was galt da schon ein Wort? Würden sie nicht jeden zum eigenen Vorteil verraten oder um die eigene Haut zu retten?

»Drück einfach wieder aufs Gas. Die nächste links. Da ist schon der Abzweig!«

»Und wenn nicht? Wenn ich weiterfahre?«

»Wirst du sehen!« Der Mann nahm seine Pistole und richtete sie auf Heller.

Der folgte dem Befehl widerstrebend.

Sie nahmen die Abzweigung und erreichten ein weites Feld. Im Mondlicht konnte man hier weit blicken, so sah Heller die Gestalten schon von Weitem.

»Wer ist das?«, fragte er und wurde erneut langsamer. Das konnte eine Falle sein, sein Beifahrer ein Verräter. Sie würden ihn umbringen und den Laster nehmen. War dies das Leben eines Kriminellen? Nie zu wissen, auf wen man sich einließ, keinem trauen zu können?

»Junge, fahr normal weiter!«, mahnte der andere.

Heller sah ihn kurz an. »Sonst wirst du mich erschießen, oder was?« Was nützte es ihm, auf den Mann zu horchen, nur um ausgeraubt und von diesen Männern umgebracht zu werden? Da ließ er es lieber auf einen Kampf ankommen.

Sein Beifahrer ahnte wohl seine Gedanken, denn er drückte Heller die Mündung der Waffe in die Rippen. »Du wirst jetzt weiterfahren, und alles wird gut. Tust du es nicht, sind wir beide dran.«

Heller kniff die Lippen zusammen und unterdrückte seinen Zorn. Er beschleunigte den Laster wieder, machte sich aber bereit, sofort auszuweichen oder umzulenken. »Ich werde auf jeden Fall nicht allein draufgehen!«, drohte er.

»Bleib ruhig«, sagte der Beifahrer und ließ jetzt die Pistole unter seinem Jackenaufschlag verschwinden. »Brems ein wenig ab.«

»Wenn es Räuber sind, ducken wir uns, und ich überfahre sie. So hat es Ullrich gesagt.«

»Brems ab!«, befahl der andere nur.

Heller bremste wieder, und langsam näherten sie sich den Gestalten. Diese winkten mit einer Taschenlampe. Als er nahe genug war, erkannte er, dass es sich um preußische Gendarmen handelte. Erschrocken sog er Luft durch die Zähne.

»Wenn das Verrat ist, wirst du es bereuen«, drohte Heller, doch seine Stimme zitterte.

»Ruhig. Rede nur, wenn sie fragen. Sag nur das Nötigste. Sie werden die Papiere verlangen. Wo sind die?«

»Die Papiere sind in meiner Tasche.«

Der Beifahrer griff nach der Tasche, suchte in ihr nach den Papieren und tat dabei auch etwas hinein.

»Wenn er sie verlangt, gib sie ihm.«

»Du wirst nicht auf sie schießen«, keuchte Heller.

»Sei jetzt still!«

Heller kam nicht mehr dazu, irgendwas zu fragen. Er musste jetzt anhalten. Die drei Gendarmen stellten sich dem Lastwagen in den Weg. Einer hielt die Pferde. Einer richtete das Gewehr direkt auf Heller. Der Dritte trat zu ihm ans Fenster.

»So spät unterwegs?«, fragte der Gendarm, leuchtete mit seiner Taschenlampe in den Wagen, dann Heller ins Gesicht.

»Ja«, antwortete Heller, blinzelte, fühlte sich gedrängt etwas zu sagen, sich zu erklären, doch ihm fiel nichts ein.

»Eilige Fracht?«, fragte der Gendarm, dessen Gesicht ganz im Dunkeln blieb.

»Haben Sie Papiere?«

»Jawohl.«

»Vorzeigen!«

Heller nickte, nahm seine Tasche auf den Schoß und suchte nach den Papieren. Dabei fiel ihm auf, dass in seinem Pass ein Umschlag steckte. Wenn sich darin Geld befand, dann war das ein Versuch der Bestechung.

Der Gendarm mit der Pickelhaube nahm die Papiere, leuchtete hinein, blätterte. Heller hielt den Atem an, als er den Umschlag fand.

»Destination?«, fragte der Gendarm.

»Dresden, Pieschener Hafen.«

»Ware an Bord?«

»Dreißig Fässer Talkumpulver. Neunhundert Kilogramm.«

»Wozu benötigt man das?«

»Verzeihen Sie, Herr Gendarm, ich fahre nur. Ich nehme aber an, zur Galvanisierung. Es ist für die Gummifabrik Leupolt. Wettiner Straße 26.« Das hatte er sich alles gemerkt.

»Sonst etwas?«

»Bitte, Herr Gendarm?«

»Geladen? Sonst etwas?«

»Nein, Herr Gendarm. Es sei denn, die drei Brennstoffkanister zählen.«

Der Gendarm reagierte nicht, blätterte nur weiter in den Papieren, die anderen beiden standen stumm da. Die Pferde schnaubten. Es vergingen Sekunden, die Heller endlos erschienen. Er hatte keine Ahnung, was geschehen würde. Sollte er ein Fass öffnen müssen, konnte er nur hoffen, dass der Beifahrer wusste, welche davon unbedenklich waren. Heller wagte einen kurzen Blick nach rechts zum Beifahrer, der seine Hand unter der Jacke hielt.

Himmel, wenn der zu schießen begann und verlangte, dass er losfuhr, wäre er an einem Mord beteiligt. Und so schnell fuhr der Laster nicht an, dass ihn die Pferde nicht einholen konnten. Und wenn sie das Feuer erwiderten und die Fässer Dynamit enthielten, dann würde von ihnen nichts übrig bleiben.

»Also gut, scheint alles seine Richtigkeit zu haben.« Der Gendarm reichte ihm die Papiere zurück, und wie Heller sah, war der Umschlag verschwunden.

»Und Ihr Beifahrer, der ist stumm und taub?«

»Keineswegs«, erwiderte der Mann jetzt.

»Ihre Papiere!«

Der Beifahrer zog die Hand aus der Jacke. Heller hielt die Luft an. Doch in seiner Hand hielt er lediglich seinen Pass, in dem ebenfalls ein Umschlag steckte.

Der Gendarm blätterte auch darin herum. »Drussel, Norbert. Sie waren im Zuchthaus?«, fragte er mit leisem Hohn in der Stimme.

Auch das noch, stöhnte Heller innerlich. Ein verurteilter Verbrecher als Beifahrer. Sein Schicksal war besiegelt.

»Drei Jahre, zwei Monate, auf Kosten des Kaisers, Herr Gendarm«, knurrte der Beifahrer. »Ein großartiges Vergnügen.«

Zuchthaus, dachte Heller. Himmel, ein Schwerverbrecher, mit so einem saß er hier zusammen. Drei Jahre, das musste Totschlag gewesen, schwerer Raub vielleicht.

Der Gendarm schnaubte. Es klang, als wäre er belustigt und angewidert zugleich. Was gab der sich so hochmütig, dachte Heller grimmig. Er war schließlich selbst bestechlich, machte gemeinsame Sache, und konnte ganz schnell genauso enden.

Der Gendarm gab den Pass zurück. »Dann wünsche ich gute Fahrt.«

Der Beifahrer beugte sich hinüber, um den Pass wieder an sich zu nehmen.

»Hol Luft, Junge«, raunte er Heller zu. »Leg den Gang ein und fahr!«

Heller nickte und fuhr ruckend an wie ein Anfänger, schaltete hoch, und endlich kamen sie richtig in Fahrt. Im Spiegel sah er die Gendarmen in der Dunkelheit verschwinden. Nun erst konnte er durchatmen. Er schnaufte, musste ein Lachen unterdrücken, das in ihm aufstieg, da jetzt alle Anspannung abgefallen war. Doch er nahm sich zusammen. Der andere sollte nichts bemerken. Und die Fahrt war noch nicht zu Ende.

»Nun weißt du ja Bescheid«, sagte der Beifahrer nach einigen Minuten. »Ein Zuchthäusler war ich.«

Heller antwortete nicht. Wusste nicht, was er sagen sollte, wusste nicht, wie man mit solchen Menschen sprach.

»Körperverletzung mit Inkaufnahme des Todes«, erklärte Drussel von allein. »Verstoß gegen Bewährung, es war schon meine zweite Verurteilung. Nach drei Jahren kannte ich jeden Millimeter meiner Zelle auswendig. Wegen dem Krieg wurde ich zwei Monate eher entlassen.«

Noch immer hatte es Heller die Sprache verschlagen. Natürlich bekam man es mit solchen Männern zu tun, wenn man sich auf Schiebereien einließ. Wer war er in den Augen des Gendarmen, wenn er einen aus dem Zuchthaus als Beifahrer hatte?

»Man hat es nicht leicht als Entlassener«, setzte Drussel fort. »Man will vorwärtskommen, raus aus dem kriminellen Geschäft, und kann es nicht. Niemand stellt dich ein, niemand will dich als Mieter, sie versuchen dich nur auszunutzen. Einmal da unten, kommst du nie wieder raus. Nicht einmal beim Heer wollten sie mich. Bin ich eben daheim geblieben. Dafür dürfen sich die guten Jungen jetzt totschießen lassen. Schön dämlich.« Drussel lachte.

Vermutlich kannten er und der Gendarm sich, das weiße Band war ein ausgemachtes Zeichen. Eine Abmachung, die sie schützte und dem Gendarmen ein regelmäßiges Einkommen verschaffte. Es war diesem aber offenbar trotzdem ein Bedürfnis gewesen, den ehemaligen Insassen bloßzustellen, offenbar um sich als etwas Besseres zu fühlen.

»Sag jetzt, was auf dem Laster liegt!«, forderte Heller. Da Drussel von ganz allein ins Reden gekommen war, glaubte er, diesen Vorstoß wagen zu können. »Sprengstoff? Munition?«

Drussel lachte laut und herzlich auf.

Heller wurde wütend. »Was gibt es da zu lachen? Worin bin ich verwickelt? Plant ihr ein Attentat? Einen Aufstand, eine Revolution, wie in Russland?«

Drussel bäumte sich vor Lachen. »Hör auf, Junge, hör auf. Sieh nach vorn, du fährst uns ja von der Straße. Sprengstoff, ich lach mich scheckig!«

»Was ist es dann? Sag es, oder ich halte an und steig aus!«

»Fahr nur weiter, Grünschnabel. Es ist Champagner! Hundertzwanzig Flaschen feinster Champagner! Jede so teuer wie dein Honorar für eine Fahrt.«

Champagner. Vom Feind, vom Erzfeind, vom Franzosen. Heller sackte in sich zusammen. Seine Kameraden ließen sich zu Hunderttausenden abschlachten, hörten Parolen vom Durchhaltewillen und dem Sieg des Deutschen Reiches, und die Reichsten der Reichen, die Führer der Nation, tranken Champagner. Bezahlten fürstlich für die Schmuggelware, und vermutlich waren es dieselben, die ihn wegen Schmuggels und Hochverrat einsperren und hinrichten ließen, wenn man ihn erwischte.

»Junge, dein Gesicht ist fast Lohn genug für die ganze Fahrt!«, keuchte Drussel und hielt sich den Bauch vor Lachen. »Fahr nur geradeaus und guck nicht so dumm aus der Wäsche. Für die nächste Kontrolle habe ich noch zwei Umschläge. Du hast es gut gemacht, versuch nur zu atmen.« Aufs Neue platzte Drussel los, und sein Gelächter wirkte wie Glyzerin in einem Feuer. Heller wollte ihm aufs Maul hauen, weil er nicht aufhören konnte. Doch er riss sich zusammen und fuhr einfach weiter. Von nun an blieben sie unbehelligt und er in seinen kindischen Rachegedanken gefangen, in denen er sich ausmalte, den Mann aus dem Laster zu stoßen oder das Fahrzeug in einem See zu versenken.

Als sie in Dresden ankamen, hatte der morgendliche Verkehr schon begonnen und Heller sich längst beruhigt. Er empfand sogar einen gewissen Stolz. Er hatte es geschafft, hatte gezeigt, dass er etwas aushielt, dass man auf ihn zählen konnte. Noch einmal würde er sich nicht so kindisch aufführen. Er stellte den Laster nicht auf Ullrichs Gelände ab, sondern wie angewiesen ein Stück weiter in Richtung Mickten, in einem kleinen Gehöft. Dort trennten sich auch seine und Drussels Wege. Jemand steckte ihm einen Umschlag mit den restlichen achtzig Mark zu. Dann fuhr er mit der Straßenbahn heim und legte sich, ohne etwas gegessen zu haben, ins Bett.

Er schlief bis zum Nachmittag und wurde von einem lauten Rumoren im Haus geweckt. Jemand kehrte das Treppenhaus und schlug dabei so oft und heftig gegen seine Tür, dass es Absicht sein musste.

Mürrisch fuhr er aus dem Bett, eilte humpelnd zur Tür und riss sie auf. »Ist das notwendig?«

Martha hielt inne, sah sich um und schlug sich kichernd die Hand auf den Mund.

Heller sah an sich herab. Er war zu erschöpft gewesen, sich noch das Nachthemd anzuziehen, und darum in Unterwäsche ins Bett gegangen. Nun stand er in langen Unterhosen und ärmelfreiem Unterhemd da.

»Verzeihen Sie, Herr Heller, ich dacht, Sie wären gar nicht daheim. Heut Morgen wollt ich Ihnen das Frühstück bringen, aber Sie haben ja nicht aufgemacht. Man hat Sie ja weder gehen noch kommen hören«, entschuldigte sie sich verschämt und amüsiert zugleich. Heller vergaß sogleich seine Wut. Martha trug nur ihre weite Bluse über dem Rock, keine Weste und keine Schürze, und hatte die obersten Knöpfe geöffnet. Er ertappte sich dabei, dass er zu lang auf ihre Oberweite starrte. Doch sie hatte längst seinen Blick bemerkt und erwiderte ihn nun leise belustigt, als er ihr wieder ins Gesicht sah. Sie zeigte keine Entrüstung, eher blitzte es in ihren Augen. Heller schwankte kurz, mit einer Bemerkung zu testen, was Martha ihm vielleicht außerdem noch zeigen würde. Ob sie nicht fürchtete, dass ihr noch ein Knopf aufsprang, zum Beispiel. So nahe wie ihr, und noch dazu so knapp bekleidet, war er schon ewig keinem Mädchen mehr gekommen. Nur dass er noch zu müde war und nicht gleich riskieren wollte, auf die Straße gesetzt zu werden, hielt ihn davon ab. Und natürlich die Furcht, eine peinliche Abfuhr zu kassieren.

»Schon gut, vielleicht mögen Sie beim nächsten Mal etwas leiser sein«, meinte er nur und schloss die Tür wieder.

Nur fünf Minuten später klopfte es energisch. Er hatte es gerade geschafft, sich anzukleiden.

»Hören Sie«, sagte Frau Krämer, nachdem er geöffnet hatte. Sie bebte vor Entrüstung. »Das mag nicht das teuerste Haus am Ort sein, aber es ist ein rechtschaffenes und anständiges Haus. Die ganze Nacht wegbleiben und bis in den Tag schlafen, so etwas tun meine Mieter nicht. Und noch dazu bringen Sie Martha in größte Verlegenheit, indem Sie ihr halb nackt die Tür öffnen.«

»Wie verhält es sich, wenn ich eine Nachtarbeit habe?«, fragte Heller und grollte innerlich dem Dienstmädchen. Er hätte es gleich ahnen sollen, dass sie ihn bei der Krämer verpetzen würde.

»Ach ja, wo denn?«, fragte Frau Krämer.

»Beim Alberthafen«, log Heller.

Frau Krämer hob skeptisch das Kinn.

»Als Wachmann«, log Heller weiter, obwohl er wusste, dass die Lüge umso einfacher zu entlarven war, je konkreter er sie machte.

»Dann sind Sie heut Nacht auch wieder weg?«

»Heut nicht!«, erwiderte er mürrisch. »Aber sicher haben Sie nichts dagegen, wenn ich gleich noch für weitere vier Wochen Miete zahle.« Heller nahm das Geld von der Kommode, wo er die Scheine und Münzen beinahe achtlos hingelegt hatte.

Nun sagte Frau Krämer nichts mehr. Es war wie immer: Im Angesicht des Geldes verloren auch Anstand und Sitte sehr schnell ihre Wichtigkeit.

Ein seltsames Hochgefühl erfüllte ihn, als die Frau gegangen war. Er hatte gleich mehrere Dinge gemeistert. Er war ausgezogen, hatte erstes Geld verdient, die Krämer zum Schweigen gebracht, die Polizeikontrolle überstanden, gezeigt, dass er von Nutzen sein konnte. Hatte Anerkennung geerntet, als ihm einer von Ullrichs Männern auf die Schulter klopfte. Mal sehen, was Vater sagen würde, wenn er ihnen die Hälfte seines Verdienstes auf den Tisch legte.

»Wo auch immer das her ist, wir nehmen es nicht!«, sagte Max' Mutter leise, aber bestimmt.

Das Geld lag auf dem großen Esstisch. Vater starrte die Geldscheine an, als wären sie ein Tier, eine fiese Ratte, die ihn anspringen wollte. Mutter dagegen blickte Heller fest in die Augen.

Heller wollte dem Blick standhalten, doch es gelang ihm nicht. »Was ist damit? Ist es schlecht? Weil ich es nach Hause gebracht habe?«

»Woher ist es?«, fragte Mutter.

»Ich hab nichts Unrechtes dafür getan!« Allein dass er das sagte, machte es noch unglaubwürdiger. Und es war ja auch gelogen.

»Max«, sagte Mutter streng. »Das ist so viel Geld, das verdient man nicht redlich in einem oder zwei Tagen. Wo immer das her ist, es kann kein gutes Geld sein. Behalte du es, wir wollen es nicht!«

»Ihr braucht es, ich habe es euch gebracht. Was gibt es darüber nachzudenken, warum müsst ihr es gleich in Zweifel stellen?«

»Ich habe dir gesagt, warum.«

Max sprang auf. Schon wieder hatte man ihm eine Illusion genommen, so kindisch sie auch gewesen war. Er hatte sich vorgestellt, wie Mutter in leiser Rührung schluchzen, wie Vater ihm die Hand reichen würde. Es kommt genau zur rechten Zeit, hätte Vater sagen können. Und nun das.

Er hätte es besser wissen müssen. Sie waren sogar zu gütig, ihr eigenes Geld einzutreiben. Also nahmen sie natürlich nichts, von dem sie glaubten, es wäre gestohlen. Er konnte es ihnen nicht übel nehmen. Er hätte gar nicht erst herkommen sollen. Und doch wuchs der Zorn in ihm. Man ließ ihm ja auch keine Chance. Wie konnte er sich beweisen? Was konnte er tun? Es war fast, als wäre er selbst im Zuchthaus gewesen.

»Na schön!«, schnaufte er stattdessen und griff nach dem Geld. »Dann behalte ich es.« Er stopfte sich die Scheine in die Taschen. Wuttränen machten ihn halb blind.

Seine Mutter blieb ganz ruhig. Sein Vater dagegen erhob sich.

»Max«, sagte er.

Heller schnaubte, sein Brustkorb hob und senkte sich, er machte sich bereit. Er würde sich nichts gefallen lassen. Von keinem. Sollte er nur sagen, was zu sagen war. Sollte er nur ausholen.

»Max«, wiederholte sein Vater. »Du bist voller Groll, und keiner weiß, was du gesehen hast, das weißt nur du. Aber beweisen musst du nichts. Verstehst du? Du bist doch unser einziger Sohn.«

»Sei doch still«, knurrte Max, denn dass sein Vater so mit ihm sprach, war noch tausendmal schlimmer, als hätte er ihn angeschrien. Er wusste selbst, wie dumm er sich gerade benahm.

»Ich hab dich beneidet, Max, weil du gehen durftest. Ich hab mir gewünscht, ich wäre da. Nun warst du da, und es scheint, als wär's die Hölle gewesen.«

»Das sagst du nur!«, entfuhr es Max. »Das sagst du nur, damit ich schweige, damit ich Ruhe geb und ihr euch nicht für mich schämen musst.«

Mehr aus Angst vor den Worten, die ihm auf der Zunge lagen, als vor den Worten seines Vaters, stürmte er aus der Wohnung, rannte auf die Straße und eilte davon, so schnell es sein teuflischer Fuß zuließ. Er lief, rannte fast, diesmal nicht zur Elbe hin, sondern in Richtung der Stadt, zwischen den betriebsamen Menschen hindurch, den dummen, blinden Menschen, die glaubten, es gäbe irgendetwas Gutes daran, einen anderen zu töten oder gar selbst zu sterben, denen das so sehr eingebläut worden war, dass sie selbst jenen nicht glaubten, die da gewesen waren und sie eines Besseren belehren wollten.

Er würde denen in der Kaserne erzählen, wie es wirklich war an der Fronst. Eine Szene sollten sie bekommen, malte er sich aus. Auf den Tisch würde er hämmern. Sollten sie ihn doch ruhig dafür einsperren.

Doch der Weg war weit und anstrengend. Als er bei den Kasernen, bei der Zahlstelle ankam, wo er schon längst seinen letzten Sold hätte holen sollen, war aller Zorn verraucht, blieb nur Leere. Sein Fuß schmerzte so unerträglich, dass er sich zu jedem Schritt zwingen musste. Die Prozedur der Auszahlung ließ er stumm über sich ergehen. Den uninteressierten Blick des Zahlmeisters, für den er nichts weiter als eine Nummer war.

Auf dem Weg aus der Kaserne begegnete er einer Kompanie junger Soldaten, jünger noch als er, als er gegangen war. Ihre Uniformen waren neu, sie hatten Helme dabei, wie er sie damals noch nicht bekommen hatte. Sie waren mobilisiert worden und sollten nun zum Fronteinsatz. Es gab keine Parade, keine Blumen, keine Musik mehr. Wie viele von ihnen mochten in einer Woche tot im Schlamm liegen? Wie viele in einem Monat? Heller senkte den Kopf.

Er musste die elektrische Bahn nach Hause nehmen.

Als er ausstieg, traf er Schutzmann Reuffler, der ihm so wohlgesinnt war. Der Schutzmann hob die Hand zum Gruße an den Schirm seiner steifen Polizeimütze. Heller grüßte zurück und duckte sich verschämt weg, doch der Mann wusste natürlich nichts von seiner nächtlichen Aktion. Aber er brachte ihn auf eine Idee.

»Verzeihen Sie, Herr Oberwachtmeister«, rief Heller.

»Wie kann ich helfen, Sohn?« Der Schutzmann drehte sich freundlich abwartend um.

»Darf ich Sie um ein Blatt aus Ihrem Notizbuch bitten und Ihren Stift benutzen?«

Der Schutzpolizist musterte Heller einen Moment lang. »Haben Sie sich wieder gefangen, Max?«, fragte er dann. Und obwohl sich die Frage wohl auf seine Sauferei bezog, hörte es sich an, als wären die letzten Stunden damit gemeint.

»Jawohl, Herr Oberwachtmeister.«

Reuffler nickte gütig, griff dann unter seinen dunkelblauen Uniformrock und zog das Buch hervor. Er blätterte es auf, trennte sorgsam eine Seite heraus, reichte sie Heller und gab ihm den Bleistift.

Heller kritzelte umständlich etwas aufs Papier und gab dann dem Polizisten den Stift zurück. »Vielen Dank und schönen Tag noch.«

Der Schutzmann hob ein weiteres Mal die Hand zum Gruß. Heller kehrte um. Lief in Richtung des Eislagers. Aus seiner Brieftasche nahm er das restliche Geld der Nacht und legte etwas von seinem Sold dazu, damit es wieder hundert Mark waren. Dann faltete er den Zettel des Polizisten, auf den er den Namen Ullrich geschrieben hatte, zusammen und legte das Geld hinein.

Ehe er das Gelände betrat, sah er sich um. Es war einiges los, ein Dutzend Männer arbeiteten, Fuhrwerke wurden beladen, doch weder Chipka noch Ullrich waren zu sehen. Auch in seiner Hütte fand er ihn nicht. Also legte er den gefalteten Umschlag auf Ullrichs Tisch und ging einfach. Ullrich würde diese Botschaft sicherlich verstehen, und er würde hoffentlich mit ihm darin übereinstimmen, niemals mit jemandem darüber zu sprechen.

Zwanzig Minuten später hatte er sein Mietverhältnis bei der Krämer aufgelöst, seinen Vorschuss und die Kaution zurückverlangt, die sie ihm murrend auszahlte. Martha sandte ihm bedauernde Blicke, die Heller zu ignorieren versuchte, auch wenn es ihm schwerfiel.

Schließlich, es war inzwischen Abend, betrat er die elterliche Wohnung. Er brachte seine wenigen Sachen in sein Zimmer und wagte sich dann in die Küche. Es war Zeit für das Abendbrot, und auf dem Tisch war für drei gedeckt. Heller setzte sich stumm hin, und auch niemand sonst sagte ein Wort.

Ein paar Tage wartete er ab, ob Ullrich sich meldete, ob er Chipka schickte oder einen Laufburschen. Vielleicht akzeptierte er seinen Abgang ja nicht, weil er einen Fahrer benötigte oder weil es ihm zu riskant war, ihn einfach so davonkommen zu lassen. Heller hatte ein schlechtes Gewissen und sorgte sich um seine Eltern, die nicht wussten, mit wem er sich eingelassen hatte. In den Nächten lag er wach, schlief unruhig und nur leicht, was ihn erschöpfte, aber wenigstens dafür sorgte, dass er nicht ständig schreiend erwachte.

Nach einer Woche wurde er ruhiger und gewann Vertrauen in die Situation. Ullrich würde nicht kommen. Heller half seinen Eltern, wo er konnte, nahm jede kleine Arbeit an, die sich ihm bot. Das Geld gab er aus, sobald er es bekam. Meistens für Essen, um sich selbst zu versorgen und seinen Eltern wenigstens nicht zur Last zu fallen. Einiges von seinem Geld ließ er auch in der Kneipe. Ihm fehlte jemand zum Reden, er vermisste Armin sehr, doch er wäre auch mit jedem anderen zufrieden gewesen, mit dem er über den Krieg hätte sprechen können. Im Halbdunkel der Kaschemme fand er zumindest etwas Anschluss, es war immer jemand da, der ihn freundlich begrüßte und zu dem er sich setzen konnte. Dass es besser war, ihn nicht zu provozieren, hatte sich inzwischen herumgesprochen. Man fragte nicht zu viel und gab nicht zu viel von sich preis. Tröstlich zu wissen, dass es einen kleinen Hafen gab, in dem er für einige Stunden festmachen konnte.

Was ihm jedoch fehlte und was weder seine Eltern noch die Männer in der Kneipe ihm geben konnten, war eine andere Form der Zuwendung. Eine körperliche, wie sie ihm nur eine Frau verschaffen konnte. Als er sich freiwillig zum Krieg gemeldet hatte, selbst noch ein Kind, waren die Mädchen kaum mehr gewesen als hübsche kichernde Dinger, die einen bewundern sollten, wenn man mit einem Orden auf der Brust heimkehrte. Er hatte damals eine ungefähre Ahnung gehabt, was man noch mit ihnen anstellen konnte, und es gab Geschichten von jenen, die behaupteten, schon Erfahrungen gesammelt zu haben. Doch was dieses Thema betraf, konnte man niemandem trauen.

Über die Jahre an der Front aber waren diese Geschichten in seinem Kopf und den Köpfen der Kameraden zu einer fixen Idee geworden. Denn so viele von ihnen waren noch nie mit einer Frau zusammen gewesen und fürchteten, sterben zu müssen, ohne es je erlebt zu haben. So hatte er es schließlich während eines kurzen Urlaubes in der Etappe getan, worauf er keineswegs stolz war. In einem Bordell hatte er ein ekelhaftes Erlebnis mit einer jungen Frau gehabt, die dalag wie eine Schaufensterpuppe und ihn nicht mal ansah. Auch sein zweiter und dritter Versuch waren nicht besser verlaufen, eine Abfolge von Handlungen, wie in einem schlechten Theaterstück, auswendig gelernter Text, Bewegungen wie eine Maschine.

Verkrampfung, peinliches Hasten, unterdrückter Ekel, animalisches Gerammel, der Zwang, es endlich zu Ende zu bringen. Und statt ihm wirklich Erleichterung zu verschaffen, hatte es in ihm nur die Vorstellung geweckt, dass es noch viel besser sein könnte. Gleichzeitig kam ihm der absurde Gedanke, dass er sich mit diesen Taten seiner Unsterblichkeit beraubt hatte. Denn solange er noch jungfräulich gewesen war, hatte er sich einreden können, dass der liebe Gott ihn nicht zu sich holen würde. Einerseits ein blasphemischer Gedanke, doch sehr tröstlich, wenn man im Graben lag und in jeder Sekunde damit rechnen musste, zu krepieren.

Wie oft hatten sie sich darüber unterhalten, was sie tun würden, wenn sie wieder daheim waren? Wie sie sich die Hörner abstoßen wollten, saufen und herumhuren, als gäbe es kein Morgen mehr. Oder sich eine schöne Frau suchen, um mit ihr ein friedliches kleines Leben zu führen. Eine schöne Spinnerei, um sich die Zeit und die Angst zu vertreiben, den müden Geist anzuregen, sich kleine und große Brüste und Hintern auszumalen, lachende Münder und blitzende Augen. Beides wäre ihm recht gewesen, sich auszutoben und das blanke Dasein zu feiern, oder eine liebende Ehefrau zu finden, wenn er erst mal daheim war.

Jetzt war er daheim, doch was war nun? Er hatte Wochen gebraucht, um überhaupt zu verstehen, dass man hier nicht täglich dem Tod begegnete. Zu verstehen, dass hier alles seinen gewohnten Gang lief, obwohl anderswo die Hölle tobte. Er musste außerdem verstehen, dass er hier kein Held war und ihm die Frauen nicht an die Brust sprangen. In seiner Straße oder seinem Viertel gab es auch keine, die infrage käme, die er einfach so ansprechen konnte. Und er war nicht so tief gesunken, dass er die Spelunken besuchte, in denen sich die Mädchen herumtrieben, denen man nachsagte, sie wären für eine warme Mahlzeit zu haben. Zumal er nicht einmal wusste, ob das überhaupt stimmte und ob es das wert wäre, sich dafür einen Tripper oder Syphilis einzufangen. Also trank er sich lieber in der Kneipe müde und redete sich ein, dass es sich nicht lohnte, zu viele Gedanken darüber zu verlieren. Gelegentlich ertappte er sich dabei, wie er sehnsüchtig jungen Frauen hinterhersah oder an Martha dachte, die mit aufgeknöpfter Bluse vor seiner Tür gestanden hatte.

»Ich hatte gehofft, Sie kämen mich noch einmal besuchen«, sprach ihn eine Woche später eine bekannte Stimme auf der Straße an, als er morgens die Gemüsekisten vor dem Laden richtete. Es war Martha. Sie schien Besorgungen zu erledigen und ließ sich Zeit dabei.

»Noch immer bei der Krämer?«, fragte er. Vielleicht war er zu grob mit ihr umgesprungen, dachte er. Vielleicht war sie nur petzen gegangen, weil sie sich mehr von ihm erhofft hatte.

»Wo denn sonst?«, fragte Martha zurück. »Es ist ganz still im Haus, keine Gäste«, fügte sie noch hinzu, und Heller schoss das Blut in den Kopf.

»Da hört man ja jedes Geräusch«, tastete er sich näher, um sicherzugehen, dass sie nicht aneinander vorbeiredeten.

»Nicht, wenn man schläft wie tot.« Martha deutete eine Trinkbewegung an.

Heller fiel keine Antwort ein, er hob nur wissend das Kinn. Schon der Gedanke, seine Hand an ihren Busen zu legen, ihren Hintern zu fassen, verschlug ihm die Sprache und verhinderte jede weitere Kommunikation.

»Ab zehn ist Ruhe, da schlummert sie selig«, half Martha.

»Ist gut«, presste er heraus.

Nun kam Martha näher, und was zuerst wie eine Annäherung wirkte, sollte eine Klarstellung werden. »Ich bin übrigens kein kleines Dummchen, nur weil ich als Magd arbeite, das sollten Sie wissen.«

»Ist gut«, sagte Heller, weil ihm nichts Besseres einfiel. Er genierte sich, denn genau das hatte er von ihr gedacht.

»Wenn ich der Frau die Buchhaltung nicht besorgte, liefe gar nichts mehr in dem Haus.«

»Ich verstehe schon«, erwiderte Heller kleinlaut.

»Na dann, schönen Tag noch, der Herr!«, rief sie nun laut und fröhlich, knickste und ging ihrer Wege.

Es schien ihm eine Ewigkeit, bis es Abend wurde. Er war so abgelenkt von seinen wilden Gedanken, dass Mutter ihn mehrmals mit dem Ellbogen anstoßen musste, weil er hinter der Theke buchstäblich erstarrt war.

»Was ist mit dir?«, fragte sie. »Wirst du krank?«

»Nichts, ich hab nur nachgedacht«, antwortete er. Und das stimmte auch, nur dass er diese Gedanken niemals mit ihr würde teilen können.

Der Nachmittag versprach unerträglich lang zu werden, und mit jeder Minute wuchs seine Ungeduld, bis er am frühen Abend einen Zustand erreicht hatte, der kaum noch erträglich war. Doch nun beschlichen ihn Zweifel, ob er Marthas Worte richtig gedeutet hatte. Ob sie wirklich wollte, dass er sie besuchte, und ob der Grund des Besuches wirklich der so scheinbar offensichtliche war. Sie war mindestens zwanzig, noch nicht verheiratet oder sonst wie liiert. Was sie angedeutet hatte, woran er dachte, war nichts, was eine ordentliche Frau tat. Zumindest keine, die um ihren Ruf fürchtete. Und warum ausgerechnet er, mit seinem Humpelfuß und ohne feste Anstellung? Glaubte sie, der Laden seiner Eltern würde großen Profit abwerfen?

Als es endlich kurz vor zehn in der Nacht war, stellte er sich ernsthaft die Frage, ob er wirklich gehen sollte. Sie würde ihn auslachen. Oder die Krämer hätte ihn in der Falle, die Martha ihm gestellt hatte. Dann wäre sein Ruf ruiniert.

Um zehn Uhr fasste er sich dann ein Herz und schlich sich aus der Wohnung. Seine Eltern schliefen längst. So leise wie möglich schloss er die Tür, ging auf Strümpfen die Treppe hinab und zog erst unten seine Schuhe an. Vor der Tür sah er sich um wie ein Verbrecher, ehe er die Straße hinablief, dicht an den Hauswänden entlang, um dem Gaslicht der Laternen auszuweichen.

Beim Haus der Krämer war es ganz dunkel. Nun hatte er ein neues Problem, denn sie hatten nicht ausgemacht, wie er sich bemerkbar machen sollte. Klopfen oder klingeln konnte er schlecht. So stand er eine Weile im Schatten, damit ihn keiner sah und ihn für einen Kriminellen hielt. Bis er erkannte, dass vielleicht genau dies das Problem war. Also trat er in den Lichtkegel einer Laterne, und tatsächlich vernahm er nur wenige Sekunden später ein leises Pfeifen. Dann öffnete sich die Haustür einen Spalt weit. Heller eilte los, bemühte sich, nicht zu sehr zu humpeln, drückte die Tür auf und betrat das Haus.

»Schließ zu und lass den Schlüssel stecken«, flüsterte Martha von der Treppe, und der Klang ihrer Stimme ließ einen heißen Schauer durch seinen Körper fahren. Heller tat wie geheißen, blieb aber an der Tür stehen.

»Was ist, willst du abgeholt werden?«, fragte Martha. Sie sprach viel zu laut, und er hatte Angst, dass sie die Krämer aufweckte.

»Nein, ich wusste nur nicht ...«

»Das dacht ich mir«, spöttelte Martha. »Ich gehe ganz hinauf, lass dir nicht zu viel Zeit, mir zu folgen. Und lass das Licht aus!«

Er wartete noch zehn Sekunden und stieg dann die Treppe hinauf. Vor Erregung und Verlangen hatte er weiche Knie, und seine Hände zitterten.

Oben angekommen, sah er die Tür des Zimmers, in dem er wenige Tage lang gelebt hatte, offen stehen. Er trat ein, schloss die Tür hinter sich und erkannte Marthas Silhouette vor dem

Fenster. Sie trug ein Kleid oder eine Bluse, die gepufften Ärmel waren zu erkennen. Er verharrte, denn er wusste nicht weiter.

»Komm ruhig näher«, sagte Martha. Er machte ein paar Schritte auf sie zu, bis er etwa zwei Meter vor ihr stand. Wieder wusste er nicht, was er tun sollte. Niemand hatte ihm das beigebracht. Er hatte keine Erfahrungen sammeln können, weder in Worten noch in Taten. Die Frauen, mit denen er bisher zusammen gewesen war, hatten sein Geld genommen, sich ausgezogen und aufs Bett gelegt.

Martha wartete schweigend auf seine nächste Aktion. Sollte er etwas sagen? Hätte er etwas mitbringen sollen? Erwartete sie vielleicht sogar Geld?

Schließlich kam sie ihm noch einen Schritt entgegen, griff sich ins Haar, löste es und ließ es über ihre Schultern fallen.

Heller überraschte sich selbst, als er plötzlich nach vorn trat, ihr ins Genick fasste, seinen Mund auf ihren presste und mit der anderen Hand ihren Unterleib gegen seinen zog. Martha schlang ihre Arme um ihn, zog ihn noch fester zu sich heran und erwiderte seinen wilden Kuss.

Einige Augenblicke später stieß sie ihn von sich, zerrte ihm die Jacke von den Schultern und knöpfte seinen Kragen auf, um ihm das Hemd über den Kopf zu zerren.

»Hättest ruhig freundlicher zu mir sein können, wenn ich schon mit dem Besen an deine Tür klopfe«, hauchte sie ihm ins Ohr.

Er wollte etwas erwidern, eine Entschuldigung vielleicht, doch schon presste sie ihre Lippen wieder auf seine und zerrte zugleich an seinem Unterhemd. Nun gab er jede Beherrschung auf, griff ihr in den Blusenkragen und riss ihn auf, dass die Knöpfe wegsprangen. Martha stieß einen entrüsteten und zugleich amüsierten Schrei aus.

»Genier dich bloß nicht«, flüsterte sie und stöhnte leise, als er mit beiden Händen zugriff. Ein paar Sekunden lang ließ sie ihn gewähren, dann nahm sie seinen Hals und zog ihn zu sich heran. »Ich hab keine Unterhosen an«, stieß sie hervor, und mehr musste sie nicht sagen. Heller hob sie unter den Achseln an, trug sie die wenigen Schritte zum Bett, warf sie darauf und schob ihren Rock hoch. Sie hatte sich wieder aufgerichtet, zerrte an seinem Gürtel und riss ihm die Hose auf, wie er ihre Bluse aufgerissen hatte. Voller Wollust packte sie ihn an den Schultern, zog ihn zu sich, stieß ihm den Unterleib entgegen. »Los jetzt«, keuchte sie, schwitzte, kratzte über seinen Rücken. »Aber vergiss nicht, rechtzeitig rauszuziehen!«

»Mensch, du Hammel, hast mir die Bluse zerruppt. Jetzt muss ich die noch nähen, damit es die Krämer morgen nicht sieht.« Martha betrachtete den Schaden im Mondlicht.

»Entschuldige, ich …«, begann Heller.

Schnell warf sie die Bluse weg, fuhr herum und gab ihm einen Kuss auf den Mund. »Wie war's?«, fragte sie, und ihre Brüste legten sich angenehm schwer auf seinen Arm.

Warum wollte sie das wissen? »Schön, natürlich.«

»Ach ja? Erzähl!«

Dann ging ihm ein Licht auf. Sie glaubte, es wäre sein erstes Mal gewesen.

»Ich kann es gar nicht beschreiben.« Und das konnte er wirklich nicht. Es war tausendmal besser als mit den Prostituierten. Wild, fordernd, schmerzhaft sogar, aber auf eine gute Art. Sie hatte dasselbe gewollt wie er, und das war ein gutes Gefühl.

»Versuch's.«

Diesen Gefallen musste er ihr wohl tun. Er wandte sich ihr zu und spürte, wie der Anblick ihres nackten Busens im Mondlicht neue Lust aufwallen ließ. »Vielleicht so ähnlich, als wenn man ganz furchtbaren Hunger hat und einem dann alles auf den Tisch gestellt wird, Torte, Schweinebraten, und man weiß gar nicht, wo man anfangen soll.«

»Dann bin ich Schweinebraten für dich«, stieß sie entrüstet aus, doch das war nur gespielt.

»Ja, ein sehr leckerer. Ich will gleich noch mal reinbeißen.«

»Wo?«

»Überall!«

»Dann tu's!«

»Du musst jetzt gehen«, flüsterte sie und weckte ihn damit sehr unsanft aus einem angenehmen Halbschlaf. »Los, dös nicht. Zieh dich an.«

Er mochte sie und ihre Art. Sie wusste, was sie wollte. Und sie war tatsächlich nicht dumm. Sie sagte nur gleich, was sie dachte.

»Was guckst du so verliebt«, schimpfte sie. »Du musst heim.« Sie war aufgestanden und hatte sich angezogen, auch die Bluse, von der die Knöpfe abgesprungen waren.

Er stand auf. Sie hatte recht. Im Dunkeln suchte er seine Sachen zusammen. An seiner Hose war alles heil geblieben. Zum Glück, denn sonst hätte er seine Mutter anlügen müssen.

»Wann ...«, begann er, als er schließlich angekleidet vor ihr stand.

»Versprich mir, du erzählst es keinem«, unterbrach sie ihn. »Ich mein, die Leute schwätzen gern. Und mich haben sie eh schon ausgeguckt. Die denken, eine Dienstmagd treibt es mit jedem.«

Und da sie schlau genug war, seine Zweifel zu erkennen, fügte sie sofort hinzu: »Ich tu es nur mit dir. Aber behalte es für dich, versprich es!«

»Ich verspreche es. Wann wollen wir uns wiedersehen?«

»Nicht so bald«, antwortete sie zögerlich, und sein Mut sank.

»Sonst verliert man schnell die Lust, und ungefährlich ist es auch nicht. Ich darf die Stellung nicht verlieren, hab eine kranke Mutter daheim und eine Schwester, die ist schwachsinnig.«

»Nun …« Er wollte ihr Hilfe anbieten, doch auch das schien sie zu ahnen.

»Heut ist Mittwoch. Am Sonntagabend dann? Da schläft die Krämer schon um neun, weil sie gleich nach der Kirche anfängt, Wermut zu trinken.«

Schon ging es ihm wieder besser. »Ist gut, am Sonntag also. Ich freue mich schon.«

Sie nickte hastig und drängte ihn nun zur Tür. »Mach nur hinne jetzt, ich will mich waschen. Du weißt schon, um auf Nummer sicher zu gehen. Und nähen muss ich auch noch.« Sie gab ihm einen letzten Kuss, der mehr Rauswurf als Zärtlichkeit war, und schloss ihm die Tür vor der Nase.

»Wen besuchst du, wenn du in der Nacht das Haus verlässt?«, fragte ihn seine Mutter Wochen später ganz beiläufig, als sie im Lager ihres Ladens standen. Max war gerade damit beschäftigt, Sauerkraut aus einem Holzfass in Gläser abzufüllen, und erstarrte mitten in der Bewegung. Mittlerweile besuchte er Martha regelmäßig alle vier oder fünf Tage im Haus der Krämer, und mit dieser Routine hatte sich wohl Unvorsichtigkeit eingeschlichen. Nun fühlte er sich ertappt und schuldig.

»Niemanden«, entfuhr es ihm.

Seine Mutter schwieg, und er setzte seine Arbeit fort.

»Ich bin erwachsen«, sagte er schließlich.

»Ich weiß, Max.«

Sie sah ihn weiter an, ihr Gesicht druckte Besorgnis aus. Das machte ihn zornig. »Hast du Angst, ich könnte euch Schande machen?«, provozierte er.

»Max, es gibt Schlimmeres als Schande.«

»Ein Kind meinst du, ein uneheliches?«

Seine Mutter kniff die Lippen zusammen. Max wollte sie anfahren, denn es schien ihm so kleinlich, so verbiestert. Und doch musste er sich eingestehen, dass er selbst genauso dachte. Ihm selbst kam es ja fast wie ein Verbrechen vor, die Heimlichtuerei, das Geschleiche, das schlechte Gewissen, obwohl er ja keinem etwas getan hatte. Diese Sorge um den Ruf war im Grunde lächerlich, denn eigentlich sollte es niemanden angehen, was man tat, solange man niemandem schadete. Und doch wusste er, dass die Realität anders aussah. Den Ruf zu verlieren, konnte Existenzen vernichten. Es konnte den Laden ruinieren, konnte dafür sorgen, dass er nie irgendwo eine Stelle bekommen würde. Es konnte auch Martha ihre Anstellung kosten und sie in die Armut stürzen.

»Max, du weißt selbst, wie schwer es uneheliche Kinder haben. Denk an Armin, wie schwer der es hatte, nur weil sein Vater vor langer Zeit schon starb. Oder denk nur an den Müller-Jungen.«

Max senkte den Kopf. Hannes Müller, ein verzweifelter kleiner Junge an seiner Schule, gehasst, geschlagen, gehänselt von Schülern und Lehrern gleichermaßen. Sein einziger Fehler war es, eine unverheiratete Mutter zu haben, die den Namen seines Vaters nicht preisgeben konnte oder wollte. Der Direktor hatte ihn vor allen Schülern einen Bastard genannt, und wann immer in der Schule etwas geschah, schob man dem Jungen als Erstes die Schuld zu.

»Und nicht nur das, Max«, sagte Mutter und sprach die nächsten Worte fast lautlos. »Es gibt auch Krankheiten.«

»Es ist Martha Schiller«, gab er plötzlich zu. »Die Dienstmagd der Krämer. Sie ist eine saubere Frau, und ich mag sie.«

Mutter schwieg jetzt, und Max wusste nicht, was er davon halten sollte.

»Du wirst schon wissen, was du tust«, sagte Mutter, und

was vielleicht versöhnlich klingen sollte, schien gleichsam eine Aufforderung zu sein.

Und sie beschäftigte ihn. Während er tagsüber seiner Arbeit nachging, im Laden half, den Gehweg kehrte oder in der Nachbarschaft Wege erledigte, konnte er an nichts anderes denken. Was sollte das werden mit ihm und Martha, und was sprach dagegen, dass sie es offiziell miteinander probierten? Vielleicht aber war er wirklich nicht der Einzige, der Martha besuchte, ein Gedanke, der immer wieder aufs Neue stechende Eifersucht und ein Gefühl des Beleidigtseins in ihm hervorrief. Er musste Martha zur Rede stellen, was aber wollte er ihr vorwerfen? Und vor allem, wollte er riskieren, dass sie ihn verstieß?

Er schien der Nutznießer in diesem Spiel zu sein, derjenige, der etwas bekam, ohne etwas dafür leisten zu müssen. Sie hatten keine Gegenleistung ausgemacht. Und sie fragte ihn auch nie, ob er eine Verlobte hätte. Ob sie sich verloben sollten. Aber vielleicht wagte sie es nur nicht, weil sie Angst hatte, ihn dadurch zu verschrecken und zu verlieren. So sehr er auch ihre heimlichen Treffen genoss, so sehr er ihnen jede Woche entgegenfieberte – so konnte es nicht weitergehen.

»Triffst du noch einen anderen?«, fragte er sie wenige Tage später schließlich, als sie schwitzend nebeneinanderlagen. Lange hatte er sich damit gequält, hatte ein Dutzend Mal den Mund geöffnet und wieder geschlossen.

»Hast dir die Frage schön für danach aufgehoben«, bemerkte sie, statt gleich zu antworten.

Er schwieg. Er wusste inzwischen, wie sie war. Und falsch lag sie auch nicht damit. Sie drehte sich zu ihm.

»Nur mit dir!«, sagte sie.

Er musste ihr glauben. Es gab keinen Grund, es nicht zu tun. »Meine Mutter fragte mich, wohin ich immer gehe.«

»Nachtangeln, hast du geantwortet«, mutmaßte sie.

»Ich habe es ihr gesagt«, entfuhr es Heller, und sie richtete sich hastig auf.

»Warum, du Dussel?«

»Meine Mutter verrät niemandem etwas, sie macht sich nur Sorgen.«

Martha ließ sich wütend in ihr Kissen fallen. Sie kannte seine Mutter nicht, also traute sie ihr auch nicht. Max sah sie an und erkannte, dass sie Tränen in den Augen hatte. »Du hast alles kaputt gemacht. Hättest du nicht lügen können?«

»Aber warum denn? Meine Mutter verrät nichts, nicht einmal meinem Vater. Und außerdem …«

»Ja, was, außerdem?«

»Warum …«

»Na, spuck schon aus, Soldat.«

»Warum treffen wir uns nicht mal draußen, am Tage?«

Martha lachte bitter. »Zuerst mal habe ich dann keine Zeit. Den ganzen Tag hab ich zu tun. Allenfalls wenn ich einkaufen geh. Und zweitens, warum willst du denn, dass wir zusammen gesehen werden?«

»Nun, man könnte es … offiziell machen.«

»Offiziell? Du meinst … Das ist nicht wahr, sag, dass du scherzt.«

»Wir könnten uns verloben.«

»Heiraten? Du willst mich heiraten?«

»Warum nicht?«

»Ich will dich doch nicht heiraten!«, rief sie fast schon zu laut.

Max verstummte, so groß war der Affront.

Martha bemerkte das. Sie legte ihm die flache Hand auf die Brust. »Du verstehst mich falsch, das hat mit deinem Fuß nichts zu tun. Überleg, Max, und sag ganz ehrlich: Würdest du mich heiraten wollen?«

Ja, natürlich, wollte er hastig antworten. Doch er nahm sich die Zeit. Sie war hübsch, sehr fraulich vor allem, sie konnte zupacken, und ihre Klugheit hielt sie hinter einer naiven Fassade versteckt. Sie ließ sich nicht die Butter vom Brot nehmen und kümmerte sich um Mutter und Schwester, ohne zu klagen. Er mochte es, wie sie lachte, wie sie mit ihm umging, frech, fast bestimmend. Vor allem aber mochte er, was sie mit ihm machte und wie sie es tat. Aber war das Liebe? War es das, was er darunter verstand?

»Siehste, Max? Sei doch nicht blöd. Du wirst eine Bessere haben, ich weiß es. Du bist ein guter Mann, aus dir wird was. Aber ich, ich brauch einen, den ich kommandieren kann. Das geht mit dir nicht auf die Dauer. Und wenn keiner kommt, dann ist es eben so. Wenn meine Mutter mal stirbt, krieg ich das Haus, dann mach ich meine eigene kleine Pension auf, auch wenn es nur vier Zimmer sind.«

Max blieb stumm. So vieles ging ihm durch den Kopf. So viel Widersprüchliches. Es war gut, dass sie darüber gesprochen hatten. Er ahnte auch, dass ihre Treffen damit ihre Unbefangenheit verloren hatten. Er wusste, sie hatte recht mit ihrer Einschätzung, dass er sie nicht wirklich heiraten wollte. Und doch war er etwas beleidigt, weil sie den Gedanken so offen ablehnte.

»Was grübelst du noch?«, fragte sie.

»Ich frag mich nur, warum …« Er wusste nicht, wie er es sagen sollte. Es würde sich so oder so falsch anhören.

»Du fragst dich, warum ich dann mit dir ins Bett gehe? Ohne etwas zu verlangen?« Sie hob den Kopf und sah ihn auffordernd an.

Er zuckte langsam mit den Schultern und nickte. »Na ja, wenn du gar nicht vorhattest, dich mit mir zu verloben …«

»Weil ich dich mag, und weil eine Frau auch Bedürfnisse hat.« Sie sah ihm ins Gesicht und lachte dann. »Mein lieber junger Herr Heller, Sie müssen noch einiges lernen. Auch Frauen haben den Wunsch nach körperlicher Liebe, merk dir das. Auch wenn viele es unter einer dicken Schicht Heuchelei verbergen. Was denkst du, warum die sich ihre Mäuler zerreißen oder warum die Krämer säuft? Die verzehrt sich nach einem Mann, und ich meine keinen zum Heiraten, damit du es weißt!«

Max schwieg. Das waren eine Menge Informationen und Empfindungen, die es zu verarbeiten galt. »Und nun?«, fragte er.

»Und nun«, sagte Martha und wurde ganz ernst, »ziehst du dich an. Du gehst und kommst mich nicht mehr besuchen. Wenn wir uns auf der Straße begegnen, grüßen wir uns freundlich. Ein jeder von uns wird gern an diese Wochen zurückdenken und sie für immer als schönes kleines Geheimnis bewahren. Vertrau mir nur, es ist das Beste.«

Sie stand auf und sammelte ihre Kleidung zusammen. Einmal noch sah Max Heller ihren vollen Busen, ihren weichen Bauch und ihr krauses Schamhaar im Mondlicht, dann senkte sich ihr Kleid wie ein Vorhang darüber, der sich für immer schloss. Sie kam zu ihm und gab ihm einen Kuss auf den Mund.

»Sei bitte leise, wenn du gehst«, flüsterte sie, dann verließ sie das Zimmer.

1918

Die Zeiten änderten sich. Sie änderten sich auf eine Weise, wie Max Heller es sich nie hätte ausmalen können. Matrosen hatten gestreikt, hatten sich nicht auf eine letzte irrsinnige nutzlose tödliche Schlacht einlassen wollen, und beginnend mit diesem Streik hatte sich ein Lauffeuer übers Land ausgebreitet und war schließlich sogar bis ins zwar nicht abgeschiedene, aber doch abgelegene Dresden vorgedrungen. Es war Revolution.

Der Kaiser hatte abgedankt, als hätte er nur darauf gewartet, dass jemand anders die Suppe auslöffelte, die er ihnen eingebrockt hatte, und mit ihm fielen all die Landesfürsten. »Macht doch eiern Dreck alleene«, sollten die letzten Worte des sächsischen Königs gewesen sein, ehe er seinen Dienst quittierte. Und obwohl dieser Ausspruch wahrscheinlich nur die Erfindung eines pfiffigen Zeitungsredakteurs war, hörte es sich authentisch an. Denn dieser König hatte sich nie seiner sächsischen Aussprache geschämt.

Nun gab es Soldatenräte, Arbeiterräte, nun hieß es, der Krieg sei vorbei, und manche wollten den Soldaten Verrat unterstellen, behaupteten, er wäre fast gewonnen gewesen, worüber Heller nur böse lachen konnte.

Heller hielt sich raus. Er machte seine Arbeit, wie er es jetzt seit anderthalb Jahren tat. Er half den Eltern, wo es ging, er hielt den Laden sauber, half seinem Vater, die Waren zu sortieren, lieferte Bestellungen aus. Er verdingte sich als Hilfsarbeiter, hackte Holz, stapelte Kohlebriketts, tat alles, was ihm mit seinem Fuß irgendwie möglich war. Er holte auch Eis, und Ullrich grüßte ihn wie einen Freund. Er hatte seine Kündigung schweigend angenommen, ohne sich irgendetwas anmerken zu lassen. Vermutlich traute er Heller genug, dass er es nie für nötig hielt, durch Drohung und Einschüchterung sein Schweigen zu erpressen.

Heller dachte noch oft an Martha. Vor allem, wenn sie sich wieder einmal zufällig begegnet waren. Er wusste, dass er weniger ihr als diesen Wochen im letzten Jahr nachtrauerte. Inzwischen hatte er ein paar weibliche Bekanntschaften gemacht. Die Begegnungen waren durchaus reizvoll gewesen, doch keine der jungen Frauen, die er kennengelernt hatte, sprach ihn so an, wie Martha es getan hatte. Sie hatten zwar kurzfristig seine Begierden stillen können, darüber hinaus jedoch keine Gefühle in ihm geweckt. Er fragte sich auch, ob sich diese Frauen nur auf ihn einließen, weil gerade so wenige junge Männer zur Verfügung standen. Das kaum definierbare schlechte Gewissen, das ihn nach diesen kurzen Begegnungen plagte – den Frauen gegenüber, seiner Mutter und all jenen, die sich noch im Krieg befanden –, sorgte dafür, dass er vorerst von weiteren Versuchen Abstand nahm, eine Frau zu finden. Die Zeiten waren ohnehin unsicher genug.

Sein Fuß war besser geworden. Ein wenig. Doch gerade jetzt, da die Arbeitskräfte ausgegangen waren und es leichter wurde, Arbeit zu finden, kamen Unsicherheit und Ungewissheit auf. Mancherorts setzte das Chaos ein. Niemand wusste, was geschehen würde. Man redete von Wahlen, von Demokratie, manche wollten den Kaiser zurück, andere wollten den Kommunismus, manche den Sozialismus, wieder andere eine Staatsform, welche die Nation über alles andere stellte. Man war sich einig, die Feinde, die Franzosen, die Engländer und Amerikaner, waren die wirklichen Verbrecher, der Krieg nur ein Hinterhalt, eine Falle, in die man das Reich gelockt hatte.

Die Entente sonnte sich in ihrem Sieg, erniedrigte die Verlierer bis aufs Blut. Dinge, die man zum täglichen Leben benötigte, wurden teurer. Auf den Plätzen der Stadt war immerzu etwas los. Jeden Tag gab es neue Gruppierungen, neue Aufrufe zur Revolution, zum Aufruhr. An der Germania auf dem Altmarkt sammelten sie sich, auf dem Neumarkt, auf dem Theaterplatz. Vorstellungen in der Oper und im Theater wurden unterbrochen, auch im Zirkus Sarrasani auf der anderen Elbseite.

Aus den Fenstern der Kasernen warfen Soldaten Verbandszeug, Stiefel und andere Dinge auf die Straße. Die Hauptwache im Blockhaus wurde genauso gestürmt wie die Kasernen. Dasselbe galt für das Polizeipräsidium auf der Schießgasse, wo man Hunderte Waffen erbeutete. Man stürmte den Wettiner Platz und hielt den Verkehr auf, stürmte den Bahnhof. Dem Glück und dem beständigen Mahnen einiger Besonnener war es zu verdanken, dass bei keiner dieser Aktionen wirklich bemerkenswerte Opfer zu beklagen waren, keine Toten, nur Verletzte. Dass keine Brände gelegt wurden und die Maschinengewehre schwiegen.

Die Stadt war überfüllt. Täglich kamen Hunderte Versehrte, Verletzte und Kranke an, die sofort auf die Lazarette verteilt werden mussten. Kinder und Erwachsene trieben sich in den Straßen herum. Dienst und Unterricht hatten an Wichtigkeit verloren. Verwahrloste Männer mit seltsamen abgewetzten Uniformen und langen wilden Bärten zogen durch die Gegend und bettelten; russische Kriegsgefangene, deren Bewacher einfach heimgegangen waren. Überall gab es Straßenküchen und Menschen, die Weißbrot und Milchkaffee an die Bedürftigsten ausgaben. So viele Menschen, die sich ohne Ziel und Arbeit treiben ließen. Länger als über den nächsten Tag hinaus zu planen, schien zwecklos zu sein. Das Geld verlor an Wert. Und es zeichnete sich ab, dass es Hunger geben würde. Richtigen Hunger.

Jeden Tag überwand sich Max, setzte seinen Fuß auf, als wäre er gesund, versuchte den Schmerz zu ignorieren. Wie die meisten anderen auch machte er aus dem bisschen Geld das Beste, denn Sparen hatte kaum Sinn. Lieber trank er am Abend sein Bier in der Kneipe. Das war billig und befreite ihn von den schwersten Gedanken. Einundzwanzig Jahre alt war er nun, hatte weder eine Frau noch richtige Arbeit, hatte keine eigene Wohnung, keine Perspektive. Die neuen Zeiten mochten vielversprechend sein, denn alte Strukturen sollten aufbrechen, doch bisher wurde alles nur schlechter.

Mutter und Vater ließen ihn gewähren. Sie drängten ihn nicht, sich eine Frau zu suchen. Sie zeigten ihren Unwillen nicht, wenn er spät am Abend aus der Kneipe kam. Er trank nie zu viel, schlug sich nicht mehr. Sie wussten, die vier oder fünf Biere ließen ihn die Nacht überstehen.

Er vermied es, in den Keller zu gehen. Er suchte Ausreden, fand einen Burschen, der ihm manchmal für fünf Pfennige das Gewünschte holte, oder nahm seinen Fuß als Ausrede, wenn es galt, Kohlen hinaufzuschleppen. Seine Mutter verstand irgendwann, was vor sich ging. Geschickt gelang es ihr, immer den Vater hinunterzuschicken. Niemals sprachen sie darüber, so wie auch sein unrühmlicher Abgang und seine verschämte Rückkehr im Frühjahr 1917 nie zur Sprache gekommen war.

Wenn er die Zeit fand, und das geschah erschreckend oft, ging er in die Stadt. Er wollte sehen, was geschah, wollte nichts verpassen, hörte sich das Schlagzeilengeschrei der Zeitungsjungen an, folgte den Bewegungen der Menge, lauschte den Reden von Politikern und solchen, die vorgaben, welche zu sein. Gelegentlich fragte ihn einer, ob er sich nicht anschließen wollte. Einem Kämpferbund, einem Bolschewikenverein, den Turnern. Er lehnte jedes Mal dankend ab. Lass mal, pflegte er zu sagen, ich hab zu tun. Ihm war der Gedanke nicht geheuer, sich einer Gruppe anzuschließen. Mochte sein, dass sie gute Ideen für eine neue Weltordnung hatten, dass sie sich um die Belange der Menschen kümmern wollten, doch immer gab es etwas, das ihn abstieß. Eine Forderung, eine Richtlinie, eine Vorgabe. Warum, fragte er sich, sollte man Meinungen oder Taten dulden oder gar vertreten, hinter denen man gar nicht stand, nur weil es das Dogma der Partei oder Gruppierung vorschrieb? Nein, da hielt er sich lieber raus. Und vereinnahmen lassen wollte er sich schon gar nicht.

Nur zum Kegelabend, der in einer nahe gelegenen Gaststätte stattfand, ließ er sich einmal in der Woche blicken. Und er war auf Asphalt- und Bohlenbahnen gleichermaßen geschickt. Als Garant für sichere Wetten nannte man ihn Alle-Neune-Max; wenigstens in seinem Klub wurde er anerkannt und musste keine Spötteleien fürchten.

Trotz seiner wöchentlichen Erfolge im Wettstreit mit Klubfreunden oder bei Wettkämpfen mit anderen Klubs erwachte er am Morgen meistens mit latent übler Laune. Sein Vorhaben, das Beste aus diesem Leben zu machen, stagnierte angesichts der wenigen Möglichkeiten, die sich ihm auftaten, und führte nur zu einem Zustand anhaltender Unzufriedenheit. Verdiente er irgendwo mal ein wenig mehr als den üblichen Stundenlohn, begann er sich vorzurechnen, wie viel er brauchte, um es aus diesem Kreislauf herauszuschaffen, und verdarb sich die Freude daran. Einmal fand er eine Mark, doch anstatt sich über das unerwartete Zubrot zu freuen, zeigte dieser Fund ihm nur auf, wie arm er wirklich war. Gleichzeitig ließ ihn der Gedanke nicht los, wer diese Mark jetzt wohl bitterlich missen würde.

Manchmal dachte er an Ullrich und dessen Schiebereien. Das Geschäft schien weiterhin ungehindert zu florieren. Seine Laster fuhren herum, das Eislager hatte guten Zulauf. Ullrich erfreute sich offenbar allerorten bester Beliebtheit, kein Polizist hielt sich länger bei ihm auf, als man für einen freundlichen Plausch benötigte, und nicht selten fragte sich Heller, wie viel Geld er wohl schon besitzen könnte, wenn er dabeigeblieben wäre. Dass seine Eltern auch in größter Not zu stolz gewesen waren, um dieses Geld anzunehmen, hatte ihn auf die rechte Bahn zurückgebracht. Doch satt machte es ihn nicht. Und er hätte es ja auch nicht ewig tun müssen; nach zwei Jahren hätte er vielleicht genug Geld gehabt, um ein ehrliches Geschäft zu finanzieren. Beim Schuster an der Ecke, für den er manchmal Holz hackte, hätte er den Beruf lernen, später eine Nähmaschine für Leder kaufen und einen Laden eröffnen können. Doch wäre das rechtens gewesen? Wozu gab es Gesetze und Vorschriften? Wie konnte er von anderen erwarten, ehrlich zu sein, nicht zu rauben, zu stehlen oder Schlimmeres zu tun, wenn er es selbst nicht war? Natürlich tat man mit Schmuggelfahrten auf den ersten Blick niemandem weh, weder körperlich noch finanziell, doch unterstützte man kriminelle Machenschaften. Was harmlos aussah, wenn man hundertfünfzig Mark für eine Flasche bezahlte, war an anderer Stelle vielleicht mit Blut erkauft worden. Nein, er hatte recht gehandelt. Außerdem stellte sich die Frage, ob es ihm gelungen wäre, sich irgendwann loszusagen. Einmal noch, hätte Ullrich verlangt, einmal noch und noch einmal. Bis man ihn doch ertappt hätte. Nein, er hatte den rechten Moment erwischt.

Noch etwas änderte sich in der Stadt. Sie begann sich nach und nach mit Kriegsversehrten zu füllen. Als wären die Tore der Lazarette und Heilanstalten geöffnet worden, ergossen sich an manchen Tagen ganze Ströme in die Straßen. Immer öfter sah man junge Männer mit nur einem Bein, mit fehlendem Arm oder ohne Hände. Blinde sah man, die zum Sanatorium gebracht wurden. Männer mit geistigen Störungen, die immerzu lachten oder zuckten, als litten sie an Schluckauf. Manche konnten ohne ersichtlichen Grund nicht laufen, manche waren stumm und starrten geistlos vor sich hin. Da es nun nicht mehr galt, das Bild eines siegreichen Reiches vorzugaukeln, mussten sie auch nicht mehr verborgen werden. Man hatte keine Verwendung für sie. Manche bettelten, viele liefen ziellos durch die Stadt, man sah sie an den Armenküchen anstehen, an den Büros der Wohlfahrtsvereine, der Vereine für Kriegsveteranen. Allesamt Männer, die man in der Blüte ihrer Jugend ins Unheil geführt hatte und die nun zurückkehrten, ihrer Zukunft beraubt, mit kaputten Körpern und verstörten Seelen.

Obwohl es ihm nicht guttat, diese Männer zu sehen, suchte Heller doch immer wieder deren Nähe, trieb sich beim Bahnhof herum, hoffte, einen zu erkennen. Doch bisher war keiner seiner Schulkameraden wieder aufgetaucht, keiner der Jungen, mit denen er in der Straße gespielt hatte. Im Gegenteil, in den letzten achtzehn Monaten waren mehr und mehr Todesanzeigen mit bekannten Namen erschienen. Allein von seiner Schulklasse waren mehr als die Hälfte im Feld geblieben, und viele wurden noch vermisst. Wöchentlich meißelte ein Steinmetz neue Namen in die Heldensäulen, die man aufgestellt hatte.

Abgestumpft waren die Menschen, kaum jemanden interessierte es noch, wenn der Nachbarsjunge als gefallen galt. Man hatte zu tun, kümmerte sich um sein eigenes Leid. Die Begeisterung, mit der man die Jungen einst in den Krieg geschickt hatte, war längst vergessen.

An einem Tag im Dezember war Heller beim Neustädter Bahnhof von der Bautzner Straße kommend aus der Bahn gestiegen und musste nun auf seinen Umstieg in die 15 warten. Für den Laden hatte er bei der Seifenfabrik Knochenseife besorgen sollen, deren Lieferung nun schon wochenlang ausgeblieben war. Doch der ganze Weg war umsonst gewesen. Man wollte ihm nichts verkaufen, seine Bezugsscheine fürs Geschäft waren angeblich abgelaufen, behauptete man. Er wusste, dass es nutzlos war, sich zu streiten, und hatte es trotzdem getan. Nun war er müde und hungrig und sah sich nach einem Imbiss um.

Lange schon gab es keine Bockwurst mehr zu kaufen, weder hier am Bahnhof noch sonst irgendwo. Stattdessen konnte man für zwanzig Pfennige einen Teller Suppe erstehen, in der wenige Kartoffelstücke und weich gekochte Rüben schwammen, die faul schmeckten. Man sprach bereits von einer bevorstehenden Hungersnot. Es hieß, die Speicher der Stadt wären alle leer. Jeder hielt zurück, was er an Lebensmitteln besaß, hortete, was er bekam. Steckrüben waren in Mode. Er aß im Stehen, gab artig Teller und Löffel zurück.

Halbwegs satt, mit angenehm warmem Bauch, wollte Heller wieder zur Haltestelle, als jemand seinen Namen rief.

Zuerst hielt er es für eine Halluzination, einen Wunschtraum oder einen Irrtum, denn die Stimme klang ihm allzu vertraut. Aber ganz eindeutig rief jemand: »Maxe.« Und noch einmal: »Maxe!«

Er sah sich um und wollte seinen Augen nicht trauen. Jemand stürmte auf ihn zu, den wiederzusehen er schon längst nicht mehr zu hoffen gewagt hatte. Auch ihm schlackerte die Uniform am Leibe, unrasiert und schmutzig war er. Ausgezehrt.

»Armin?«, fragte Heller, denn sicher war er nicht, ob er seinen Sinnen trauen konnte, so verändert sah sein Freund aus.

Armin warf sein Bündel ab und rief: »Max, du lebst, du lebst!« Dann sprangen sie sich in die Arme und tanzten hüpfend im Kreis. Heller war fassungslos. Welch ein Zufall, gerade jetzt hier zu sein. Welch ein Glückstag war das. Vergessen waren für diesen Moment die Seife, die Not und alle Sorgen.

»Mensch, Junge, lass dich ansehen!«, rief Armin überglücklich, packte ihn an den Ohren und rüttelte an seinen Schultern. Ausgehungert sah er aus, die Gesichtszüge schmal und hart, kein bisschen Kind steckte mehr darin, die hellgrauen Augen lagen tief, das blonde Haar war geschoren. Die Freunde waren fast gleich groß und sahen einander in die Augen.

»Fett biste geworden!«, lachte Armin.

»Und du erst!«, erwiderte Heller. »Habt ihr nur gefressen die ganze Zeit?«

»Täglich gab's Braten mit Klößen bis zum Abwinken, ich schwöre, ich kann keine Pralinen und keinen Pudding mehr sehen.«

Ein paar Umstehende lachten und vergnügten sich am Anblick der beiden jungen Männer.

»Mensch, Maxe.« Armin lachte noch immer. »Mensch, Maxe, jetzt machen wir es uns schön, oder? Wir lassen uns nicht unterkriegen, wir zwei, oder? Ist doch egal, was die Zeiten bringen, und zu fressen werden wir schon was finden!«

»Und Weiber!«, gab Heller noch eins drauf.

»Du sagst es, Max!« Armin lachte und sah sich nun nach seinem Bündel um. Ein freundlicher Herr hatte es aufgehoben und reichte es ihm jetzt.

»Vielen Dank, der Herr!« Armin warf sich das Bündel über die Schulter. »Fahren wir heim!«

Arm in Arm liefen sie zur Haltestelle.

»Du, sag mal, Maxe«, begann Armin, nachdem die ersten Schritte sie wieder ein wenig zur Besinnung gebracht hatten. »Meine olle Mutter«, versuchte er sich gelassen zu geben, doch mehr kam nicht über seine Lippen.

»Die lebt noch und hat die Hoffnung nicht verloren. Ich hab sie jede Woche besucht! Warum haste denn nicht geschrieben? Konntest du nicht?«

»Maxe, ich war doch gefangen von den Russen. Irgendwo in der Walachei haben sie uns eingesperrt. Vor einer Woche erst haben sie uns freigelassen. Seitdem ging es für mich nur westwärts. Ich stinke wie ein Esel, könnte fressen wie ein

Scheunendrescher und bin so müde, dass ich drei Tage schlafen könnte.«

»Dann lass uns jetzt zu deiner Mutter fahren. Und meinen Eltern will ich dich auch zeigen. Die freuen sich ganz sicher.«

»Haben sie noch den Laden?«

»Es ist alles beim Alten.«

»Viel Arbeit, wenig Geld?«

Heller nickte nur.

»Und du, du humpelst. Haben sie dir was abgeschossen?«

»Nein, alles noch dran. Muss mir den Fuß nur wieder zurechtbiegen«, wiegelte Heller ab.

Armin sah ihn bedauernd an, dann hellte sich seine Miene wieder auf. »Und sag, Maxe, wen hast du noch gesehen?«

Max blickte seinen Freund kurz an. »Niemand, Armin. Aber das kann ja noch werden.« Das war nicht ganz die Wahrheit, aber er wollte ihnen die Wiedersehensfreude nicht verderben.

Sie mussten Frau Richter fangen und aufrichten, denn beim Anblick ihres Sohnes, der wie eine heilige Erscheinung in ihrer Tür stand, wollte sie offenbar zu Boden sinken. Doch sie erholte sich schnell, liebkoste ihren Sohn, überschüttete auch Heller mit Küssen, als hätte er Armin im Kriege beschützt und aus der Gefangenschaft heimgebracht. Immerzu schluchzte sie, presste die Hände vor das Gesicht, immer wieder musste sie ihren Sohn streicheln und betasten. Aus lauter Übermut holte sie die letzten guten Lebensmittel aus dem Speiseschrank und tischte ihnen ein Festmahl auf, so sehr Heller sie auch mahnte, mit Zucker, Mehl und Fett sparsam umzugehen. Doch darauf käme es nicht an, sagte sie, nicht an einem solchen Tag.

Beim Essen ertappten er und Armin sich dann dabei, wie sie einander in die Augen sahen, wie sie prüften, ob es möglich wäre, alles auszusprechen, was ihnen auf der Seele lag. Doch noch galt es, den Augenblick zu genießen, ihn auszudehnen, zu hätscheln und zu bewahren. Noch galt es, Frau Richter ihr Glück zu lassen, die von all den guten Speisen gar nichts essen konnte und immerzu ihren Sohn berührte, als müsste sie sich vergewissern, dass er wirklich in Fleisch und Blut neben ihr saß.

Irgendwann ging Heller heim. Ohne Armin, denn seine Mutter sollte ihn für diesen Tag behalten. Er erzählte seinen Eltern von dessen glücklicher Heimkehr, und beide waren berührt, als wäre es ihr eigener Sohn, der da verschollen und wieder aufgetaucht war.

Doch schon am nächsten Tag redeten sie, Armin und er. Sein Freund fragte ihn, wie es ihm ergangen wäre, und Heller sprach. Zuerst wollte er nur das Nötigste erzählen, das, was er seinen Eltern schon berichtet hatte. Doch ganz unvermittelt kam alles aus ihm heraus, was er bis dahin zurückgehalten hatte. Die kleinen Details genauso wie die wirklich schlimmen Dinge. Armin gegenüber hatte er keinerlei Hemmungen. Mit ihm hatte er schon immer alles geteilt, Freud und Leid. Er war für Armin eingetreten, hatte sich für ihn in jede Prügelei gestürzt, wie auch Armin das für ihn getan hatte. Und vor allem war Armin selbst im Krieg gewesen, so musste Heller nicht jeden Umstand rechtfertigen, jede Aussage beteuern und nichts unnötig erklären. Armin wusste, was im Krieg geschehen konnte, welche ungeheuerlichen Dinge zur Normalität wurden. Heller spürte sofort, wie gut es tat, reden zu können. Es befreite seine Seele, und obwohl der Krieg sie jahrelang getrennt hatte, fühlte es sich an, als wären sie erst gestern auseinandergegangen. Vielmehr schien es sie sogar noch enger aneinandergeschmiedet zu haben.

Sie waren zum Elbhafen gegangen. Dick in ihre Jacken gepackt, die Mützen tief im Gesicht, trotzten sie dem feuchtkalten Wetter, setzten sich auf eine Mauer und sprachen.

So erzählte er dann auch, dass er in manchen Nächten noch immer schreiend aus dem Schlaf erwachte, so oft nun schon, dass man sich im Haus daran gewöhnt hatte. Und er verriet ihm, dass es ihm nicht möglich war, in einen Keller zu steigen, selbst wenn dort Licht brannte. Dass ihm schon der Gedanke daran den Schweiß auf die Stirn trieb. Armin verstand auch das. Die Scham, die ihn davon abhielt, es anderen zu erzählen. Und er verstand, dass Max sich vorkam wie ein Simulant.

»Versteht halt keiner, der nicht da war«, erwiderte Armin nur, und mehr gab es dazu nicht zu sagen. Dieser Satz entschuldigte und beschuldigte alle, die falsch urteilten, zugleich.

Als Max fertig war, erzählte Armin von seinen Kriegserlebnissen, von den Bewegungen an der Ostfront, dem Kampf gegen die Russen, der nicht minder erbittert geführt worden war. Er erzählte davon, wie sie einst am Heiligabend übers gefrorene Schlachtfeld hinweg dieselben Lieder gesungen hatten, bis die Generäle es verboten. Er erzählte auch von dem, was Heller erspart geblieben war: wie sie den feindlichen Graben erobert und mit Bajonett und Säbel aufeinander losgegangen waren, dem Feind direkt in die Augen geblickt hatten.

Er war gut davongekommen. Hatte keinen Schuss abgekriegt, keinen Splitter, kein Schrapnell. Auch keinen Schnitt oder Stich, obwohl das eigentlich ganz unmöglich schien. Ihm war es gelungen, sich so oft wie möglich vom Fronteinsatz zu lösen. Seine freundliche Art verschaffte ihm Sympathien bei den Leutnants, sodass sie ihn oft melden schickten. Oder er organisierte Nachschub und erledigte Besorgungen. Und doch hatte er natürlich kämpfen müssen, und bei einer dieser Schlachten war er in Gefangenschaft geraten, als sein Stoßtrupp in einem Hinterhalt eingekesselt wurde. Er hatte Glück im Unglück gehabt, denn vom Rest seiner Kompanie hatte er seitdem nichts mehr gehört.

Es vergingen Stunden, bis alles gesagt schien. Dann legten sie ihr Geld zusammen, gingen etwas essen und tranken ein Bier. Dabei schwiegen sie und genossen es, dass der eine für den anderen da war.

»Sag mal, Maxe«, sagte Armin später, nachdem ihnen jemand in der Kneipe Zigaretten spendiert hatte. Heller rauchte nicht, also schob er seine Armin zu.

»Hast du mal jemanden …« Er verstummte.

Heller antwortete nicht. Das war die eine Sache, die er bisher ausgelassen hatte. Er schwieg lang. Eine ganze Zigarettenlänge.

Armin drückte den Stummel im Aschenbecher aus. »Ich meine, ich hab ganz sicher welche erwischt«, sagte er leise. »Einen vor allem, als ich in den Graben sprang. Ich wollt den gar nicht abstechen. Aber ich musste, weißt du? Nicht wegen dem Leutnant, doch hätte ich es nicht getan, dann hätte er mich erwischt. Aber Max, wie dem das Bajonett in den Leib fuhr und der mich ansah, das vergess ich nie, so flehend, ganz offene Augen, als fragte er mich, warum.

Bei einem Sturmangriff der Russen, den wir mal abzuwehren hatten, da sah ich sie fallen, einen nach dem anderen, doch ob einer durch meine Kugel gefallen ist, das weiß ich nicht. Sie kamen nicht einmal auf hundert Meter heran, ganz aussichtslos war der Versuch. Wie sie hochkamen, haben wir sie bestrichen, und sie fielen um. Max, ich sag dir, ein Gemetzel war das, scheußlich. Aber es wär gut möglich, dass meine Kugeln einfach hindurchgestrichen sind. Gezielt hab ich nicht, nur gespannt, geschossen, gespannt, geschossen, gespannt, geschossen.« Armin ahmte die Bewegung nach, so sehr war er in Gedanken dabei. Dann verstummte er, wagte es nicht, Heller anzusehen, wusste wohl nicht, ob er zu weit vorgedrungen war.

Genauso war es bei ihnen auch gewesen, überlegte Heller. Wenn die Franzosen angriffen, dann ratterten die Gewehre, dann fielen sie einer nach dem anderen im Kreuzfeuer, und durch welche Kugel, war ganz und gar unmöglich auszumachen. Und genauso verhielt es sich, wenn sie hatten stürmen müssen. Da stieg man hoch, rannte gebückt, schoss blind, hörte die Kugeln des Feindes flitschen, hörte sie puffend einschlagen in den Boden oder den Leib des Nächsten, man hörte es pfeifen und krachen und schrillen, man stolperte, fiel, raffte sich auf, sah bestenfalls die Helme der Gegner und wollte sich nicht mal ausmalen, was geschehen würde, wenn sie den Graben des Feindes erreichten. Dann hieße es hineinzuspringen, mit dem Bajonett zuzustoßen, in stumpfer Tobsucht zu stechen und zu schlagen, bis der Feind besiegt war oder man selbst erschlagen wurde. Doch das war ihm erspart geblieben, und es genügte ihm, jetzt Armins Bilder im Kopf zu haben.

Bis zum feindlichen Graben waren sie nie gekommen. Irgendwann gellten die Pfeifen, befahl man den Rückzug, dann mussten sie rennen, den Feind im Rücken. Und der Weg zurück schien noch viel länger und zäher zu sein, die Füße sanken tiefer, und man sah die Leiber derer, die liegen geblieben waren, und die Gesichter derer, die noch lebten und flehten und nicht liegen bleiben wollten, denn was gab es Schlimmeres, als im Niemandsland zu liegen und einsam vor sich hin zu sterben?

»Sag, hattet ihr auch Gas?«, fragte Armin leise.

Heller nickte nur. Was Menschen sich ausdachten, um sich gegenseitig umzubringen. Und dabei gaben sie vor, die zivilisiertesten Lebewesen dieser Erde zu sein.

»Es ist doch eine Hundsgemeinheit, was die mit uns angestellt haben ...«, brach Armin das Schweigen.

»Einmal«, sagte Heller fast gleichzeitig, nachdem er lange darüber nachgedacht hatte. »Ich war gerade ganz neu an der Front. Ich musste Wache schieben, den Feind ausspähen. Zu Beginn, als Neuer, da schoss man noch auf alles, was sich bewegte. Später verstand ich erst, dass man sich zu bestimmten Zeiten in Ruhe ließ …«

Armin nickte. »So war es bei uns auch.«

»Die Franzosen schaufelten an ihrem Graben, und einer war besonders mutig, kletterte immerzu hinauf, sprang manchmal von einer Seite zur nächsten. Mit nacktem Oberkörper, ein junger Bursche. Und gelegentlich schoss einer von uns, doch keiner traf ihn, denn es war wirklich weit, zweihundert Meter sicher. Der Bursche spottete, sprach leidlich Deutsch und rief, wir würden schielen und bräuchten Gläser. Einige Tage lang ging das. Eines Tages hatte ich Wache und sah ihn durch den Feldstecher. Ich nahm den Karabiner und legte an. Ich dachte gar nicht darüber nach, Armin, es war wie Sport, verstehst du? Ich dachte noch, warte, ich krieg dich, und dann drückte ich ab.«

Heller verstummte, und Armin sah ihn an.

»Weißt du, wenn einer fällt, dann siehst du es.« Heller blickte Armin in die Augen.

»Er fiel. Und in diesem Moment, Armin, hab ich verstanden, was ich getan hatte. Die Kameraden haben mir auf die Schultern geklopft, die haben mich hochleben lassen, und ich hätte kotzen können, verstehst du? Das war kein Sport. Kein Spaß. Ich hab den totgeschossen, Armin. Das ist Krieg, sagten die anderen, ich sollte nicht nachdenken. Aber so ist das nicht, Armin, oder? So sollte das nicht sein, dass man jemanden erschießt, der mit nacktem Oberkörper herumturnt.«

»Es sollte gar nicht sein, dass man überhaupt jemanden erschießt«, sagte Armin leise. »Max, sei dir nicht gram, dass du das getan hast. Das war nicht falsch von dir. Das war falsch von allen, die uns das beigebracht haben. Unser Lehrer, die Leutnants, der Kaiser, alle. Und nun lassen sie uns allein damit, mit den Verletzungen am Körper und im Kopp. Versuch den Franzosen zu vergessen, der hätte nicht da rumhüpfen sollen, der hätte lieber den Mund halten und unten bleiben sollen. Das kann dir keiner verübeln, auch du dir selbst nicht. Wenn du dich deswegen auffrisst, dann haben die anderen ja irgendwie gewonnen.« Armin hielt inne. »Nee, gewonnen nicht, aber dann hast du verloren. Du hast nur gemacht, was dir beigebracht wurde, und nun hast du verstanden, dass es falsch war. Und nu, Maxe, machen wir das Beste draus.«

Die Kellnerin kam an ihren Tisch und fragte: »Na, Maxe? Noch ein Bierchen für dich und deinen Freund?«

»Sag mal, Liebste ...« Armin hielt sie am Arm fest. »Wann kann ich dich nach Hause bringen?«

»Das hättste wohl gern!«, lachte sie. »Und wenn du mich Liebste nennst, kannst mich ooch heiraten!«

»Heiraten nicht gleich. Wer kauft denn schon die Katze im Sack?« Er kniff sie in den Hintern, und sie ließ es sich lachend gefallen.

Mit Armin wurden die Tage heller. Nun gab es jemanden, mit dem er reden konnte, der ihn mobilisierte, der ihn hierhin und dahin mitnahm. Nun gab es einen, der mit zulangen konnte, wenn jemand auf Streit aus war. Mit dem sich Heller Arbeit und Geld teilen konnte. Armin mit seinem breitkrempigen Hut war es auch, der ihn immerzu in die Stadt mitnahm, der dabei sein wollte, wenn etwas geschah. In Berlin wurde geschossen und gekämpft, ebenso in München, und auch in Dresden blieb es nicht aus, dass es zu Unruhen kam. Politische Versammlungen wurden überfallen, und die Polizei kam mit Pferden und Motorwagen. Kundgebungen wurden ausgerufen und mit blankem Säbel wieder zerstreut. Jeder Tag schien eine neue Entwicklung zu bringen.

Mit seinem Charme und seiner theatralischen Persönlichkeit geriet Armin auch immer wieder an junge Frauen, die sich gerne einladen ließen. So feierten sie auch Silvester zu viert, zündeten ein kleines Feuerwerk, das Armin in einem Spielzeugladen erstanden hatte, und zerschmissen kleine Teller, die sie im Spielzeugladen dafür gekauft hatten. Sie tranken billigen Wein und selbst gebrannten Schnaps und schworen sich, dass von nun an alles besser werden sollte. Niemand sollte mehr glauben dürfen, seines Standes wegen anderen befehlen zu dürfen. Eine Welt sollte entstehen, in der jeder Mensch gleich war, egal ob arm oder reich, ob hochgeboren oder ein Arbeiterkind.

Heller ahnte, dass Armins Drang, nichts zu verpassen, sein oft überzogenes Auftreten und seine kindische Freude nur seine Art waren, über die Kriegserlebnisse hinwegzukommen. Und vielleicht war es gut, dass sie sich so ergänzten, dass er seinen Freund gelegentlich bremste und mahnte, es mit seinen albernen Späßen nicht zu übertreiben und das Leben ernster zu nehmen.

1919

Es kam keine Ruhe ins Land, zu viele Kräfte rannten gegeneinander an. Jeder gute Gedanke wurde im Keim erstickt. Parteien, Interessengruppen, Bünde entstanden und zerfielen im Wochentakt, Feinde verbündeten sich, Verbündete wurden zu Feinden. Gelegentlich trieben die Unruhen wilde Auswüchse. Scheinbar unorganisiert wurden die Häuser von wohlhabenden Bürgern überfallen, das Personal verjagt, die Herrschaften verprügelt und ausgeraubt, und ehe die Schutzpolizisten eintrafen, hatte sich die Menge schon mit allem, was sie forttragen konnte, zerstreut. Darüber vergingen die Wochen, und es wurde langsam Frühling.

Hellers Eltern verlangten keine Rechenschaft darüber, was er tat. Max half, wo er konnte. Doch die Geschäfte gingen immer schlechter. Die Unruhen machten die Leute unsicher, das angeschriebene Geld kam kaum in die Kasse. Aber noch immer wollten sie nicht, dass Max und Armin sich darum kümmerten. Dafür kümmerten die beiden Freunde sich um sich selbst, aßen was sie bekamen, klapperten die Volksküchen ab, griffen zu, wenn irgendwo ein Wagen einen Radbruch hatte. Sie stahlen nicht wirklich, überfielen auch niemanden, aber darüber hinaus war ihnen jedes Mittel recht, täglich satt zu werden. Man durfte in diesen Zeiten nicht zimperlich sein. Man musste auch mal über einen Zaun steigen, sich die Taschen und den Hut mit Kartoffeln, Rüben oder auch Kohlen vollstopfen, die man dann meistbietend verkaufte. Man musste wissen, wo geschlachtet wurde oder ob in der Heeresbäckerei eine Hintertür offen stand. So gut wie nie aßen sie daheim und trugen so dazu bei, ihre Eltern zu entlasten.

Hellers Eltern ging es nicht gut. Er sah es, und Armin sah es auch. Es war offensichtlich, was den beiden so zusetzte. Der Laden, der ihnen abverlangte, jede Stunde des Tages zu opfern. Mutter hatte vom ewigen Stehen Wasser in den Beinen, Vater laborierte mit seinem Bruch. Doch den Laden abzugeben, hätte sie nur arbeitslos gemacht, das wenige Geld wäre schnell aufgebraucht gewesen.

»Wart nur ab, Max«, tröstete ihn Armin. »Das wird noch. Es wird eine Zeit kommen, wenn alle das Gleiche verdienen, und keiner muss sich mehr zu Tode rackern. Es ist nur zu gerecht, dass sie die reichen Säcke überfallen und denen das Zeug wegnehmen. Denn es ist ja auch nur geraubtes Zeug.«

Dazu hatte Max eine andere Meinung. Denn es gab auch Leute, die seinen Eltern den Laden neideten und behaupteten, sie hielten Nahrung und Lampenöl zurück. Sie wurden oft bestohlen, und daran war nichts gerecht. Denn diese Dinge waren bezahlt worden oder mussten noch abgestottert werden.

»Weißt du, dass der Kaiser selbst angeordnet hat, Lenin nach Russland zu schmuggeln? Er hat ihn geschützt, obwohl er ein Roter war, der Roteste von allen, und warum? Weil Lenin Revolution machen sollte, damit die Russen den Krieg aufgeben. Und es ist ihnen auch recht gut gelungen. Eines nur haben der Kaiser, die Fürsten und Junker aber übersehen. Nein, sie haben es nicht glauben wollen. Dass nämlich in unserem Land auch Revolution ausbricht. Die haben sich ihr eigenes Verhängnis gestrickt, mit dem Krieg und der Revolution in Russland. Denn nun erheben sich die Arbeiter und Soldaten, nun wollen sie sich nicht mehr totschinden und totschießen lassen.«

»Du redest selbst wie ein Roter«, merkte Heller an, versteckte seinen Vorwurf mit einem Lachen und würzte ihn mit einem leichten Faustschlag gegen die Schulter.

»Das ist nichts Schlimmes«, lachte Armin und schlug zurück. »Die Welt soll allen Menschen gehören, und das kann nur den Roten gelingen, den Bolschewiken. Denn die Sozialdemokraten bändeln doch schon wieder mit dem Adel an. Die Industriebarone sind durch den Krieg reich und fett geworden und sind es immer noch.«

Heller hatte keine Ahnung von diesen Dingen. Ihm fehlte wohl der Blick dafür, was das ganze Chaos bringen sollte. Was es half, Bürger zu enteignen, Lager, Geschäfte und Häuser zu überfallen oder gar Politiker zu ermorden. Er glaubte nicht, dass es das war, was sich die Masse wünschte. Der einfache Mensch wollte doch eigentlich nur seinem Tagwerk nachgehen und gut davon leben können. Er wollte gelegentliche Abwechslung und eine geregelte Zukunft. Doch was wusste er schon.

»Komm morgen mit, ich hab ein paar Leute kennengelernt«, bat Armin ihn an einem Tag im April.

»Du meinst Mädchen?«, fragte Heller.

Armin winkte ab. »Nee, andere. Politisch. Die haben Ziele. Das sind gute Leute. Aber es sind auch Frauen dabei.«

»Wollen wir nicht lieber angeln gehen?«, fragte Heller, Das war zwar nicht erlaubt, doch viele taten es. Man musste ja schließlich etwas essen. Man konnte auch auf die Äcker gehen und Kartoffeln ausgraben, die vom Vorjahr übrig waren. Irgendwie fand sich immer etwas, auch Rüben oder Möhren gab es gelegentlich.

»Max, das hier ist viel wichtiger.«

»Wichtiger als Essen?«

»Nein«, lachte Armin. »Das hier ist der erste Schritt in eine bessere Welt. Man muss dabei sein, wenn es beginnt, dann kann man seinen Teil dazu beitragen, dann kann man mitbestimmen, wie die Welt wird. Komm nur einmal mit. Das sind junge Leute wie wir. Manche waren im Krieg, andere waren im Zuchthaus, politische Menschen, verstehst du? Jetzt sind sie frei, denn niemand darf mehr eingesperrt sein, weil er seine Meinung sagt. Max, sie denken wie wir, sie wollen nie wieder Krieg, wollen Freiheit für alle, Gleichberechtigung. Das bekommt man nicht einfach so, dafür muss man kämpfen.«

»Wieder kämpfen?«

»Aber das wär ein guter Kampf, Max. Du siehst doch, was sonst geschieht. Haben wir Arbeit? Haben wir eine Stelle? Und wenn, was bekommen wir dafür? Einen Hungerlohn. Die Reichen werden reich bleiben, die Armen schaffen es nie, aus dem Dreck zu kriechen. So wird es aussehen.«

»Armin, du redest, als käme das alles gar nicht aus deinem Mund.«

»Natürlich nicht, Max. Jemand musste mir den Geist öffnen. Manchmal ist es nötig, dass jemand einen zum Denken bringt, und deshalb bitt ich dich, komm mit, sieh es dir nur mal an. Hör nur einmal zu, und dann entscheide selbst. Und Frauen sind ja auch dabei. Junge Frauen. Feministinnen, die sind ganz anders als die, mit denen wir bisher zu tun hatten.«

Heller nickte. Falsch war es ja nicht, was Armin sagte. Er würde sich die Leute ansehen, schaden konnte es nicht. Obwohl es ihm wichtiger schien, Kohle zu besorgen oder zu sehen, ob man Seife oder Fett bekam. Doch Armin hatte schon recht, die Fürsten und Barone mochten wohl an Macht verloren haben, reich waren sie immer noch, und freiwillig würden sie wohl nie etwas abgeben. Die Armen kleinzuhalten und zu beschäftigen, das hatte schon immer funktioniert. Sie glauben zu lassen, sie müssten sogar noch froh sein über ihr bisschen Lohn.

Franz Bochholdt hieß der Anführer der Truppe. Er war Soldat gewesen, trug Uniform und Orden, allerdings nur zum Trotz und um zu beweisen, dass er wusste, wovon er sprach. Er stieg auf eine Holzkiste vor dem Schloss nahe der Friedrich-August-Brücke, und geschützt von einem Ring aus fast fünfzig seiner Anhänger hielt er eine Rede, in der er zum radikalen Umsturz der ganzen Gesellschaft aufforderte. Er gab sich halb als Philosoph, halb führte er sich als Prophet auf. Seine Gefolgsleute trugen seltsame Kleidung, stellte Heller fest. Ein wildes, buntes Durcheinander aus Uniformteilen, Fräcken, Mänteln und Arbeitskleidung. Sie jubelten bei jedem seiner Sätze. Schnell gesellten sich neue Zuhörer dazu, wollten zuerst das Spektakel sehen und blieben dann, um zu hören, was er zu sagen hatte.

Armin zerrte an Max' Ärmel, wollte näher heran, suchte jemand Bestimmtes. Es wollte ihm nicht recht gelingen, die Menge begann zu sehr zu drängen, und schließlich verloren sich die Freunde. Heller hatte Mühe, im Gewühl nicht zu stürzen, mehrmals trat ihm jemand auf den Fuß. Nebenbei nahm er wahr, was Bochholdt der Menge entgegenschrie. Wütend war er. Schonungslos erzählte er, was er gesehen hatte an der Front. Er berichtete von all den Gräueln, von den Lügen des Kaisers und der Militärs. Er zog über die Sozialdemokraten her, über das neu gebildete Kabinett. Nichts war ihm radikal genug. Von Russland schwärmte er, wo der Adel ausgemerzt wurde, wo Industrielle, Landjunker, Fürsten enteignet und interniert wurden, wo wirklich das Volk bestimmte, was geschah, wo dem Volke alles gehörte. Schließlich gelang es Heller, sich seitlich aus der Menge hinauszuschieben.

Erleichtert suchte er eine Laterne, um sich anzulehnen, damit er seinem Fuß ein wenig Ruhe geben konnte. Er hielt nach Armin Ausschau, doch der war offenbar noch mittendrin. Ob es sich lohnte, zu warten, oder ob er nach Hause ging, wollte Max entscheiden, wenn der Schmerz in seinem Fuß wieder nachließ.

»Ich will doch hoffen, du bist nur hier, um zu schauen«, sagte jemand und veranlasste Heller damit, sich umzusehen.

Ein älterer Herr, recht groß, in einem schwarzen Ausgehfrack, hochschaftigen Stiefeln und schwarzem Hut, hatte ihn angesprochen. Nun machte er ein paar Schritte auf ihn zu und stützte sich dabei leicht auf einen Gehstock. Er lüftete seinen Hut und entblößte sein langes weißes, nach hinten gekämmtes Haar. Ein ebenso weißer Bart, sauber gestutzt, umrahmte seinen Mund.

»Max, es freut mich, dich zu sehen«, sagte Gustav Heller, sein Großvater.

»Herr Geheimrat«, grüßte Max und zog seine Schiebermütze.

Der Alte kommentierte das mit einem skeptischen Blick. »Willst du mich nicht Großvater nennen und mir deine Hand reichen?«, sagte er.

Max setzte die Mütze wieder auf, ging dem Mann entgegen und nahm dessen ausgestreckte Hand. Er hatte den Vater seines Vaters sicherlich zehn Jahre lang nicht gesehen, und davor waren ihre Begegnungen sehr rar gewesen. Der Händedruck seines Großvaters war fest wie der eines Arbeiters.

»Du humpelst?«, stellte er fest.

»Eine Kriegsverletzung, nicht der Rede wert, Herr Großvater.«

»Nun, und doch reden wir darüber. Und ich meine, du könntest mich mit ›du‹ ansprechen und den Herrn weglassen, oder haben deine Eltern mich allzu sehr zu einem Fremden für dich werden lassen?«

Max wusste nichts zu erwidern, ohne seine Eltern ins schlechte Licht zu rücken. Denn wenn sie über den alten Herren gesprochen hatten, dann waren es meist keine schönen Worte gewesen.

»Es sind Zeiten angebrochen«, befreite der Alte ihn von der Verlegenheit, eine Antwort zu finden, »in denen man genau schauen muss, wem man sich anschließt.«

»Ich hatte nicht vor, mich jemandem anzuschließen«, erwiderte Max, obwohl er seinem Großvater eigentlich keine Erklärung schuldig war.

Der alte Geheimrat nickte knapp. »Ich bin für einige Erledigungen in die Stadt gekommen, und ich sah dich zufällig. Deine Statur erinnerte mich an die deines Vaters. Dich hab ich zuletzt gesehen, da magst du Unterprimaner gewesen sein. Nun, wie geht es voran?«

»Ich suche eine Anstellung.«

»Gut, wer sucht, soll finden.«

Es schien, als erwarte der alte Herr etwas von ihm.

»Soll ich den Eltern vielleicht etwas bestellen?« Bewusst verwendete er keine Anrede. Er genierte sich, diesen fast fremden Mann in seiner altmodischen Kleidung zu duzen.

Gustav Heller blieb ihm vorerst eine Antwort schuldig. »Wenn es deine Zeit hergibt, besuche mich doch. Es wäre mir eine Freude, auf meine alten Tage noch meinen Enkel zu erleben, der inzwischen zu einem Mann geworden ist. Du weißt noch, wo ich lebe?«

»Jawohl, Herr … Großvater.« Verlegen klappte Heller den Mund zu.

Nun lächelte der alte Mann milde. »Es ist schwer, gegen Gewohnheiten anzukommen, aber mit der Zeit wirst du dich daran gewöhnen. Dann fällt es dir leichter, mich Großvater zu nennen. Es ist ein weiter Weg zu meinem Haus, falls du dich erinnerst. Und sicherlich bist du nicht motorisiert. Solltest du mich besuchen kommen wollen, so steht es dir frei, über Nacht zu bleiben. Das Haus ist groß genug. Ich will mich jetzt auf den Weg machen. Mir behagt die Stimmung nicht, sie droht schnell zu kippen, und aus einer Gruppe Idealisten wird leicht ein lynchender Mob. Gib nur acht, dass du nicht zwischen die Fronten gerätst. Ich empfehle mich, meine Droschke wartet auf der anderen Elbseite. Meine Einladung steht.«

»Ich will es mir überlegen«, erwiderte Heller, um sich alles offenzuhalten.

»Natürlich! Willst du deinen Eltern Grüße von mir bestellen? Und bestell ihnen, auch ihnen steht mein Haus offen.«

»Das werde ich. Einen schönen Tag wünsche ich noch.«

»Dir auch, Max, dir auch. Und es ist schön, dich leidlich beisammen zu wissen.« Der ehemalige Geheimrat deutete ein Kopfnicken an.

»Max, Max!«, hörte er Armin rufen, als er sich schon damit abgefunden hatte, allein heimfahren zu müssen.

Armin winkte aus der Ferne, und er war nicht allein. Neben ihm stand eine Frau in Männerhosen und einer festen, wattierten Arbeitsjacke. Sie hatte langes Haar, und um den Hals hatte sie einen Seidenschal gebunden.

»Das ist der Freund, von dem ich sprach«, erklärte Armin der Frau, als Max bei ihnen war.

»Darf ich vorstellen, das ist Johanna. Johanna Steimer.«

»Freut mich, Ihre Bekanntschaft zu machen.« Johanna reichte Max die Hand. Sie war sehr schön, auch die Schramme, die quer über ihre linke Wange lief, änderte nichts daran.

»Johanna kennt den Franz Bochholdt gut. Besser noch, ihr Bruder ist sein bester Freund.«

Heller wusste nichts damit anzufangen.

»Und Sie, was machen Sie?«, fragte Johanna, um das verlegene Schweigen aufzulösen.

»Nichts«, antwortete Armin für beide. »Das ist es ja, wir wollen dabei sein, wir wollen etwas verändern.«

Johanna lächelte. »Es gibt so viel zu tun, manchmal weiß man gar nicht, wo man anfangen soll.«

»Aber irgendwo fängt man an, sonst könnte man es ja lassen!«, rief Armin eifrig. Johanna ließ sich von seiner überschwänglichen Laune anstecken und gestattete ihm, dass er seinen Arm um ihre Hüfte schlang. Max musste sich eingestehen, dass er seinem Freund diese Bekanntschaft ein wenig neidete. An dieser Frau war etwas. Etwas Neues, Aufregendes. Als begegnete man einem echten Piraten.

»Du musst wissen, Johanna und ihr Bruder Benno wuchsen als Halbwaisen auf, und schon im ersten Kriegsjahr fiel ihr Vater. Seitdem schlagen sie sich allein durch. Benno war Student und musste deshalb abbrechen.«

»Lieber Herr Richter«, unterbrach ihn Johanna. »Meine Lebensgeschichte kann ich deinem Freund selbst erzählen, wenn mir danach ist. Ich werde aber jetzt anderswo gebraucht. Es war mir eine Freude, deinen Freund Max kennenzulernen. Und nun muss ich fort. Morgen können wir uns wiedersehen.«

»Sagst du dem Bochholdt, wir wollen dabei sein, wir wollen mitmachen?«, sprach Armin gleich für beide. »Wird er uns nehmen? Wir halten was aus, beide waren wir an der Front!«

»Einfach wird es nicht sein, den Franz zu überzeugen. Er ist sehr misstrauisch, allzu viele wollten schon dabei sein und sind dann feig abgesprungen.«

»Wir nicht, oder, Max? Wir nicht!«

»Du bist ja verliebt«, sagte Max später zu seinem Freund.

»Red doch nicht dusselig«, erwiderte Armin.

»Wie du die anhimmelst«, spöttelte Max.

»Sie wird mich mit Bochholdt bekannt machen, und dann, Max, können wir dabei sein, etwas bewirken. Wir könnten bei den Soldatenräten mitmachen, wir sind beide Frontkämpfer.«

»Du willst doch nur der Johanna nah sein«, ließ Max nicht locker.

»Du bist bloß neidisch.«

»Gib's doch zu, um den Bochholdt geht es nicht. Dir geht's um Johanna.«

Nun wurde Armin ernst. »Und wenn schon, Max. Kann sein, kann sein, dass ich die mag. Aber verliebt, davon ist keine Rede. Ich kenn die erst den zweiten Tag. Und sicher hast du gesehen, dass sie mich auch mag.«

»Du musst vorsichtig sein, wenn die sich mit einem Trupp von fünfzig Mann rumtreibt. Und seit ein paar Jahren ist sie eine Waise, da bändelt sie sicher mit jedem an, von dem sie sich Vorteile verspricht.« Er wusste selbst gut genug, dass sein vermeintlicher Rat nur eine verkappte Gemeinheit war.

Armin gab sich Mühe, ihm nicht böse zu sein. »Maxe, und selbst wenn, in diesen Zeiten kann man sich nichts aussuchen, das weißte selbst. Und hättest du sie zuerst gesehen, würdest du auch nicht wollen, dass ich sie dir madig mache. Und wer weiß, vielleicht kennt sie ja noch eine. Da sind schließlich noch mehr Frauen dabei.«

Max blieb stumm, denn er war sicher, ihm würde das Glück nicht so hold sein. Schon gar nicht mit seinem Fuß. Wenn diese Johanna eine für ihn kannte, dann sicher eine Walküre oder eine, der Zähne fehlten.

»Lass uns nicht zanken wegen so was, Max, wir müssen zusammenhalten. Wenn der eine etwas bekommt, soll auch der andere profitieren. So oder so. Du wirst sehen, auch du wirst mal eine bekommen. Und noch weiß ich auch gar nicht, wo das hinführen kann mit der Johanna.«

Max nickte und ließ sich von Armin mit dem Ellbogen anstoßen. Sein Freund hatte ja recht. Er durfte nicht eifersüchtig sein.

»Und du trafst ihn zufällig?«, fragte sein Vater.

»Er machte Erledigungen in der Stadt.«

»Sagte er sonst noch etwas?«

»Dass ich ihn besuchen könnte. Und ihr wärt auch jederzeit herzlich eingeladen.«

Vater sah zu Mutter hinüber, die sehr verhalten reagierte. Heller nahm nur ein knappes Achselzucken wahr. Sie wussten mit Großvaters Offerte nichts anzufangen.

»Ihr habt nie viel von ihm erzählt.«

Sein Vater hob die Schultern, wollte es abtun. »Da gibt es nicht viel zu erzählen. Er lebt sehr zurückgezogen, seit Mutter starb. Achtzig müsste er sein.«

»Vierundachtzig«, verbesserte Max' Mutter.

Das war ein erstaunliches Alter. Dass sie ihm nicht viel über den alten Mann sagen wollten, hatte Max bisher noch nie gestört, nun aber wurmte es ihn ein bisschen. Welches Geheimnis sollte dieser Mann schon hüten?

»Du sagtest, er war auch im Krieg.«

»Er war Rittmeister, am Frankreichfeldzug beteiligt. Einundsiebzig kehrten sie mit Glanz und Gloria zurück.«

»Und?«

»Was, und?«, brauste Vater unvermittelt auf. »Redet man so mit seinem Vater?«

Heller wollte sich so nicht in die Schranken weisen lassen, dazu war er alt genug. »Einundsiebzig, sagtest du, und was tat er in der Zeit danach?« Er sah, wie seine Mutter ihn flehend anblickte. Doch er war zum Mann geworden, hatte Großvater gesagt, und sein Vater sollte das auch spüren.

»Er hielt Pferde. Wie du weißt, besitzt er ein recht großes Anwesen.«

»Er war Pferdezüchter?« Das verwunderte Max doch sehr. »Ich meinte, er wäre Geheimrat?«

»Er war Kriminalrat, viele Jahrzehnte lang«, erklärte Mutter, deren Eltern schon vor Max' Geburt verstorben waren. »Und es war kein richtiges Gestüt. Er betrieb Zucht für Armee, Polizei und für die Landwirtschaft.«

»Ilse, lass nur«, brummte Hellers Vater. »Dein Großvater, Max, ist ein mürrischer alter Gesell, lebt beinahe wie ein Einsiedler, hat wohl nur seinen alten Stallburschen bei sich, und das ist gut so. Mit anderen kommt er kaum aus. Rechthaberisch ist er, verbockt, streng gegen alle, die nicht denken wie er.«

Also streng gegen ihn, mutmaßte Max. »Wenn er aber ein so großes Anwesen und Pferde besitzt, warum bist du daran nicht beteiligt?«

»Max, das geht zu weit«, mahnte sein Vater, doch dieser Tonfall hatte längst keine Wirkung mehr auf Max.

»Warum willst du nicht antworten? Vielleicht könnte er euch helfen. Ich hab in euren Büchern gesehen ...«

»Was schnüffelst du in den Büchern?«, hob Vater die Stimme.

»Sie liegen offen!«, rief Max. »Ihr steckt tief im Minus. Seid ihr nicht mehr liquide, dann bekommt ihr keine Waren mehr vom Großhändler. Großvater scheint wohlhabend zu sein, und sicher würde er euch doch unterstützen können. Ein Darlehen vielleicht oder ein Vorschuss auf das Erbe.«

Vater schlug auf den Tisch. »Max, genug jetzt. Damit du es weißt, ein für alle Mal: Von ihm wollen wir keine Hilfe!«

Mutter trat zwischen die beiden Männer.

»Als ich deinen Vater kennenlernte«, sagte sie in gemäßigtem Ton, »war dein Großvater nicht sehr erfreut darüber. Es behagte ihm nicht, dass meine Eltern dieses Geschäft hier betrieben, und für deinen Vater hatte er schon eine andere Partie angebahnt.«

»Ilse, das ist nicht so wichtig«, mischte Vater sich ein, und ihm war anzusehen, dass er all das gern beiseitegeschoben und nie wieder darüber gesprochen hätte.

»Deshalb willst du keine Hilfe von ihm?«, fragte Max und ahnte schon, worauf das Ganze hinauslief. Vielleicht war der Mann gar nicht so garstig, wie er auch ihm gegenüber früher immer dargestellt worden war. Hier mischte etwas mit, das er selbst gut kannte. Trotz und falscher Stolz. Es konnte sein, dass Vater sich damals mit Großvater überworfen, dass er geschrien oder auf den Tisch gehauen hatte. Es konnte sein, dass er geschworen hatte, zu beweisen, was er auf die Beine stellen konnte, dass er hochfliegende Träume hatte, eine Kaufhauskette zu gründen vielleicht oder ein Großhandelsunternehmen.

Genau wie er selbst geschrien hatte, sie würden schon sehen, was er wert war und wie viel Geld er heimbringen konnte. Und auf den Tisch gehauen hatte er auch. Tröstlich zu wissen, wie ähnlich er und sein Vater sich waren. Beinahe musste er ein Lächeln unterdrücken. Doch anders als sein Vater hatte er seinen Stolz schnell überwunden, war heimgekehrt an den Tisch seiner Eltern.

War er deshalb ein besserer Mensch? Vermutlich nicht, denn Vater hatte sich in Mutter verliebt und wollte keine andere; damit hatte er auch ein ehrliches Geschäft übernommen, eines, das vielleicht zu florieren versprach.

Er selbst dagegen war einem Kriminellen zu Diensten gewesen. Man musste vorsichtig sein mit seinen Urteilen.

Es musste eine andere Möglichkeit geben, zum Haus seines Großvaters zu kommen, dachte er sich. Der Weg zog sich wirklich ewig. Mit der Elektrischen kam er zwar bis nach Pillnitz, musste zweimal umsteigen, in die sechsundzwanzig und die achtzehn, doch dann musste er noch ein ganzes Stück gehen.

Hier, elbaufwärts, weit hinter dem Schloss Pillnitz, fühlte es sich an, als sei die Zeit stehen geblieben. Hier war es so dörflich, wie es nur ging. Kein Industrieschornstein, kaum befestigte Straßen, dafür Bauernhäuser, Ställe, Koppeln, Felder, ein wenig Weinanbau. Hier gab es Obstplantagen, Kartoffelacker und Gemüsebeete auf jedem Grundstück. Auf der Elbe stampfte ein Dampfer die Elbe hinauf, überholte einen Zug

Treidler, die einen Kahn schleppten. Früher hatten sie einen großen Teil der Elbschifffahrt ausgemacht, heutzutage waren es nur noch die Ärmsten, die treidelten und sich treideln ließen. Der Dampfer war hundertmal schneller.

Er musste sich den Weg zum Haus zeigen lassen. Alle hier kannten Geheimrat Heller und sprachen mit großem Respekt von ihm. Oder wenigstens mit einiger Zurückhaltung. Als er das Haus schließlich fand, war es nicht so groß wie in seiner Erinnerung. Es mochte gerade Platz für eine vierköpfige Familie und zwei Bedienstete haben. Das Gebäude stand auf einem weitläufigen Hof, der von einer Mauer umgeben war. Der Stall dagegen war sehr groß, doch nur wenige Pferde standen in der Koppel. Ein Fuchs und ein Apfelschimmel, nicht dürr, aber mager. Aus dem Stall vernahm Heller leises Schnauben. Viele Pferde schien es hier nicht mehr zu geben.

Vorsichtig betrat er den Hof durch das offene Tor. Weil ihn niemand aufhielt, ging er weiter, blieb jedoch nach wenigen Metern stehen und rief: »Jemand zu Hause?«

»Max!«, antwortete ein Mann. Heller musste hinaufsehen. Der Fremde stand an der offenen Luke im oberen Stock einer Scheune und warf Heu auf den Hof. Klein war er, hatte O-Beine, und trotz seiner wenigstens sechzig Jahre war er kräftig gebaut, mit einem gewaltigen Brustkorb. Sein kurzes Haar war ergraut, oben lichtete es sich, und die Frühjahrssonne hatte ihm die Haut verbrannt, dass sie rot leuchtete.

Heller winkte und steuerte auf den Mann zu. »Kennen wir uns?«, fragte er. Eine vage Erinnerung hatte er.

»Zuletzt sah ich dich als kleinen Jungen. Bekanntschaft im Erwachsenenalter haben wir noch nicht gemacht, aber der Herr Geheimrat sprach von dir und beschrieb dich so!«

»Wie? Humpelnd?«, fragte Heller, und eigentlich war es als Witz gedacht. Doch nun wurde ihm selbst bewusst, wie beleidigt er sich anhörte.

Der Mann in der Scheune lachte unschuldig. »Nee, ein großer junger Mann, hat er gesagt, mit zorniger Miene und Schiebermütze.«

»Ich bin gar nicht zornig! Nicht immer jedenfalls«, rief Max in freundschaftlichem Tonfall. Er zog die Mütze zum Gruß.

»Ich bin Thomas, vielleicht erinnerst du dich. Und ich würde dir gern die Hand schütteln, doch in meinem Alter überlegt man sich, ob man von der Scheune runterklettert, wenn man dann wieder hinauf muss.«

»Dann warte!«, rief Max. Vage konnte er sich an diesen Thomas erinnern. Doch es musste wenigstens fünfzehn Jahre her sein. Er betrat die Scheue, suchte im Halbdunkel nach der Leiter und stieg sie hinauf, wobei er immer nur den linken Fuß vorsetzen konnte.

Oben erwartete Thomas ihn schon. Er war sicher einen Kopf kleiner als Heller, seine Arme, die Hände und der Hals waren kräftig und sehnig. »Guter Junge!«, freute er sich und streckte Max die Hand entgegen.

Max ließ es sich nicht anmerken, doch der Händedruck zerquetschte ihm fast die Finger. Dabei war es keineswegs böse gemeint, der Mann war es wohl nur gewohnt, kräftig zuzupacken.

Thomas betrachtete ihn, als sähe er in ihm einen guten alten Bekannten, schüttelte in freudiger Erkenntnis den Kopf. »Der gnädige Herr ist im Haus«, begann er dann, »sicher freut er sich, dich zu sehen. Es kommen nicht mehr so viele Leute.«

Heller wagte nichts darauf zu erwidern. Alles, was er über den Mann wusste, kam von seinen Eltern.

Thomas sah seine betroffene Miene.

»Nun, ich habe ja auch nicht gesagt, dass der gnädige Herr viele Leute sehen will«, lachte er.

Max verstand nicht so recht, lachte aber mit.

»Geh nur einfach hinein, er wird sich freuen!« Thomas hielt noch einmal kurz inne, betrachtete Heller und schüttelte scheinbar verblüfft den Kopf.

Schließlich stieg Max wieder hinab, um zum Haus hinüberzulaufen. Es waren vielleicht fünfzig Meter, über dem Hof drehte ein Taubenschwarm seine Runde. Sperlinge tschilpten in den Hecken, Insekten summten. Die Blüte hatte begonnen, und weit hinten auf dem Feld muhten Kühe, blökten Schafe. Heller spürte eine innere Ruhe, die er wohl seit sechs Jahren oder sogar länger nicht mehr erlebt hatte. Hier war alles so weit weg, der Laden, der Hunger, die Ungewissheit, selbst der Krieg schien hier nicht existiert zu haben.

»Großvater?«, rief er in die offen stehende Eingangstür, als er das Haupthaus erreicht hatte.

»Max? Hol's der Teufel! Hier!«, kam es von anderswo, und verblüfft sah er, wie sein Großvater nur in Stiefeln, Hose und kurzärmeligem Unterhemd aus einer Nebentür trat. Sein weißes Haar hing lose herunter.

»Und ich dachte noch, der Tag kann nicht prächtiger werden!«, freute sich der Alte. Ohne seinen Gehstock lief er vorsichtig, mit steifen Hüften. Max ging ihm entgegen, war verlegen, wusste mit dieser überschwänglichen Begrüßung nicht recht umzugehen. Doch dann dachte er an Thomas' Worte. Gut möglich, dass der Geheimrat seinen Besuch mit Bedacht aussiebte und es jedem deutlich zu verstehen gab, wenn er ihn nicht zu sehen wünschte.

»Die Knochen sind nicht mehr gut«, entschuldigte er sich, noch ehe sie sich die Hand gegeben hatten. »Aber noch geht es.«

Max bemühte sich, diesem ebenso festen Händedruck Paroli zu bieten, doch dazu fehlte ihm die schiere Kraft in den Fingern. Schwielig und rau waren Großvaters Hände.

»Es ist bald Mittag, komm mit hinein. Zum Kochen habe

ich längst niemanden mehr im Haus, aber ich lasse uns immer etwas kommen aus dem Dorfkrug, das genügt auch für drei.« Geheimrat Heller strich sich das Haar über den Kopf.

»Ich möcht aber weder dir noch Thomas etwas wegessen!«

»Bescheidenheit ist eine Zier, jedoch sollte man in diesen Zeiten nicht zu bescheiden sein, vor allem wenn man es von seinem Großvater bekommt. Ich hatte sehr gehofft, dass du herkommst, wenn auch ich befürchtet habe, ein allzu schlechter Ruf eilt mir voraus.«

Einmal mehr wusste Max dem vagen Vorwurf an seine Eltern nichts entgegenzusetzen.

»Du musst nicht so betreten dreinblicken, Max. Ich klage nicht an und bin nicht auf der Suche nach Schuldigen. Ich bin in einem Alter, in dem man beginnen muss, alles loszulassen. Alte Befindlichkeiten vor allem. Wenn einem erst einmal bewusst wurde, was man sich alles durch seine Sturköpfigkeit vorenthalten hat.«

Der alte Heller hielt inne. »Sieh dich an«, sagte er dann, noch bevor Max irgendwelche Worte finden konnte, und plötzlich schien er bewegt. Seine Augen begannen zu glänzen, und auch sein Kinn zitterte leicht. »Sieh dich an«, wiederholte er. »Ich habe nur einen Enkel, und es mussten wenigstens zehn Jahre vergehen, bevor ich ihn wiedersehe, wenn nicht mehr. Und nun bist du ein Mann. Ich weiß mein Glück zu schätzen, dass du nicht wie all die armen Burschen im Feld geblieben bist.« Er wandte sich schnell dem Haus zu, vielleicht auch, um seine Rührung zu verbergen. Er betrat es, und Max folgte ihm hinein.

Hier war es ebenfalls sehr ländlich, das Innere des Hauses hatte mit den hohen Stadtwohnungen nichts gemein. Niedrige Decken, kleine Zimmer, es roch nach Holz und Tier, und sicher wohnten Mäuse in den Wänden, so wie Spinnen in den Ecken hingen und Schwalben unter dem Dach nisteten. Doch es war aufgeräumt, und die gute Stube, in die Max geführt wurde, ohne dass einer von ihnen die Schuhe ausgezogen hätte, glich keinem Raum, den Max je betreten hatte. Es war eine regelrechte Bücherei. Ein lederner Ohrensessel bildete das Zentrum des Zimmers. So abgewetzt, wie er war, musste er wenigstens fünfzig Jahre alt sein. Außerdem gab es einen kleinen Schreibtisch und einen Sekretär unter dem Fenster. Darüber hinaus nur Regale voller Bücher. Max staunte, ließ den Blick über die Regale gleiten, fand Schiller, Goethe und viele andere Dichter, außerdem Schriften von Humboldt, Darwin und anderen Naturforschern. Sein Großvater bot ihm den Sessel an und zog den Stuhl hinter dem Schreibtisch hervor, um sich ebenfalls zu setzen.

»Deine Großmutter, Gott hab sie selig, hat Schiller um knapp sechzig Jahre verpasst, musst du wissen«, sagte er, nachdem er seinem Enkel ein wenig Zeit gelassen hatte, um die Buchrücken zu studieren.

Max sah sich nach ihm um. Beliebte der Mann zu scherzen? »Verpasst?«

»Nun, sie ist doch eine Körner gewesen. Mit den Körners verwandt, bei denen Friedrich Schiller untergekommen war, als er in unserer Stadt verweilte. Sie erblickte nur eben sechzig Jahre zu spät das Licht der Welt.« Der Geheimrat lächelte schalkhaft. »Und? Bist du Thomas begegnet?«, brachte er dann neuen Schwung in die Unterhaltung.

»In der Scheune«, erwiderte Max.

»Und lebt er noch?«

»Natürlich.« Max sah seinen Großvater verwundert an. »Weshalb diese Frage?«

»Du musst ihm wie eine Erscheinung vorgekommen sein. Du bist deinem Vater in diesem Alter wie aus dem Gesicht geschnitten. Als du kamst, musste ich selbst einen Moment innehalten.«

»So lang ist Thomas schon hier, dass er Vater in meinem Alter kannte?«

»Ich nahm ihn zu mir, da war dein Vater gerade fünfzehn Jahre alt. Er war sozusagen mein Stallmeister. Ein junger Bursche damals, voller Flausen im Kopf.«

»Ihr zwei lebt hier allein?«

»Seit deine Großmutter verstorben ist, Gott hab sie selig, sind wir nur noch zu zweit. Eine Magd hatten wir, doch die haben wir berentet. Deine Tante ist, wie du sicher weißt, vor langer Zeit von uns gegangen, Gott hab sie selig, mein zartes Kind. Thomas bot ich an, zu gehen, wie ihm beliebt, doch er ist eine treue Seele und wird wohl bleiben, bis auch ich das Zeitliche segne. Ich versprach ihm zum Ausgleich einen Teil vom Hof.«

Einen Teil vom Erbe, sollte das wohl heißen. Vermutlich war es Großvater ein Bedürfnis, ihm das gleich mitzuteilen. Doch es schien, als hätten die Erinnerungen an seine früh verstorbene Tochter und seine Frau dem Mann zugesetzt. Er versank einige Augenblicke lang in Gedanken.

»Und, was gedenkst du mit deinem Leben anzufangen, Max?«, raffte er sich dann wieder auf.

Die Frage kam so unvermittelt, dass Max einen Moment lang stumm blieb. Schließlich regte er sich in seinem Sitz, damit Großvater sah, dass er willens war, zu antworten. »Ich hatte mir überlegt, beim Schuster in die Lehre zu gehen. Es ist schwere Arbeit, aber ich kann dabei sitzen, weißt du, wegen dem Fuß. Und ich dachte, irgendwann vielleicht kann ich ihm den Laden abkaufen. Oder mir selbst eine Maschine leisten und ein eigenes Geschäft eröffnen.«

Der Geheimrat nickte, zeigte nicht, ob ihm die Antwort genügte.

Max fühlte sich veranlasst, weiterzusprechen, als ob er den Alten überzeugen müsste. »Neue Schuhe, meine ich, werden immer gebraucht. Und alte müssen geflickt werden. Die Arbeit ist solide. Der Schuster hat immer gut zu tun. Sein Licht geht fast nie aus.«

Der alte Heller nickte wieder. »Hast du einen besonderen Bezug zu Schuhen?«

Max runzelte die Augenbrauen. »Ich verstehe nicht recht. Ich trage sie. Ich weiß, dass gutes Schuhwerk nützlich ist.«

»Hast du schon versucht zu schustern? Hast du das Gefühl, ein guter Schuster steckt in dir? Hast du das Bedürfnis, Schuhe herzustellen?«

»Nein, versuchen konnte ich es noch nicht.« Dem zweiten Teil der Frage wollte Max ausweichen. Er hatte überhaupt kein Gefühl, dass irgendetwas in ihm steckte. Weder ein Fischer noch ein Buchhalter noch sonst ein Beruf. Schuster zu werden, war Mittel zum Zweck. Schließlich waren es nicht die Zeiten, in denen man über große Auswahl verfügte. Und vielleicht war es auch nur ein Vorwand, sich noch ein wenig treiben zu lassen. Hatte man erst einmal einen Vorsatz, konnte man ihn gut noch eine Weile vor sich herschieben.

Der Geheimrat wischte über den Schreibtisch. »Ich denke, Schuhe werden eines Tages in Fabriken hergestellt. Und wie alles, was in Fabriken hergestellt wird, werden sie an Wert verlieren. Sie werden nicht mehr viel aushalten, und sie werden schneller ersetzt. Ein Schuster, fürchte ich, wird über kurz oder lang seine Lebensgrundlage verlieren. Nicht jeder Schuster vielleicht, aber die meisten.«

War es das, fragte sich Max, was Vater und Mutter meinten, wenn sie über den alten Herrn sprachen? Dass er nicht mit seiner Meinung sparte, sich nicht scheute, deutlich zu werden?

Gustav Heller richtete sich im Stuhl auf. »Sicher denkst du, ich male zu schwarz, aber sieh dich um. Ich hatte einst vierzig Pferde, manchmal fünfzig. Kaltblüter hauptsächlich, Kutschpferde, auch für den Pflug und für den Forstbetrieb. Haflinger,

Schleswiger, aber auch ein paar Warmblüter, Hannoveraner für die berittene Polizei. Es war ein gutes Geschäft, wenn man einen guten Namen hatte. Ich hätte sehr gut nur davon leben können. Nun hat man sie mir für den Krieg konfisziert. Nicht alle, aber doch die meisten. Eine lächerliche Auslöse bekam ich. Doch ich gräme mich kaum darüber, denn der Krieg griff nur dem vor, was sowieso geschehen wird. Mit dem Einzug der Motorenwagen hat es begonnen, und es gibt kein Zurück mehr. Pferde werden kaum noch gebraucht. Und bald gar nicht mehr. Irgendwann wird jeder sich ein Automobil kaufen können. So wird es sich auch mit Schuhen verhalten. Mit allem, eines Tages.«

Max schwieg bedrückt. Er war nicht hergekommen, um sich eine Rede wie diese anzuhören. Doch noch war der Alte nicht fertig.

»Du sagtest, bei ihm ginge das Licht nie aus. Hat er denn Angestellte, der Schuster?«

»Nein, dafür reicht es nicht …« Schon das letzte Wort sprach Heller nur noch ganz leise aus. Er hatte verstanden, worauf der Geheimrat hinauswollte.

Großvater machte eine kleine Pause, wusste wohl, wie man seine Worte wirken ließ.

»Ein Mann wie du, Max, der muss sich gut überlegen, was er mit seiner Zeit anfängt. Sonst verschwendet er schnell sein Leben an eine Tätigkeit, die ihn nicht erfüllt.«

»Aber wer kann sich schon leisten, Gedanken daran zu verschwenden? Sieh nur die Arbeiter in den Fabriken, die froh sind, irgendetwas tun zu können.«

»Von denen bist du aber keiner, sonst hättest du dich längst in ihre Reihen begeben«, meinte Großvater recht barsch, stimmte aber sofort einen versöhnlicheren Ton an. »Gibt es keine Neigung, kein besonderes Bedürfnis, keinen Wunsch nach etwas Höherem vielleicht?«

Inzwischen regte sich Zorn in Max, wie er immer in ihm aufstieg, wenn die Leute zu vergessen schienen, dass er von einem lahmenden Fuß, mangelnder Bildung und fehlendem Geld gebremst wurde. Was glaubte der Mann? Dass Max Pferdezüchter werden würde? Rechtsanwalt? Eisenbahningenieur?

Der alte Heller sah ihn an, erkannte wohl die Erregung und bohrte nicht weiter nach. Plötzlich erhob er sich. »Bleib sitzen!«, befahl er, als Max aufspringen wollte. Er ging zu seinem Bücherregal, öffnete ein geheimes Fach, das als Buchrücken getarnt war, auf dem *Neues Testament* stand, und entnahm eine hölzerne Kassette. Mit ihr kehrte er zum Tisch zurück und öffnete sie. Max sah Geld, und nun erhob er sich doch, um jeder falschen Geste zuvorzukommen.

»Großvater, ich bin nicht hier, um nach Geld zu betteln. Und ich versichere dir, wenn auch schweren Herzens, meine Eltern werden ganz sicherlich keinen Pfennig davon nehmen.«

»Max, setz dich bitte.« Gustav Heller sah ihn streng an und wartete, bis Heller wieder saß. Sich einem Befehl dieses Herrn zu widersetzen, fiel erstaunlich schwer.

»Es ist von größter Wichtigkeit, dass du lernst, deinen Zorn zu zügeln. Er wird dir sonst einiges im Leben verbauen und im schlimmsten Falle zu größtem Unglück führen. Und glaub mir, du hast hier einen Mann vor dir sitzen, der weiß, wovon er spricht. Geduld ist das, was zählt. Wisse, Geduld ist eine der wichtigsten Eigenschaften im Leben. Geduld im Moment, aber auch Geduld auf lange Sicht. Steter Tropfen höhlt den Stein, sagt man.«

Er hatte gut reden. Geduld. Max sah sein Leben verstreichen, hatte nichts, kein Geld, keine Idee, und sollte Geduld bewahren.

»Du wirst oft Gelegenheiten finden, in denen du dich auf der falschen Seite wähnst. In denen du glaubst, der Verlierer zu sein, dem Hohn der Gewinner ausgesetzt, doch Geduld ist eine mächtige Waffe.«

Max hörte sich das alles an, doch gerade jetzt in diesem Moment verstand er seine Eltern ganz gut. Was wusste er schon, welche Reden und Tiraden sie sich hatten anhören müssen? Wie hatte Großvater ihnen einst zugesetzt?

Nun nahm der alte Heller die Geldscheine aus der Kassette und zählte sie herunter. Sofort spannte Heller sich wieder an, bereit, aus dem Haus zu stürmen, sollte der Alte nicht von ihm ablassen.

»Bevor du dich echauffierst, Max, lass dir kurz erklären. Zwischen mir und deinem Vater gab es Unstimmigkeiten, die dazu führten, dass deine Eltern größten Abstand von mir nahmen. Und ich gestehe, ich habe mich lange Zeit nicht zuträglich verhalten. Hornochsig, hätte deine selige Großmutter gesagt, und bei Gott, was hat sie zu ihren Lebzeiten versucht, uns wieder zusammenzubringen. Doch vergaß ich keinen einzigen deiner Geburtstage, und auch wenn sie mich nicht sehen wollten, so habe ich an jedem davon einen Wechsel veranlasst, der jedoch immer abgewiesen wurde. Insofern muss ich deinen Vater bewundern. Er ist sehr konsequent, und grundsätzlich ist das eine gute Eigenschaft, wenn man auch erkennen sollte, wann es notwendig ist, von seinen Vorsätzen abzukommen. Dieses Geld jedenfalls, das eigentlich dir zusteht, habe ich aufgehoben, und über die Jahre hat es sich angesammelt. Natürlich habe ich auch den Wertverlust und die Zinsen mit eingerechnet. Ich möchte es dir jetzt geben, und ich sage dir, du wärst ein Narr, es abzulehnen.« Geheimrat Heller hielt ihm ein ganzes Bündel entgegen.

Max zögerte. War diese Geschichte nur ausgedacht, um ihn dazu zu bringen, es anzunehmen? Sollte er das nicht erst überprüfen, sich von seinen Eltern sagen lassen, ob es wirklich stimmte?

»So viel ist es nicht. Vierhundert Mark. Morgen vielleicht nur noch dreifünfzig wert, und wer weiß wie viel nächste Woche. Nimm es, und gib es vernünftig aus.«

Max griff nach dem Geld. Den Großvater noch länger mit ausgestrecktem Arm hinzuhalten und es jetzt abzulehnen, wäre ein zu großer Affront.

»Vielen Dank, Großvater«, sagte er. Vierhundert Mark waren noch immer viel Geld. Sicherlich auch eine gute Anzahlung für eine Maschine, mit der man Leder nähen konnte. Aber auch Essen für einige Monate.

»Ich hoffe, du weißt es gut zu nutzen.« Sein Großvater sah ihn nachdenklich an, und schon wieder störte es Max, dass dieser Mann offenbar alles mit einer Bedingung verknüpfen musste. Doch ehe das Zwiegespräch Fortsetzung fand oder eine weitere Belehrung folgen konnte, schellte es an der Tür, und Thomas rief, das Essen wäre da.

Sie fanden sich in der Küche wieder, und während er sich umsah, wurde Max bewusst, dass Vater seine Kindheit hier verbracht hatte. Durch diese Tür musste er Tausende Male gegangen sein, hier hatten die Magd und Großmutter gestanden, am Herd, an der Anrichte. Diesen Herd hatte er vielleicht mit Holz bestücken müssen. Hier an dem großen uralten Tisch hatte er gegessen und Schulaufgaben gemacht. Draußen auf dem Hof hatte er gespielt und gearbeitet. Im Stall war er sicher jeden Tag gewesen, und vielleicht hatte er ein Lieblingstier gehabt und sicher einen Hund. In einem der Zimmer oben hatte er geschlafen.

Und dann wurde ihm bewusst, dass es auch eine Schwester gegeben hatte. Seine Tante, die vor langer Zeit schon gestorben war, die er niemals kennengelernt hatte. Wie anders war das Leben, das Vater führte, seit er ihn kannte. Und welches Leben führte Großvater. Er hatte nicht nur Frau und Tochter verloren, sondern auch seinen Sohn, durch Streit und Unversöhnlichkeit. Dass er nun versuchte, wenigstens seinen Enkel auf seine Seite zu ziehen, war ganz menschlich und sollte sicher nicht mit Misstrauen, aber doch mit Vorsicht betrachtet werden.

Max wollte sich nicht vereinnahmen lassen. Auf keine Weise. Wenn er schon gezwungen war, noch bei seinen Eltern zu leben, so wollte er doch wenigstens selbst über sein weiteres Leben bestimmen.

»Du musst wissen«, begann Thomas, während sie dicke Suppe löffelten, die ihnen in einer Kanne gebracht worden war, dazu einen Kanten weißes Brot, »dein Großvater war ein wichtiger Mann, hier und auch in der Stadt. Ein Kriminaler. Sehr angesehen, und er ist es noch.«

Max schaute Großvater an, der keinen Versuch machte, zu relativieren, nur bedächtig nickte und weiterlöffelte.

»Die Leute haben größten Respekt gehabt«, fuhr Thomas fort.

Ein komisches Paar kauziger Alter waren sie schon, dachte sich Heller. Doch Thomas' nächster Satz ließ ihn aufhorchen.

»Und nun sieh dir an, was los ist«, fuhr er fort. »In der Stadt nur wildes Geschrei, Unordnung, Gewalt, kein Respekt mehr vor der Obrigkeit.«

»Die Obrigkeit war es, die mich in den Krieg schickte und Millionen andere, und viele kamen nicht zurück«, entfuhr es Max. Zu spät fiel ihm ein, dass sein Großvater auch in einem Krieg gedient und diesen wohl als Bereicherung empfunden hatte.

Thomas verstummte, sah zu dem alten Heller, der nun langsam den Löffel beiseitelegte und sich offenbar zur Gegenrede mobilisierte. Doch bevor er etwas sagen konnte, legte Max nach. Es galt einen Standpunkt zu vertreten.

»Wir haben immer nur gelernt, zu gehorchen, nicht selbst zu denken, und wir haben dem Kaiser und der Regierung vertraut. Doch wie sie uns behandeln, das Volk, damit muss Schluss sein. Es darf nicht sein, dass man in den sinnlosen Tod geht, ohne eine Wahl zu haben. Es darf auch nicht sein, dass man sich die Knochen kaputt schuftet und auf keinen grünen Zweig kommt, während die Industriebarone und die Landjunker fetter und fetter werden. Damit muss Schluss sein, und alles, was ungerecht ist, gehört nun abgeschafft. Ein Volk, das seine Regierung wählt, eine Arbeit, die sich lohnt, genug Essen für alle, das sollen die Ziele sein.«

Er hatte Mühe, sein Kinn hochzuhalten. Alles in ihm wollte sich verschämt zurückziehen, denn was er gesagt hatte, waren nur Worte, die er aufgesammelt hatte, nicht selbst geformte Sätze.

Thomas schaute besorgt zu dem Alten hin. Unglücklich sah er aus. Mit seinen Worten hatte er dem Herrn wohl etwas Gutes tun wollen, doch nun hatte es sich ins Gegenteil verkehrt.

»Max«, sagte Großvater schließlich leise. »Ich stimme dir zu, vieles ist ungerecht. Sehr sogar. Und dieser Krieg war eine Schande für alle, nicht nur für den Kaiser und das Reich, eine Schande für alle Kriegsparteien. Und ich stimme dir auch zu, dass es nicht gerecht ist, wie reich mancher wird, und der andere arbeitet schwer und schafft es doch nur, gerade so auszukommen. Ich für meinen Teil habe immer versucht, gerecht zu sein.«

»Das stimmt!«, bestätigte Thomas eilfertig.

»Aber was du hier siehst, Max, das ist mein Besitz. Mein Vater und ich, wir haben uns diesen Besitz durch schwere Arbeit und Geschäftssinn angeeignet. Und wäre es gerecht, wenn nun eine Horde dieses Haus erstürmte und behauptete, es gehörte nun ihnen? Ist es gerecht, dass man Häuser überfällt, sie plündert und die Besitzer erschlägt? Ist jeder, der es zu Reichtum gebracht hat, auch immer gleich ein Verbrecher? Oder war er fleißig, genügsam, aufopferungsvoll, risikobereit und zeichnete sich durch Geschäftssinn aus? Ist es gerecht, dass ein einzelner Mann, wie dieser Minister, von einem wilden Mob von der Brücke gestoßen und erschossen wird, wenn er versucht, ans Ufer zu schwimmen? Max, man muss sehen, mit welchen Kräften man sich einlässt, wer wirklich Veränderungen erwirken und wer einfach nur Chaos und Anarchie entfachen will.«

»Wer wurde von der Brücke gestoßen?«

Großvater winkte Thomas, der aufsprang, loseilte und mit einer Zeitung wiederkam. Max las. Man hatte einen Minister namens Gustav Neuring von der Augustbrücke gestoßen und auf ihn geschossen, bis er nicht mehr auftauchte. Eine wütende Menge von fünf- oder sechshundert ehemaligen Soldaten, Kriegsbeschädigte und Verwundete, wie er selbst einer war, die einzig dem Gerücht folgten, der Mann hätte ihnen die Bezüge kürzen wollen.

»Und hier!« Großvater deutete auf eine weitere Meldung. »Gar nicht so weit weg von hier. Jede Faser meines Körpers spannt, wenn ich das lese.«

Max las den nächsten Artikel. Eine Gruppe von Revolutionären oder Bolschewiken hatte am Tag zuvor die Villa eines Fabrikanten auf dem Weißen Hirsch überfallen. Sie hatten die Fenster eingeschlagen, alles Wertvolle gestohlen, und weil von den Herrschaften niemand da war, hatten sie zwei Dienstmädchen vergewaltigt und anschließend erschlagen. Man fand ihre geschändeten Leichen im herrschaftlichen Bett, in obszöner Haltung und wie zum Hohn mit Schleifen und Blumen geschmückt.

»Es wird immer welche geben, die in solchen Zeiten ihren Mordgelüsten und perversen Wünschen nachgehen, die sich bereichern wollen und demzufolge kein Interesse haben, dass Ruhe und Ordnung einkehren«, sagte der Geheimrat.

»Ist keine Polizei da, die in dem Falle ermittelt?«, fragte Max atemlos.

»Nun, ich bin nicht mehr involviert, doch ich denke mir, man wird kaum über genügend Männer verfügen. Es gibt genug zu tun, und es herrscht bei Weitem nicht mehr derselbe Respekt vor. Zeugen gab es dem Artikel nach nicht, vermutlich aber ist es so, dass niemand wagt, etwas zu sagen, aus Angst vor Rache und Repression. Es ist auch nicht dieser Fall, der dir Kopfzerbrechen bereiten soll. Ich will einzig, dass du bedenkst, mit wem du dich einlässt, nachdem ich dich bei diesen Leuten in der Stadt sah. Ihr Anführer ist mir nicht geheuer.«

»Weil er ein Roter ist?«

»Nun, das ist es, Max. Da bin ich mir nicht sicher, ob er ein Roter ist.«

»Glaubst du, sie waren an der Sache beteiligt?«

»Eines musst du wissen: Ich glaube nie irgendetwas, es sei denn, es ist mir bewiesen. Mutmaßen darf man, Schlüsse ziehen. Der Glaube, das hast du selbst gesagt, führt oft in die Irre.«

Mit dem Versprechen, bald wiederzukommen, verabschiedete Max Heller sich nach dem Essen und überlegte auf dem ganzen Weg nach Hause, was er mit dem Geld von seinem Großvater anstellen sollte. Es war nicht einfach, denn Möglichkeiten gab es viele. Doch welche davon war sinnvoll? Natürlich konnte er Essen kaufen, haltbare Lebensmittel. Oder Dinge, die auch in schlechten Zeiten ihren Wert behielten. Doch welche Wertgegenstände bekam er schon für das Geld, und welche Lebensmittel, die nicht in einigen Monaten aufgebraucht waren? Etwas anzuzahlen, lohnte sich bei näherer Betrachtung wirklich nicht, man machte sich ja nur zusätzliche Schulden. Nicht einen vernünftigen Handgriff hatte er je beim Schuster gemacht, um zu wissen, ob er wirklich ebenfalls einer werden sollte. War es das, was Großvater meinte? Dass er es längst versucht hätte, wenn er es wirklich wollte? Und was nützte es letztlich, eine Maschine anzuzahlen, deren Raten er ja dann doch nicht abzahlen konnte? Und so viel er wusste, konnte das Gerät im schlimmsten Fall konfisziert werden, dann wäre alles bis dahin gezahlte Geld verloren. Sollte er sich gute Kleidung kaufen, um sich besser bewerben zu können? Doch war ein guter Anzug so viel wert wie eine gute Ausbildung? Konnte er sich als Lehrling in ein Geschäft einkaufen, konnte er Schulgeld bezahlen? Doch wofür waren vierhundert Mark gut? Welcher Beruf sollte es sein?

Er war keinen gedanklichen Schritt weiter, als er nach einer halbstündigen Straßenbahnfahrt das Stadtzentrum erreichte. Viele Leute trieben sich herum, junge Leute, Kinder, Versehrte, zu viele, die nicht arbeiteten, nicht zur Schule gingen. Ihn bewegte der Gedanke, dass sich unter ihnen manche befinden könnten, die gestern am Ministermord beteiligt waren. Oder gar jene, die das Herrenhaus auf dem Weißen Hirsch überfallen und die Dienstmädchen ermordet hatten. Es durfte nicht sein, dass sie frei herumliefen, offen, ohne sich zu schämen, ohne Angst, aufgespürt zu werden.

Heller stieg aus, obwohl es nicht seine Haltestelle war. Er wollte laufen, auch wenn sein Fuß protestierte. Er musste sich klar werden, warum ihn der Tod der beiden jungen Frauen so bewegte, während doch gerade Millionen von Soldaten und Zivilisten einem Krieg zum Opfer gefallen waren. Welche Art von Hilflosigkeit das war, die er da spürte, nichts ausrichten zu können, dieser unterschwellige Zorn gegen die Täter. Und während er lief, kam er am Schaufenster eines Geschäfts vorbei, das zu Bruch gegangen und mit Holzlatten notdürftig verschlossen worden war. Das Schaufenster daneben war intakt, und mit einem Schlag wurde Heller ohne jeden Zweifel klar, was er mit seinem Geld anstellen sollte.

Er lief die wenigen Meter bis zu dem Geschäft zurück und betrat den Laden. Die Türglocke schellte. Höflich blieb Heller stehen.

»Bitte schön, der Herr«, kam ihm ein Verkäufer entgegen. Trotz seiner Freundlichkeit war ihm die Skepsis deutlich anzusehen. Heller hatte nicht seine besten Sachen an, und selbst die hätten nicht besser ausgesehen. Seine Schuhe waren ausgetreten, sein Hemd war nicht mehr weiß.

»Wie können wir behilflich sein?«, fragte der Verkäufer. Die höfische Unterwürfigkeit, zu der ihn sein Chef wohl verpflichtet hatte, hatte er in einen dünnen Umschlag aus spöttischer Herablassung gepackt.

»Ich interessiere mich für ihre Fahrräder.«

»Sie verzeihen sicher meine Unhöflichkeit, aber ich muss Sie fragen, sind Sie überhaupt in der Lage, eine angemessene Anzahlung zu leisten, und verfügen über guten Leumund, damit wir ihnen eine Ratenzahlung gestatten können?« Der Verkäufer machte mit seiner Miene gleich deutlich, dass er dies für unwahrscheinlich hielt.

Heller blieben nicht viele Möglichkeiten. Er konnte entrüstet aus dem Laden stürmen, nur damit es ihm im nächsten Geschäft genauso erging. Er konnte den Mann zur Rede stellen und ihm erklären, dass ihm die Überheblichkeit bald im Halse stecken bleiben würde, wenn die Kundschaft erst mal ganz ausbliebe. Oder er schluckte seinen Zorn herunter und verschaffte sich billige Genugtuung. Er entschied sich für Letzteres. Er nahm seine Brieftasche hervor und öffnete sie kurz, sodass der Mann die Geldscheine sah.

Als hätte jemand einen Hebel umgelegt, wechselte der Ausdruck in seinem Gesicht. »Ich bitte den gnädigen Herren höflichst, mein forsches Nachfragen zu entschuldigen. Doch das sind die üblichen Geschäftspraktiken, und Sie glauben nicht, wie viel Gesindel uns hier tagein tagaus übers Ohr zu hauen versucht.« Der Verkäufer verbeugte sich und winkte Heller nun in den Verkaufssalon, wobei er willfährig voraneilte.

»Dass Sie nur jetzt nicht glauben, mir überteuerte Preise anzubieten, nachdem ich Ihnen meine Börse gezeigt habe«, gab sich Heller als Geschäftsmann. »Ich habe heute noch mehrere Anschaffungen zu tätigen.«

»Mein Herr, ich versichere, Ihnen nur die üblichen Listenpreise zu nennen. Plus den Inflationsaufschlag, ganz selbstverständlich. Und hier haben wir schon unsere Modelle. Ich möchte Sie darauf hinweisen, dass aufgrund der prekären wirtschaftlichen Situation die Auswahl doch recht beschränkt ist. Jedoch, alles, was Sie hier sehen, werter Herr, ist beste Neuware. Wir haben hier ein Victoria-Rad für Männer, mit Luftreifen, Ledersattel, Felgenbremsen mit Bowdenzug, dazu eine Rahmentasche und Luftpumpe. Der Preis liegt bei zweihundertneunzig Mark.«

»Vor dem Krieg gab es dieses Rad für sechzig Mark«, beschwerte sich Heller.

»Nun, das war vor dem Krieg! Hier ein Modell von Bismarck, Schütte & Co., dieselbe Ausstattung, sechsundzwanzig Zoll Luftreifen, ein wenig preisgünstiger, zweihundertsechsundsechzig Mark. Und hier, sozusagen aus der Heimat, aus Reichenbrand bei Chemnitz, ein Diamant. Ein klein wenig teurer zwar, dafür vom Werk mit Karbidlicht ausgestattet, ebenso Luftgummireifen. Und als Extra eine neuere Erfindung, die Rücktrittbremse. Dieses Modell für Herren bekommen Sie für dreihundertzehn Mark.«

Heller nickte, täuschte Bedenkzeit vor, sah sich das eine oder andere Rad an, tat fachmännisch und hatte sich doch schon entschieden. Dann zeigte er auf das Diamant-Rad mit grüner Lackierung.

»Für zweihundertneunzig nehme ich es sofort mit«, sagte er forsch.

»Nein, mein Herr, der Preis steht fest, da kann man leider gar nichts machen.«

»Sprachen Sie nicht vorhin von Inflationsaufschlag? Wer berechnet den? Sie vielleicht, ganz willkürlich? So fest kann der Preis wohl nicht sein.«

»Nun, mein Herr, das mag sein. Aber den Preis macht der Chef, was soll ich als kleiner Angestellter da tun.«

»Sie könnten den Chef fragen!«

»Also gut, dreihundertfünf, so weit kann ich gehen!«

»Wenigstens dreihundert, und eines dieser Fahrradschlösser dazu, und eine Hupe«, sagte Heller und zeigte auf die Auslage.

»Abgemacht!«, rief der Verkäufer so schnell, dass Heller sich ärgerte, nicht noch härter verhandelt zu haben. Nun aber musste er Wort halten. Er schlug in die dargebotene Hand ein, dann ging es daran, den Kauf abzuschließen.

Zum Schluss zeigte sich der Verkäufer sehr umgänglich, ließ einen Mechaniker aus der Werkstatt kommen, der Heller Sattelhöhe und Bremsbowdenzug einstellte, die Funktionsweise der Lampe erklärte und ihm auch einen Vortrag darüber hielt, wie er einen Reifenschaden zu beheben hatte.

Was war das für ein Gefühl, als er endlich im Sattel saß und in Richtung der Elbe strampelte. Noch fühlte sich der Sitz ungewohnt an und er musste an Sicherheit gewinnen, doch nun war er unabhängig von Bahn und Pferd und musste nicht durch die Gegend lahmen. Nun war er ein freier Mensch, und bei gutem Wind sollte es ihm gelingen, in weniger als einer Stunde bei seinem Großvater zu sein. Er könnte Botenfahrten erledigen. Eilige Post zum Postamt bringen. Irgendetwas würde sich ergeben, vor allem aber war es ein herrliches Gefühl, sich die Frühlingsluft ins Gesicht wehen zu lassen.

Als er fast schon daheim in Pieschen war, lief ihm Armin über den Weg. Er hatte ihm den Rücken zugekehrt und sah ihn nicht. Heller presste den Gummiballon der kleinen Hupe zusammen und ließ damit seinen Freund vor Schreck hüpfen. Lachend bremste er neben ihm. Da Armin sich jetzt beinahe täglich bei der Bochholdt-Gruppe aufhielt und Heller oft im Laden zu tun hatte, sahen sie sich nicht mehr jeden Tag.

»Das hast du gestohlen!«, staunte Armin.

»Wo denkst du hin, ganz ehrlich gekauft!« Um genau diesen Unterstellungen entgegnen zu können, hatte er sich den Kaufvertrag und den Quittungszettel sorgsam eingesteckt. Armin aber nahm er es nicht übel.

»Ja, staune ruhig. Jetzt bestimme ich das Tempo, und du rennst mir nach!«, hänselte Heller ihn. »Dreihundert Mark hat es mich gekostet.«

»Dreihundert? Du hast wohl eine Baronin überfallen.«

»Das Geld ist vom Großvater«, erklärte Max.

»Von dem Geheimrat? Mensch, da hast du was!« Armin hockte sich hin, betrachtete die Mechanik, drückte die Reifen und auch die Hupe, nachdem er sich wieder aufgerichtet hatte.

»Sag mal, bist du vorangekommen mit der Johanna?« Heller stieß seinen Freund mit dem Ellbogen an.

Armin wurde rot bis unter die Haarspitzen. »Schon«, erwiderte er. »Doch manchmal wünschte ich, wir hätten mehr Zeit allein. Immerzu sind diese Kerle dabei. Ihr Bruder, der ist eifersüchtig, sag ich dir. Dabei lasse ich ihn andauernd meine Zigaretten rauchen. Immer wenn wir … du weißt schon, eine stille Ecke gefunden haben, kommt einer.«

»Und sag, bist du jetzt immer bei denen dabei?«

»So einfach ist das nicht, Max, die sind ganz eingeschworen.«

»Meinst du nicht, die könnten uns mitmachen lassen?«

»Warum, Maxe? War es nicht so, dass du nicht wolltest?«,

fragte Armin, und er schien ein wenig besorgt zu sein, dass Heller ihm mit diesem neuen Trumpf auf zwei Rädern die Freundin ausspannen könnte.

»Ich will was erleben, Armin. Ich möchte gern wissen, was die so machen. Ich will dabei sein, hast du doch selbst gesagt!«

»Ich kann ja fragen. Aber der Bochholdt, der ist schon sehr eigen. Glaubt, er wäre der Heilsbringer.« Armin wirkte zögerlich.

»Wovon leben die denn eigentlich? Sammeln die Geld?«

Armin hob die Schultern. »So tief bin ich da nicht drin. Die haben wohl ihr Auskommen mit der Wohlfahrt, und ein wenig Geld scheinen die aus unsicheren Quellen zu bekommen. Von Bolschewiken vielleicht. Die kennen ein paar Russen, und einer spricht sogar Russisch.«

»Und wenn ich mich mit dem Rad anbiete?«

»Was wollen sie denn mit deinem Rad?«

Nun hob Heller die Schultern. »Die haben doch sicher oft Ärger mit der Schupo. Wäre es nicht hilfreich, einer wäre schnell unterwegs? Oder vielleicht teilen sie sich auf, wäre es dann nicht gut, einer könnte schnell Botschaften übermitteln?«

Armin wirkte leidlich überzeugt von diesen Vorschlägen und wog den Kopf. »Ich trag es Johanna mal an. Sie hat schon einigen Einfluss auf den Franz.«

Zwei Tage später war es so weit. Armin hatte vorgesprochen, und man hatte ihnen eine Audienz gewährt. Franz Bochholdt wollte sie empfangen. Sie gingen zu Fuß, Heller schob sein Rad. Sie schwiegen dabei. Aus verschiedenen Gründen. Mochte Armin die Motivation seines Freundes nicht geheuer sein, war Heller einfach aufgeregt, diesen Mann kennenzulernen.

»Johannas Bruder heißt Benno«, erklärte Armin, als sie schon über die Marienbrücke waren. Ihre Kleidung hing schlaff an ihnen, der Winter hatte ihnen einiges abverlangt, vor allem die Notwendigkeit, trotz größtem Ekel zu jeder Tageszeit Steckrüben zu essen, da es oft nichts anderes gab. Der nächste Winter versprach schon jetzt noch schlimmer zu werden. Ein Sommer würde kaum genügen, um die Lager auch nur annähernd mit Reserven zu füllen. Doch bis dahin schien es noch weit. Viel Zeit, etwas zu tun. »Ich glaube, inzwischen hat er verstanden, dass ich ihr nichts Böses will. Und irgendwann muss er ja akzeptieren, dass seine Schwester kein Kind mehr ist, sondern eine Frau.«

Max hob nur das Kinn. Je näher sie kamen, desto aufgeregter wurde er. Er wollte es sich nicht anmerken lassen.

Armin hing weiter seinen Gedanken nach. »Er schaut mich zwar immer noch grimmig an, aber irgendwann muss er ja doch akzeptieren, dass seine Schwester einen Mann haben wird.«

»Und wenn nicht?«

Armin war regelrecht aufgeschreckt. »Wie meinst du das, Max?«

»Was meinst du denn, was die noch vorhaben? Glaubst du, die werden irgendwann ehrbare Berufe ergreifen?«

»Politiker zu sein, ist doch ehrbar!«

»Ja, Bochholdt wird vielleicht Politiker, wenn es ihm gelingt, in einer Partei Fuß zu fassen. Aber bemüht er sich darum? Oder gründet er eine eigene Partei? Inzwischen hat doch jede Strömung schon ihre Büros. Macht er Anstalten? Und selbst wenn, sie können nicht alle Politiker sein.«

Armin wollte sich die Sache nicht madig machen lassen. »Max, wir sind noch mitten im Kampf. Er wird schon irgendwann sesshaft.«

»Ja, Bochholdt vielleicht. Aber die anderen? Er wird nicht fünfzig Leute unterbringen können. Was sagt Johanna? Will sie einmal ein Haus, Kinder? Will sie dich heiraten? Hast du sie schon gefragt?«

»Max, jetzt bohrst du wieder. So weit sind wir noch nicht. Längst noch nicht. Johanna ist noch jung, die will noch nicht übers Heiraten nachdenken. Und außerdem sind das doch genau die alten Gleise, die nicht mehr befahren werden sollen. Eine neue Welt soll entstehen, und da muss man nicht unbedingt heiraten.«

Max schwieg dazu. Er sah das anders. Wenn man eine Frau gefunden hatte, warum sollte man nicht heiraten?

»Was meinst du, Armin, mein Großvater, der hat einen großen Hof. Zwar sagt er, Pferde zu halten, lohnt nicht mehr, aber warum nicht Rinder oder Schweine oder Hühner? Unzählige Eier werden gebraucht. Wollen wir nicht versuchen, so unser Glück zu machen?«

Armin lachte laut auf, als wäre es ein Witz. Er schlug seinem Freund auf die Schulter. »Max, stell dir das mal vor, wir zwei Frontkämpfer als Hühnerzüchter. Jeden Morgen mit der Kutsche in die Stadt, Eier ausliefern, an die Bäckereien und Küchen. Bitte schön, gnädige Dame, so ist's recht, gnädiger Herr. Darf's ein Dutzend mehr sein? Nein, Max!« Mit einem Mal war sein Lachen in Wut umgeschlagen. »Damit ist Schluss, Max, kein Katzbuckeln mehr! Bist du nicht als Kind oft genug am Dienstboteneingang empfangen worden? Siehst du nicht, wie sie die Straßen in den reichen Vierteln mit Wasser besprühen, damit es nicht staubt? Und wir krauchen im Dreck und ersticken daran.«

»Aber es ist Arbeit und kein Katzbuckeln. Und ob nun Demokratie oder Bolschewismus, gearbeitet werden muss trotzdem. Und Eier und Fleisch brauchen die Leute ja doch«, widersprach Heller leise.

Armin wollte auffahren, doch er besann sich. »Hör zu, Maxe, wir streiten nicht. Ich kann es dir nicht erklären. Der Franz, der hat ein Manifest, ein Buch, da steht alles drin, der kann es dir erklären. Ich bin zu dumm dafür. Und wegen meiner Johanna, da bist du nicht eifersüchtig, oder? Du wirst auch eine kriegen, eine Hübsche und Schlaue zugleich, ich weiß es. Da sind noch andere Frauen dabei, wirst schon sehen.«

Max erwiderte nichts mehr. Er wollte abwarten. Was dieser Bochholdt sagen würde, ob Armin sich mit Johanna nicht etwas vormachte, ob es dort tatsächlich noch weitere Frauen gab. Und ob eine dabei war, die sich ein geordneteres Leben wünschte.

Franz Bochholdt saß im größten Zimmer eines Herrenhauses in Dresden Striesen. Seine Truppe hatte es sich angeeignet, nachdem die Besitzer es bei den ersten Unruhen im letzten Jahr verlassen und in Bayern Zuflucht gesucht hatten. So erzählte man es Heller zumindest.

Das Haus war ganz und gar verwüstet, die Truppe wohnte unter unmöglichen Bedingungen. Bücher lagen überall verstreut, Möbel waren zerschlagen, man hatte sogar auf dem Fußboden Feuer gemacht. Man schlief auf dem Boden und verrichtete seine Notdurft im Garten, weil in größter Zerstörungswut auch alle Toiletten zerschlagen worden waren. Soweit Max erfahren hatte, war dies jedoch keine ständige Unterkunft; es gab noch mehrere solcher Orte, an denen sich die Männer und wenigen Frauen zurückzogen, je nachdem wonach ihnen gerade war oder wohin ihr Tagesgeschäft sie verschlug.

Doch im Moment hatte man sich hier niedergelassen, plante neue Reden und Auftritte, druckte mithilfe einfacher Kopiermaschinen Flugblätter.

Vor dem Gebäude standen Wachen mit Gewehren und Pistolen. Rote Fahnen hingen aus den Fenstern, schienen mehr Warnung als politische Botschaft zu sein. Hier sind wir, wagt es nicht, uns zu behelligen. Und tatsächlich ließ man sie scheinbar in Ruhe, was zu normalen Zeiten sicherlich nicht passiert wäre.

Bochholdt hatte sich den Salon ausgesucht, saß in einem großen Sessel wie ein armer König auf seinem Thron, döste und hob nicht mal den Kopf, als Max und Armin eingelassen wurden. Johanna näherte sich ihm und sprach leise auf ihn ein. Bochholdt wirkte betrunken oder gerade erst ausgenüchtert, bekam nur schwer seine Lider hoch. Nun wurde er doch langsam wach, richtete sich im Sessel auf, fuhr sich durchs Haar und registrierte das Fahrrad. Max hatte darauf bestanden, es mit hineinzunehmen, alles andere kam ihm zu unsicher vor.

Wie Bittsteller standen sie nun vor diesem Mann, der gar nicht so groß war, wie er zunächst gewirkt hatte. Von seinem Charisma als Redner war nicht viel geblieben. Seine Haare hingen ihm strähnig ins Gesicht. Er war unrasiert und seine Kleidung dreckig. Jetzt erhob er sich und ging auf sie zu. Mindestens zehn seiner Kumpane befanden sich im Raum, sahen eher gelangweilt zu. Sowieso schienen sich die meisten hier zu langweilen. Links von Bochholdt stand ein junger Mann mit blonden Haaren. Wenn Max den Wink seines Freundes richtig verstanden hatte, musste das Benno sein, Johannas Bruder.

»Aha, und ihr wollt also mitmachen?«, fragte Bochholdt. Jetzt sah Heller, dass in seinem Gürtel ein Revolver steckte. »Wollt Genossen sein wie wir?« Gemächlich drehte er eine ganze Runde um die beiden Freunde, die dastanden wie Anschauungsmodelle.

»Was glaubt ihr denn, was wir den ganzen Tag machen?«, fragte er, als seine Runde beendet war und er wieder vor ihnen stand.

»Nun«, fühlte Armin sich genötigt zu sprechen, da Max schwieg. Er musste schweigen, um nichts Falsches zu sagen, denn dieser Bochholdt widerte ihn an. Wie er sich benahm, wie er sprach, vor allem, wie er roch. »Wir möchten bei der Arbeit helfen. Flugblätter verteilen. Agitieren. Wache stehen.« Er hob die Schultern.

»Was wisst ihr denn über die Revolution?«, fragte Bochholdt weiter.

»Wir wissen nicht viel, nur dass es so nicht weitergehen kann. Dass es eine Gesellschaft geben muss, in der jeder gleich behandelt wird, in der es kein Oben und Unten gibt, kein Arm und Reich …« Fast war es, als müsste Armin einen Vortrag vor der Schulklasse halten.

Bochholdt nickte und zog die Mundwinkel nach unten. »Viel ist das nicht. Man könnte eher meinen, dir geht es nur um Bennos Schwester. Du scharwenzelst doch schon seit Wochen hier herum.«

»Geht dich gar nichts an, Franz!«, mischte Johanna sich ein.

»Schön stille sein, Genossin!«, wies Bochholdt sie zurecht. Dann wandte er sich an Heller. »Und du? In wen bist du verliebt? Etwa auch in Johanna? Oder bist du wegen der Revolution hier?«

»Ich möchte dabei sein, wenn etwas passiert«, antwortete Heller vage. Diese Menschen hier waren keine Bolschewiken und betrieben keine Revolution. Mochte sein, dass ein paar von ihnen Soldaten gewesen waren, Bochholdt aber sicher nicht. Dies hier waren Plünderer, Räuber und vielleicht auch Mörder.

»Ah, aha, und als Pfand hast du dein Fahrrad mitgebracht?«

»Das ist kein Pfand. Ich dachte, dass ich euch damit dienlich sein kann.«

»Dienlich? Wie?«

»Ich kann Meldungen machen. Ich komme schneller von einem Ort zum nächsten als jedes Pferd und jeder Wagen. Ich kann Dinge transportieren. Flugblätter auf dem Gepäckträger, und auch noch andere Sachen. Schmiere stehen kann ich, eilige Dinge erledigen.«

Bochholdt kam näher, fast berührten sich ihre Gesichter. Er stank nach Zigaretten, Alkohol und ungewaschenem Leib. »Schmiere stehen, wobei?«

Max hatte sich die Antwort schon vorher überlegt. Er wagte sich weit vor. »Ich nehme an, euer Leben und eure Arbeit finanziert sich nicht allein. Ihr stehlt, vermute ich.«

Bochholdt zog seine Pistole und hielt sie Heller unters Kinn. »Was sagst du da?«

Damit hatte Heller nicht gerechnet. Doch er ahnte, dass er sich mit Ausflüchten kaum aus der Situation retten konnte, also wagte er die Flucht nach vorn. »Ihr stehlt Schmuck, Möbel, Wertpapiere. Das ist offensichtlich. Und ich nehme an, ihr bekommt für die Sore nur den Bruchteil ihres Werts. Ich kenne jemanden, mit dem ihr bessere Geschäfte machen könnt.«

»Ich kann dich auf der Stelle erschießen, und niemanden wird es scheren!«

»Das glaub ich dir gern«, sagte Heller und hoffte, dass niemand sah, wie sein Herz schlug und seine Adern pulsierten. Diesem Kerl musste man alles zutrauen.

»Franz, hör doch, was er sagt«, raunte Johanna.

»Still!«, befahl ihr Bruder Benno.

»Sei du doch still! Du hast gar nichts zu melden!«, fauchte Johanna ihn an und ging dann zu Bochholdt. »Hör mal, es ist doch gut, wenn er jemanden kennt.« Dann wandte sie sich an Max: »Wer soll das denn sein?«

»Das verrate ich nicht einfach so. Ich hab gute Beziehungen, hab auch schon Dinger mit ihm gedreht, noch im Krieg.« Max bemerkte, dass Armin ihn erstaunt ansah. Er sollte jetzt nicht mit einem dummen Blick alles verderben.

»Stimmt das?«, fragte Johanna seinen Freund. Armin nickte.

»Gut! Prächtig!« Bochholdt trat zurück und steckte die Waffe wieder weg. »Grandios. Ihr seid dabei, willkommen. Aber das Rad gibst du ab, das gehört ab jetzt der Gemeinschaft.«

»Das Rad gehört mir!«, sagte Max bestimmt.

»Das Rad ist dein Pfand. Du willst mitmachen, also mach mit!«

»Das Rad gehört mir. Ich benutze es. Für euch. Aber es ist meins, ich hab's bezahlt!«

Bochholdt hob die Augenbrauen, gab einem seiner Männer einen Wink, der etwas kleiner als Max, aber sehr kräftig war. »Küster, nimm's dir!« Der Mann stieß sich von der Wand ab, kam heran und wollte den Lenker greifen.

»Gib's schon, Hinkefuß«, sagte er.

»Lass los, sonst möbelt es«, warnte Heller.

»Gib's ihm doch«, flüsterte Armin.

Heller schüttelte den Kopf. »Ich hab's bezahlt, von meinem Geld.«

»Und du bist zu uns gekommen, und jetzt gehört es uns«, erwiderte Küster. Inzwischen hatten noch mehr Leute den Raum betreten, um sich das Schauspiel anzusehen. Sie wirkten nicht so, als wollten sie Partei ergreifen, sie hofften nur auf amüsante Unterhaltung.

»Pfoten weg von meinem Rad!«, warnte Heller eindringlich. Bochholdt hatte sich zurückgezogen, sah sich das Geschehen ebenso vergnügt an. Als Benno vortreten wollte, um sich einzumischen, hielt er ihn mit einer Geste auf. Für Heller war das Zeichen genug. Es ging nicht ums Rad. Er sah dem anderen in die Augen. Küster zerrte am Lenker und wusste ebenfalls, dass es eigentlich um etwas anderes ging.

»Gib's jetzt!«, zischte Küster, und Heller schlug zu. Seine Faust traf das Auge des Mannes. Der taumelte zurück, stürmte jedoch nach kurzer Besinnung wieder vor und wollte mit seinen Fäusten auf Heller losgehen. Max warf dem Mann das Fahrrad entgegen, boxte ihm ins Gesicht und in die Magengrube. Als Küster zu Boden ging, fuhr Max herum und konnte gerade noch einen Angriff von der anderen Seite abwehren. Einer der Zuschauer sprang auf ihn zu, traf jedoch mit seinen Fausthieben nur Hellers erhobene Unterarme und bekam dann von Armin einen Tritt in die Seite. Als Heller ihn hart gegen die Brust schlug, sank er keuchend auf die Knie. Inzwischen hatte Küster sich wieder aufgerappelt, und auch andere kamen auf sie zu. Ohne sich abzusprechen, stellten Max und Armin sich Rücken an Rücken, und Heller schlug dem erstbesten Gegner mitten ins Gesicht. Die anderen wurden unschlüssig.

»Wir sind Frontkämpfer, beide!«, keuchte Max. »Wir haben tagtäglich dem Tode ins Auge geblickt, und ihr albernen Affen mit euren Schießpistolen macht uns keine Angst. Komm nur her, wer noch aufs Maul haben will!« Er schnaufte und war unzufrieden. Etwas Besseres zu sagen war ihm nicht eingefallen.

»Schon gut!«, lachte Bochholdt. »Schon gut, ihr habt es ja bewiesen. Behalt dein Rad nur. Behalte es.«

Max ließ die Fäuste sinken und straffte seine Jacke. Er sah sich um, sah Benno ins Gesicht, der ihn hasserfüllt anstarrte, und in die Gesichter der Kontrahenten, die sich ihre blutigen Nasen abwischen mussten. Küster schwoll das Auge zu. Ein anderer schnappte am Boden liegend nach Luft. Von weiter hinten jedoch erntete Heller Zuspruch, denn dort feixten einige und nickten beifällig. Auch zwei Frauen waren dabei.

»Sei nicht bös, Hinkefuß«, kam Bochholdt heran. »Betrachte das als Prüfung, die ihr bestanden habt. Ihr könnt mitmachen. Seid nur immer da, wenn man euch braucht.«

Noch einmal machte Heller sich groß. »Ich heiße Max, und wer Hinkefuß sagt, bekommt gleich noch eine aufs Maul!«

Bochholdt schlug ihm auf die Schulter, als wären sie beste Freunde. »Max, soll mir recht sein. Und Armin, soweit ich weiß. Dann lasst euch mal einführen. Und du erzählst mir nun, wer dein Bekannter ist, dem wir unseren Kram verkaufen sollen. Ein rechtschaffender Mann, wie ich mir denken kann.«

Heller hatte mit hohem Einsatz gespielt und gewonnen. Wie von ihm vermutet und erhofft, zeigte sich Ullrich – als gewiefter Schieber – interessiert. Er ließ sich auf ein Treffen mit Bochholdt ein. Ohne Heller verhandelten die beiden über Preise und Prozente, um Hehlerware zu verhökern. Beide schienen mit dem Ergebnis zufrieden, und das verschaffte Heller endgültig Zugang zu Bochholdts Truppe.

Auch Armin war zufrieden. Nachdem er Max zuerst für sein Auftreten gescholten hatte, genoss er nun den Respekt der Männer und auch den Johannas. Er sah ein, dass Max ihnen die Tür erst richtig aufgestoßen hatte. So hielten sie sich die meiste Zeit in der Nähe Bochholdts auf, machten kleine Botengänge, gingen auf Streife, wie Bochholdt es nannte. Sie patrouillierten durch die Straßen, sahen sich um, wo es vielleicht etwas zu holen gab und wo sich eine Menschenmenge versammelte.

In den ersten Tagen geschah nichts Verbotenes. Die meiste Zeit lungerten sie herum. Gelegentlich hielt Bochholdt eine zornige Rede. Oft tranken er und die anderen einfach nur. Manchmal gab es einen Streit, und sie zogen sogar die Waffen, doch zum Schuss kam es nie. Unterdessen sah Heller sich um, versuchte durch belanglose Gespräche etwas darüber herauszufinden, was die Truppe bisher getrieben hatte. So erfuhr er zwar, dass sie für einige Überfälle auf Häuser und Geschäfte verantwortlich waren, auch für Brände oder andere Raubüberfälle, doch einen Beweis dafür bekam er nie. Auch unter all dem Raubgut, das sie horteten, fand er keine sicheren Anzeichen dafür, aus welchen Häusern die Sachen stammten. Ihm blieb nichts, als weiterhin abzuwarten, was geschah.

Armin lebte auf, denn Johanna wich ihm nicht mehr von der Seite. Wie ein verliebtes Paar verbrachten sie jede Minute zusammen, und sogar ihr Bruder Benno arrangierte sich endlich damit. Auch Bennos Verhältnis zu Heller besserte sich, und seine anfängliche Abneigung gegen ihn verwandelte sich in stille Akzeptanz.

Gelegentlich fuhren sie mit einem Handwagen zu einem von Ullrichs Lagern. Dann bildete Heller mit seinem Rad die Vorhut, überprüfte die Nebenstraßen auf Schutzpolizisten, warnte vor lauernden Überfallkommandos der Polizei oder allzu vollen Straßen.

Eine der anderen Frauen suchte des Öfteren seine Nähe. Sie hieß Hilde und spielte eine eher untergeordnete Rolle. Hilde gehörte zu niemand Bestimmten und schien weniger aus politischer Überzeugung oder kriminellen Motiven dabei zu sein, als vielmehr zu ihrem Schutz und Auskommen. Sie war gerade achtzehn Jahre alt und kam nicht aus Dresden. Heller konnte nicht herausfinden, ob sie eine Waise wie Johanna oder ob sie von zu Hause ausgerissen war. Nicht einmal ihren genauen Heimatort wollte sie preisgeben. Sie war zierlich, trug ihr dunkelblondes gelocktes Haar zu einer wilden Frisur geschnitten, ihre Augen waren grau, und Heller hatte sie gern in seiner Nähe.

Sie redeten viel, über Bücher, die sie gelesen hatten, über Karl May, aber auch über Goethe und seinen *Zauberlehrling*, den sie in der Schule hatten auswendig lernen müssen. Sie fragte ihn über sein Leben aus, fragte nach seinen Eltern, und wenn er manchmal über Nacht blieb, setzte sie sich zu ihm und schmiegte sich an. Manchmal lauschte sie ihm, wenn er, wenn auch sparsam, von seinen Kriegserlebnissen berichtete. So bildete sich nach und nach ein vertrauliches Verhältnis. Meist wartete sie schon an der Tür auf ihn, wenn er morgens kam, und winkte ihm lachend zu.

Als sie ihn aber eines Tages in eins der vielen Zimmer der Villa führte und ihm unvermittelt die Arme um den Hals schlang, um ihn zu küssen, wehrte er höflich ab.

»Hilde, lass«, sagte er leise.

»Ich dachte, du magst mich«, wich sie erschrocken zurück.

Ja, er mochte sie, sehr sogar. Doch er fragte sich, mit welchem der Männer in der Truppe sie sonst noch Umgang pflegte. Oder ob sie nicht sogar für jeden hier zur Verfügung stand. »Ich mag nur nicht jetzt«, log er, um sie nicht zu verletzen.

»Aber warum?« Sie kam ihm wieder ein Stück näher.

Heller ahnte, dass ihm seine Lüge nicht geholfen hatte. Eher hatte er das Gegenteil erreicht. Und er wusste keine Antwort auf ihre Frage.

»Warum gerade ich?«, wich er aus.

»Weil ich dich mag. Weil du nicht so grob bist wie alle anderen hier.« Sie lehnte sich an ihn, legte ihren Kopf an seine Brust, und er wusste nicht, was zu tun. Was sie von ihm wollte, das sollte hier und jetzt auf keinen Fall geschehen. Das hier war etwas anderes als das, was er mit Martha und auch den anderen Frauen danach gehabt hatte. Hier waren nur Schmutz, Lärm, Unruhe. Und außerdem war es falsch. Hilde suchte seine Nähe, seinen Schutz. Und sie glaubte wohl, auf diese Weise dafür bezahlen zu müssen.

»Hör zu, Hilde, du musst das nicht machen.« Sanft aber bestimmt schob er sie weg.

»Warum magst du mich nicht? Weil ich arm bin? Bin ich dir zu hässlich?« Tränen stiegen ihr in die Augen. »Bin ich dir zu dünn?« Sie knöpfte ihre Bluse auf, entblößte ihren Busen, wollte seine Hände nehmen.

»Hör auf!«, fuhr Heller sie nun an, auch aus Furcht, seine Vorsätze nicht einhalten zu können. »Das ist nicht richtig, nicht der richtige Ort, nicht die richtige Zeit. Das will ich nicht! Weiß ich, mit wem du hier schon zusammen warst?«

Hilde trat zurück und starrte ihn mit weit aufgerissenen Augen an. Heller befürchtete, dass sie nun wütend auf ihn losgehen würde, doch sie besann sich und schloss die Knöpfe ihrer Bluse wieder.

»Hör zu, Hilde«, begann er, weil es ihm schon wieder leidtat, doch weiter ließ sie ihn nicht kommen.

»Kann ich trotzdem an deiner Seite bleiben? Kann ich sagen, dass wir zusammengehören?«, fragte sie.

»Kannst du«, antwortete er leise.

Als sie ihre Kleidung gerichtet hatte, sah sie auf. »Und vielleicht, eines Tages, wenn du siehst, dass ich dir treu bin und mit keinem hier ins Bett gehe ... Stellst du mich dann deinen Eltern vor?«, fragte sie.

»Ja«, sagte er erleichtert, und dieses Zugeständnis fiel ihm nicht schwer, denn die Zeitspanne war so vage, dass sie alles bedeuten konnte. »Ja, das mach ich.«

Seine Eltern ließen ihn weiterhin unbehelligt, fragten nicht weiter, was er tat. Es gefiel ihnen, dass er immer noch seine Hilfsarbeiten im Laden machte, nicht mehr soff und auch nicht in Polizeigewahrsam kam. Dass er das Geld für sein Rad vom Großvater hatte, war ihnen lieber, als wenn er es gestohlen hätte. Wenn sie auch die großväterliche Geste mit allergrößter Zurückhaltung wahrnahmen, so sahen sie doch ein, dass ihm das Geld zustand und er es gut investiert hatte. Dass er überhaupt den Alten besuchte, kam ihnen wohl wie ein kleiner Verrat vor, doch wenigstens ließen sie es ihn nicht spüren. Hilde erwähnte er ihnen gegenüber mit keinem Wort. Er wollte erst sehen, wie ernst sie es mit ihm meinte.

Als er seinen Großvater das nächste Mal besuchte, führte er ihm sein neues Fahrrad vor. Er war unsicher, ob es das gewesen war, was der alte Herr gemeint hatte, als er ihm riet, das Geld weise auszugeben. Doch offenbar hatte Max nicht falsch gehandelt. Sein Großvater staunte, als er auf dem Hof Achten fuhr oder freihändig radelte. Er versuchte es selbst, und Max konnte nicht entscheiden, was lustiger war – der alte Rittmeister auf einem Drahtesel, der hektisch mit dem Lenker wackelte, oder Thomas, der auf seinen O-Beinen dem Herrn besorgt hinterherlief. Max berichtete nicht von seinen Kontakten zu dieser Bande, behauptete, sich mit gelegentlichen Arbeiten über Wasser zu halten, im Laden zu helfen. Der Alte schien vorerst zufrieden zu sein.

Bei weiteren Besuchen erfuhr Max von den Kriegserlebnissen seines Großvaters beim Frankreichfeldzug achtzehnsiebzig. Von großen Schlachten berichtete der Alte, von Taktiken und Strategien. Max erfuhr auch einiges über seine Großmutter und seine lang verstorbene schwindsüchtige Tante. Vom Streit seines Vaters mit dem alten Herrn erfuhr er ebenfalls, auch wenn Großvater zuerst nicht darüber sprechen wollte und dann nur zögerlich begann.

»Es ist lang her, und sicher täuscht unser aller Erinnerung«, wich er dem vorsichtigen Nachfragen seines Enkels aus und verteilte Karten. An diesem Tag spielten sie Skat, auch wenn Heller den Künsten der beiden älteren Herren völlig unterlegen war. »Es gab Streit, und er ist nicht beigelegt, wie du siehst.«

»Sie sagen, du warst gegen die Heirat und hattest eine andere Partie für Vater«, wagte sich Heller an diesem späten Nachmittag doch vor. Es war inzwischen Frühsommer geworden.

Nun seufzte Gustav Heller. »Da muss ich nun doch Widerspruch einlegen, und sei es einzig zu meinem Ehrerhalt. Ich habe niemals einer Heirat mit deiner Mutter widersprochen, da bist du falsch informiert. Mein Wunsch war einzig gewesen, dass sie den Laden ihrer Eltern veräußern und den Hof übernehmen sollten. Dein Vater jedoch wollte weder den Hof noch wollte er an meine Berufung anknüpfen.«

»Deine Berufung? Die Pferde?«

»Aber nein, Junge!«, rief der alte Mann und lachte. »Die Pferde, da sollte dein Vater ja sogar recht behalten, wenn auch spätes Recht. Du siehst ja, der Hof ist leer und ausgestorben. Nein, meine Berufung galt der Polizeiarbeit. Das ist es doch, was Thomas sagte, als du uns das erste Mal besuchtest. Geheimrat nennt man mich erst seit dem Jahrtausendwechsel, es ist ja kein offizieller Titel, eher eine Förmlichkeit. Er wurde mir von seiner Majestät zur Pensionierung verliehen, als Anerkennung meiner Arbeit. Ich empfand es als große Ehre, die mir zuteilwurde. Ich war früher Kriminalrat, und im Dienste der Königlich Sächsischen Polizei ermittelte ich gegen Verbrechen aller Art.«

»Kriminalpolizist warst du?«

»Hab ich doch gesagt, Jungchen«, rief Thomas aus und drückte den Skat. »Blatt spielen wir!«, kündigte er an. »Dein Großvater war ein angesehener Mann, Verbrecher haben ihn gefürchtet. Selbst die übelsten von denen. Er hat einige an den Galgen gebracht.«

»Thomas, das ist nichts, was einen Mann stolz machen sollte«, knurrte der Alte. »Und ich melde Kontra!«

»Ist recht, Herr Geheimrat.« Thomas nickte belustigt.

»Und du hofftest, Vater könnte dir in den Beruf folgen?«, fragte Heller und wusste, Thomas hatte nur aus Mitleid mit ihm nicht Re gegeben. Sein Skatspiel war schlecht. Seit er aus dem Krieg zurück war, hatte er nicht mehr gespielt.

»Mag sein, dass ich nicht immer die glücklichsten Worte verwendet habe, aber ja, so war es. Ich wollte, dass er sein Leben nicht verschwendet. Dieser Laden ist grundsätzlich keine schlechte Sache. Doch es war abzusehen, dass nie mehr dabei herausspringen würde, als gerade so über die Runden zu kommen. Weder deine Mutter noch dein Vater sind Geschäftsleute. Und ich sollte recht behalten. Sicher ist es der schweren Arbeit im Laden zu verdanken, dass sie dich erst recht spät bekamen und du das einzige Kind bliebst. Und in gewisser Weise …« Nun verstummte er.

»Warst du der Meinung, es stünde dem Sohn eines Rittmeisters und Geheimrats nicht zu, einen Krämerladen zu führen?«, fragte Heller und sah, dass er damit den Zorn seines Großvaters geweckt hatte. Die Gesichtszüge des alten Mannes verhärteten sich, und Thomas zog den Kopf ein.

»Das ist nicht gut, dass du so redest!«, sagte dieser und versuchte damit gleichzeitig beide Hellers zu besänftigen. »Du weißt nichts über alte Zeiten, bist noch viel zu jung.«

»Vielleicht weiß ich genug über alte Zeiten. Und vielleicht weiß ich deshalb auch, warum es gut ist, alte Zeiten und Sitten einmal zu beenden und ein neues Zeitalter beginnen zu lassen.« Es tat Max leid, dass die Stimmung so plötzlich gekippt war. Und dennoch wollte er seine Eltern in Schutz nehmen. Sie waren keine schlechten Menschen und hatten in ihrem Leben tausendmal mehr Gutes für ihn getan als sein Großvater. Es war leicht, sich im Alter gnädig zu geben, denn so ließ man einem anderen nur wenig Wahl. Entweder versöhnte man sich oder musste irgendwann damit leben, wenn der Alte ohne Aussöhnung davonging.

»Treibst du dich deswegen mit diesen Leuten herum, mit dieser Bande von Nichtsnutzen?«, fragte Geheimrat Heller barsch.

Max hielt die nächste Karte schon in der Hand, doch er spielte sie nicht. Er war überrumpelt. Ließ Großvater ihn vielleicht ausspionieren? Als altem Polizisten würde ihm das nicht schwerfallen.

»Das ist es nicht«, sagte Max leise.

Sein Großvater wartete auf eine Antwort und sah ihn an. Die Spannung war noch größer als an jenem Tag, als man ihm das Fahrrad abnehmen wollte.

»Gib lieber Antwort!«, mahnte Thomas.

»Hör, Junge«, sagte der alte Herr stattdessen und legte sein Blatt offen ab. Thomas stöhnte erleichtert, denn der Alte hatte alle übrigen Blattkarten und drei Junker, die Trümpfe zu ziehen, wäre gar nicht möglich gewesen. So hatte dieser Streit ihm wenigstens die Niederlage erspart.

»Du hast ganz recht, was deine Eltern betrifft«, fuhr Großvater fort. »Das war es, was ich damals dachte. Ich wollte nicht, dass mein einziger Sohn einen Krämerladen führt. Ein Geschäft, in dem man sich die Beine in den Bauch steht, die Kundschaft hofiert und seinem Geld nachläuft. Ein Fehler von mir, denn ein Mensch sollte seine Entscheidungen auch allein treffen dürfen.

Und doch war meine Berufung eine gute, sie hätte auch deinem Vater gut zu Gesicht gestanden. Es ist ein wichtiger Dienst, den man dem Volke tut, wenn man für Recht und Ordnung sorgt. Und wenn einem die Türen zu dieser Berufung offen stehen, dann sollte man sie nicht leichtfertig zuschlagen. Dein Vater wäre bestens geeignet gewesen, und ich hätte ihm einige Türen öffnen können. Es hätte genügend andere gegeben, um einen Laden wie seinen zu führen. Höre: Tradition ist nicht immer etwas Schlechtes. Althergebrachtes ist nicht ohne Grund althergebracht. Ich habe es falsch angepackt. Anstatt deinem Vater entgegenzukommen, habe ich an die Vernunft appelliert. Was nicht gerade zuträglich ist, wenn man selbst keine Vernunft zeigt. So habe ich ihn verprellt.«

Max konnte mit diesem Zugeständnis nicht umgehen. Vielleicht war es nur ein angetäuschter Rückzug, um den nächsten Angriff zu tarnen. Deshalb schwieg er.

Der alte Herr beugte sich nun ein wenig vor und legte eine Hand flach auf den Tisch. »Verrate mir aber eins, Max: Muss ich enttäuscht von dir sein, oder warum treibst du dich mit diesem Gesindel herum?«

Einen Moment lang wollte der Trotz antworten. Denn der alte Herr hatte gar kein Recht, enttäuscht zu sein, so selten, wie er ihn zu Gesicht bekommen hatte. Bis vor Kurzem war er ein Fremder gewesen. Andererseits war dies die beste Gelegenheit, um zu zeigen, dass er erwachsen war und über den Dingen stehen konnte.

»Ich bin nicht derentwegen dabei. Nicht um wirklich mitzumachen. Ich habe mich ihnen angeschlossen, um ihnen das Handwerk zu legen.«

»Das Handwerk legen?«, fragte sein Großvater skeptisch.

»Ich bin überzeugt, dass sie hinter den Überfällen stecken. Und auch hinter den Ermordungen der Dienstmädchen. Überdies habe ich das Gefühl, sie planen eine größere Sache. Die Lage im Land scheint sich ja doch ein wenig zu beruhigen, es ist kaum noch möglich, unter dem Deckmantel eines politischen Aufruhrs zu agieren. Ich will herausfinden, was sie planen, und will es dann der Polizei melden.«

Großvater hatte sich in seinem Stuhl aufgerichtet und das Skatspiel völlig vergessen. »Max, das ist äußerst gefährlich und unverantwortlich!«

»Aber sagtest du nicht, jemand muss etwas tun? Und warst du nicht selbst Polizist? Du hast es gerade erzählt.«

»Polizist, ja, ich! Aber was bist du?«, herrschte der alte Herr ihn an, versuchte sich aber sogleich im Ton zu mäßigen, wenn es ihm auch nur schlecht gelang. »Max, auch wenn dich dein Einsatz und deine Motivation ehrt, ich verbiete dir ausdrücklich, dieses Vorhaben fortzusetzen!«

Max wich ein wenig zurück. »Die Polizei hat offenbar kein sehr großes Interesse, den Mord an den Dienstmädchen aufzuklären. Dabei sollte es nicht unmöglich sein, die richtigen Verbindungen zu knüpfen.«

»Das mag sein, Junge, doch höre auf mich. Du allein kannst das nicht durchfechten.«

»Ich kann sie wenigstens aushorchen.«

»Ach ja? Und was wirst du tun, wenn sie verlangen, dass du einen Raub begehst, einen Einbruch, eine Bluttat sogar, damit du dabei sein kannst?«

»So weit wird es nicht kommen, Großvater.«

Der alte Heller schlug mit der Hand flach auf den Tisch.

»Nichts da, von wegen Großvater. Du wirst alle Kontakte abbrechen, und ich werde sehen, was sich ausrichten lässt.«

»Was denn ausrichten, Großvater? Bei der Polizei? Wer kennt dich denn noch, wer will noch etwas von dir hören, und was weißt du schon von diesen Leuten, mit denen ich meine Zeit verbringe?«

»Alles das, was du mir gleich erzählen wirst!«

»Nein, Großvater. Ich will sie aushorchen, ich mache das geschickt, ich hab deren Vertrauen schon erworben. Sobald ich von einem großen Raub erfahre oder einen eindeutigen Beweis finde, dass sie die Dienstmägde umgebracht haben, melde ich es der Polizei.«

Großvater stand auf, war völlig außer sich. »Max, du willst nicht genauso ein Sturkopf sein wie dein Vater. Du verstehst nicht, wie Polizeiarbeit funktioniert, und auch nicht die Justiz. Ich mahne dich ein letztes Mal, halte dich dort raus. Ich befehle es dir! Hörst du?«

Max erhob sich ebenfalls. »Großvater, du hast mir nichts zu befehlen. Niemand mehr hat mir zu befehlen.«

Da war er also, der herrische alte Mann. Uneinsichtig, rechthaberisch. Alles andere war nur Maskerade.

»Dann geh«, knirschte der Alte. »Geh und erwarte keine Hilfe. Geh, stürz dich ins Unglück.«

Max hob die Hand, wollte etwas erwidern, wollte dem Alten sagen, dass er nun wusste, warum Vater und Mutter nichts mit ihm zu tun haben wollten. Nur Thomas' flehentliches Kopfschütteln hinter Großvaters Rücken hielt ihn davon ab.

»Also gut«, brachte er hervor, stand noch einen Moment lang unschlüssig da und ging dann zu seinem Fahrrad. »Dann gehe ich jetzt.«

Einige Tage später nahm Armin ihn beiseite. Hilde, die ihm sonst kaum von der Seite wich, war mit einigen anderen losgegangen, um Besorgungen zu erledigen.

»Die planen was Großes«, flüsterte Armin.

»Und?«, fragte Heller, tat so, als wäre es ihm egal. Die Abfuhr seines Großvaters hatte in ihm ein Feuer entfacht. Er wollte dem Alten zeigen, was er konnte. Also hatte er sich Bochholdt angebiedert, hatte den Anführer der Truppe mit Kriegsanekdoten zu seinem Zuhörer gemacht. Seine Dienste mit dem Rad waren inzwischen unentbehrlich geworden. Einmal hatte er die Truppe vor einer anrückenden Horde Monarchietreuer oder Freischärler warnen können, die ihm zufällig über den Weg gelaufen waren, mit dem Ziel, die bolschewistische Bande auszuräuchern. Es hätte durchaus ein Blutbad geben können, denn auf beiden Seiten gab es Waffen. Aber die Angreifer fanden das Haus nur leer vor und mussten unverrichteter Dinge und unter Kriegsgesang wieder abziehen.

»Ich weiß nicht, Maxe, bei einem richtig großen Ding will ich nicht dabei sein.«

»Aber das gehört nun mal dazu«, raunte Max.

»Kann ja sein, und ich seh auch ein, dass die politische Arbeit finanziert werden muss. Die alten Parteien, die haben ja Geld. Aber wenn die hier was Großes vorhaben, dann will ich mich da raushalten. Und du solltest das auch. Johanna zum Beispiel, die macht nicht mit, und deine Hilde auch nicht.«

»Weiß Johanna denn, worum es geht?«

»Bestimmt.« Armin hob die Schultern. »Ihr Bruder ist ja an Bochholdts Seite.«

»Und du hast keine Ahnung?«

»Ich will es gar nicht wissen.«

»Frag sie doch!«

»Ich frag sie nicht. Wenn sie wollte, dass ich es weiß, hätte sie es mir gesagt.«

»Armin, frag sie. Ich will es wissen.«

»Aber wozu? Ich hab's dir nur gesagt, damit du gewarnt bist. Damit wir uns verdrücken können. Jetzt bedrängst du mich. Frag doch Hilde!«

»Wenn Johanna nichts sagt, dann Hilde erst recht nicht.«

»Warum bestehst du so darauf?«

»Um nicht überrascht zu werden. Sagst doch selbst, du wolltest mich warnen. Denen trau ich zu, dass die ein Ding drehen, und wir sitzen dann nichtsahnend hier, werden verhaftet und gehen ins Zuchthaus. Für etwas, das wir gar nicht gemacht haben.«

»Wenn wir aber doch gar nichts gemacht haben?«

»Armin, glaubst du, da fragt jemand?« Heller stieß seinen Freund mit dem Ellbogen an. »Geh schon, frag sie. Wenn sie dich liebhat, wird sie es dir wohl sagen!«

»Also gut, ich will's versuchen.«

Als er an diesem Tag nach Hause kam, hatte sich eine Menschenmenge vor dem Laden seiner Eltern versammelt. Hauptsächlich waren es Schaulustige, doch einige halfen, Scherben der Schaufensterscheibe aufzusammeln, stapelten Holzkisten, klaubten Obst und Gemüse von der Straße auf.

Max zwängte sich hindurch, stellte das Rad an die Wand und stürmte in den Laden, in dem es wüst aussah. Seine Mutter saß zusammengesunken hinter dem Tresen.

»Was ist geschehen?«, fragte Heller. »Hat man dir etwas angetan?«

»Sie haben die Kasse zerstört, dabei war gar nichts weiter drin, und gestohlen haben sie. Aber hauptsächlich haben sie Sachen kaputt gemacht. Siehst du ja.« Mutter bebte vor Entrüstung.

»Mutter!«, drängte Max weiter.

»Das Buch mit den Schuldscheinen haben sie auch mitgenommen.«

Max ballte die Hände zu Fäusten. Die Schuldscheine waren das eigentliche Kapital des Ladens. Darauf stand, von wem seine Eltern noch Geld bekamen. Ohne diese Scheine hatten sie keine Handhabe mehr.

»Wer?«, fragte Max und konnte seine Wut kaum im Zaum halten. »Hast du wen erkannt?«

»Nein, Max, alles Fremde, ganz unverschämt, sie hatten nicht einmal ihre Gesichter verborgen. Kamen einfach hineingestürmt und haben alles zerschlagen.«

»Und Vater, wo ist der?«

»Ist ihnen nach, ich weiß nicht wohin. Er kann ja gar nichts tun mit seinem Leistenbruch, und es waren so viele. Wenn ihm nur nichts geschieht.«

»Es ist gerade passiert?«

»Eben gerade. Zehn Minuten, bevor du kamst.«

Heller packte das schlechte Gewissen. Anstatt hier bei ihnen zu sein, hatte er sich herumgetrieben. Mit ihm im Haus wäre es wohl nicht geschehen.

»Hast du irgendetwas erkannt? Trug jemand besondere Kleidung?« Von Bochholdts Truppe waren nicht immer alle anwesend; es war keine militärisch organisierte Einheit, viele machten einfach, wonach ihnen gerade war. Einige gingen allein auf Beutezug, strichen durch die Stadt, hörten sich um. Gut möglich, dass sie das gewesen waren. Aber es gab genügend andere. Hunger und Not waren groß. Es wäre seine Aufgabe gewesen, hier im Laden zu sein, der auch sein Erbe werden würde.

»Max, ich weiß es nicht. Ich war wie gelähmt. Die Scheibe brach, sie kamen herein, fünf, sechs oder mehr. Ich wusste gar nicht, wo ich hinsehen sollte.«

»Gut. In welche Richtung ist Vater gelaufen?«

»Ich meine, dahin«, Mutter zeigte nach links. Heller stürmte hinaus, nahm sein Rad, sprang auf und strampelte los.

Er fuhr schnell, fuhr lang, kreuzte durch die Straßen und Gassen. Doch er fand niemanden, weder Flüchtende noch seinen Vater. Nach einer Dreiviertelstunde kehrte er zurück zum Laden, wo er nun auch seinen Vater antraf. Auch Schutzmann Reuffler war anwesend, um die Aussagen seiner Eltern und der Zeugen aufzunehmen.

»Du hast nichts gesehen?«, fragte er Heller.

»Ich war nicht da, kam erst kurz danach heim«, antwortete Max leise. Hinter dem Schutzmann sah er seinen Vater, schwitzend, abgehetzt, mit einer blutigen Schramme im Gesicht. Er musste bei der Verfolgungsjagd gestürzt sein. Wenn er sich unbeobachtet glaubte, fasste er sich an die Leiste, tastete, verzog das Gesicht.

»Hör zu, Sohn«, begann Reuffler leise, als Heller ihn später zur Tür brachte. »In letzter Zeit sah man dich des Öfteren bei Ullrich. Öfter als notwendig. Du weißt sicher, der hat seinen Ruf. Das ist ein Schieber. Kein Umgang für dich.«

»Ich spreche nur das Nötigste mit ihm, wenn ich Eis hole«, log Heller.

Doch Reuffler hörte gar nicht richtig hin. »Und es scheint mir, du treibst dich zu oft in der Stadt herum. Ich weiß, es sind seltsame Zeiten, alles ist in Aufruhr. Und es ist auch nicht meine Pflicht, dich zu belehren. Aber lass dich nur nicht anstecken. Allzu schnell steckt man mit drin, und die Richter sind nicht zimperlich dieser Tage.«

Einen Moment lang war Heller versucht, dem Oberwachtmeister von seinen Erkenntnissen zu berichten und seinen Plan zu schildern. Er ließ es jedoch bleiben. Es würde ja doch nur wieder eine Abfuhr geben, wie er sie von seinem Großvater erhalten hatte. »Jawohl«, sagte er nur leise, und damit war der Schutzmann zufrieden.

Alles in Heller drängte, noch an diesem Abend wieder zu Bochholdt zu fahren. Er wollte sehen, ob es dort Leute gab, die sich mit dem Überfall brüsteten, ob Armin davon erfahren hatte, ob er sogar das Schuldbuch wiederfand. Es war sicher nicht ohne Grund verschwunden, obwohl es für den Dieb keinen Hehlerwert hatte. Entweder kamen die Räuber aus der Gegend und wollten sich so von ihren Schulden befreien, oder es war ein politischer Diebstahl. Leute wie Bochholdt sprachen ja ständig davon, die Armen von ihren Lasten zu befreien, die Reichen zu berauben und deren Vermögen zu verteilen. Doch wer galt schon als reich? Seine Eltern sicher nicht.

Und auch Großvater hatte recht. Wenn einer seinen Reichtum hart erarbeitet hatte, was gab dann einem anderen das Recht, diesen Reichtum zu plündern?

Heller bezwang schließlich auch diesen Impuls. Er würde daheimbleiben, seinen Eltern helfen, den Schaden zu beheben, wollte losgehen und einen Glaser finden, oder etwas, womit er selbst die Scheibe flicken konnte. Würde im Laden aufräumen und seinen Eltern zeigen, dass er für sie da war.

Doch der Anblick der beiden besorgte ihn. Etwas war geschehen, etwas war irreparabel zerbrochen. Als hätten sie resigniert, als wäre mit einem Schlag alle Kraft aus ihnen gewichen.

Vielleicht kamen sie ja wieder auf die Füße, versuchte Heller sich zu beruhigen. Doch in dieser Nacht schlief er schlechter als je zuvor.

Als er am nächsten Tag in der Bochholdtschen Villa ankam, fand er keine Anzeichen für einen Raub bei seinen Eltern. Kein Schuldbuch, keine Prahlereien wie üblich nach einem Raubzug, keine gestohlenen Dinge, die aussahen, als wären sie aus dem Laden. Nur Armin, der ihn jetzt unwillig ansah.

»Und?«, fragte Heller seinen Freund.

»Nichts.«

»Wie? Gar nichts?«

»Natürlich wollen sie immer noch etwas ganz Großes machen. Dazu brauchen sie aber ...«

»Was denn?«

Armin kniff die Lippen zusammen und sah sich verstohlen nach Lauschern um. »Waffen, Max. Denen reichen die Revolver und Gewehre nicht. Ein Maschinengewehr wollen sie stehlen. Und Granaten.«

»Und woher?« Das konnte was werden. Maschinengewehr und Granaten. »Und was haben die vor? Das Parlament stürmen? Die Regierung absetzen?«

Armin war ungehalten. »Weiß ich doch nicht, Max. Hör auf zu bohren. Johanna ist schon ganz böse mit mir. Sie fragte vorhin, warum ich so penetrant bin, und ging einfach weg. Das hat sie noch nie gemacht.«

»Aber sie muss doch mehr wissen.«

»Sie sagt's mir aber nicht.«

»Aber sie will da nicht mitmachen?«

»Sie darf nicht. Das Ding ist zu groß, sagen sie, zu gefährlich. Sie soll wegbleiben.«

»Und wann, Armin?«

»Ich weiß es nicht, Max.«

»Frag sie!«

»Nee, frag deine Hilde! Soll die doch zum Bochholdt gehen und ihm Honig um den Bart schmieren.«

»Armin, die Hilde weiß nichts. Und außerdem will ich sie hier rausholen, die hat hier nichts zu suchen. Die hat sich nur angeschlossen, um Schutz zu finden. Johanna aber, die steckt mit drin, solang ihr Bruder dabei ist. Frag sie, bitte!«

»Nein, mach ich nicht. Wenn sie sich erst beruhigt hat und wieder freundlich zu mir ist, werd ich einen Teufel tun und noch einmal fragen!«

»Nur wann es passieren soll. Mehr will ich nicht wissen!«

»Maxe, setz unsere Freundschaft nicht aufs Spiel.«

»Armin, ich habe nur diese eine Bitte. Find heraus, wann.«

»Aber was hast du vor, Max?«, fragte Armin nun besorgt, denn er schien inzwischen verstanden zu haben, was Max' Idee war und warum er sich wirklich hier aufhielt.

»Nichts, ich will es nur wissen. Sicher fragen sie mich sowieso selbst. Sie werden mich sicher brauchen mit meinem Rad.«

»Dann warte doch, bis einer auf dich zukommt.«

»Nein, Armin. Du fragst, und dann geb ich Ruh.«

Armin gab sich geschlagen, nickte schwach, doch wohl war ihm ganz offensichtlich nicht. Max ließ von ihm ab. Wenn sie Waffen brauchten, kam es ihm logisch vor, dass sie ein Arsenal überfallen wollten. Wieder eine große Wache. Auch das Polizeipräsidium war ja schon überfallen worden. Zwar schien in den letzten Monaten einiges an Waffen in Umlauf geraten zu sein, doch ganz so einfach war es nicht, an Maschinengewehre und Granaten zu kommen. Vor allem, da die alliierten Kriegsgewinner inzwischen eine ordentliche Inventur sowie die Herausgabe aller Waffen verlangten. Vielleicht hatte die Räuberbande eines der Arsenale bei den Kasernen im Visier. Womöglich aber auch das Arsenal der Stadtwache oder der Hauptwache. Und einem wie Bochholdt traute Heller durchaus zu, dass er unverschämt genug dafür wäre. Denn offensichtlich hatte er auch in den Reihen der Soldaten und Wachen einige seiner Männer.

Im Treppenhaus tippte ihm jemand auf die Schulter.

»Du, komm mit«, flüsterte Johanna zischend.

Max drehte sich um und sah ins zornesrote Gesicht der jungen Frau. Sie wirbelte herum, er folgte ihr die Treppe hinab.

»Was ist mit dir, dass du deinen Freund immer vorschickst? Traust dich nicht selbst zu fragen? Was willst du?«, fauchte sie ihn leise an, als sie außer Sichtweite der anderen waren.

»Ich will nur nicht ausgeschlossen sein!«, erwiderte Heller und war stolz, dass er gleich eine passende Antwort gefunden hatte.

»Wer bist du schon, dass du meinst, dazugehören zu dürfen? Was hast du schon geleistet, wo ist dein Teil der Revolution? Soweit wir wissen, gehst du abends brav heim zu deinen Eltern und ihrem Laden, schmierst dir dick Butter aufs Brot und trinkst Bier.«

So gründlich hatten sie ihn also doch kontrolliert, dass sie das wussten. Gut möglich also, dass der Überfall doch auf ihr Konto ging.

»Ich habe immerhin die Geschäfte mit Ullrich eingefädelt, und soweit ich weiß, laufen die ganz ordentlich. Immerzu biete ich mich an und mache jede Schmutzarbeit.«

Johanna öffnete den Mund zu einer vermutlich schon einstudierten Wutrede, schloss ihn dann aber wieder. Seit sie mit Ullrich verkehrten, lebten sie nicht schlecht, das musste sie eingestehen.

»Und warum fragst du nicht selbst den Franz, wenn du unbedingt dabei sein willst?«, zischte sie, nicht bereit, gleich klein beizugeben.

»Weil ich ja davon eigentlich gar nicht wissen sollte. Ich weiß es aber von Armin, und der weiß es von dir. Dann wird der Franz dich fragen, warum du es herumerzählst«, sagte Heller.

Er sah, wie es in ihr brodelte. »Willst du Hinkefuß mich erpressen?«, zischte sie ihn an.

»Den Fuß habe ich mir nicht ausgesucht«, erwiderte Heller. »Und ich will nur wissen, was vor sich geht. Seit Wochen bin ich hier und erledige jede Arbeit, ohne dass mich je einer einweiht. Dann brauch ich hier auch eigentlich gar nicht mehr dabei sein.«

»Ach ja? Dann geh doch, geh einfach.«

»Dann sag ich jetzt dem Franz, dass ich weggehe. Und ich werd sagen, ich stecke dem Ullrich vielleicht, dass bald was Großes läuft und er lieber Abstand nehmen soll. Vielleicht kenn ich auch einen, der etwas von der Villa auf dem Weißen Hirsch weiß und von den zwei Toten.« Das war hoch gereizt, denn so brachte er sich in akute Gefahr, dass sie ihn als Verräter und Mitwisser beseitigten.

So weit schien Johanna aber nicht zu denken. Stattdessen kippte ihre Stimmung unvermittelt ins Vorwurfsvolle und Verständnissuchende. »Was, glaubst du, denkt mein Bruder von mir, wenn ich ihn immerzu anbettele, mir etwas zu verraten? Was, glaubst du, denkt Franz, wenn mein Bruder ständig zu ihm kommt?«

Max ging auf ihren Stimmungswechsel ein und versuchte abzuwiegeln. »Dein Bruder ist so dicke mit dem Franz, der weiß längst alles. Und ich glaub, du und dein Bruder, ihr wärt ein Liebespaar, wärt ihr nicht Geschwister. Du weißt alles!«

Johanna ging für ein paar Augenblicke in sich und sah ihm dann kampfeslustig in die Augen. »Gut! Dann sag ich's dir! Nicht diese, nicht nächste, sondern übernächste Nacht soll es geschehen. Ist das genug, bist du zufrieden? Und noch etwas sollst du wissen: Dein Freund, der kann mir jetzt gestohlen bleiben. Ich dachte ja, der könnt was sein fürs Leben, doch offenbar liebt er ja seinen Hinkefußfreund mehr als mich. Bestell ihm schöne Grüße und das hier!« Sie steckte sich den Zeigefinger in den Mund und ließ ihn feucht wieder hinausploppen. Dann wirbelte sie herum und marschierte davon.

»Armin, warte!«, rief er und eilte seinem Freund nach, der wenig später wütend aus dem Haus zur Straße stampfte.

»Prächtig! Ganz sauber und glatt«, knurrte Armin und wurde nicht langsamer, obwohl Max Mühe hatte, mitzuhalten. »Das war es doch, was du wolltest!«

»Armin, das konnte ich nicht ahnen.«

»Nee, Max, ich war immer für dich da, und du bist eifersüchtig und neidisch. Deshalb hast du das gemacht. Niederträchtig ist das, kein Freund tut so was! Abgefertigt hat sie mich gerade, vor aller Augen.«

»Armin, red doch kein dummes Zeug. Ich wollte dir doch nicht die Frau ausspannen. Ich hab doch die Hilde hier.«

»Lass mich mit deiner Hilde in Ruh. Alle hier wissen, dass du eigentlich nach der Johanna schielst. Selbst Hilde sagt das!«

»Armin, das ist lächerlich!«

»Nee, du Ass.« Armin hatte Tränen in den Augen, und vor Max schämte er sich nicht dafür. »Du magst mich ja lächerlich finden, aber ich hab die geliebt, und nun hat sie mich verstoßen. Ganz sauber. Und weißte noch was? Ich bin hier fertig. Die sehen mich nicht wieder, und du auch nicht!«

»Armin, geh doch jetzt nicht einfach.« Max griff nach seinem Arm.

»Nee, lass mich bloß. Ich will hier keinen mehr sehen. Und dich auch nicht!«

Armin riss sich los und ließ Heller stehen.

Er wusste nicht so recht, was er jetzt tun sollte. Niemand in der Villa machte etwas Bestimmtes, doch es schien etwas in der Luft zu liegen. Das schlechte Gewissen nagte an ihm. Er wollte seinen Freund nicht verlieren, vor allem aber wollte er nicht, dass Armin litt. Johanna hatte sich zurückgezogen und war nirgends zu finden. Er hatte gehofft, ein gutes Wort einlegen zu können, wenn er sie noch einmal sah.

Armin hatte falschgelegen. Max hatte kein Auge auf sie geworfen. Er mochte Hilde wirklich, anders als Martha, und wollte sie hier rausholen, sogar seinen Eltern vorstellen. Er dachte oft an sie, mochte ihre leise Stimme, ihre hellen Augen, ihr wildes Haar. Von Liebe konnte zwar keine Rede sein, aber doch von starker Zuneigung. Doch er war sicher, das konnte noch werden, hatte er sie erst einmal hier herausbekommen. Sie war hier nur gestrandet, hatte mit den Leuten nichts gemein. Zu zweit könnten sie etwas aufbauen, eine Familie, könnten vielleicht sogar irgendwann den Laden betreiben. Er musste nur den richtigen Zeitpunkt finden, ihr zu sagen, dass sie von hier weglaufen sollte.

Doch auch sie konnte er gerade nicht finden, sicherlich weil sich der Streit zwischen ihm, Johanna und Armin herumgesprochen hatte und sie nicht zwischen die Fronten geraten wollte. Unnütz setzte er sich in eine Ecke und behielt sein Fahrrad im Blick, denn er traute den Männern hier nicht über den Weg.

Und plötzlich zeigte sich aus ganz unvermuteter Richtung, dass diese peinliche Angelegenheit doch etwas Gutes gebracht hatte.

Jemand setzte sich neben ihn, reichte ihm eine Blechschüssel mit Suppe und einen Kanten frisches Brot. Es war Benno, Johannas Bruder. Er griente.

»Wie auch immer du es angestellt hast, diesen Kerl loszuwerden – bei mir hast du jetzt einen Stein im Brett.«

»Na ja, meine Absicht war das nicht«, murmelte Heller vage. Er wollte seinem Freund nicht auch noch nachtreten.

»Wie auch immer. Also, ich mochte den von Anfang an nicht. Und so sehr ich Johanna bedrängt habe, sie wollte nicht loslassen von diesem krummen Gesellen.«

»Armin ist nicht krumm. Er ist sehr anständig.«

»Vielleicht war das ja sein Fehler, denn zu anständig darf man in unserem Geschäft nicht sein. Vielleicht ist er ja so anständig, dass wir ihm nach müssen. Weil er zu viel von uns weiß. Was meinst du?«

»Nee, das müsst ihr nicht!«, sagte Heller und löffelte bedächtig Suppe, damit Benno nicht sah, wie ihm die Hitze ins

Gesicht stieg. Wie konnte Armin nur denken, dass sie ihn so einfach gehen lassen würden? Wie hatte er selbst das glauben können?

»Bist du dir da sicher? Er war ja nicht sehr erfreut. Verschmähte Liebhaber können sehr unbeherrscht reagieren. Der läuft zur Polente.«

»Nein, der liebt die Johanna. Der würde nichts tun, was die in Gefahr bringt. Der Armin ist gut, ich verbürg mich für ihn.«

»Du verbürgst dich? Das ist gut. Aber die Frage ist: Können wir dir trauen?«

»Völlig.«

»Werden wir sehen. Wirst dich beweisen können.«

»Ach ja?«, gab sich Heller angriffslustig. »Mir scheint es eher so, als will man mich hier gar nicht haben.«

Benno lachte. »Ich mochte dich nicht leiden, aber jetzt mag ich dich umso mehr, da du mir eine Seelenlast genommen hast.«

»Und wie soll ich mich beweisen?«, fragte Heller und gab sich bemüht unbeteiligt.

»Also, pass auf.« Benno lehnte sich mit seiner Schulter an ihn. »Übermorgen, in der Nacht, da planen wir ein mächtiges Ding. Dann hat jemand Dienst in der Stadtwache, der uns eine Tür aufmacht. Wir stürmen den Laden und knacken die Waffenkammer. Dort gibt es ein paar hübsche Sachen, die uns dienlich sein können. Das Ding ist so groß, der Franz will das selbst anführen. Ein Dutzend Männer machen das, die sind nicht zimperlich. Denn wenn da einer nicht spurt in der Wache und Laut gibt, dann muss der über die Klinge springen.«

»Ich bring keinen um«, stöhnte Heller atemlos.

Benno lachte und stieß ihn noch mal an. »Musst du nicht. Du wirst mit deinem Rad auf der Brücke Schmiere stehen. Du schaust zur Neustädter Seite, zur Hauptwache, ob sich was regt. Solltest du dort Bewegung sehen – du weißt schon, falls doch Alarm gegeben wurde mit einem Telefon –, dann fährst du wie der Teufel und gibst Warnung. Dann haben wir zweihundert Meter Vorsprung, das genügt uns.«

»Mehr nicht? Nur Schmiere stehen?«

»Mehr nicht? Doch, ich sag dir noch was. Eine Pistole bekommst du. Und falls dich einer aufhalten oder ein Autowagen dich überholen will, dann drückst du ab und schießt ein paar Perlen.«

»Aber nur wenn unbedingt nötig.«

»Nur dann!«

Heller nickte. »Das mach ich. Ihr könnt mir vertrauen.«

»Wusste ich. Ich hab's dem Franz schon gesagt.«

Benno erhob sich und stützte sich dazu auf Hellers Schulter.

»Aber sag mal«, gab sich Heller jetzt naiv und sah zu ihm hoch. »Was wollt ihr denn aus der Waffenkammer holen? Ihr habt doch Waffen, und nicht zu wenig.«

Benno lachte wieder und beugte sich zu ihm hinab. »Ein paar Knallerbsen wollen wir rausholen und ein paar Kirschkernspucker.«

»Du meinst, für den Straßenkampf?«, flüsterte Heller.

Benno richtete sich laut lachend auf. »Mensch, Hinkefuß, du bist ein Komödiant.« Dann hockte er sich hin und senkte seine Stimme. »Wir brauchen ein bisschen schweres Gerät. Für eine richtig verrückte Sache. Die wird sich herumsprechen im ganzen Land. Das wird in die Geschichte eingehen. Ich schwör Stein und Bein. Davon wird noch in Jahren das ganze Land sprechen.«

»Wollt ihr wen in die Luft sprengen?«, flüsterte Heller. »Ein Attentat?«

»Nicht doch, Hinkefuß. Aber ich verrat's nicht. Ich sag nur eins: Die werden ihr blaues Wunder erleben, oder vielmehr ein grünes!«

Heller ahnte, dass dies der richtige Zeitpunkt war, um mit der Fragerei aufzuhören. Nun musste er den Tag verstreichen lassen, und den nächsten. Sich unauffällig verhalten. Irgendwann würde er sich zur üblichen Zeit auf sein Rad schwingen und zu Armin fahren. Oder wenigstens jemanden zu seinem Freund schicken, der ihn warnen sollte, sich zu verstecken. Und dann galt es einen richtigen Plan zu schmieden.

Vor allem musste Armin wissen, dass er sich vorsehen sollte. Und es galt sich zu überlegen, wie er Hilde aus der Sache raushielt. Sicher wusste sie von dem Vorhaben noch nichts, und ihr jetzt schon davon zu erzählen, war zu gefährlich.

Da Armin nicht daheim war und seine Mutter nicht wusste, wo er sich aufhielt, schrieb Heller ihm eine Nachricht:

Armin, größte Gefahr, sie wollen dir vielleicht nachstellen, versteck dich! Max

Er steckte den Zettel in einen Umschlag und reichte ihn Frau Richter, mit der Bitte, ihn Armin zu geben, sobald sie ihn sah. Er musste sich darauf verlassen, dass sie ihn nicht las.

Am Morgen des Tages, an dem der Überfall geschehen sollte, radelte Heller noch weit vor seiner Zeit durch leere Gassen und hielt dabei nach allen Seiten Ausschau. Sein Ziel war das Polizeipräsidium in der Schießgasse sieben. Direkt vor dem Eingang schloss er sein Fahrrad an. Schon kam ein Schutzmann auf ihn zu.

»Was hast du vor?«, fragte er ohne Umschweife. Er hatte ein Gewehr geschultert, und nun nahm er es ganz beiläufig herunter, den Finger am Abzug.

»Eine dringende Meldung möchte ich machen.«

»Ach ja, und wo, wenn ich fragen darf?«

»Beim Polizeipräsidenten«, sagte Max.

Der Schutzmann hob staunend die Augenbrauen. »Na, du gehst ja in die Vollen. Was hast du bei dir? Eine Waffe? Ein Messer? Eine Bombe? Sicher willst du ihn in die Luft sprengen.«

Heller hob die Hände. »Herr Wachtmeister, durchsuchen Sie mich gern. Ich bin völlig unbewaffnet. Es ist aber wichtig, dass man mich hier nicht sieht. Ich muss eine Verschwörung melden, einen geplanten bewaffneten Überfall.«

»Nicht wahr!«, sagte der Schutzmann und klopfte Heller die Taschen ab. Dann schulterte er das Gewehr wieder.

»Wenn ich es doch sage. Eine dringende Meldung. Ich kann eine ganze Bande Räuber und Mörder auffliegen lassen, wenn man mich vorsprechen lässt. Vermutlich waren das auch diejenigen, die die Villa auf dem Weißen Hirsch überfielen.«

»Irgendwas wird ständig überfallen«, sagte der Schutzmann, als wäre das eine Entschuldigung für Untätigkeit.

»Es gab zwei Tote!«

»Und warum meldest du diese Täter nicht einfach?«

»Weil es nichts zu beweisen gibt. Man muss sie auf frischer Tat ertappen, und das sollte heut Nacht möglich sein!«

»Ich sage dir jetzt, was du machst. Du nimmst dein Rad, das vermutlich auch gestohlen ist, und verschwindest. Aber dalli, ehe ich dich verhafte, weil du ja offenbar von der Sache auf dem Weißen Hirsch weißt!«

»Ich weiß nicht viel mehr, als in der Zeitung stand. Und ich gehe nicht. Ich habe das Recht, Meldung zu machen.«

Der Schutzmann schnaufte und nahm sein Notizbuch hervor. »Also gut, Name!«

»Heller.« Dann kam ihm ein Gedanke. »Sie dürfen sich von meiner Kleidung nicht täuschen lassen. Ich bin der Enkelsohn von Geheimrat, ehemals Kriminalrat, Heller. Der Name sollte Ihnen ein Begriff sein.«

Der Schutzmann verengte seine Augen und ließ das Buch sinken. »Sollte das möglich sein?«, sprach er mehr zu sich selbst.

»Gustav Heller, das ist der Name meines Großvaters. Und ich habe dringende Meldung zu machen!«

Zwar hatte ihm der Name des alten Heller offenbar die Tür geöffnet. Doch nachdem der Schutzmann ihn vorbeigelassen und Max auf einem ehrfurchterregenden Gang unzählige Türen passiert hatte, war er nun in einem schmucklosen Raum gelandet, in dem ihm geheißen wurde, zu warten. Dort saß er jetzt und wagte sich nicht zu regen. Seine Gefühle waren gemischt. Einerseits die vage Angst, sich mit seinem Vorstoß selbst mit einem Fuß in den Knast gebracht zu haben; andererseits übte die kühle, nach Bohnerwichse, Tinte und Zigaretten riechende Luft einen gewissen Reiz auf ihn aus. Hier also hatte Großvater früher gesessen, dachte er, musste sich aber sogleich korrigieren. Denn dieses Gebäude hier war erst vor einigen Jahren errichtet worden. Großvater musste in der alten Polizeidirektion logiert haben. Doch die Luft war dort bestimmt ähnlich gewesen.

Heller betrachtete die Schränke, hinter deren Lamellentüren sich Akten befinden mochten, die über Wohl und Wehe entscheiden konnten. Hier saßen die Kriminalen nun, gingen Hinweisen nach, forschten, recherchierten hinter gepolsterten Türen, um solchen Leuten wie Ullrich und Bochholdt auf die Schliche zu kommen. Hierher wurden die Verdächtigen gebracht, hier verhörte man sie, übte Druck aus, versuchte sie zu überreden oder überführen, lockte sie aus ihrer Deckung hervor, überlistete sie mit geschickten Fragen.

Als die Tür sich endlich öffnete, sprang Heller von seinem Stuhl auf und legte die Hände an die Hosennaht.

»Sitzen bleiben. Sie sind hier nicht bei der Armee!« Ein Mann, etwas kleiner als Heller, mit einem mächtigen Schnauzbart und Bürstenhaarschnitt, eilte an ihm vorbei, warf eine Mappe auf den Schreibtisch und setzte sich. Max sank langsam in seinen Sitz zurück.

»So so, ein Heller«, sagte der Fremde, stützte die Ellbogen auf und verschränkte die Finger.

»Jawohl, Max Heller.«

»Der Enkel vom alten Heller!«

Ob das nun gut war oder schlecht, ließ die Miene des Mannes nicht erkennen. Heller nickte vorsichtig.

»Ein Mann vom alten Schlag«, meinte sein Gegenüber. »Manchmal nicht einfach. Ein mächtiger Sturkopf, kann ich Ihnen sagen. Aber sicher werden Sie das besser wissen als meine Wenigkeit.«

»Sie kennen ihn?« Das war nicht unwahrscheinlich. Der Mann war in seinen besten Jahren, wenigstens vierzig, nicht ganz fünfzig, und musste die Wege des Großvaters gekreuzt haben. Dass jemand wie dieser Mann, mit seinem strengen Blick und in höherer Position, seinen Großvater kannte, ließ ihn den mürrischen Alten mit ganz anderen Augen sehen.

»Hier gibt es noch viele, denen sein Name ein Begriff ist. Und manchem, der einst mit ihm aneinander geriet, jagt es heute noch bei dem Gedanken daran das kalte Grausen über den Nacken. Seine gelegentlichen Ausbrüche sorgen noch heute für Erheiterung, wenn man über alte Zeiten spricht.« Der Mann schmunzelte. »Sie werden wissen, er pflegte sogar ein außerordentliches Verhältnis zu unserer abgedankten Majestät Friedrich August III., vor allem aber zu dessen Onkel König Albert von Sachsen. Nicht dass sie Freunde gewesen wären, doch sie verband ein außerordentlicher Respekt voreinander.«

»Zum König?«, staunte Heller.

»Das sähe ihm ähnlich, dass er damit nicht hausieren geht. Dass er es sogar seinem Enkel vorenthält.«

»Nun, uns verbindet leider erst seit wenigen Monaten ein näheres Verhältnis. Und das ist leider durch einen Vorfall, der auch mein Erscheinen hier betrifft, schon wieder getrübt. In meiner Kindheit waren die Begegnungen mit ihm rar gesät.«

Sein Gegenüber hörte sich das an, und seine einzige Regung war eine leichte Bewegung der Augenbrauen. War er mit Großvater sehr vertraut gewesen, wusste er sogar von Vaters Ausbruch aus dem elterlichen Hause?

»Nun will ich mich auch vorstellen«, sagte er dann. »Pohl ist mein Name, Kriminalassistent. Noch immer, zu meinem Leidwesen. Meine Beförderung zum Kriminalinspektor ist leider durch gewisse Umstände verschoben worden. Lieber Herr Heller, es erfreut mich zuerst sehr, erfahren zu dürfen, dass der Herr Geheimrat noch unter uns weilt. Und ich darf Ihnen zu Ihrem Großvater gratulieren. Wenn Sie meinen Rat annehmen wollen: Welcher Vorfall auch gerade Ihr Verhältnis trübt, schaffen Sie ihn aus dem Weg. Ihr Großvater verfügt über eine klare Sicht auf die Welt. Sein Gerechtigkeitsempfinden ist sehr ausgeprägt, genau wie seine gelegentlichen Wutanfälle, wenn etwas nicht nach seinem Wunsche verläuft. Jedoch meinte er es immer gut. Aber kommen wir jetzt zum Geschäftlichen: Was führt Sie hierher? Welche Aussage haben Sie zu machen?«

»Diese Angelegenheit ist eng mit dem Vorfall verknüpft, der mich kürzlich im Streit von meinem Großvater davonlaufen ließ. Denn er verbot mir strengstens, mich einzumischen. Ich habe es dennoch getan«, begann Heller, dann berichtete er dem Kriminalassistenten Pohl von allem, was er über die Bande wusste.

Pohl unterbrach ihn nicht, machte sich Notizen, zeigte kein einziges Mal Unglaube oder Skepsis, hob nicht einmal die Augenbrauen. Einzig der Name Ullrich ließ ihn aufmerken. Hellers Bericht endete mit dem Vorhaben der Bande, in dieser

Nacht die Altstädter Stadtwache anzugreifen und das Waffenlager zu plündern.

»Was, glauben Sie denn, könnte das eigentliche Ziel der Gruppe sein? Die Ankündigung, etwas ganz Großes zu planen, wovon das ganze Reich sprechen wird, ist wohl nicht nur so dahergesagt. Und in Zeiten, in denen ganze Armeen rebellieren, Kaiser abdanken und Grenzen verschoben werden, muss es schon etwas ganz Außerordentliches sein. Gab es keinerlei Andeutungen?«

Heller musste den Kopf schütteln. »Die werden ihr blaues Wunder erleben, sagte Benno. Oder vielmehr …« Jetzt hob er den Kopf.

Pohl machte eine auffordernde Geste, den Satz zu beenden.

»Oder vielmehr, ihr grünes, hat er gesagt«, brachte Heller den Satz zu Ende. »Die wollen den Zugang zum Grünen Gewölbe sprengen und die Schätze stehlen! Darüber würde man im ganzen Reich berichten!«

Pohl nickte. »In diesen Zeiten scheint alles möglich«, sagte er und notierte sich noch etwas.

Heller hatte seine eigene Erkenntnis die Sprache verschlagen. Das war ein ungeheuerlicher Plan. Ein Schatzraub wie im Mittelalter. Wie stellte Bochholdt sich das vor? Die Türen sprengen, stürmen, alles hinaustragen, was zu greifen war, Laster beladen? Mit dem Maschinengewehr die Helfer und Verfolger bestreichen? Doch wohin sollte das gehen? Der Schatz musste ja verladen und versteckt werden. Ullrich! Heller sah auf. Pohl zeigte kein Zeichen von Aufgeregtheit. Er schrieb weiter. Dann nahm er die Sprechmuschel von seinem Telefonapparat. »Pohl hier, verbinden Sie mich mit Apparat dreiundzwanzig«, befahl er. »Herr Kriminalrat, Pohl hier. Sind Sie in einer halben Stunde in dringlichster Angelegenheit zu sprechen? Jawohl. Danke!« Er legte auf und sah Heller nachdenklich an.

»Für unser beider Verständnis ist eins erforderlich: unbedingte Wahrheit!«, sagte er streng. »Als Enkel von Geheimrat Heller verdienen Sie ein nicht zu geringes Maß an Vorschussvertrauen. Jedoch bedarf es einiger Informationen, um Ihnen wirklich volles Vertrauen zu schenken.«

»Jawohl, Herr Kriminalassistent.« Heller deutete im Sitzen eine Verbeugung an. »Ich habe Ihnen die komplette Wahrheit erzählt.«

Pohl nickte.

»Woher, sagten Sie, kennen Sie Ullrich?«

»Vom Eisholen, für den Laden meiner Eltern.«

»Das sagten Sie bereits, ja.« Pohl schwieg daraufhin, und nun geriet Heller in eine Zwangslage, denn Pohl schien zu ahnen, dass es nicht die ganze Wahrheit war.

»Sie …«

»Ich …«, begannen sie gleichzeitig zu sprechen.

»Sie zuerst, Heller!«, bestimmte Pohl, und Heller schlug das Herz einmal mehr bis zum Hals. Denn was er jetzt zu gestehen hatte, konnte ihn im schlimmsten Falle hinter Gitter bringen. Er nahm all seinen Mut zusammen und erzählte Pohl von seinem Ausflug in Ullrichs Laster.

Auch diese Geschichte hörte sich Pohl schweigend an. Dass er gar nichts sagte, ihn nur ansah, nagte an Heller, und so berichtete er auch noch von den kleinsten Details, obwohl schon längst genug gesagt war. Schweigen konnte eine mächtige Waffe sein, stellte Heller fest. Die Stille war wie ein Vakuum, das gefüllt werden wollte.

Als Max seine Ausführungen beendet hatte, schlug Pohl das Notizbuch zu. »Wissen Sie«, sagte er leise. »Eine Straftat bleibt eine Straftat, egal wie lang es her ist, dass man sie beging. Und es ist das Ziel eines jeden Polizisten – oder besser, es sollte das Ziel sein –, jede Straftat aufzudecken, damit sie geahndet werden kann. Das dient der öffentlichen Ordnung, soll das Vertrauen der Bevölkerung erwecken und ebenso die Furcht jedes Verbrechers vor seiner Entlarvung. Wie Sie aber sicher schon gelernt haben, sind viele Dinge nicht so glatt und sauber getrennt, wie man es gern hätte. ›Kompromiss‹ ist manchmal ein Zauberwort, das vieles bewirken kann. Dieser Ullrich steht schon sehr lang auf unseren Listen. Und schon lange beobachten wir sein Tun. Warum aber haben wir ihn noch nicht verhaftet und verurteilt?«

»Ihnen fehlen Beweise?«, fragte Heller vorsichtig, da er nicht wusste, ob die Frage rhetorischer Natur oder so etwas wie ein Test war.

»Beweise gäb's genug. Wir wissen sogar, wo er seine Lager hat. Wir haben Informanten.« Dann nickte er Heller zu und ermunterte ihn damit offensichtlich zum Sprechen.

»Sie lassen ihn gewähren, um mehr Informationen zu bekommen. Sie beobachten ihn, um in Erfahrung zu bringen, woher seine Waren kommen und wohin sie gehen.«

Pohl nickte anerkennend. »Wir wussten von Ihrer Fahrt«, sagte er dann.

Heller trieb es die Schamesröte ins Gesicht, denn nun ging ihm einiges auf.

»Darf ich etwas fragen, Herr Kriminalassistent?«

Pohl nickte wieder und lächelte, als ahnte er schon, was kommen würde.

»Kann es denn sein, dass Sie und mein Großvater vielleicht vor einiger Zeit in Kontakt kamen? Und Sie ihm von meiner Tätigkeit für Ullrich berichteten?«

»Einmal im Jahr sehen wir uns. Zu seinem Geburtstag besuche ich ihn. Wir sprechen dann über Gott und die Welt, und es kann sein, dass ich Ihren Namen und diese Geschichte erwähnte.«

»Dann ist es wohl auch kein Zufall, dass ich ihm in der Stadt begegnete?«, rief Heller aufgebracht. Er wusste nicht, ob er erfreut oder verärgert sein sollte. Es wirkte so, als traute man ihm nicht zu, für sich allein handeln zu können. Und gleichzeitig war es doch ein schöner Gedanke, dass der alte Herr sich so um seinen Enkel bemühte. Wie oft mochte er in die Stadt gefahren sein, um ihm zufällig über den Weg laufen zu können?

»Wann trafen Sie ihn zuletzt?«, fragte Heller.

»Letztes Jahr, an seinem Geburtstag. Heller, ich sehe Ihnen an, dass Sie zornig sind. Aber sehen Sie es dem alten Mann nach. Er hat nur einen Enkel. Und nun beraten wir, wie wir heute Nacht vorgehen wollen.«

Nach seinem Gespräch mit Pohl war er mit dem Kopf voller Anweisungen zur Villa der Bande nach Striesen gefahren, gab sich dort jovial, ließ sich nichts anmerken. Doch er merkte den Leuten an, dass etwas geschehen sollte. Es lag Spannung in der Luft. Einige waren schon ausgeflogen.

Johanna war weg, ebenso ihr Bruder. Bochholdt schlief die meiste Zeit und begann am Nachmittag, sich Mut anzutrinken. Einige putzten ihre Waffen. Hilde war nicht zu finden. Er fragte sich, ob man ihr aufgetragen hatte, sich zu entfernen, oder ob sie von sich aus das Weite gesucht hatte. Er wollte nicht zu auffällig nach ihr suchen, fragen schon gar nicht, doch es bereitete ihm Sorge. Man konnte nicht wissen, wie die Nacht verlaufen würde, es bestand Gefahr, dass sich ihre Wege für immer trennten.

Viel gesprochen wurde nicht, die sonst gelöste Stimmung verwandelte sich in fast aggressive Anspannung. Am frühen Abend dann schickten sie ihn weg, nachdem Benno noch einmal gekommen war, um ihm letzte Anweisungen zu geben und ihn einzuschwören. Er sollte kurz vor Mitternacht Stellung auf der Brücke beziehen, mit der Neustädter Woche im Blick, Meldung machen, falls etwas Ungewöhnliches geschah. Und er sollte schießen, wenn es galt, eine unmittelbare Gefahr in Form eines Überfallkommandos aufzuhalten. Allein das zeigte, welchen Wert er für diese Truppe hatte. Benno wusste natürlich, dass seine Schüsse keine ganze Polizeitruppe aufhalten konnten und dass er auf der Brücke ein leichtes Ziel wäre, seine einzige Fluchtmöglichkeit ein Sprung ins Wasser.

Natürlich waren Bennos Befehle hinfällig. Heller wusste, dass die Polizei plante, rings um die Stadtwache unauffällig Posten zu beziehen. Die Wache, welcher der Überfall gelten sollte, wurde nicht informiert. Man wollte in Erfahrung bringen, wer der Verräter in den eigenen Reihen war. Aufgrund seiner Berichte hatte die Polizei gut hundert Mann in Bereitschaft gebracht, die sich hauptsächlich in und an den umstehenden Gebäuden postierten. Man wollte nicht zimperlich sein, bewaffnet waren alle, hatten Befehl, auf jeden zu schießen, der sich nicht gleich ergeben wollte.

Nun war es Nacht. Heller stand auf dem Posten, den Benno ihm zugewiesen hatte, auf der Friedrich-August-Brücke, wie man sie seit ihrem Neubau neunzehnzehn nannte. Starker Wind blies. Unter ihm floss die Elbe. Ihm schwirrte so einiges durch den Kopf. Diese ganze Mobilmachung nur wegen seiner Aussage. Die Bande dagegen vertraute ihm, und einige von ihnen würden seinen Verrat vielleicht mit dem Leben bezahlen müssen. War das recht? Musste er mit einem schlechten Gewissen leben? Doch sie waren Mörder, oder sie wussten von Mördern und deckten sie. Alle waren sie Verbrecher. Bochholdt, Benno, sogar Johanna und auch Hilde, von der er inständig hoffte, dass sie heute Abend nicht dabei sein würde. Wäre es nicht schön, wenn beide Frauen sich von der Bande losgesagt hätten? Er könnte später ein gutes Wort für sie einlegen. Pohl würde sicher etwas tun können.

Er regte sich in seinem Versteck hinter der Brüstung, die auf jedem Brückenpfeiler einen Bogen nach außen beschrieb. Anstatt zur Neustädter Seite zu sehen, blickte er in Richtung des

Schlosses. Er erwartete nicht, irgendetwas zu erkennen. Doch es würden Schüsse fallen, vielleicht kam Geschrei auf, vielleicht ertönten die Trillerpfeifen der Polizisten.

Doch nichts geschah. Hatte er sich in der Uhrzeit geirrt, begann er sich zu fragen, war nicht Mitternacht ausgemacht? Heller nahm seine Uhr aus der Tasche, hielt sie ans Ohr, schüttelte. Sie tickte, zeigte inzwischen eine halbe Stunde nach Mitternacht an. Sollte es erst um eins geschehen? Mit jeder Minute wurde er ungeduldiger.

Heller hob einmal mehr seinen Kopf. Es war zu still. War das Ganze aufgeflogen? Waren die Polizisten zu ungeschickt gewesen? Sicher hatte Bochholdt seine Späher ausgesandt, und die mussten gesehen haben, dass auffällig viele Männer durch die Gegend liefen oder sich versteckten. Ja, so musste es sein: Die Aktion war aufgeflogen. Aber fiel das deshalb gleich auf ihn zurück, war er in Gefahr? Es gab so viele Säufer und Halunken in Bochholdts Gruppe, da konnten noch mehr dabei sein, denen man Verrat zutraute.

Heller sah erneut auf die Uhr. Es war gerade drei viertel eins. Er schwor sich, bis ein Uhr zu warten, bevor er seinen Posten verlassen würde.

Da sah er, wie von der Altstädter Seite jemand die Brücke betrat.

Er trug einen langen Mantel aus leichtem Stoff, der sich im Wind bewegte, und lief gemächlich auf ihn zu.

Heller wusste nicht, was er tun sollte. Er hatte eine Pistole, doch sie zu benutzen, hatte er sich verboten. Was aber, wenn man ihm auf die Schliche gekommen und dies einer von Bochholdts Leuten war? Er musste sich zur Wehr setzen. Heller nahm die Waffe heraus und spannte sie. Der Mann kam näher, war noch zwanzig Meter entfernt, dann nur noch zehn.

»Heller«, rief er nun halblaut.

Es war Pohl. Heller richtete sich auf und hielt die Waffe hinter den Rücken. Bis Pohl ihn erreicht hatte, schwieg er.

»Ich fürchte, Heller, da sind wir einer Finte aufgesessen«, sagte Pohl.

»Ich bin sicher, sie sprachen von heute, und es hieß Mitternacht.«

»Vielleicht sind sie misstrauisch geworden.«

Heller sah dem Mann ins Gesicht. Im Licht der Gaslaterne war nicht auszumachen, ob er ihn nur zu trösten versuchte. Heller glaubte jedoch eine gewisse Belustigung, aber auch Enttäuschung in seiner Stimme zu hören.

»Sie müssen mir glauben, Herr Kriminalassistent, ich bin sicher, so war es ausgemacht.«

»Ist recht, Heller. Unsere Posten melden nirgendwo Bewegungen, die auf einen solchen Vorstoß hindeuten. Ist man Ihnen vielleicht auf die Schliche gekommen, ich meine, jemand von Bochholdts Leuten?«

»Nein, ich bin sicher, die vertrauten mir. Immerhin habe ich ihnen die Geschäfte mit Ullrich vermittelt, und Ullrich hat ihnen gesagt, dass ich verlässlich bin.«

»Nun denn. Sehen Sie zu, dass Sie für heute nach Hause kommen.« Pohl hob zum Gruße die Hand an den Kopf.

»Herr Kriminalassistent, es wird geschehen. Heut noch, ich bin überzeugt.«

»Warten wir also noch, sagen wir, bis zwei? Dann nehmen Sie Ihr Rad und fahren heim. Und morgen früh melden Sie sich wieder bei mir im Büro.«

»Zwei, jawohl!«

Pohl hob den Kopf und ging wieder davon.

Ewig zog sich die Zeit und jede Minute wurde Heller zur Qual.

Immer öfter sah Heller auf die Uhr, er begann zu frieren und wurde müde. Sehr sogar. Dann plötzlich schoss ihm in den Kopf, dass sie ihm vielleicht eine Falle gestellt und unterdessen seine Eltern überfallen oder Armin aufgelauert hatten. Dieser Gedanke ließ ihn die Absprache vergessen, noch bevor es zwei schlug. Er sprang auf sein Rad und fuhr los. Er musste heim, nach seinen Eltern und nach Armin schauen.

An der Neustädter Wache am Goldenen Reiter vorbei fuhr er stadtauswärts, die Elbe hinab in Richtung Pieschen. Hier waren die Laternen seit Mitternacht ausgeschaltet. Er trat so schnell er konnte in die Pedale. Er brauchte kein Licht, so dunkel war die Nacht nicht. Das Rad klapperte auf dem Kopfsteinpflaster. Wo er konnte, nahm er den Bürgersteig aus Granit, und immerzu malte er sich die grausamsten Szenarien aus. Seine Eltern erschlagen. Armin abgestochen.

Immer wieder glaubte er, in der Ferne einen Feuerschein ausmachen zu können. Sie hatten das Haus angezündet, dachte er panisch, doch es war nur sein Gehirn, das ihn solche Bilder sehen ließ. Je näher er seinem Viertel kam, desto ungeduldiger wurde er. Die drei Gestalten, die aus der Dunkelheit auf die Straße traten, sah er zu spät, um vor ihnen in eine Seitenstraße auszuweichen. Er bremste hart ab. In zehn Metern Entfernung blieb er stehen.

»Was ist, Hinkefuß?«, rief einer von ihnen. »Keine Lust, heimzufahren? Noch eine kleine Spazierfahrt?« Das musste Bochholdt sein.

Heller drehte sein Rad herum, doch auch hinter ihm blockierten nun ein paar dunkle Gestalten die Straße. Unter ihnen auch eine kleinere, schmale Person. Möglich, dass es Hilde war.

»Ein kleines Bullenschweinchen bist du, was?«, sagte Bochholdt.

Heller atmete durch. Das hatte er sich selbst eingebrockt. Er dachte nach. Er hatte eine Waffe und ein Magazin mit sechs

Kugeln, konnte sich den Weg freischießen und um sein Leben strampeln. Er musste nur in die Dunkelheit flüchten. Er kannte sich aus. In die Gassen oder in Richtung der Elbe und dann Deckung in den dunklen Schatten der Hecken und Büsche suchen. Notfalls ins Wasser springen, schwimmen hatte er gelernt. Sie würden schießen, doch ihn zu treffen – erst recht, wenn er tauchte –, war Glücksache.

Er bewegte seine Hand langsam zur Jackentasche. Sie sollten nicht sehen, dass er die Waffe zog.

»Haben es ja gleich geahnt, dass mit dir etwas im Busche ist. Von Beginn an.«

»Mörder seid ihr!«, sagte Heller. So lange man sprach, schoss man nicht, glaubte er. Sie waren ihm sechs oder sieben zu eins überlegen. Er musste sich den Vorteil des ersten Schusses verschaffen.

»Und du, Kamerad, was hast du getan im Krieg?«, höhnte Bochholdt. »Mit Blüten und Gebäck geworfen?«

»Das ist etwas anderes. Das war Krieg. Ihr dagegen überfallt Unschuldige, schändet sie, bringt sie um.«

»Nein, Hinkefuß, dein Mord ist derselbe wie unserer. Das macht uns nicht besser, aber dich macht es zu einem von uns.«

»Ich habe keine Frauen geschändet und feige umgebracht.«

»Ich auch nicht, Bullenschweinchen. Einer von meinen Männern vielleicht, oder zwei. Aber macht mich das zum Mörder? Kann ich jedem in den Kopf schauen? Das sind freie Menschen, nicht meine Kinder.« Bochholdt kam mit kleinen Schritten näher. Heller sah sich nach den anderen um, der Kreis schien sich zu schließen. Jetzt erkannte er auch, dass Hilde tatsächlich dabei war.

»Und du, ich dachte, du bist anders«, sprach er sie an. Jetzt erst wurde ihm bewusst, dass sie nicht aus Zuneigung an seiner Seite gewesen war, sondern um ihn auszuspionieren.

»Ach, sei still. Anstatt immer zu Mami und Papi heimzulaufen, hättest du lieber die Gelegenheiten nutzen sollen, die ich dir gab«, erwiderte sie, und die anderen lachten höhnisch.

Er konnte nichts mehr sagen. Ihm fiel nichts ein. Er könnte um Hilfe rufen, doch er fürchtete, dass die Bewohner der Häuserfront dieses ungleiche Duell auf der Straße längst bemerkt hatten. Keiner würde sich hier einmischen. Außerdem verbot ihm sein Stolz, jemanden zu rufen. Es musste also sein. Er zog die Pistole, zielte auf Bochholdt und drückte ab. Nichts geschah.

»Da schau her, Hinkefuß«, lachte Bochholdt. Die anderen hatten sich nicht einmal gerührt, weil sie wussten, dass er faule Munition im Magazin hatte. »Was machst du nun, Bullenschweinchen, allein auf weiter Flur? Quieken?«

»Dein Name ist polizeibekannt! Dein Name und die der anderen«, sagte Heller und bemühte sich, seine Stimme nicht zittern zu lassen. »Und du tust mir nicht weh mit deinen Worten. Verbrecher seid ihr alle, und lieber lass ich mich Bullenschwein nennen, als zu euch zu gehören.«

»Ach, meine Worte tun dir nicht weh?«, höhnte Bochholdt. Nun war er herangekommen. In seiner Hand blitzte ein Messer. Auch die anderen kamen näher, doch sie ließen ihrem Anführer den Vortritt. Bochholdt hatte sich wohl erbeten, die Sache allein auszufechten. Das war seine letzte Chance, ahnte Heller.

»Mal sehen, ob dir die Klinge wehtut«, zischte Bochholdt und machte einen Ausfallschritt. Heller hatte damit gerechnet, wich zurück und schleuderte dem Angreifer die Pistole als Wurfgeschoss entgegen. Er traf ihn ins Gesicht, und Bochholdt zog Luft durch die Zähne. Über seiner Augenbraue war eine Wunde zu sehen, aus der Blut zu tropfen begann.

»Fasst zu, los!«, fauchte Bochholdt die anderen an und sprang erneut vor. Heller packte sein Rad, hob es am Lenker an und drehte sich damit einmal im Kreis, um sich Abstand zu verschaffen. Plötzlich ertönte das grelle Geräusch von Polizeipfeifen, das Getrappel von Stiefelbeschlägen hallte durch die Quergassen, aus der Ferne näherte sich ein Fahrzeug mit jaulender Sirene. Heller zögerte keine Sekunde, warf dem, der am nächsten stand, das Rad vor den Leib und stürmte los.

»Schießt doch!«, schrie Bochholdt, und sogleich knallten Schüsse. Heller schlug einen Haken, rannte zur Elbwiese hinunter. Die Polizisten waren noch nicht da, und den Verbrechern blieb derselbe Fluchtweg ins Dunkel. Sie verfolgten Heller, schossen auf gut Glück und sparten nicht mit Munition. Heller hörte es peitschen und pfeifen, wenn die Kugeln ihn knapp verfehlten. Wieder schlug er einen Haken.

»Erschießt die Sau!«, rief Bochholdt. »Jemand soll ihn erschießen!«

Heller rannte so schnell er konnte, doch das war nicht besonders schnell. Sein rechter Fuß wollte ihm ausgerechnet jetzt den Dienst verweigern, jeder Schritt war wie ein Messerstich ins Fleisch. Seine Häscher kamen näher, hatten nichts mehr zu verlieren angesichts der Überzahl an Polizisten. Dann knallte es direkt hinter ihm, und Heller ging zu Boden.

Eine Weile lag er nur da. Stumm und starr. Mit seinem Gesicht auf dem Boden roch er Gras und Erde, schmeckte Blut. Schmerz erfüllte seinen ganzen Körper. Er hörte Geschrei, Kampfgeräusche, Stöhnen und Schüsse, die sich entfernten.

»Heller?«, rief jemand.

Max blieb stumm.

»Heller, sind Sie irgendwo?«

Jetzt erkannte er Pohls Stimme und antwortete: »Hier!«

Schritte näherten sich ihm durchs Gras, und Heller hob seinen Kopf. Eine Hand berührte seinen Rücken. »Wurden Sie getroffen?«, fragte Pohl.

»Nein, mein Fuß ist umgeknickt, ich bin gestürzt.« Außerdem hatte er sich beim Sturz auf die Zunge gebissen.

»Nicht der schlechteste Moment.« Pohl klopfte ihm auf den Rücken und reichte ihm die Hand, als Heller sich umdrehte. »Können Sie aufstehen?«

»Ich denke ja.« Heller ließ sich aufhelfen. Mit seinem rechten Fuß konnte er kaum auftreten.

»Sie sind wirklich dumm«, bemerkte Pohl. »Genau wie ihr Großvater sagte.«

»Ach ja?« So sprach Großvater über ihn?

Pohl nickte ernst. »Und tapfer.«

»Hat er das auch gesagt?«

»Nein, das sage ich.« Pohl sah ihn prüfend an, so gut es in der Dunkelheit möglich war. »Können Sie laufen, oder brauchen Sie eine Trage?«

»Ich laufe«, antwortete Heller bestimmt.

»Wir müssen zur Straße. Drei von denen haben wir erwischt, und Sie müssen uns ihre Namen nennen.«

Heller nickte und folgte dem Mann. Über das Gras zu laufen, war nicht leicht. Der Knöchel schien nicht gebrochen oder gezerrt zu sein, aber der Schmerz war unglaublich. Da musste noch etwas drin sein, ein Splitter, ein Schrapnell, entgegen allen ärztlichen Beteuerungen. Doch er kämpfte stumm und verlangte nicht nach Stütze. Pohl wusste wohl, dass es nutzlos war, sie ihm anzubieten.

Pohl führte ihn zur Straße, wo ein Lastwagen mit eingeschalteten Scheinwerfern stand. Schutzmänner in Uniform befanden sich ebenfalls dort, einer von ihnen wurde von einem Sanitäter versorgt. Ein anderer hatte einen Verband um den Kopf.

Heller erstarrte in der Bewegung, als er sah, was sich im Scheinwerferlicht offenbarte. Erwischt – das hieß, dass sie drei Männer von der Bande erschossen hatten. Man hatte sie nebeneinandergelegt wie eine Jagdstrecke. Drei junge Männer, deren Leben vorbei war.

Er hatte genug Tote gesehen, das war es nicht, was ihn schreckte. Doch diese Männer hatten ihr Leben seinetwegen gelassen.

»Erkennen Sie einen?«, fragte Pohl.

»Dieser hier ist Bochholdt!« Heller zeigte auf den linken. Zwei Schüsse hatten ihn getroffen, einer in den Leib, ein zweiter seitlich in den Kopf. Seine Augen waren weit aufgerissen, die Zähne gebleckt wie ein wütender Hund.

»Dieser wurde Knopf genannt«, fuhr Heller fort. »Seinen echten Namen kenne ich nicht. Und dieser hier heißt wohl Christian.« Benno war nicht dabei, doch offenbar hatte man alle anderen eingefangen. Nach und nach kehrten die Polizisten zurück. Einen weiteren Toten legten sie neben den drei Männern am Boden ab. Drei Bandenmitglieder führte man in Fesseln ab. Heller sah ihnen in die Gesichter. Auch hier war Benno nicht dabei. Dafür aber Hilde, die ihn hasserfüllt anstarrte.

»Dafür wirst du büßen, Hinkefuß!«, knurrte sie und spuckte aus.

Pohl trat dazwischen. »An Ihrer Stelle würde ich den Rand halten. Es geht um Mord. Sie können aussagen, aber alles, was Sie sagen, kann vor dem Richter gegen Sie verwendet werden. Und Sie haben das Recht zu schweigen.«

Dann nahm er Heller beim Arm. »Kommen Sie, gehen wir da rüber.« Er zeigte zur Hauswand.

Sie liefen stumm hinüber, und Heller setzte sich auf einen schmalen Sims.

»Heller, Sie und diese Frau – ist da etwas zwischen ihnen?«

»Nur Zuneigung … zumindest glaubte ich das. Ich habe gedacht, ich könnte sie irgendwann …« Er sprach nicht weiter, winkte nur ab. Auch wenn Bochholdt mit seinem Misstrauen recht behalten hatte, als er Hilde befahl, sich an ihn ranzumachen, so verletzte ihn ihr Verrat sehr. Vor allem entsetzte ihn, dass sie nicht davor zurückgeschreckt hätte, ihn umzubringen. Nun kam sie mit den anderen ins Gefängnis, und vier lagen tot auf dem Pflaster.

»Hören Sie, Heller, ich habe Ihnen angesehen, dass es Ihnen zu schaffen macht«, begann Pohl und deutete dann auf die Toten. »Die dort, die gehen nicht auf Ihre Kappe. Das müssen Sie sich klarmachen. Die haben sich ihr Leben ausgesucht und somit ihr Schicksal. Das war verwirkt, noch ehe Sie heute Morgen zu mir kamen. Das muss Ihnen kein schlechtes Gewissen bereiten. Die wollten Sie in eine Falle locken und sind selbst hineingetreten. Danken Sie dem lieben Gott, dass Sie noch am Leben sind.«

Heller sah den Mann an, der ganz gelassen wirkte. All die Aufregung, die Schießerei, die Toten, das schien ihn nicht anzufechten. Seine Augen blickten klar. Was mochte er schon alles gesehen und erlebt haben.

»Ich muss Ihnen danken«, sagte Heller leise. Denn es war offensichtlich Pohl gewesen, der die Polizisten geschickt hatte.

»Müssen Sie nicht. Offenbar hat dieser Bochholdt unseren Hinterhalt bemerkt und musste die richtigen Schlüsse ziehen. Es war meine Pflicht, Ihnen zum Schutz die Männer hinterherzuschicken.«

»Trotzdem, vielen Dank. Und Sie selbst sind ja auch gekommen.«

Pohl nickte knapp. »Sie rauchen nicht?«, fragte er nach einigen Augenblicken.

»Nein, noch nie. Ich habe meine Zigaretten immer gegen nützliche Dinge getauscht.«

Pohl nickte wieder. »Sie waren im Kampf?«

»Nicht sehr lang. Nicht mal ein Jahr. Wurde verwundet.«

Pohl drehte den Kopf und sah ihm ins Gesicht, als wartete er darauf, dass er noch mehr sagte. Heller aber schwieg.

»Was ist mit Ihrem Fuß?«

»Der wird wieder.«

Pohl nickte erneut. »Und nun? Was soll werden?«

»Ich will meinen Eltern im Laden helfen.«

»Keine krummen Sachen mehr?«

»Nein.«

»Und sonst? Suchen Sie sich eine Stelle?«

Heller hob die Schultern, nickte.

»Sagen Sie, Heller, könnten Sie sich nicht vorstellen, zu unserer Truppe zu kommen?« Pohl sah ihn nicht an.

Heller stieß sich von der Wand ab. »Wie meinen Sie das?«

»Zur Polizei.« Pohl nickte in Richtung der Schutzmänner. »Ich meine, Sie könnten nicht gleich ein Schutzmann sein. Sie wären erst Anwärter. Es bedarf einer Ausbildung, und die dauert einige Zeit. Aber Sie scheinen mir die richtige Veranlagung zu haben. Sicherlich haben Sie von Ihrem Großvater einiges abbekommen.«

Heller schwieg. Er wusste nicht, wie er ablehnen sollte, ohne unhöflich zu sein. Aber Polizist zu werden, das erschien ihm aus unerfindlichen Gründen vollkommen abwegig. Nicht einmal der Gedanke war ihm je gekommen. Wem kam das schon in den Sinne? Bestenfalls den Kindern von Polizisten.

Pohl klopfte ihm auf die Schulter. »Das ist keine Entscheidung, die Sie von jetzt auf gleich treffen sollen. Lassen Sie es sich nur einmal durch den Kopf gehen. Es ist ein seriöser Beruf, bedeutsam sogar. Denn wie überaus wichtig es ist, die öffentliche Ordnung auch unter schwierigsten Umständen aufrechtzuerhalten, haben Sie sicher bemerkt. Es sind alles gute Männer. Bei uns herrscht große Zusammengehörigkeit. Und zudem würde es Ihnen ein sicheres Einkommen verschaffen.«

»Sagen Sie«, wagte Heller sich vor. »Hat mein Großvater Sie geschickt, um mich zu überzeugen?«

Damit hatte er Pohl offenbar getroffen, obwohl es gar nicht seine Absicht gewesen war. Der Kriminalassistent hob ganz leicht das Kinn und versuchte es nicht zu zeigen.

»Schon gut, Heller. Ich hatte nicht vor, zu missionieren. In den nächsten Tagen werden Sie sicherlich eine Vorladung in die Direktion bekommen. Erschrecken Sie nicht, dabei geht es nur um eine Zeugenaussage. In der Zwischenzeit wollen wir das Versteck der Bande ausnehmen und sehen, ob wir etwas finden, womit wir diese Leute mit dem Mord an den Dienstmädchen in Verbindung bringen können. Währenddessen überlegen Sie genau, welche Namen Ihnen noch einfallen. Jeder Name ist wichtig, verstehen Sie? Jeder! Und auch, was Sie mit dieser Frau verband.«

Heller nickte betreten. Er hatte den Polizisten mit seiner kindischen Frage nach dem Großvater einerseits verärgert und noch dazu seinen Stolz verletzt. Pohls Befehl war eindeutig. Alle Namen, das bedeutete auch Armin. Bisher hatte er es vermieden, den Namen seines Freundes zu erwähnen. Aber durfte er Pohls Vertrauen missbrauchen, indem er Armin einfach ausließ? Was aber, wenn der Mann schon von ihm wusste, so wie er auch von seiner Fahrt für Ullrich gewusst hatte?

»Was wird mit Ullrich?«, fragte Heller, um das Thema zu wechseln.

Doch Pohl war reserviert. »Aus ermittlungstechnischen Gründen darf ich Sie davon nicht unterrichten. Ich kann nur raten, sich von diesem Mann fernzuhalten. In jeglicher Hinsicht. Gehaben Sie sich wohl, und richten Sie Ihrem Großvater meine Grüße aus, wenn Sie ihn das nächste Mal sehen!« Der Kriminalassistent hob die Hand zum Gruß und kehrte zu seinen Untergebenen zurück.

Am nächsten Tag verkündete das *Abendblatt* als Erstes, dass man eine Verbrecherbande ausgehoben hatte. Vier Männer, des Mordes, Raubes und vielfachen Diebstahls verdächtigt, waren beim Versuch, sich der Verhaftung zu entziehen, erschossen worden. Ein weiterer war auf der Fahrt ins Krankenhaus verstorben. Auch ein Polizist hatte die Nacht nicht überlebt. Franz Bochholdt, der Anführer der Bande, der schon vor und während des Krieges durch sittenwidriges Verhalten, Aufwieglertum und kriminelle Machenschaften auffällig geworden war und dafür im Zuchthaus gesessen hatte, trug Pläne für einen großangelegten Raubzug bei sich. Die Bande hatte die Mauern des Grünen Gewölbes sprengen und die Wachen beseitigen wollen, um Gold und Diamanten sowie andere wertvolle Kunststücke zu rauben. Diese hätten mit gestohlenen Lastfahrzeugen des Heeres nach Böhmen und von dort über Umwege in die Schweiz gebracht werden sollen. Die Kriminalpolizei arbeitete nun mit aller Kraft daran, weitere Beteiligte und vor allem die Hintermänner des Raubüberfalls zu finden. Denn jemand mit einem so hitzigen Temperament und geringen Intellekt wie Bochholdt kam allenfalls als Ausführender infrage, nicht jedoch als Konstrukteur eines solchen Planes. Es galt außerdem herauszufinden, ob es einen politischen Hintergrund gab oder der Raub nur dem Zweck der Bereicherung dienen sollte.

Dass der unbedeutende, hinkende Sohn eines Krämerehepaares im Wesentlichen an der Aushebung der Bande und der Aufdeckung des Plans beteiligt war, verschwiegen die Zeitungen. Heller war das ganz recht, er hatte schon genug Aufmerksamkeit. Denn die Nachricht davon, dass man ihm auf offener Straße den Garaus hatte machen wollen, verbreitete sich in Windeseile. Alle im Viertel sahen ihn an, Leute kamen in den Laden, fragten viel und kauften wenig, Kinder liefen ihm nach. Doch gleichzeitig wurmte es ihn doch ein wenig, dass man seine Beteiligung an dem Poizeieinsatz verschwieg, und es kostete ihn größte Mühe, Pohl dies nicht zu verübeln.

Um den Schaulustigen auszuweichen, zog Heller sich in die Kneipe zurück, in der er früher oft und in den letzten Monaten immer weniger gegessen hatte. Er bestellte ein Bier für fünfzig Pfennig, viel zu teuer eigentlich. Auch hier bekam er neugierige Blicke, doch sie waren zurückhaltender. Meistens kamen Arbeiter zum Feierabend in die Kneipe, manch einer versoff an einem Abend mehr, als er am Tag verdient hatte. Außerdem Fischer, die in der Nacht hinausmussten, aber auch Bettler, die ihr am Tag erwirtschaftetes Geld in Bier und billige Mahlzeiten umsetzten. Nicht selten kam eine aufgebrachte Ehefrau oder eine Tochter, die geschickt worden war, um den Vater zu holen, bevor er seinen Lohn für Bier und Schnaps ausgegeben hatte. Meist schickten diese dem Wirt böse Blicke, die er geflissentlich ignorierte. Denn sein Einkommen hing davon ab, dass die Männer tranken. Hauptsächlich aber ließ man sich hier in Ruhe, wenn die Neugier auch noch so zwickte.

Lange saß Heller allein da, es war schon Abend, fast Nacht, bis sich jemand stumm zu ihm gesellte. Heller drehte den Kopf nicht, trank von seinem Bier, dem dritten vielleicht. Das Schweigen hielt lange Zeit an. Und es machte ihm nichts aus, denn so wie jetzt hätte er ewig hier sitzen können.

»Ist es wahr? Bochholdt wurde erschossen?«, fragte Armin schließlich.

Heller nickte.

»Ich habe deinen Brief bekommen. In meiner Wut wollte ich ihn gar nicht lesen, aber meine Mutter flehte mich an. Sie hatte natürlich hineingesehen.«

Heller nickte. Er wusste noch nicht, ob sein Freund es ihm zum Vorwurf machen wollte, dass sie auf diese Weise mit hineingezogen worden waren.

»Ich wollte dir erst nicht glauben, ich dachte du machst dich wichtig. Aber Mutter bedrängte mich, also haben wir das Nötigste gepackt und sind bei Kalkhoffs untergekommen. Und weißt du …«

Nun sah Heller auf.

»Die waren wirklich da. Als wir heute Mittag in die Wohnung zurückgekehrt sind, war unsere Tür aufgebrochen, alles verwüstet. Wer weiß, Max, was die uns angetan hätten.«

»Bist du mir böse?«, fragte Heller.

»Oh, und wie. Zum Teufel könnte ich dich jagen. Aber viel mehr bin ich mir selbst böse. Ich war wirklich dämlich. Du hattest von Anfang an recht. Mörder sind das, und auch wenn Johanna nur die Schwester von einem ist, sie war doch dabei. Und in so eine kann man nicht verliebt sein. Erst als ich sah, dass sie wirklich in der Wohnung waren, habe ich es eingesehen.«

»Diese Hilde wollte mich auch nur ausspionieren. Und ich dachte, ich könnte mit ihr was anfangen. Die hat sogar auf mich geschossen.«

Armin nickte und klopfte seinem Freund bedauernd auf die Schultern.

»Ich war nie neidisch auf Johanna!«, sagte Heller.

»Mensch, Maxe, weiß ich doch. Stell dir mal vor, am Ende hätten sie vielleicht noch von mir verlangt, auf dich zu schießen!«

»Hättste das gemacht?«

»Niemals. Den Bochholdt hätt ich erschossen. Ich schwör's beim Leben meiner Mutter. Ich hätte doch nicht auf dich geschossen. Aber Hilde und die anderen haben das wirklich getan?«

Heller nickte. Er wollte nicht weiter darüber sprechen. Dass sie ihn nicht getroffen hatten, hielt er nicht für Vorsehung. Wie Mutter, die sogar glaubte, es wäre Gottes Plan gewesen, dass ihm sein kaputter Fuß das Leben gerettet hatte. Er hielt es für blanken Zufall. Er war sicher, Gott konnte keine solchen Pläne für einen Menschen haben, wenn andere gleichzeitig zu Millionen starben.

»Und du hast gekämpft und bist dann geflitzt?«, fragte Armin weiter.

»Hab dem vorher die Pistole an den Kopf geworfen«, murmelte Heller.

»Hast du?«

Heller nickte, ahmte die Bewegung nach, und Armin begann zu lachen.

Heller musste nun selbst grinsen. »Da waren nur Versager dabei. Einem anderen hab ich das Rad vor die Brust geschmissen. Der muss mir dankbar sein, er gehört zu denen, die überlebt haben.«

»Na, wenn der Pech hat, wird der nicht mehr lang leben, der wird baumeln«, sagte Armin, und damit war der Spaß schon wieder vorbei.

»Und eure Wohnung? Haben die auch was gestohlen oder bloß alles kaputt geschlagen?«

»Die haben alles zerschlagen. Idioten. Und etwas mitgenommen, das mir Johanna mal gegeben hatte.«

»Was meinst du? Einen Ring?«

Armin winkte ab. »Ach, doch keinen Ring. Die hatte mir Papiere von ihrem Bruder gegeben. Ich sollte die aufbewahren. Die sind jetzt weg.«

»Papiere? Pässe?«

»Nein, Hefte. Viel Schrift und ein paar technische Zeichnungen. Sie bat mich, das aufzubewahren, weil die anderen nicht achtsam damit umgingen.«

»Und du hast nie hineingesehen?«

»Schon, kurz nur. Ich wollte nicht indiskret sein, dann aber sah ich, es waren nur trockene Erläuterungen.«

Heller hakte nicht nach. Falls Armin mehr wüsste, würde er es ihm schon sagen. Doch die Sache kam ihm seltsam vor. Mit Bochholdt und den meisten seiner engsten Handlanger war der Kopf der Bande zwar abgeschlagen, aber gut vierzig Mann, wenigstens zwanzig, wenn man nur den harten Kern zählte, waren noch auf freiem Fuß. Unter anderem auch Benno Steim, der zweite Mann hinter Bochholdt.

»Was starrst du in dein Bier?«, fragte Armin.

»Weiß nicht.« Heller konnte es nicht definieren, doch etwas schien ihm faul zu sein. »Im *Abendblatt* stand, Bochholdt hätte den Plan für einen Überfall auf das Arsenal im Grünen Gewölbe dabeigehabt.«

»Und?«

»Nun, als Anführer sollte er ja eigentlich auch ohne schriftlichen Plan wissen, was geschehen soll. Und wenn ein Verbrecher so etwas bei sich trägt, dann ist das ja wie ein Schuldeingeständnis für die Polizei. Und wie schnell verliert man so etwas?«

»Mag ja sein, Maxe, aber er hatte nun mal einen dabei.«

»Meinst du, diese Schätze aus dem Grünen Gewölbe lassen sich leicht verkaufen? Darum geht es doch einem Dieb. Dass er Dinge stiehlt, die er schnell losbekommt. Dafür gibt's ja Schieber. Aber die nehmen nur Zeug, das sich gut verkaufen lässt und anonym ist. Ich meine, mit einer Krone oder einem Gehänge gehst du nicht zum Juwelier um die Ecke, das kauft kein Hehler. Ein Dieb stiehlt Dinge, die er schnell in bare Münze umsetzen kann.«

»Tja, ich bin kein Dieb, Maxe. Ich kenn mich nicht aus. Aber ging es Bochholdt nicht auch um politische Botschaften?«

»Das war Tarnung, glaube ich. Er gab nur vor, politisch zu sein. Um Anhänger zu finden, die halfen, sein Leben zu finanzieren. In diesem Buch, das er bei sich trug, diesem Manifest, da waren Stellen angestrichen, die er immer wieder vorlas. Ob er den Rest verstanden hat, möchte ich bezweifeln. Nein, das ist mir alles nicht geheuer.«

»Ich versteh dich nicht, Max. Du meinst, das Ganze war eine Finte? Die wollten weder Arsenal noch Grünes Gewölbe ausrauben? Aber warum das alles? Um dir eine Falle zu stellen?« Armin wollte das nicht glauben. »Nimm es mir nicht übel, Max, aber sie hätten dich doch einfach in der Villa umlegen können.«

In seinem Kopf kam etwas heran wie ein D-Zug, Heller konnte es fühlen. Ein Tor tat sich auf, und plötzlich war es da. »Mensch, Armin. Es ging nicht um mich, nicht hauptsächlich. Jemand anderes wollten die loswerden!«

»Mich?«

»Nein, Dämel. Den Bochholdt!«

»Den? Wer wollte den loswerden?«

»Jetzt wird es mir klar. Der Benno stand immer nur daneben und hat kein Wort gesagt. Aber das war der eigentliche Anführer. Bochholdt war doch nur ein Idiot. Benno ist der Schlaue, der hat mich ja auch in den angeblichen Plan eingeweiht. Dabei hat der was anderes vor. Der hat doch mal studiert, der ist ein Fuchs. Am Ende hat Bochholdt das selbst geglaubt mit dem Raub im Grünen Gewölbe!«

»Max, wie bist du denn jetzt darauf gekommen?«

Heller war Feuer und Flamme. »Das war Ablenkung. Dieser ganze Plan, völliger Quatsch. Den Bochholdt wollten die loswerden, und mich. Und dich sicherlich. Dem haben sie diesen Plan mitgegeben. Aber all das war zweitrangig. Bochholdt ist weg. Die Polizei ist zufrieden. Armin, was stand in den Papieren? Was waren das für Zeichnungen?«

»Ich weiß es nicht, Max.«

»Ich muss wissen, was die vorhaben.«

»Aber kann es uns nicht egal sein? Wollen wir nicht froh sein, dass die weg sind?«

»Nee, Armin, es ist nicht egal. Es darf nicht egal sein. Denk an die Toilette in der Schule.«

»Ha, die sah aus! Mann, das gab Ärger!«

»Die war weiß getüncht, und monatelang blieb das so. Dann hat einer was mit dem Rötel an die Wand geschrieben, und anschließend hat es jeder getan.«

»*Latinus sugit*! Und nach einer Woche sah es aus da«, lachte Armin. »Du hast auch was geschrieben. *Flachsus ist doof.* Dieser Sauhund von einem Pauker. Aber wie kommst du jetzt auf unsere Schultoilette?«

»Wenn jeder glaubt, dass er machen kann, was er will, geht alles den Bach runter. Also muss man den ersten Schmierfink bestrafen, damit die anderen abgeschreckt sind.«

»Vielleicht war ich das ja, der zuerst was geschrieben hat. Ich hab Latein gehasst.«

»Armin, sei mal ernst! Wir müssen wissen, was in den Papieren stand.«

»Aber wenn ich doch sage ...« Etwas in Hellers Gesicht ließ Armin verstummen.

»Armin«, sagte Heller. »Du wirst mir jetzt böse sein, aber du hast vorhin gesagt, du wolltest meinen Brief nicht lesen. Doch deine Mutter hatte es getan und flehte dich an, es auch zu tun.«

»Was willste damit sagen, Max?«, fragte Armin, doch eigentlich wusste er es schon. Er schüttelte den Kopf. »O nein, Max!«

»Doch!«, erwiderte Heller.

Armin wollte auffahren und sank sogleich zusammen. Er wusste, dass es keinen Zweck hatte, seinem Freund etwas zu verweigern, wenn der etwas wollte. »Heute aber nicht mehr, sie schläft schon. Morgen früh.«

»Frau Richter, bitte«, sagte Heller leise.

»Also, Max, so kenn ich dich nicht. So haben dich deine Eltern nicht erzogen«, entrüstete sich Armins Mutter.

»Mutter, es ist von größter Wichtigkeit!«, sagte Armin.

»Jetzt red ihm nicht noch nach dem Mund, schäm dich! Mir zu unterstellen, ich würde in deinen Angelegenheiten schnüffeln«, schimpfte Frau Richter. »Ist denn nicht genug Unheil angerichtet durch euren Unsinn?«

»Frau Richter …«, begann Heller erneut.

»Max, bist du jetzt still!« Sie schlug mit der flachen Hand auf den Tisch.

»Es ist doch ganz natürlich, dass eine Mutter gelegentlich nachsehen muss. Von Schnüffeln kann gar keine Rede sein. Ich habe größten Respekt vor Ihnen und würde nicht fragen, wenn es nicht überaus wichtig wäre. Meine Mutter kontrolliert auch meine Schränke und Koffer.«

Das war gelogen; Heller war sicher, dass seine Mutter niemals etwas dergleichen tat.

Frau Richter aber wurde nun unsicher und war anscheinend fast bereit, ihr Leugnen aufzugeben.

»Ach ja?«

Er hatte ihr wohlweislich nicht verraten, dass er von ihrer Kenntnis des Briefes wusste. Und auch jetzt durfte er dieses kleine Geheimnis nicht lüften. Stattdessen musste er ihr etwas anbieten.

»Jawohl, und leider ist sie auf heikle Indizien gestoßen.«

»Nicht wahr!«, rief Frau Richter.

»Weißt du noch, Armin? Ich hab's dir erzählt«, sagte Heller und überlegte fieberhaft.

Armin nickte, obwohl er nichts wissen konnte. Frau Richter sah ihren Sohn an, dann wieder Heller.

»Es war ein Souvenir, sozusagen«, beantwortete Heller die unausgesprochene Frage in ihrem Blick und hatte einen kleinen Geistesblitz. »Von einer jungen Frau. Ich wag es gar nicht auszusprechen.«

»Ach was!«, rief Frau Richter aus, und Heller sah seinem

Freund an, dass er sich für die Neugier seiner Mutter zutiefst schämte.

»Eine Unterhose«, flüsterte Heller. Frau Richter schlug sich die Hand auf den Mund und quiekte vor entsetztem Vergnügen. »Das hätte ich ja nicht von dir gedacht, Max!«

»Deswegen ja«, goss er Öl ins Feuer. »Sie können sich meine Schande kaum ausdenken. Aber deshalb müssen wir wissen, was in den Papieren gestanden hat.« Zwar entbehrte diese Argumentation jeder Logik, doch er musste das Momentum nutzen, und es gelang.

»Das war ganz langweiliges Zeug. Aufstellung, Inbetriebnahme und Notbetrieb irgendeiner Maschine, stand da geschrieben. Und die August-Koebig-Maschinenfabrik wurde erwähnt. Ich hab mir den Namen nur gemerkt, weil Armins Onkel Hansi sich dort mal als Lohnarbeiter verdingt hat.«

»Maschinenfabrik?«, fragte Heller.

»In Radebeul, eine halbe Stunde Fußweg von hier«, erklärte Armin. »Vor dem Krieg habe ich ihn manchmal da abgeholt.«

Heller nickte. Aufstellung und Inbetriebnahme einer Maschine, überlegte er. Was konnte Benno damit anstellen wollen? Vielleicht hatte er doch nur vor, sein Studium fortzusetzen. Das war sehr unbefriedigend. Irgendwie hatte er sich einen großen Durchbruch erhofft.

»Was meinst du, Armin, wollen wir hinfahren und nachsehen?«

»Du hast gut reden, du hast ein Rad.«

»Ich lass dich auf der Querstange fahren!«

Die Zweigstelle der Firma August Koebig in Radebeul war ein recht großes Werk, in dem Maschinen gebaut wurden. Ein Eisenbahngleis führte auf das Werkgelände. Auf dem großen ummauerten und umzäunten Hof standen Lastwagen. Es gab eine große Werkhalle, mehrere kleine Nebengebäude und Garagen. Viel Arbeit schien es jedoch nicht zu geben, denn es herrschte keine besonders rege Betriebsamkeit. Die Zeiten waren schlecht, die wirtschaftliche Lage unsicher. Doch aus den Werkhallen hörte man Hämmern und Schlagen sowie das Surren der Transmissionsbänder.

Nach einer guten Viertelstunde anstrengender Fahrt und einem anschließenden Spaziergang, weil Armin die Stange zu unbequem geworden war, hatten sie das Gelände erreicht. In Hellers rechtem Fuß hämmerten wilde Schmerzen. Viel zu sehen gab es hier nicht.

»Und nun?«, fragte Armin, doch Heller war vorerst mit seinem Latein am Ende. Unschlüssig sah er sich um.

»Lass uns zum Pförtner gehen. Fragen wir ihn, ob er Johanna und Benno gesehen hat. Ob ihm irgendwas verdächtig vorgekommen ist«, schlug Armin vor.

Die Idee, zum Pförtner zu gehen war gar nicht schlecht. Aber sie brauchten einen guten Vorwand, und Heller fiel auch schon einer ein. »Komm!«, sagte er zu seinem Freund. »Ich weiß was Besseres!«

Sie gingen zum Pförtnerhäuschen, und Heller sprach durch die Fensteröffnung in der Tür: »Verzeihen Sie, mein Herr. Wir suchen Arbeit.«

Der Pförtner lachte traurig. »Da seid ihr beiden längst nicht die Ersten. Jeden Tag muss ich Dutzende abweisen. Seid ihr denn besonders qualifiziert? Ingenieurswesen habt ihr nicht zufällig studiert?«

»Ich hab mich qualifiziert, im Graben zu hocken und französischen Granaten auszuweichen«, gab sich Heller offen. »Gelang mir auch nur leidlich.«

Wieder lachte der Pförtner traurig. Er war ein älterer Mann, der sich in einer Art Uniform mit Schirmmütze sicherlich etwas Geld verdiente, um seine Rente aufzubessern. »Es ist nichts los, kein Geld, keine Aufträge. Erst recht nicht, seit der Krieg zu Ende ist.«

»Aber gearbeitet wird doch«, machte Heller auf den Werkslärm aus der Halle aufmerksam.

»Mag sein, aber das ist höchstens halbe Kraft.«

»Und wer bestellt Maschinen in dieser Zeit?«

»Druckmaschinen sind das. Im Regierungsauftrag.«

»Druckmaschinen?«, fragte Heller, obwohl ihn mehr interessierte, was es bedeutete, dass der Auftrag von der Regierung kam.

»Da hättet ihr euch aber besser vorbereiten können, ehe ihr euch hier um Arbeit bemüht. Das solltet ihr doch wenigstens wissen.«

»Guter Mann, so oft, wie wir uns um Arbeit bewerben, müssen wir gar nichts mehr wissen«, kam Armin ihm zu Hilfe. »Wir hätten uns auch beworben, wenn hier U-Boote oder Zeppeline gebaut würden.«

»Ist auch wieder wahr«, nickte der Pförtner.

»Werden mit den Maschinen Zeitungen gedruckt?«, fragte Heller und beugte sich dann mit belustigter Miene vor und gab sich geheimniskrämerisch. »Oder etwa Geld?«

Der Pförtner ging darauf ein. »Kein Geld«, sagte er und beugte sich nun seinerseits vor. »Aber beinahe genauso wertvoll!«

»Was soll so wertvoll wie Geld sein?«, fragte Armin.

»Ich weiß es. Briefmarken!«, rief Heller, um den Pförtner herauszufordern.

»Falsch geraten, Junge. Lebensmittelmarken.«

»Stimmt«, gab sich Heller geschlagen. »Die müssen auch gedruckt werden. Und das passiert hier?«

»Nicht doch, Junge. Langsam beginne ich an dir zu zweifeln. Hier werden nur die Maschinen gebaut, gedruckt wird natürlich woanders.«

»Ich weiß, in der Druckerei!«, triumphierte Armin und bereitete dem Pförtner damit eine kleine Freude.

»Richtig! Du wirst es wohl noch zum Reichspräsidenten bringen.«

»Und wie kommt so eine Maschine von hier nach da?«, fragte Heller. »Wiegt doch sicher Tonnen. Und ich seh keinen Kran, der sie auf einen Waggon heben könnte.«

»Du bist schlau, aber nicht schlau genug, Junge«, lachte der alte Pförtner. »Die werden in Teilen hergestellt und vor Ort von unseren Mechanikern zusammengebaut. Siehst du die Laster dort? Darauf werden die verladen, zum Hafen gebracht und per Schiff verschickt. Morgen geht so eine Maschine.«

Heller sah in die gezeigte Richtung, wo vier Lastwagen standen. »Morgen?«, fragte er.

»Morgen, ja. Und dann wird die nächste Maschine gebaut. Aber wie gesagt, Jungs, es tut mir leid, für euch ist da nichts drin.«

»Heute Nacht noch werden sie die Laster stehlen!«, sagte Heller, kaum dass sie außer Hörweite des Pförtners waren.

»Meinst du?«

Heller nickte. »Ich bin sicher. Darauf läuft es hinaus. Die stehlen die Maschine und drucken Lebensmittelkarten. Die sind viel leichter zu fälschen als Geld.«

»Die Karte allein nützt aber nichts. Geld braucht man trotzdem zum Kaufen.«

»Aber in Zeiten der Not ist eine Karte sogar wertvoller als Geld. Weil man nämlich ohne diese Karte nichts bekommt. Hast du zwei Brotmarken, kannst du zwei Brote kaufen! Und wenn die nur einen Pfennig pro Marke verlangen, ist das egal. Sie können schließlich unendlich viele drucken.«

»Aber sie brauchen Papier und auch einen Standort.«

»Armin, ich bin sicher, das haben sie schon ausgefuchst. Die werden vielleicht auch gar nicht selbst drucken, sondern jemand anders. Das alles ist aber gerade unwichtig.«

»Und nun?«

»Geb ich der Polizei Bescheid. Ich fahr in die Stadt, ins Präsidium. Ich kenn da wen!«

»Herr Pohl ist unabkömmlich«, sagte der Wachmann, nachdem er den Hörer wieder aufgelegt hatte.

Heller, dem inzwischen Durst und Hunger zu schaffen machten – und vielmehr noch sein elender Fuß, dem er nun auch noch als Lebensretter zu Dank verpflichtet sein sollte – trommelte ungeduldig mit den Fingern auf der Ablage, was der Wachmann mit mürrischem Blick beobachtete. »Darf ich fragen, haben Sie mit ihm persönlich am Apparat gesprochen?«

»Nein, das haben Sie doch sicherlich vernommen.«

»Hören Sie. Bitte versuchen Sie es noch einmal. Sagen Sie, es wäre dringlich. Äußerst dringlich! Sagen Sie ihm meinen Namen: Heller.«

»Das habe ich ja, Sie haben doch zugehört.«

»Sagt Ihnen mein Name etwas? Mein Großvater war einst Kriminalrat hier. Heller. Jeder kannte ihn.«

»Natürlich. Und mein Großvater war der Kaiser«, erwiderte der Wachmann und erntete leises Gelächter von seinem Kollegen.

»Können Sie mich an irgendeinen anderen Kriminalbeamten verweisen?«, bat Heller.

»Hören Sie mal …«

»Ich will ein schweres Verbrechen melden!«

»Also gut, wo ist es geschehen? Und worum geht's?«

»Es wird erst noch geschehen!«

»Ach so?«, fragte der Wachmann spitz. Doch der andere schien den Ernst in Hellers Gesicht erkannt zu haben.

»Nun lass ihn doch sprechen. Schicken wir ihn zu Schubert.«

Kriminalinspektor Schubert war ein untersetzter, stämmiger Mann mit einem getrimmten Oberlippenbärtchen und einigen Schmissen im Gesicht. Er blickte nicht unfreundlich durch seinen Kneifer, doch Glauben schenken wollte er Heller nicht.

»Was verlangen Sie denn nun eigentlich? Wo sich diese Leute aufhalten, können Sie mir nicht sagen, und einen wirklichen Beleg für Ihre Aussagen haben Sie auch nicht. Soweit ich weiß, ging schon eine nutzlose Aktion auf Sie!«

»Ich habe es Ihnen doch erklärt!«

»Schon. Aber dass sich die Mutter Ihres Freundes an den Namen einer Firma erinnert, zumal einst ihr Bruder da angestellt war, bedeutet gar nichts. Noch dazu, junger Freund, mag Ihnen vielleicht aufgestoßen sein, dass Ihr Name in keinem der Berichte über die Ergreifung der Mörder um Bochholdt aufgetaucht ist. Kann es nicht sein, dass verletzte Eitelkeit Sie veranlasst, hier aufzutauchen?«

Diese Unterstellung machte Heller wütend, da konnte sie noch so väterlich vorgetragen sein. »Ich muss doch bitten, Herr Kriminalinspektor! Ich wäre nicht hier, hielte ich es nicht für erforderlich. Das hat mit meinen persönlichen Belangen nichts zu tun!«

»Nun, auch da mag ich widersprechen. Es scheint mir Motivation genug, dass Sie sich und ihrem Freund eine gewisse Genugtuung bereiten wollten, indem sie den Bruder dieser besagten Frau Steim eines Verbrechens bezichtigen.«

»Aber dieser Benno ist der wahre Kopf der Bande.«

»Das sagen Sie«, freute sich Schubert. »Aber wurde nicht der wirkliche Kopf der Bande Opfer eines gezielten Schusses aus einer Polizeipistole? Sie selbst haben doch Aussage dazu gemacht.«

»Da glaubte ich es doch selbst noch!«, verzweifelte Heller.

»Gut, wollen wir sachlich bleiben«, mahnte nun Schubert,

obwohl er selbst diese aufgeregte Stimmung provoziert hatte. »Sie möchten womöglich, dass wir das Betriebsgelände umstellen, schwer bewaffnet, und auf den Überfall warten?«

»Ja!«

»Und woran erinnert uns das? An einen jungen Mann, der verlangte, dass eine ganze Kompanie die Stadtwache umstellt. Und nichts geschah.«

»Aber es war ja geplant, Bochholdt hatte die Pläne dabei«, rief Heller wider besseres Wissen. Er versuchte der falschen Logik dieses Mannes zu folgen. Doch der Versuch kehrte sich sogleich gegen ihn.

»Von dem Sie aber behaupten, er wäre gar nicht der Anführer«, triumphierte Schubert. Dem hatte Heller nichts mehr entgegenzusetzen.

»Gut. Ist gut, Herr Kriminalinspektor. Wenn Sie mich entschuldigen.« Er erhob sich.

Der Polizist trat beiseite, schien beinahe enttäuscht, dass ihr Wettstreit schon vorüber war. »Sie sind wohl ein guter Mann, Herr Heller, seien Sie nicht betrübt. Sie werden in Ihrem Leben sicher noch Gelegenheit finden, sich zu beweisen.«

Heller nickte, auch wenn er dem Mann am liebsten den Kneifer aus dem Gesicht geschlagen hätte. Beweisen musste er gar nichts mehr.

Völlig verschwitzt und vor Erschöpfung fast taumelnd, stieg Heller eine halbe Stunde später vom Rad. Auf dem Hof seines Großvaters war es auffallend still. Keines der Pferde war da. Auch Thomas kam ihm nicht entgegen. Nicht mal ein Hund bellte. Heller schob das Rad zum Hofbrunnen, pumpte mit dem Schwengel so lange, bis Wasser kam, warf es sich mit einer Hand ins Gesicht und trank gierig davon.

Dann schob er das Rad in den Schatten vor dem Haus und setzte sich auf die hölzerne Bank, um sich zu erholen. Inzwischen war es schon Nachmittag. Gegessen hatte er außer einem knappen Frühstück nichts, und der Fuß wollte ihm all diese Anstrengungen nicht verzeihen.

Wo Großvater nur war? Heller erhob sich wieder und ging zur Haustür, die abgeschlossen war. Doch die Tür zur Waschküche fünf Meter weiter ließ sich öffnen. Heller trat ein.

»Großvater!«, rief er. »Thomas? Hallo!«

Er bekam keine Antwort, das Haus lag völlig still. Sicher waren die beiden ausgeritten, mit der Droschke unterwegs, hatten anderes zu erledigen. Heller ging wieder ins Freie. Da sah er draußen vor dem Hoftor auf der staubigen Straße jemanden laufen.

»Entschuldigen Sie!«, rief Heller und musste wieder seinen Fuß bemühen, um der Frau entgegenzueilen.

»Ich suche den Geheimrat Heller. Wissen Sie vielleicht, wo der ist?«, fragte er die ältere Frau mit Kopftuch.

»Der gnädige Herr reitet manchmal noch aus. Gelegentlich besichtigt er die Fährstelle, oder er besucht die Forstarbeiten.« Sie deutete hinter ihn, den Hügel hinauf. »Oder man hat im Gemeindehaus nach ihm verlangt.«

»Aber genau wissen Sie es nicht?« All die genannten Adressen abzufahren, lohnte sich kaum, wenn sie nicht wenigstens mit einiger Sicherheit etwas sagen konnte. »Könnten Sie ihm denn etwas ausrichten?«, fragte Heller.

»Nun, gnädiger Herr, der Herr Geheimrat empfängt nicht gern Besuch. Er kann sehr ungehalten werden.«

Heller sah der Frau an, dass sie regelrecht Furcht vor seinem Großvater hatte, und nötigen wollte er sie nicht.

Erst auf halbem Weg zurück, bei der Dampfschiffstation vor dem Stadtwasserwerk, kam ihm ein Gedanke, der so schlicht war, dass Heller anhalten musste, um sich die Faust an die Stirn zu schlagen. Er hätte Großvater eine Nachricht hinterlassen können. Einen Zettel, einen Brief. Hätte er etwas dabeigehabt, dann hätte er sicher auch früher daran gedacht.

»Na, gehen Se nicht zu hart mit sich ins Gericht!«, rief ihm ein Mann zu, der vor der Anlegestelle fegte und lachte.

Heller hob die Hand zum Gruß, dann kam ihm eine Idee, die so unverschämt war, dass es ihm fast den Atem verschlug.

»Entschuldigen Sie, es gibt doch sicher da drinnen einen Telefonapparat?« Er zeigte auf das Holzgebäude der Anlegestelle. Es war mit dem Strom- und sicher auch mit dem Telefonnetz verbunden, von einem hölzernen Mast führten mehrere Kabel zu ihm.

»Den gibt es, aber ich fürchte, der Vorsteher wird Sie nicht telefonieren lassen.«

Das wollen wir sehen, dachte sich Heller. Überrascht von seinem Mut, beeilte er sich zu dem Häuschen zu gelangen, ehe er ihn wieder verließ. Er klopfte an die Tür und rief: »Entschuldigen Sie, Herr Vorsteher!«

Nach ein paar langen Sekunden öffnete sich die Tür. Der Mann, der die Klinke in der Hand hielt, war sicher gerade durch das Klopfen von einem Mittagsschläfchen geweckt worden. Dementsprechend ungehalten reagierte er.

»Sie wünschen?«

»Kriminalassistent Holler, in einem zivilen Einsatz. Ich muss dringend Ihren Telefonapparat benutzen«, sagte Heller bestimmt.

Einen unendlich langen Augenblick brauchte der Mann, dann schaltete er. »Oh, natürlich. Jawohl, mein Herr, da, geradeaus!«

Heller nickte bestimmt und betrat das Haus, als wäre es ganz selbstverständlich. Er ging zum Apparat, der auf dem Tisch des geschlossenen Kassenschalters stand. Er nahm den Hörer ab, drehte dann seinen Kopf und sah den Vorsteher streng an.

Der brauchte wieder eine Sekunde, um zu verstehen, dass neugierige Ohren hier nicht erwünscht waren. Mit einer hastigen Verbeugung zog er sich zurück.

Heller nahm die Sprechmuschel und kurbelte. Die Vermittlungsstelle des Fernsprechamts meldete sich. »Verbinden Sie mich mit dem Polizeipräsidium«, sagte er streng und lauschte aufgeregt. »Kriminalassistent Holler.« Jetzt musste er dabei bleiben, denn der Vorsteher lauschte sicher hinter der Tür.

»Hallo?«, rief er dann, als sich jemand unverständlich meldete.

»Polizeipräsidium«, wiederholte der andere.

»Verbinden Sie mich mit Apparat dreiundzwanzig.« Diese Nummer hatte Pohl genannt, als er in dessen Büro gesessen hatte. Höchstwahrscheinlich die Nummer seines Vorgesetzten.

»Assmann«, meldete sich jemand daraufhin.

Assmann? Heller überlegte fieberhaft. Hatte er diesen Namen schon einmal gehört?

»Hallo?«, tönte es streng.

»Kriminalrat Assmann?«, rief Heller, und Widerspruch blieb aus. »Hier ist Heller, Max Heller, sicher haben Sie von mir schon gehört. Kriminalassistent Pohl hat Ihnen bestimmt von mir berichtet. Es geht um die Bande Bochholdt …«

»Wer hat Ihnen gesagt, dass Sie hier anrufen sollen?«

Einmal mehr zögerte Heller. Er könnte lügen und Pohl vorschieben, doch er wollte keinen Unschuldigen in die Sache hineinziehen. »Niemand, Herr Kriminalrat, die Sache ist jedoch überaus dringend …«

»Heller? Etwa der Heller mit diesem angeblichen Überfall? Wissen Sie, was ein solcher Polizeieinsatz kostet? Ausgerechnet in Zeiten wie diesen, wo man sich seiner Stellung keineswegs gewiss sein kann!«

»Er war doch aber erfolgreich, gewissermaßen, und ich kann Ihnen versprechen …«

»Sie wollen etwas versprechen?«, donnerte Assmann. »Unverschämter Kerl, Sie! Ich verspreche Ihnen jetzt etwas. Hier anzurufen, meinen Apparat zu verlangen, das wird Sie teuer zu stehen kommen. Da kann Sie auch Ihr Großvater nicht retten!«

»Ich erwarte überhaupt nicht, von ihm gerettet zu werden, ich handle nach eigenem Dünken!«, schrie Heller und bereute es sofort.

»Morgen«, sagte Assmann. »Morgen Vormittag um elf werden Sie hier vorstellig. Und wagen Sie es ja nicht, hier nicht zu erscheinen. Dann lasse ich Sie holen, verstanden?«

Heller schwieg.

»Verstanden?«, donnerte Assmann.

»Jawohl!« Heller legte auf. Als er das Haus wieder verließ, warteten dort der Vorsteher und der Hausmeister einträchtig nebeneinander.

»Wird schon«, tröstete der Hausmeister, der nur Hellers Teil der Unterhaltung gehört haben konnte. Und auch der Vorsteher sah ihn mitleidig an.

»Vielen Dank noch mal«, sagte Heller und schwang sich auf sein Fahrrad.

»Mensch, Max, das ist zu gefährlich«, flüsterte Armin. »Lass uns doch wenigstens Reuffler fragen. Der war doch immer gut zu dir.«

Den Schutzmann zu fragen, war keine Option für Heller. Er schüttelte nur den Kopf.

»Und du weißt das alles ja auch gar nicht, Max. Das ist alles nur deine Spekulation. Was, wenn da wirklich nichts ist?«

»Dann ist es eben so«, brummte Heller ungehalten. »Ist es nicht besser, man tut etwas, auch wenn vielleicht nichts geschieht, als andersherum?«

»Aber was willst du tun?«

»Wir können uns positionieren, und wenn sich etwas bewegt, rufen wir die Polizei. Dann haben wir wenigstens etwas getan. Und wenn nichts weiter ist, dann haben wir eben eine Nacht im Freien verbracht.«

»Und morgen? Dieser Assmann, was will der mit dir anstellen? Dich ins Gefängnis stecken?«

»Sicher will der mir bloß eine Standpauke verpassen. Einsperren kann er mich nicht, du würdest sofort zum Soldatenbund laufen, und dann würden die ihm schon die Tür eintreten.« Dieser Termin machte ihm zwar Sorgen, doch mit denen wollte er sich jetzt nicht beschäftigen.

»Ach, würde ich das?«

»Ja, würdest du.« Heller griente Armin an.

»Gut, Max, machen wir das. Aber wollen wir uns nicht zwei Spritzen besorgen? Ich kenn wen, der borgt sie uns.«

»Pistolen meinst du? Das würde ich nicht tun.«

»Ohne geh ich nicht. Wenigstens zur Selbstverteidigung.«

»Ich will ja gar nicht erst gesehen werden.«

Armin warf aus Verzweiflung die Arme in die Luft. »Max, du kannst einen verrückt machen!«

»Sagst du nicht selbst, wir laufen sowieso einem Hirngespinst nach? Und wenn es stimmt, was ich glaub, dann sind das nicht nur zwei oder drei. Wenigstens acht. Vier Fahrer und vier Beifahrer. Zwölf, wenn hinten auf den Ladeflächen noch welche sitzen sollten. Vielleicht noch mehr, wenn sie eine Eskorte haben. Was nützen uns da zwei Pistolen? Lieber bleib ich unbewaffnet.«

»Das wird ja eine ganze Armee, gegen die du ohne Waffen kämpfen willst. Hast du vor, an ihren Verstand zu appellieren?«

»Nein, Armin. Ich will doch, dass sie uns gar nicht erst sehen. Wir beobachten, und dann rufen wir die Polizei.«

»Also gut. Wann treffen wir uns?«

»19 Uhr, ich muss noch ein wenig schlafen.«

Armin kam nicht wie ausgemacht. Heller wartete noch zehn Minuten. Ob er kneifen wollte? Heller konnte es ihm nicht verübeln, selbst ihm wurde jetzt, als es an der Zeit war, schwummrig. Doch Armin war sein Freund und würde ihn nicht ohne Nachricht lassen.

Heller zog sich an und gab seinen Eltern Bescheid, dass er noch einmal ausgehen würde. Dann nahm er sein Fahrrad aus dem Flur. Es im Haus oder im Keller anzuschließen, war ihm zu heikel. Er trug es die Treppe hinab und schwang sich auf den Sattel. Bis zu Armin war es nicht weit.

»Gut, dass du kommst!«, empfing ihn Frau Richter. Sie hatte sich ihre Strickjacke umgeworfen, als hätte sie gerade gehen wollen. »Ich will den Doktor holen.«

»Was ist mit Armin?«

»Mit dem ist nichts. Aber eine junge Frau ist hier, der hat man ganz übel mitgespielt. Die ist grün und blau, und Max, ich glaub, der ist noch Schlimmeres passiert.«

»Darf ich?« Max drängte sich an Frau Richter vorbei und eilte zu Armins Zimmer.

»In der Stube!«, rief Armins Mutter. »Ich geh den Doktor holen derweil.«

Max blieb an der nächsten Tür stehen und öffnete sie. Es war die gute Stube der Richters, die er bestenfalls einmal im Jahr betrat. Dort auf der Couch lag eine junge Frau. Armin kniete daneben, eine Schüssel Wasser neben sich, und wusch der Person das Gesicht.

»Max, schau nur«, flüsterte er.

»Wer ist da?«, fuhr die Frau auf. Es war Johanna.

»Nur der Max, der tut nichts«, beruhigte Armin sie leise und drückte sie wieder ins Kissen.

Max kam heran. Die junge Frau war kaum wiederzuerkennen. Offenbar hatte man sie nach Strich und Faden verprügelt. Ihr linkes Auge war verquollen, die Lippen dick, die Jochbeine geschwollen. Überall hatte sie blaue Flecken, im Gesicht, am Hals, und zwischen ihren Zähnen waren Blutränder zu erkennen.

»Man hat sie unten auf der Straße gefunden«, erklärte Armin. »Ich bin nur runtergegangen, weil ich den Tumult durchs offene Fenster gehört habe. Dann hab ich sie erkannt, sie wollte wohl zu mir.«

»Und sonst?«, fragte Max und deutete vage auf Johannas Körper, der unter einer Decke verborgen lag.

»Ich weiß nicht, Max«, raunte Armin mit Tränen in den Augen. »Ich wage es gar nicht zu fragen. Aber Mutter hat nachgesehen und gesagt, sie muss dringend den Doktor holen.«

»Nein!«, fuhr Johanna wieder auf. »Nein, nicht!«

»Doch, Johanna, das muss sich ein Arzt ansehen.«

»Nicht Armin, du weißt doch, der wird nach meinem Namen fragen!«

»Doktor Breitbach fragt nicht, man muss ihn nur gleich bezahlen.«

»Was ist passiert?«, fragte Max jetzt Johanna ganz direkt.

»Lass doch, Max. Du siehst doch!«

Heller hockte sich nieder. »Johanna, was ist geschehen?«

»Das ist wegen mir, Max«, raunte Armin.

»Nein, nicht«, nuschelte Johanna. Sie tastete mit geschlossenen Lidern nach ihm, berührte sein Gesicht.

»Doch, doch, meinetwegen!« Armin nahm ihre Hand, streichelte sie, wischte sich über die Augen.

»Wer war das?«, fragte Max.

»Ich sag's nicht!« Johanna schüttelte den Kopf und verzog das verschandelte Gesicht.

»Dein Bruder?«, fragte Heller. »War's dein Bruder?«

»Nu lass doch Max!«, fuhr Armin ihn an.

Johanna griff nach Armins Hand und hielt sie fest. »Der ist gar nicht mein Bruder. Wir haben's nur gesagt, damit ich mit in die Bande kann. Sonst wär ich allein auf der Straße geblieben.« Sie kniff die Augen zusammen, weil ihr ein Krampf in den Leib fuhr.

»Halt durch, der Doktor ist gleich da.«

»Benno ist nicht dein Bruder?«, fragte Max.

Johanna schüttelte unter Tränen den Kopf. »Der war so böse auf Armin, weil er selbst was von mir wollte.«

»Mensch«, stöhnte Armin. »Das hättest du sagen müssen.«

»War das Benno allein?«, fragte Heller weiter.

Johanna antwortete nicht, doch ihre Miene sprach Bände.

»Was haben sie getan?«

»Nun hör doch auf, Max!« Armin schlug ihm gegen den Oberarm.

»Wann ist das passiert? Vorhin?«

»Max, nun ist genug, sonst kriegste eine Tracht!«, schrie Armin wütend.

»Die wollten weg, und ich wollte mitkommen«, krächzte Johanna heiser. »Dann drehte sich der Benno um und hat mir die Faust ins Gesicht geschlagen. Da bin ich gestürzt.«

»Nu lass doch Johanna«, flehte Armin.

»Dann sind die anderen gekommen und haben mich getreten.«

»Und mehr noch, stimmt's? Nicht nur getreten«, sagte Heller.

Johanna nickte. »Hab mich dann totgestellt und wurde wohl ohnmächtig. Und als ich aufgewacht bin, waren die weg. Vielleicht dachten die wirklich, ich bin tot. Weil ich nicht wusste, wohin, hab ich mich hergeschleppt.«

»Wohin sie wollten, weißt du nicht?«

»Kannst du es nicht lassen?« Armin sprang auf.

»Armin, nicht!« Johanna griff nach ihm, berührte ihn, krallte ihre Finger in den Stoff seines Hemds. »Nicht, keinen Streit«, bat sie schwach. Armin ließ sich besänftigen.

»Gut«, sagte Heller. »Bleib du bei ihr, ich geh allein. Hier.« Er kramte in seiner Hosentasche und fand ein Fünfmarkstück. Eine eiserne Reserve, Essen für fünf Tage wert. »Für den Arzt.«

Armin sah die Münze einen Moment lang an, dann griff er zu. »Danke, Max.«

Vielleicht war es gut, dass er allein unterwegs war, versuchte er sich die Sache schönzureden. Denn so konnte er handeln, wie ihm beliebte. Und er hatte keinen Zweifler an seiner Seite. Weil er glaubte, noch viel Zeit zu haben, radelte er recht gemütlich die Leipziger Straße entlang in Richtung Radebeul und fuhr dann auf die Rankestraße, parallel zu den Eisenbahngleisen.

Die Luft war lau, der Sommer stand an, Schwalben flogen hoch am Himmel. In den Bäumen piepten die Vögel müde. Sein Fuß schmerzte bei jedem Druck auf die Pedale, doch es war erträglich. Er hatte vorher ein paar Stunden geschlafen und dann ein paar Bemmen gegessen, die Mutter ihm angerichtet hatte. Zwar hatten sie gerade keine Butter, dafür aber noch Gänseschmalz, das schon leicht ranzig schmeckte und nur mit viel Salz genießbar war. Vom Überfall auf den Laden hatte sie sich zwar leidlich erholt, und einige ehrliche Kunden fühlten sich veranlasst, ihre Schulden zu tilgen. Viele andere jedoch, die gehört hatten, dass ihnen das Schuldbuch weggekommen war, nutzten die Gelegenheit und ließen sich nicht mehr blicken. Es war eine Schande. Ohne den Laden hatten sie nichts, mit dem Laden eigentlich noch weniger, dafür aber viel Arbeit, die kein Ende nahm, und aufgrund der schleichend grassierenden Inflation jede Menge Rechnerei und Streit mit Großhändlern und Kunden.

Als er die Stadtgrenze erreichte und hinüber nach Radebeul fuhr, war die Sonne fast hinter dem Horizont versunken. Heller passierte Nachtwächter, die durch die Straßen liefen und von Hand die Gaslaternen anschalteten. Er nickte ihnen freundlich zu.

Vielleicht hätte er doch eine Waffe bei sich haben sollen, dachte er. Einfach nur für das gute Gefühl. Doch bald war der Gedanke vergessen. Zuerst musste er eine Erkundungsrunde machen, sehen, wo er sein Rad abstellen und wo er sich verstecken konnte. Er musste den Werkhof einsehen können, ohne selbst entdeckt zu werden.

Zwar wurde es ruhig in den Straßen, doch einige Menschen waren noch unterwegs. Ein Mann taumelte ihm trunken entgegen. Zwei Kinder zogen barfuß einen Karren. In den Vorgärten der Häuser wurde gewerkelt, Frauen nahmen Wäsche von den Leinen, trieben Hühner in den Stall, jemand hackte Holz.

Auf der Rückseite der Fabrik stieg Heller vom Rad, tat unbeteiligt und sah sich um. Hier gab es nichts für ihn zu sehen. Das große stählerne Tor, durch welches die Zuggleise führten, war für die Nacht verriegelt. Es war viel zu hoch, um sich daran hinaufzuziehen. Auf einer Seite schloss das Werksgelände eines Baubetriebes an. Auf der anderen war eine schmale Gasse, aus der es scharf nach Urin und Unrat roch. Heller lief einmal daran vorbei, kehrte nach hundert Metern wieder um und ging zurück. Die Gasse musste er meiden. Wenn er erst mal da drin war, steckte er in der Falle. Es gab kaum eine Möglichkeit, irgendwo hinaufzuklettern, außerdem war hier die Mauer viel zu hoch, um darüber zu sehen.

Auf dem Weg zurück passierte er den Baubetrieb und schlug sich dahinter ins Gebüsch. Er wartete, ob ihn jemand rief, doch scheinbar hatte ihn niemand gesehen. Er bahnte sich weiter seinen Weg, zerrte sein Rad mit sich, das im Geäst hängen blieb. Schließlich ließ er es einfach stehen. Hier würde es keiner finden. Zwischen Blättern und Geäst war es sowieso fast unsichtbar.

Nun bewegte er sich zur nächsten Mauer, bestieg einen Schutthaufen, sah sich um, alles war ganz ruhig. Hier war für heute die Arbeit eingestellt. Er zog sich hoch, stieg auf die Mauer, sprang hinab und landete auf dem linken Fuß, wie er es sich angewöhnt hatte. Ein Hund begann zu bellen, und Heller erstarrte, doch das Tier schien nicht in direkter Nähe zu sein. Leise bewegte er sich über Sand- und Kieshaufen hinweg, überquerte ungesehen den Hof, indem er hinter Holzstapeln und Ziegelhaufen Deckung suchte, und entdeckte an der Mauer zum Maschinenbetrieb eine Holzhütte, hinter der er so in Deckung gehen konnte, dass man ihn von der Straße aus nicht sah.

Nachdem er diesen Platz gefunden hatte, nahm er sich ein paar Ziegel, um sich ein kleines Podest zu bauen, auf welches er sich stellen und bequem über die Mauer sehen konnte. Als er fertig war, konnte er weit über den Werkhof blicken, sah links von sich die vier Laster stehen, rechts das Tor mit dem Pförtnerhaus. Der Pförtner vom Morgen war nicht mehr im Dienst, soweit er es erkannte. Das Tor war geschlossen worden. Zwei jüngere Wachleute mit geschulterten Gewehren sprachen miteinander und rauchten. Dann begab sich einer von ihnen auf seinen Rundgang, mit einem Schäferhund an seiner Seite, während der andere das Häuschen betrat und darin Stellung hielt.

Heller sah dem Mann mit dem Hund hinterher. Hoffentlich witterte ihn das Tier nicht hinter der Mauer, wenn der Mann bei seiner Streifenrunde hier vorbeikam. Jetzt aber sah er, dass noch ein dritter Wachmann anwesend war. Er hatte kein Gewehr, aber eine Pistole bei sich. Dies waren keine Polizisten, sondern angeheuerte Wachleute.

Inzwischen war die Sonne gänzlich verschwunden. Auf dem Werkhof wurden elektrische Lampen eingeschaltet, die das Gelände gut beleuchteten. Die Wachleute wechselten sich mit ihren Runden ab. Gelegentlich rauchten sie, schienen weder sehr besorgt noch aufgeregt zu sein. Nur einer der drei kam Heller besonders still vor und sah recht oft auf seine Taschenuhr.

Heller sah selbst nach. Es war inzwischen zehn Uhr am Abend, und die Zweifel wuchsen. Doch heute war er allein, musste niemandem Rechenschaft ablegen. Nur mit sich selbst musste er auskommen. Er stieg von seinem Podest, lehnte sich an die Wand, entlastete seinen rechten Fuß, verschränkte die Arme. Es war ein verlockender Gedanke, sich zu setzen, doch er fürchtete, wenn er ihm nachgab, würde er einschlafen.

Die Luft war angenehm warm. Grillen zirpten. Am Himmel blinkten die ersten Sterne. Es wurde ganz still. Kein Zug fuhr mehr, kein Wagen auf der Straße, kein Fuhrwerk. Aus dem nahe gelegenen Flurstück rief ein Kauz. Eine Katze schlich über den Bauhof, bemerkte ihn und huschte eilig davon.

Nur um sich zu bewegen, stieg Heller wieder auf sein Podest und wagte einen Blick. Es war inzwischen fast elf. Nichts kam ihm ungewöhnlich vor, doch das war nicht schlimm, redete er sich ein. Bestenfalls musste er sich morgen von Armin auslachen lassen.

Gerade wollte er den Kopf runternehmen, da sah er den dritten Wachmann zum Tor laufen. Er fing ein Gespräch mit dem Mann im Pförtnerhäuschen an. Der schüttelte den Kopf, zog seine Uhr. Unzufrieden zog der dritte Mann wieder ab. Fünf Minuten später aber kehrte er zum Häuschen zurück. Nun gab sich der andere geschlagen, räumte den Platz und ließ den dritten Mann ein, um selbst auf Rundgang zu gehen.

Heller duckte sich kurz, als der Mann sich anschickte, in seine Richtung zu sehen. Er zählte bis zehn und wagte dann erneut einen Blick. Er war unbemerkt geblieben, doch der dritte Mann im Pförtnerhaus erregte nun seine Aufmerksamkeit. Während er nach seinen beiden Kollegen schielte, kramte er in einer Schublade, beugte sich dann über den Tisch und fand in einem Schränkchen schließlich offenbar das, was er suchte. Dann eilte er schnurstracks nach draußen und machte sich am Tor zu schaffen.

»He, was soll das? Das Tor bleibt zu«, rief einer seiner Kollegen.

Der Mann am Tor wurde nun hektisch, der Schlüsselbund fiel zu Boden. Er hob ihn auf, und seine zwei Kollegen kamen samt Hund angerannt. Doch bevor sie ihn erreichten, hatte er das Tor bereits aufgeschlossen. Kaum hatte er es einen Spaltbreit geöffnet, wurde es von außen mit Gewalt aufgestoßen. Zehn Gestalten mit maskierten Gesichtern drängten hinein, Schüsse aus Pistolen und Gewehren ertönten, und nur eine Sekunde später lagen die beiden anderen Wachmänner und der Hund tot am Boden. Was immer die Eindringlinge dem dritten Mann als Belohnung versprochen hatten, es musste eine Lüge gewesen sein. Einer der Angreifer hielt ihm einen Revolver ins Gesicht und drückte ab.

Mehr musste Heller nicht sehen. Er ließ von der Mauer ab und drehte sich um. Während nun hinter ihm die Schritte der Räuber über das Pflaster knallten, spurtete er los, hastete über den Bauhof, hinüber zur anderen Seite, um über die Mauer zu seinem Rad zu gelangen. Er sprang auf einen Holzstapel, ignorierte die Schmerzen, zog sich auf die Mauer hoch und ging dann in die Hocke, um zu springen. Doch als er nach unten sah, blickte er in das Gesicht eines Mannes, der sich gerade anschickte, die Mauer zu erklimmen. Es war Küster, eben jener von Bochholdts Leuten, der ihm das Rad hatte abnehmen sollen.

Heller zögerte keinen Augenblick, sprang von der Mauer direkt auf Küster und riss ihn mit seinem Gewicht zu Boden.

Der war völlig überrumpelt, doch wehrlos wollte er sich nicht ergeben. Er schlug und boxte nach Heller. Der schlug zurück, traf den Gegner in den Leib. Während des Handgemenges versuchte Küster immer wieder nach seinem Gürtel zu fassen, an dem vielleicht ein Messer oder eine Pistole hing. Schweigend und verbissen kämpften sie, und was Heller im Graben erspart geblieben war, ein Kampf Mann gegen Mann auf Leben und Tod, fand nun hier statt, keine halbe Stunde von seinem Elternhaus entfernt.

Küster war kleiner als Heller und stämmig, hatte Kraft, und diese Kombination war für einen solchen Kampf von Vorteil. Max blieb nur, dem Mann die Handgelenke zu halten, während Küster sich wand und drehte. Einer seiner Tritte traf Hellers rechten Fußknöchel, woraufhin dieser laut stöhnte. Küster trat nun wieder und wieder zu. Heller wurde schwarz vor Augen, so übermächtig waren die Schmerzen. Und kaum hatte er seinen Griff gelockert, riss Küster eine Hand los und griff nach unten, wo im Gürtel eine Pistole steckte. Heller warf sich zur Seite und ließ Küsters andere Hand los, um mit beiden Händen zu verhindern, dass Küster seine Waffe griff. Küster bekam die Pistole zu fassen, und Heller legte seine Hände um Küsters Hand. Nun ging es nur noch darum, wer die Waffe in seine Gewalt bekam.

»Du wirst verrecken, Hinkefuß«, keuchte Küster und schlug ihn mit seiner freien Hand. »Du Polizeispitzel, du Schwein du.«

Heller sagte nichts, denn er hatte keine Kraft mehr zum Sprechen. Küster schlug weiter auf seinen Kopf ein. Weder konnte er ausweichen noch die Waffe loslassen. Er konnte nur den Kopf einziehen und die Schläge ertragen. Doch wie lange? Wann begannen die anderen, Küster zu vermissen und ihn zu suchen? Dann war er verloren.

»Hörst du?«, zischte Küster, der glaubte, Oberhand zu gewinnen. »Verrecken wirst du, Bullenschwein.«

Heller beschloss eine letzte Kraftanstrengung. Anstatt den Kopf einzuziehen, wich er nun zurück und blickte in Küsters feixendes Gesicht. Dann stieß er mit der Stirn zu und traf die Nase seines Gegners. Im nächsten Moment löste sich ein Schuss. Küster bäumte sich einen Moment lang auf, als hätte er einen Krampf, und riss entsetzt die Augen auf. Dann sackte er zusammen und erschlaffte.

Heller rollte sich von ihm weg, sprang auf, blickte sich hastig um. Doch es war niemand da, der geschossen hatte. Er wartete noch einen Moment, versuchte zu Atem zu kommen. Hinter ihm dröhnten die Motoren der Laster, die sich bereits entfernten, deshalb hatten sie den Schuss nicht gehört. Niemand kam.

»Siehst du, sie lassen dich zurück«, sagte Heller und kniete sich neben Küster, doch der hörte nichts mehr und sah nichts mehr. Er war tot. Jetzt erst wurde Heller bewusst, was geschehen war. Küsters Hand mit der Pistole lag auf seinem Bauch. Beim Gerangel hatte sich ein Schuss gelöst und in seinen Leib gebohrt. Heller erhob sich, taumelte. Er musste beim Kampf den Abzug betätigt haben. Er hatte den Mann erschossen.

»Herrgott!«, keuchte Heller. »Herrgott noch mal!« Dann raffte er sich auf. Viel schlimmer konnte es nun nicht mehr kommen. Und damit dieser Kampf und Küsters Tod nicht umsonst gewesen waren, musste er nun den Lastwagen hinterher. Er nahm dem Toten die Pistole aus den erschlafften Fingern, brach sich dann ohne Rücksicht auf Kleidung und Körper einen Weg durch das Gebüsch und riss sein Rad mit sich.

Inzwischen waren in der Häuserreihe Lichter angegangen und Anwohner kamen heraus. »Die Polizei!«, rief Heller. »Ruft die Polizei!« Dann sprang er aufs Rad und fuhr los.

Als er auf der anderen Seite auf die Straße bog, waren die Lastwagen schon weit entfernt. Ihre Scheinwerfer waren ausgeschaltet, und Heller konnte ihre Motorengeräusche nur von

Weitem vernehmen. Sie fuhren weg von der Stadt, elbabwärts in Richtung Coswig. Als er das Werkstor passierte, verlangsamte Heller kurz, doch er konnte nichts mehr tun. Die drei Wachen und der Hund waren tot, man hatte sie aus dem Weg gezerrt, achtlos abgelegt, um nicht mit den Lastern über sie hinwegfahren zu müssen. Für ihn gab es nur noch eines zu tun. Er musste hinterher.

Der Fahrtwind und sein Blut rauschten in seinen Ohren. Sein Rad klapperte. Längst hatte er den Anschluss verloren. Er fuhr nur weiter, um irgendetwas zu tun, in der Hoffnung, doch noch etwas zu bemerken. Doch in Radebeul und dann hinter der Stadtgrenze gab es kein Licht, keine Laternen, nur der Mond schien.

Wenn sie auf der Lauer lagen, würden sie ihn kommen hören. Doch er musste weiter, musste das Risiko eingehen, dass er ihnen in die Arme lief. Vermutlich aber rechneten sie gar nicht damit, von ihm verfolgt zu werden. Er konnte nicht stehen bleiben, aber auch nicht zurückfahren. Denn dort lag ein Mann im Gebüsch, tot, durch seine Hand gestorben. Er fragte sich, ob es keinen anderen Weg gegeben hätte. Aber es war nicht seine Absicht gewesen. Er hatte es tun müssen, hatte kämpfen müssen, sonst wäre er nun derjenige, der tot im Gebüsch lag.

Aber wie weit sollte er noch fahren? Er konnte nicht ewig so weitermachen. Heller bremste ab und blieb nun doch stehen. Auch die Laster konnten nicht die ganze Nacht lang weiterfahren. Die Anwohner hatten den Überfall sicher gemeldet. Man würde über das Telefon überall Bescheid geben, die Landstraßen sperren. Vier Lastwagen in Kolonne waren viel zu auffällig. Die Räuber gingen sicher geschickter vor. Vermutlich hatten sie anderes geplant.

Heller lauschte, doch nur der Wind rauschte durch die Bäume. Grillen zirpten. Dann bellte ein Hund. Heller fuhr langsam ein Stück zurück und lauschte. Wieder bellte der Hund. Es schien aus Richtung der Elbe zu kommen. Doch von seinem Standort aus führte kein Weg dahin. Er musste noch ein Stück weiter, zurück in Richtung Dresden. Als er die nächste Kreuzung erreichte, von der ein ungepflasterter Weg leicht bergab führte, fiel es ihm wie Schuppen von den Augen.

Dieser Weg führte zu einem von Ullrichs zahlreichen Lagerplätzen. Dort gab es eine große Scheune, einen hohen Zaun, der das Gelände umschloss, viel freien Raum ringsum und eine provisorische Bootsanlegestelle. Und wenn ihn nicht alles täuschte, sogar einen Flaschenzugkran. Vielleicht war der Plan, das Raubgut auf ein Boot umzuladen. Heller stieg vom Rad, beugte sich herunter und konnte nun die Reifenspuren im Staub erkennen. Unschlüssig stand er einige Augenblicke lang da. Zum nächsten Polizeirevier in Radebeul zu fahren, würde viel zu lange dauern. Er konnte sich nicht entscheiden. Sicherer war es, auf Hilfe zu warten, irgendwann musste jemand kommen. Andererseits könnte er nachsehen, ob er richtiglag mit seiner Vermutung, könnte mit eigenen Augen sehen, was vor sich ging, und später wichtige Hinweise für eine weitere Verfolgung liefern.

Wie aber könnte er der Polizei einen Hinweis geben, dass sie diesen Abzweig nehmen sollte? Heller sah auf sein Rad. Das war eine Möglichkeit. Auch wenn es ihm schwerfiel, weil er riskierte, es dadurch zu verlieren. Am Straßenrand sah er sich nach einem Stock oder einem Ast um, stocherte im Gras herum und fand schließlich etwas, das eine Zaunlatte gewesen sein mochte. Mit dieser als Stütze stellte er sein Fahrrad mitten auf die Straße und drehte es so, dass das Vorderrad in Richtung des Weges zeigte. Noch einmal prüfte er den Stand und befand ihn für ausreichend, solange nicht stärkerer Wind aufkam. So musste es jedem auffallen. Daran konnte ein Polizist nicht vorbeifahren, ohne es zu bemerken.

Er nahm die Pistole aus dem Hosenbund und prüfte ihren Zustand, so viel Zeit musste sein. Es war eine P08, wie sie seine Offiziere im Feld getragen hatten. Er fand eine Patrone im Lauf, das Magazin war nicht mehr voll, höchstens vier Schuss waren übrig.

Heller eilte los, lief geduckt und hielt sich dabei am Rand des Wegs in der Deckung von Büschen und Obstbäumen. Es dauerte einige Minuten, bis der Zaun um Ullrichs Lager in sein Blickfeld geriet. Das große Tor stand einen Spaltbreit offen. Heller ging nicht direkt darauf zu, sondern schlug sich nach rechts ins hochstehende Gras. Es war still. Dafür, dass man hier die Fracht von vier Lastern umschlug, zu still. Oder sie waren längst fertig und verschwunden.

Heller kroch durchs Gras, wie er es bei der Armee gelernt hatte. Lieber verlor er noch ein paar Minuten und blieb dafür unentdeckt. Endlich am Zaun angekommen, schlich er in der Hocke weiter, bis er ein Brett mit einem Astloch fand. Er lugte hindurch. Viel konnte er nicht sehen, die große Scheune verdeckte die Sicht. Doch weder brannte Licht noch bewegte sich jemand, nur das Heck eines Lasters war zu sehen. Heller schlich weiter. Ullrichs Grundstück reichte bis zum Wasser, vielleicht geschah dort ja etwas.

Doch auch am Wasser blieb es völlig still. Kurz vor dem Ufer der Elbe beschrieb der Zaun wieder einen Knick nach links und schloss das Grundstück ab, nur ein großes Tor bot Zugang. Von diesem Tor aus führte ein massiver Steg zum Wasser, groß genug, dass sogar ein Lastkahn daran festmachen konnte.

Heller huschte über die wenige Meter große Freifläche zum Fluss, ging am Wasser in Deckung, lehnte sich an die steile Böschung, wie er im Krieg oft genug an der Grabenwand gelehnt hatte. Er reckte vorsichtig den Hals. Auch dieses Tor stand ein wenig offen. Es konnte sein, dass sie längst verschwunden waren. Doch er traute sich nicht, durch das Tor zu gehen; es kam ihm zu sehr wie eine Falle vor. Er rutschte wieder ein Stück nach unten und versuchte seine Gedanken zu sortieren. Entweder war der Lastkahn schon verschwunden, oder er war nie da gewesen, und sie hatten ihre Beute längst auf andere Transportmittel verladen, auf Pferdekutschen vielleicht, hoch mit Heu bedeckt. Er konnte hier nur ausharren und auf die Polizei warten, wenn sie überhaupt kam. Oder er lief zurück zum Rad, fuhr nach Dresden, machte Meldung, und man telegrafierte die Elbe hinauf und hinunter, um alle Boote und Schiffe zu kontrollieren.

Plötzlich öffnete sich das Tor. Er hörte es leise quietschen und hob vorsichtig den Kopf. Jemand kam nach draußen und sah sich um. Der Mann hatte ein Gewehr geschultert, seine Haltung wirkte eher lässig als angespannt. Dann erglomm ein Streichholz, eine Zigarette wurde angezündet. Heller glaubte einen von Bochholdts Männern zu erkennen. Er duckte sich, denn der Mann kam gemächlichen Schrittes noch weiter hinaus. Er bewegte sich direkt auf den breiten Landungssteg zu, und wenn er noch weiter ging, würde er Heller, der an der gemauerten Böschung lag, zwangsläufig sehen.

Heller überlegte hastig. Ins Wasser konnte er nicht, man würde es hören, und es würde ihm auch kaum nützen. Nahe am Ufer war es viel zu flach zum Untertauchen, weiter draußen würde die Strömung ihn forttreiben. Und es war zu spät, um sich unter dem Steg zu verstecken. Er konnte nur hoffen, dass der Mann lange genug in die falsche Richtung sah, damit er möglichst leise die Böschung hinaufklettern und sich wieder in die Deckung des Zauns retten konnte.

Tatsächlich drehte der Mann sich um und sah in die andere Richtung, elbaufwärts, als wartete er auf einen Kahn, der noch kommen sollte. Heller zögerte nicht. Auf allen vieren kroch er die Böschung hinauf, hastete die wenigen Meter zum Zaun, hin zur Ecke, wo ihn zwei Männer mit vorgehaltenen Waffen abfingen.

»Mein lieber Freund«, höhnte Benno. »Schön die Pistole fallen lassen und die Pfoten hoch!«

Heller blieb keine Wahl. Er ließ die Waffe fallen und hob die Hände.

»Umdrehen, Abmarsch!«, befahl Benno und winkte ihn zum offenen Tor, aus dem der Mann eben gekommen war.

Niedergeschmettert folgte Heller dem Befehl. Er wusste nicht, was er denken oder fühlen sollte. »Ihr wusstet, dass ich da bin?«, fragte er schließlich über die Schulter. Besser er sagte etwas, bevor ihn seine Furcht übermannen konnte. Nach dem, was geschehen war, konnten sie ihn unmöglich als Augenzeugen zurücklassen. Er musste verhindern, dass sie mit ihm das Grundstück betraten. Hinter dem hohen Zaun konnten sie mit ihm machen, was sie wollten.

»Wir haben's uns gedacht. Deshalb hatte ich Küster und zwei andere losgeschickt, um dich zu suchen. Und anscheinend hat Küster dich gefunden. Oder besser du ihn.«

»Das war Zufall. Bin ihm auf den Kopf gesprungen.«

Benno lachte vergnügt. Er schien betrunken zu sein, oder er hatte Kokain geschnupft. »Um Küster ist es nicht schade. Ein Raufbold. Immer mit dem Kopf durch die Wand. Jedenfalls fiel uns auf, dass er nicht nachkam.«

»Hast du deine Schwester so zugerichtet?«, fragte Heller und bekam einen Gewehrlauf in den Rücken gestoßen, weil er zu langsam lief.

Benno lachte, von seinem Triumph berauscht. »Nur auf ihren Wunsch. Sie hielt es für notwendig, sich um euch zwei Hilfspolizisten zu kümmern, und einmal mehr hat sie recht behalten.«

Jetzt verstand Heller, nur leider viel zu spät. »Sie ist eure eigentliche Anführerin!«, sagte er, als sie das Tor erreichten.

»Frag sie selbst!«, sagte Benno und stieß ihn mit dem Gewehr durchs Tor.

Heller betrat Ullrichs Hof und fand sich zwischen einem Dutzend Männer und einer Frau wieder. Doch ehe er Johanna ansprechen konnte, löste sich aus der Dunkelheit eine weitere Person und stellte sich ihm in den Weg. Es war Ullrich. Wie immer trug er seine lederne Schieberkappe auf dem Kopf und hatte eine Zigarette zwischen den Zähnen.

»Mein lieber Max, du hättest es wirklich dabei belassen können«, sagte er lächelnd, doch ohne jede Spur von Freundlichkeit. »Oder besser noch wärst du bei mir geblieben. Du wärst inzwischen ein gemachter Mann. Und nun sieh dich an. Was bist du? Ein hinkender Niemand. Ein Polizeispitzel. Was haben Sie dir denn versprochen?«

Heller ignorierte den widerlichen Mann und fragte Johanna: »Was ist mit Armin, was hast du ihm getan?«

»Schau mir gefälligst in die Augen, wenn ich mit dir rede!«, schnauzte Ullrich ihn an und griff nach seinem Jackenkragen. Ganz impulsiv schlug Heller zu. Der Fausthieb landete mitten in Ullrichs Gesicht, und der Mann fiel um wie ein Brett. Besinnungslos blieb er liegen. Keiner aus der abgebrühten Räuberbande störte sich an dem Bewusstlosen, sie belachten ihn sogar und zeigten damit einmal mehr, aus welchem Holz sie geschnitzt waren. Ein Menschenleben war ihnen nichts wert, nicht mal das ihrer Verbündeten.

»Was hast du mit Armin gemacht?«, fragte Heller noch einmal.

Johanna kam näher und drückte ihm die Mündung ihres Revolvers unter das Kinn. Mit ihrem verunstalteten Gesicht sah sie im fahlen Mondlicht hart und böse aus. »Weißt du, der hatte Glück, dass ich ihn wirklich mal lieb gehabt hab. Sonst wär er jetzt hinüber. Ihn und seine Mutter wird schon jemand finden, bevor sie ersticken. Du dagegen hast nicht so viel Glück, dich hab ich nicht lieb gehabt. Und du wärst uns beinahe wirklich in die Parade gefahren. Ich hatte gehofft, der Franz würde kurzen Prozess machen, ehe es ihn selbst erwischt, aber vermutlich hat er wieder geredet und geredet. Es war ja wirklich kaum auszuhalten mit diesem Schwachkopf! Der glaubte ja selbst an seine Mission. Der dachte, er wäre so was wie ein Heiliger Krieger.«

Heller vermutete, dass man die Frau bei Laune halten musste. Sie schien skrupelloser zu sein als jeder Mann hier. »Und du hast dich verprügeln lassen, nur des Schauspiels wegen?«, fragte er.

»Hast du dir nicht auch selbst ins Bein geschossen, damit du heim kannst von der Front?«, fragte Johanna und lächelte süß. »Das ist es, was alle erzählen. Selbst dein liebster Freund.«

»Das ist ...«, fuhr Heller auf und verstummte sogleich. Sie spielte nur, wollte ihm wehtun. Armin würde so etwas niemals von ihm behaupten.

»Und weißt du was? Die Polizei wird staunen, dass du gemeinsame Sache mit Ullrich gemacht hast. Die werden enttäuscht sein von dir, nehme ich an, sehr sogar, die werden denken, du hast ein doppeltes Spiel gespielt. Und denk nur an deine braven Eltern, mal dir nur ihre Gesichter aus, wenn sie erfahren, welch ein Bandit du gewesen bist.«

»Wie willst du das der Polizei weismachen?«, fragte Heller, um Zeit zu gewinnen.

»So mach ich das, ich zeig es dir«, sagte Johanna, richtete ihren Revolver auf Ullrich, der gerade wieder zu sich kam, und drückte ab. Der Schuss schmetterte Ullrichs Kopf zu Boden und ließ keinen Zweifel daran, dass er tot war. »Und jetzt ...«, begann sie, als plötzlich ein Geräusch ertönte, das sie alle herumfahren ließ. Ein lautes Wiehern, dann sprang das Tor auf. Zwanzig oder mehr Polizisten stürmten hinein und schossen in vollem Lauf. Mitten unter ihnen Hellers Großvater auf einem Pferd, den Säbel in der Rechten, einen Revolver in der Linken. Das Pferd stieg auf, drohte ihn abzuwerfen.

»Hooo!«, rief der alte Heller, brachte das scheuende Tier wieder unter Kontrolle, trieb es zum Galopp und stürmte mit wehendem weißem Haar mitten hinein in die glotzende Gruppe. Er ließ den Säbel niederfahren und schoss einem Angreifer in die Brust.

Ohne zu zögern, sprang Max hinter einem Bretterstapel in Deckung, riss die Hände über den Kopf, hörte wildes Geknatter, das Fauchen des Säbels, laute Befehle, das Schreien von Verwundeten, Hufgetrappel.

Etwas fiel plump neben ihm zu Boden. Heller wirbelte im Liegen herum, bereit sich zu verteidigen. Es war Benno, der ihn mit weit aufgerissenen Augen anstarrte. Er war tot. Einige Banditen versuchten zu flüchten, rannten durch das Tor Richtung Elbe, sprangen ins Wasser. Der alte Heller riss das Pferd herum. »Stehen geblieben!«, rief der Alte und schoss seinen Revolver leer.

»Hinterher!«, hörte Heller ihn rufen. »Fünf Mann. Vorderes Tor sichern. Ausschwärmen. Gebäude durchsuchen. Und gottverflucht, unterstehe sich einer, meinen Enkel zu erschießen! Max? Max?«

»Hier!«, rief Heller aus seiner Deckung. Sein Großvater sprang vom Pferd und lief auf ihn zu.

»Geht es dir gut, Junge?«, rief er.

Heller stand auf und klopfte sich ab. »Ich bin noch ganz.«

Großvaters Miene verfinsterte sich. »Gottverflucht Junge, du bist doch ein selten dämlicher … saudummer … vollkommen verblödeter …« Plötzlich machte er einen Schritt nach vorn und umarmte seinen Enkel so heftig, dass er ihm fast die Rippen brach. Dann ließ er sofort wieder von ihm ab. »Eine Tracht Prügel müsste man dir verpassen, du saudämlicher Idiot, drecksbockiger Esel!« Mit einem letzten zornigen

Blick fuhr er herum. »Stopfen!«, brüllte er in die Nacht. »Feuer einstellen! Ich erwarte umgehend Meldung!«

Einer der Polizisten kam zu ihm und erstattete kurzen Bericht.

»Stellen Sie einen Suchtrupp zusammen, Verfolgung aufnehmen«, befahl der Geheimrat. Mit einem Schwung, dem man einem Mann in diesem Alter gar nicht zutraute, stieg er wieder auf sein Pferd. Heller konnte nur staunen. Dort oben im Sattel wirkte er nicht mehr wie der steifhüftige alte Mann, den Max kennengelernt hatte. Auf dem Pferd wuchs er zu neuer Größe, als erlebte er einen zweiten Frühling. Jetzt erst verstand Heller, was für ein Mann sein Großvater einst gewesen sein musste.

»Dein Rad auf der Straße?«, fragte der alte Heller von oben herab. Vermutlich war er nur deswegen wieder aufs Pferd gestiegen, um mit etwas Abstand seine Rührung besser verbergen zu können.

Heller nickte.

»Gut. Gut gemacht. Aber unverantwortlich das Ganze und lebensmüde.«

»Großvater. Wie kommt es ...« Heller stutzte. »Bist du den ganzen Weg geritten?« Das Pferd war schweißnass und zitterte.

Der alte Mann steckte den Revolver weg, beugte sich vor, klopfte dem Tier auf die Schulter und rieb fest durch das Fell. »Ein gutes Pferd. Bin froh, es behalten zu haben. Ich werde es hier unterbringen müssen, heut kehren wir nicht mehr zurück.«

»Aber deine Knochen!«

»Max, du sprichst mit einem altgedienten Rittmeister. Ich reite bis zum Nordpol, wenn es sein muss. Auf dem Pferd vergess ich meine Knochen. Pferde sind mir die liebsten. Mag auch sein, dass ich mich manchmal mehr um meine Tiere als um meine Kinder gekümmert habe. Du wirst daraus lernen. Für mich ist es zu spät.«

»Und woher wusstest du, dass ich hier bin?«

»Ein alter Freund besuchte mich und erzählte mir, Kriminalrat Assmann wäre aufs Äußerste erzürnt, dass sich ein gewisser Heller seine Telefonnummer erschlichen hätte. Und man müsste ihn der Hochstapelei und der Amtsanmaßung anzeigen, hieß es noch. Natürlich wollte ich die Hintergründe erfahren und bin auf eine ganze Reihe von gravierenden Dummheiten gestoßen. Begonnen mit deiner Einmischung, die ich verboten hatte, bis hin zu Kriminalinspektor Schubert mit seiner hirnverblödeten Ignoranz und Kriminalrat Assmanns geistesgestörter Hochnäsigkeit.«

Großvaters Ausbruch brachte einige umstehende Polizisten zum Lachen, und der Alte strafte sie mit einem strengen Blick. Eilig zerstreuten sie sich, um nicht selbst zur Zielscheibe zu werden.

»Darf ich fragen, wer dieser alte Freund ist?«, fragte Heller vorsichtig.

»Nun, Freund ist wohl übertrieben«, relativierte Gustav Heller. »Lehrling scheint mir das rechte Wort. Ein guter zwar, aber noch immer ein Lehrling, und er wird es wohl auch immer bleiben. Er teilte jedenfalls meine Auffassung, dass es vonnöten war, schnellstmöglich ein Überfallkommando zu mobilisieren. Du darfst dich artig bei ihm bedanken. Ich geh derweil zum Wasser, das Tier kommt um vor Durst.« Er ließ das Pferd wenden und durch das Tor traben. »Jemand bringt mir ein Tuch oder eine Decke!«, hörte Heller ihn rufen. »Ist das Gelände durchsucht? Gottverflucht, macht hier auch nur einer, was ich sage?«

»Ganz der Alte.« Pohl kam aus der Dunkelheit auf Heller zu.

»Sie bluten«, bemerkte Heller und deutete auf eine Schramme, die über Pohls linke Wange verlief.

»Streifschuss, knapper hätte es nicht sein können«, kommentierte er.

»Ich möchte mich bedanken.«

»Doch nur, weil der alte Herr es befohlen hat«, winkte Pohl ab. »Ein bisschen nagt das Gewissen an mir. Es hätte mir ebenso suspekt sein sollen wie Ihnen, dass Bochholdt den Plan auf einem Zettel bei sich trug.«

»Sie wussten aber nichts von den Betriebspapieren der Maschine, die mich erst auf die Idee brachten, mir die Fabrik anzusehen.«

Pohl wiegte den Kopf, fühlte sich wohl in seiner Polizeiehre verletzt.

»Wie konnten Sie sich so unbemerkt dem Gelände nähern?«, fragte Heller, während man begann, die Toten einzusammeln und nebeneinander in den Staub zu legen. Es hatte nicht nur Benno, sondern auch Johanna erwischt, und mindestens noch sechs weitere Personen. Vier oder fünf andere Banditen waren noch auf der Flucht. Sie würden kaum davonkommen. Ihre einzige Möglichkeit war die Kapitulation. Wie es schien, hatte es bei diesem Einsatz keinen Polizisten getroffen, so großartig war die Überraschung gelungen.

»Wir sind mit zwei Überfallwagen da, die haben wir aber an der Straße stehen lassen, als wir Ihr Rad sahen. Unser Plan war es, das Gelände zu umstellen, da hörten wir den Schuss und mussten das Schlimmste befürchten.« Pohl wandte sich ihm zu. »Sie hätten den Herrn sehen müssen, wie eine Furie kam er angedonnert. Uns blieb nur, das Tor aufzustoßen.«

Heller nickte. Er hatte es gesehen. »Ich hoffe nur, er wird mir das alles hier verzeihen.«

Pohl lachte. »Oh, er hat Ihnen doch verziehen, haben Sie das nicht bemerkt? Er verteilt seine Liebkosungen in Form wüster Beschimpfungen. Es gibt keinen, den er mag, der nicht schon die Worte *dämlich* und *Esel* um die Ohren bekommen hat. Und, lieber Heller, er hat sie umarmt. Ich glaub, das hat er in seinem ganzen Leben noch mit keinem getan.«

»Ich spür es noch!«, sagte Max, und Pohl lachte. Doch was er für einen Witz hielt, war vollkommen ernst gemeint. Doch nicht nur, weil ihm die Rippen schmerzten. Diese Umarmung würde er wohl nie vergessen.

»Wir müssen meinen Freund Armin Richter besuchen. Und seine Mutter. Ich fürchte, man hat ihnen etwas angetan.«

»Darum kümmere ich mich. Da, der alte Herr ist zurück.« Pohl wollte sich abwenden.

»Warten Sie bitte noch kurz«, bat Heller. »Sagen Sie … Ihre Frage, ob ich mir ausmalen könnte, in die Dienste der Polizei zu treten – gilt die noch?«

Pohl sah ihn einen Moment ernst an. »Sie müssten von ganz unten beginnen. Ein Anwärter wären Sie. Sie müssten sich einer strengen Hierarchie fügen, eine Ausbildung absolvieren. Sie müssten lernen, mit ihrem Fuß Dienst zu tun wie alle anderen. Oder gibt es noch andere Hemmnisse?«

»Nein, keine«, unterschlug Heller seine Furcht vor dunklen Kellern.

»Wenn Sie zu alldem bereit sind, dann gilt diese Frage noch. Und ich würde Sie reinsten Herzens der Aufnahmekommission empfehlen.«

»Dann will ich es mir überlegen«, sagte Heller.

»Nun«, sagte sein Großvater. »Genug Zärtlichkeiten ausgetauscht?«

»Jawohl, Herr Rittmeister!« Pohl salutierte freundschaftlich und ging davon.

»Max«, sprach der Alte seinen Enkel an. »Für eine Stunde fühlte ich mich wieder als der Mann, der ich mit dreißig war. Nun aber fühle ich mich wie hundert. Dieser Ritt hat mich sicher ein ganzes Lebensjahr gekostet. Hilf mir vom Pferd, ehe die Schwerkraft es tut.«

Max nickte und bot dem Mann seine Schulter als Stütze an. Ächzend rutschte der Geheimrat aus dem Sattel und hielt sich an Max fest.

»Das werde ich schwer bereuen in den nächsten Tagen«, stöhnte er. »Aber es war die Sache wert.«

Eine Weile lang hielt er sich noch fest, schnaufte und wischte sich die Stirn. Dann löste er sich und begann die Reihe der Toten abzuschreiten.

»Du musst wissen, Max, natürlich haben diese hier ihren Weg gewählt. Dieser Weg führte unweigerlich zu einer Kugel oder an den Galgen, bestenfalls ins Zuchthaus. Und doch ist es schade um jeden Einzelnen. Denn der Mensch wird unschuldig geboren, und oft sind es die Umstände, die ihn zu dem machen, was er dann ist.« Er hatte das Ende der Reihe erreicht und betrachtete nun Johanna, die gerade mal zwanzig Jahre alt sein mochte. Sie war schön gewesen, doch begraben würde man sie nun mit einem geschwollenen Gesicht, das ebenso Überraschung und Entsetzen ausdrückte wie das ihres Bruders.

»Sieh nur, sie ist ja noch ein Kind. Durch den Krieg zur Waise gemacht. Durch die Not zum Verbrecher geworden. Eine Schande ist das.« Er hielt kurz inne, und Heller fragte sich, wen der Alte da wohl gerade sah. Denn soweit er wusste, war die Schwester seines Vaters auch etwa in diesem Alter an ihrer Krankheit gestorben.

Der Geheimrat riss sich von dem Anblick los und kehrte zu seinem Enkel zurück. »Aber eins wisse: So schlecht die Voraussetzungen auch sein mögen, jeder gesunde Mensch hat einen Verstand, der ihm sagen sollte, was recht und schlecht ist. Und es macht einen gewaltigen Unterschied, ob ich aus der Not stehle oder lüge und betrüge, um mich zu bereichern. Oder ob ich gewissenlos das Leben anderer gefährde oder beende. Mitleid darf man haben, auch Verständnis, doch vor der Konsequenz darf das letztlich niemals schützen.« Er nahm Heller beim Arm, vielmehr hängte er sich ein. »Max, ich muss mich setzen und ausruhen. Ob ich heute Nacht noch heimkomme, wage ich zu bezweifeln.«

»Es gäbe eine Möglichkeit der Übernachtung, nicht so weit von hier«, bot Heller vorsichtig an.

»Ach ja?« Großvater sah ihn aufmerksam an, dann kam er selbst darauf. »Ach ja«, wiederholte er dann leise und senkte seinen Blick.

Lang blieb es still.

»Gut«, sagte der Alte schließlich. »Zwar mag ich mich nicht derartig geschwächt meiner größten Herausforderung stellen, doch vielleicht musste es erst so weit kommen.«

»Sag, Großvater«, begann Max nach einigen Augenblicken, denn eine Sache bereitete ihm nun die größte Sorge. »Kriminalrat Assmann hat mich für morgen in sein Büro zitiert, meinst du …«

»Ob du hingehen wirst?«, unterbrach der alte Rittmeister. »Natürlich wirst du das! Stell dich wie ein Mann.«

Für immer würde sich Max Heller das Gesicht seines Vaters einprägen, als er die Tür öffnete und *seinen* Vater vor sich stehen sah. Es war ein Schauspiel, wie die beiden Männer, die sich so fremd geworden waren über die Jahre, sich verständigten, ohne zu sagen, was gesagt werden sollte, und doch zufrieden waren. Wie all der Groll, der sich über die Jahre aufgebaut und zu einer regelrechten Mauer verhärtet hatte, sich in wenigen Sekunden auflöste wie Zuckerwatte im Regen. Was zurückblieb, klebte nur noch und musste abgewaschen werden.

»Ich bitte um eine Bleibe für die Nacht«, bat Großvater.

»Ist recht«, antwortete Vater, der diese Bitte unmöglich hätte abschlagen können, denn eine größere Offerte für einen Frieden konnte er von seinem Vater nicht erwarten. Stumm eilte Max' Mutter los und zog die einzige übrige Garnitur Bettwäsche auf. Max stellte seinem Großvater sein Zimmer zur Verfügung, um selbst eine unbequeme Nacht auf der Couch zu verbringen, doch es wurde ein wonniger Schlaf. Jedes Erwachen mitten in der Nacht mit schmerzendem Rücken war wie ein Gewinn, denn erlöster konnte man sich nicht fühlen, zusammen unter einem Dach mit den wenigen Menschen, die einem geblieben waren.

Natürlich war er nicht schlafen gegangen, ohne in Erfahrung zu bringen, wie es Armin und dessen Mutter ergangen war. Sie waren einem niederträchtigen Überfall zum Opfer gefallen, kaum dass der belogene Doktor mit seinem Lohn gegangen war. Als Armin und seine Mutter Johanna erschöpft schlafend wähnten, hatte sie sich zur Tür geschlichen, sie geöffnet und drei von ihren Leuten hineingelassen. Gemeinsam hatten sie Armin und seine Mutter gefesselt und geknebelt, so fest, dass sie beinahe wirklich erstickt wären. Vermutlich war doch ein wenig Liebe im Spiel gewesen, denn die sonst so skrupellose junge Frau hatte die beiden am Leben gelassen. Die Nachricht von Johannas Tod hatte Armin mit Fassung getragen, schließlich hatte er Zeit genug gehabt, regungslos am Boden liegend und halb erstickend, um seine Gefühle für diese Frau zu überdenken. Frau Richter brauchte einen Arzt und viel gutes Zureden, dass nun endgültig alles ausgestanden war, bis ihr hysterischer Anfall endete.

So seltsam wie die erste Begegnung seines Vaters mit dem Großvater am Abend verlief dann auch das Frühstück. Mutter fragte den alten Herrn, ob ihm Kaffee und Butterbrot recht wären, als er gänzlich angekleidet in der Tür erschienen war, das lange Haar über den Kopf gekämmt. An jedem anderen Herren seines Alters hätte die Haarpracht wohl lächerlich ausgesehen, nicht aber an diesem.

»Mehr als nur das«, antwortete er, bedankte sich und setzte sich dann stumm an den Tisch. Auf die vorsichtige Frage des Vaters nach dem Geschehen in der Nacht berichtete der Großvater dann ausführlich, ließ aber doch einiges aus. Vor allem Max ließ er in besserem Licht erscheinen, und es gelang ihm gut, die Eltern nicht rückblickend in größte Angst um ihren Sohn zu versetzen. Schließlich berichtete Großvater, wie es um den Hof stand, wie es Thomas erging. Von den Geschehnissen vor fünfundzwanzig Jahren, von den verletzten Eitelkeiten, von all der verlorenen Zeit kam nichts zur Sprache. Heller blieb stumm, lauschte nur, spürte, dass mehr geschehen war, als man ermessen konnte. Manchmal schien es gut zu sein, dass man die Dinge nahm, wie sie kamen. Dass man leidlich verheilte Narben nicht noch einmal aufriss, auch wenn sie hässlich aussehen mochten.

Schließlich erhob sich Großvater, sprach beinahe förmlich eine Einladung aus, um sich für die Gastfreundschaft revanchieren zu können, und gab dann Max einen Wink mit den Augen, ihm ins Zimmer zu folgen. Dort erteilte er ihm für das Vorsprechen bei Assmann genaue Instruktionen. Schließlich gingen sie das Pferd von einer nahen Koppel holen, wo sie es in der Nacht noch hatten unterbringen können. Dann verabschiedeten sie sich voneinander, und Heller schwang sich, rasiert und sauber gekleidet, auf sein Rad.

Es war ihm fast eine Genugtuung, die Mienen der beiden leicht blasierten Wachmänner im Polizeipräsidium zu sehen, als sie erfuhren, dass er tatsächlich einen Termin bei Kriminalrat Assmann hatte. Sogleich wurden sie umgänglicher. Welcher Natur dieses Treffen war, wussten sie schließlich nicht.

Nun stand Heller seit einigen Minuten vor Assmanns Schreibtisch stramm, doch es machte ihm nichts aus, hatte Großvater ihn doch gewarnt, dass Assmann ihn würde warten lassen, und äußerste Geduld von ihm verlangt. Der Kriminalrat tat, als hätte er Dringendes zu tun, blätterte in Akten, gab sich geschäftig, machte sich Notizen und sah schließlich auf, als würde er Heller erst jetzt bemerken.

»Gestern habe ich noch geglaubt, Sie hätten den Gipfel der Unverschämtheit erreicht«, begann der Mann schließlich recht unvermittelt, als hätte ihm dieses Hinhalten mehr zugesetzt als Heller. Assmann war groß und schwer, das Haar gescheitelt, er trug einen Kaiser-Wilhelm-Bart, und seine eigentlich respektgebietende Gestalt wurde durch die hochgekrümmten Spitzen des Schnauzers ein wenig unterminiert. Heller malte sich aus, wie der Mann minutenlang jeden Morgen vor dem Spiegel stand, um sie in die richtige Richtung zu trimmen, um sie dann mit Pomade zu fixieren.

»Dies aber übersteigt noch meine Einbildungskraft.« Assmann hielt ein Schreiben in die Höhe, das Heller zuerst dem Schreiber im Vorzimmer überreicht hatte, nur damit dieser es Assmann geben konnte.

»Auf der Stelle müsste ich Sie hinauswerfen, oder besser noch mit wenigstens vier Wochen Gefängnis bestrafen. Hören Sie mich?«

»Jawohl, Herr Kriminalrat.«

»Stattdessen verlangen Sie, und das ist an Unverschämtheit kaum zu überbieten, dass ich Sie nun sogar noch mit einer schriftlichen Empfehlung ausstatte, zur Aufnahme in den Polizeidienst.«

»Wenn Sie gestatten, Herr Kriminalrat, nicht ich verlange das«, verbesserte Heller und starrte stur über den Mann hinweg.

Assmann holte tief Luft, behielt sie dann aber drin, statt sie mit Gepolter loszuwerden. »Nicht Sie, allerdings. Ihr werter Herr Großvater ist es, der dies von mir verlangt«, gab er schließlich zu.

»Seine hochachtungsvollsten Wünsche und Grüße soll ich Ihnen übermitteln«, stieß Heller hervor.

»Das hat er nicht gesagt!«, behauptete Assmann.

Richte dem vermaledeiten Schwachkopf meine Grüße aus, hatte der Alte gesagt.

»Hat er, jawohl. Wort für Wort.«

»Hm. Und was ist mit Ihrem Fuß? Sie hinken.«

»Das wird sich geben. Es ist schon besser geworden.«

»Sie haben weder Frau noch Kind.«

»Es kam ein Krieg dazwischen.«

Assmann schnaufte. »Eines muss man Ihnen lassen, Kerl, Schneid haben Sie. Sie sollen ihre Empfehlung bekommen.« Assmann erhob sich und reichte Heller die Hand über den Tisch. »Sie könnten sogar noch in diesen Ausbildungsjahrgang einsteigen, er hat gerade erst begonnen. Aber glauben Sie nicht, dass Sie hier nur ein winziges bisschen besser behandelt werden oder irgendwelche Schonung erfahren, nur weil Sie mit dem alten Heller verwandt sind.«

Heller nahm seine Hand. »Ich glaube nie etwas.«

1921

Es war ein herrlicher Sonntag. Nachdem das Wetter für den Frühsommer recht bescheiden geblieben war, hatte ihn dieser Morgen mit strahlend blauem Himmel empfangen. Voller Vorfreude auf den Ausflug hatte Heller seinen Freund Armin abgeholt, der noch immer bei seiner Mutter wohnte, denn als Student konnte er keine großen Sprünge machen. Er konnte sich kaum die Fahrkarten zur Hochschule leisten, weshalb er oft lief. Dafür hoffte er, einmal als Ingenieur zu großem Ruhm und viel Geld zu kommen, auch wenn er die Aufnahmeprüfung trotz wochenlangen Lernens nur mit Ach und Krach bestanden hatte.

Auch Heller lebte noch bei seinen Eltern, trotz seines Einkommens als frisch gebackener Schutzpolizist, mit dem er ganz gut auch allein ausgekommen wäre. Doch zum einen hielt er sie und ihren kleinen Laden mit dem Kostgeld, das er ihnen zahlte, leidlich über Wasser. Zwar waren die Zeiten besser geworden, aber ihre Angewohnheit, die Leute zu oft und zu teuer anschreiben zu lassen, hatten sie immer noch nicht abgelegt. Selbst wenn sie sich fest vorgenommen hatten, jemandem diesen Kredit nicht mehr zu gewähren, wurden sie immer wieder schwach, wenn die Kinder aus Arbeiterfamilien vor dem Tresen standen und Margarine, Nähgarn und Lampendochte verlangten. Noch dazu waren sie beide offensichtlich krank, auch wenn sie es nicht zugaben. Und es waren nicht mehr nur die Beschwerden, die sie seit Jahren mit sich herumschleppten. Es schien nur eine Frage der Zeit zu sein, bis es ihnen zu viel würde. Er hatte ihnen nur einmal vorgeschlagen, den Laden zu veräußern, und würde es sicher nie wieder tun.

Zum anderen hatte sich ihm noch immer keine Gelegenheit geboten, eine eigene Familie zu gründen. Zwar waren Armin und er ein gutes Gespann. Immer wieder gelang es ihnen, Bekanntschaften zu machen, und es gab auch viele junge Frauen in seinem Viertel, die ihm schöne Augen machten, ohne sich an seinem Humpeln zu stören. Es war auch schon besser geworden mit seinem Fuß. Die Schmerzen hatten nachgelassen. Jeden Tag stemmte Heller ihn gegen die Wand in seinem Zimmer, drehte ihn nach links und rechts, so weit es nur ging, bis ihm die Tränen in die Augen schossen. Aber es half, hielt ihn beweglich. Doch noch immer verursachte jede falsche Bewegung Schmerzen. Da der Krieg jedoch für einen Mangel an gesunden jungen Männern gesorgt hatte, waren die Frauen offenbar weniger wählerisch. Und auch wenn der Beruf des Schutzpolizisten vielleicht nicht der angesehenste war oder sogar belächelt wurde, brachte er ihm ein festes Einkommen und machte ihn umso begehrter. Vielleicht lag das auch an seiner blauen Uniform.

Trotzdem hatte er weder Frau noch Verlobte, und es gab auch derzeit keine, die dafür infrage kam. Denn keine von seinen Bekanntschaften hatte wirklich starke Gefühle in ihm ausgelöst. So hatte er jedes Mal wieder den Rückzug angetreten, auch wenn seine Mutter ihm vorwarf, zu wählerisch zu sein. Das hatte ihn veranlasst, sich ein wenig zurückzunehmen. Es bereitete ihm zunehmend ein schlechtes Gewissen, die Hoffnungen der jungen Frauen zu enttäuschen oder ihnen sogar Schande zu bereiten, zumal er als Polizist auch einen Ruf zu verlieren hatte. Mochten die Zeiten sich auch geändert haben, die Gesellschaft gestand es den jungen Frauen nicht zu, sich außerhalb der gängigen Gepflogenheiten zu bewegen.

Eine außereheliche Schwangerschaft oder ein zu offenes Geschlechtsleben führten fast unweigerlich zur Ausgrenzung.

So stand er ein wenig zwischen den Stühlen. Auf der einen Seite Armin, der nie müde wurde, nach neuen Eroberungen zu suchen, mit seinem Schalk und Charme dabei meist erfolgreich war und auch seinen Freund immer gut versorgt wissen wollte; auf der anderen Seite seine Eltern, die ihren Sohn sicher gern mit einer Ehefrau gesehen hätten und sich einen Enkel wünschten. Auch er selbst wünschte sich Kinder, vor allem aber eine Frau, auf die er sich verlassen konnte, und ein eigenes Heim.

Doch sich auf eine einzulassen, die er bestenfalls mochte, schlimmstenfalls nur duldete, darauf hatte er keine Lust. So wollte er sein Leben nicht verbringen. Denn wenn er seine Eltern betrachtete, schienen sie sich trotz ihres schweren Lebens doch sehr zu lieben, gerieten fast nie in Streit, warfen dem anderen nie einen Fehler vor. Sie hatten sich gegen den Willen seines Großvaters durchgesetzt und es offensichtlich nie bereut. So etwas wollte er, und wenn er noch fünf Jahre darauf warten würde. Außerdem gaben es die Zeiten her, dass man nicht mehr mit zwanzig verheiratet sein musste, auch wenn es seine Eltern sicherlich störte.

Doch all das war jetzt nicht wichtig. Das Wetter war herrlich, in seinen Taschen klimperten Münzen, deren Schicksal es war, heute ihren Besitzer zu wechseln. Die politische Lage hatte sich beruhigt, genau wie die wirtschaftliche. Der Krieg war verloren, kaum jemand sprach darüber, die Menschen wollten leben, die Jugend wollte tanzen. Die Entente beschloss zwar alle paar Monate neue harte Reparationsmaßnahmen, verlangte Gold in überirdischen Ausmaßen, und das Reich kontrollierte nach Waffen, deren Besitz die Verträge verboten. Doch darum kümmerten sich die Politiker. Niemand, den Heller kannte, wollte etwas davon hören. Aus anderen Städten, vor allem aus Berlin, schwappten Moden nach Dresden, die nicht nur den Kleidungsstil betrafen, sondern auch Theater und Musik. Der Drogengebrauch grassierte, und sexuelle Freizügigkeit in bisher unbekannten Ausmaßen kam auf. Heller wusste davon, denn bei seinem Dienst im Zentrum der Stadt bekam er einiges mit. Es gab Theater, Cafés, Kabaretts, Bordelle, Etablissements, in denen mehr oder weniger versteckt Homosexualität ausgelebt wurde. In der Nacht schien die halbe Stadt unterwegs zu sein. Betrunkene oder anders Betäubte taumelten durch die Straßen. Taschendiebe verdienten sich goldene Nasen, genau wie die Taxifahrer und Droschkenkutscher. Und jeder, der geschickt genug war, einem halb Besinnungslosen die letzten Groschen aus der Tasche zu ziehen.

Heute war eine Dampferfahrt ins Sandsteingebirge geplant. Außer Armin wollten auch Thomas und sein Großvater mitkommen, die bei Pillnitz zusteigen würden. Sie wollten gut essen, Bier trinken, vielleicht auch tanzen, wenn es die Musik hergab, und den Ausblick genießen.

Heller klingelte bei Richters, denn die Haustür war noch abgeschlossen. Sogar für die Kirche war es noch zu früh. Aber Heller wollte keine Minute dieses Tages verschwenden. Armins Mutter steckte den Kopf aus dem Fenster.

»Polizei!«, rief Heller. »Sofort aufmachen!«

»Bist du still!«, zischte Frau Richter in gespielter Entrüstung. »Armin kommt schon. Und dass ihr ja keine Dummheiten macht!«

»Im Leben nicht, Frau Richter, wir sind erwachsene Männer.«

»Dass ich nicht lache, Max. Ihr benehmt euch wie kleine Jungen, wenn ihr zusammen seid.«

»Kommen Sie doch einfach mit!«

Frau Richter winkte ab. »Ach was, macht ihr nur. Gib auf Armin acht, dass er nicht so viel raucht!«

»Ich werde ihn jede Minute darauf hinweisen!«, rief Heller, während Armin unten die Tür aufschloss und bereits eine glimmende Zigarette zwischen den Lippen hielt.

»Auf Wiedersehn, Frau Richter, schönen Sonntag wünsch ich!«, rief Heller nach oben. Frau Richter winkte und verschwand. Heller gab seinem Freund das Zeichen, herauszukommen.

»Melde mich gehorsamst zum Dienst!« Armin salutierte. Heller bot ihm seinen Arm an. Armin hakte sich ein.

»Im Gleichschritt, marsch!«

»Geht nur schon vor, Jungens«, rief Thomas im Trubel an der Anlegestelle. »Ich such mir mit deinem Großvater ein schattiges Plätzchen.«

»Ist dir das recht, Großvater?«, fragte Heller.

»Nur zu. Seht, dass ihr fortkommt. Bin froh, wenn ich von diesem Kahn runter bin!« Gustav Heller winkte mit dem Gehstock in seiner Hand. Zwei Jahre waren für einen Mann seines Alters eine lange Zeit; man sah ihm an, dass er älter wurde. Doch noch war er rüstig auf den Beinen. Wenn er auch nicht mehr auf ein Pferd stieg, so war er doch jeden Tag im Stall.

»Kann es sein, Max, dass der alte Krieger Angst auf dem Wasser hat?«, fragte Armin, als sie an Land gegangen waren und sicheren Abstand hatten.

In Bad Schandau herrschte Volksfeststimmung. Die Lebenslust war allerorten zu spüren. Irgendwo spielte eine Blaskapelle auf. Ein Schützenfest fand statt, zuerst waren die Jüngsten dran, und jeder Fehlschuss wurde mit Klatschen und aufmunternden Rufen, aber auch mit Spott kommentiert, jeder Treffer mit lautem Jubel. Es gab Buden, die Getränke oder Speisen verkauften. Außerdem einen Indianerspielplatz mit Zelten sowie Pfeil-und-Bogen-Spiel. Werbeausrufer priesen Cafés, Konditoreien und Restaurants an, andere die Fahrt mit der Kirnitzschtalbahn zum Lichtenhainer Wasserfall. Wieder andere boten kleine Rundgänge durch die Sandsteinfelsen an. Es gab Bierausschank. Wurstbuden. Tierschauen mit Schafen, Ziegen und Schweinen.

Bereits vor einiger Zeit hatte Heller vom Respekt seines Großvaters für Dampfmaschinen erfahren. »Es heißt, vor vielen Jahren hat er eine Dampfkesselexplosion gesehen. Es hat wohl ein ganzes Schiff zerrissen. Direkt vor seiner Haustür. Seitdem möchte er im Zug auch gern hinten sitzen, weit weg von der Lokomotive«, erklärte Heller.

»Heutzutage explodieren keine Kessel mehr, es gibt Überdruckventile.«

»Sag du ihm das!«, lachte Heller. Dass es Ventile gab, wusste er selbst, doch seit Armin studierte, wusste er zu diesen technischen Themen immer etwas zu sagen. »Wohin nun?«

»Immer dahin, wo die Kapelle aufspielt!« Armin wies den Weg. »Vielleicht gibt es einen Kegelwettbewerb, da kannst du uns das Mittagessen verdienen! Ob es der alte Herr schon vom Schiff geschafft hat?«, fragte er dann und sah sich um. Der alte Rittmeister war seit einem Jahr nicht mehr ganz so gut zu Fuß. Er musste im Winter gestürzt sein, wollte es aber nicht zugeben. Thomas schwieg dazu, wie immer treu und ergeben.

Plötzlich hielt Armin inne und bremste Heller. »Mensch guck, die da! Die möcht ich aus der Nähe sehn!« Er zeigte in Richtung des Dampfers, wo eine Gruppe von jungen Frauen in hellen Kleidern, mit Strohhüten und grünen Bändern daran, das Schiff verließen. Sie riefen sich Scherze zu, ohne ordinär zu wirken, bewegten sich elegant. Nicht wie Balletttänzerinnen, aber doch viel eleganter als die jungen Frauen, die Heller aus seinem Arbeiterviertel kannte.

»Lass uns gehen«, sagte er zu Armin.

»Warum denn?«

»Sieh sie dir doch an, vermutlich kostet ein solches Kleid ein Monatsgehalt. Was wollen die mit einem Schupo und einem Studenten?«

»Also, erstens sieht man es uns nicht auf den ersten Blick an. Und zweitens, wer nicht wagt, der nicht gewinnt!«

»Gut, aber die laufen uns ja nicht weg. Lass uns erst mal eine Runde drehen.«

»Haste keine Traute?«, frotzelte Armin.

Heller wollte nicht zugeben, dass er es nicht wagte, eine der jungen Damen anzusprechen. »Doch, aber wir sind ja gerade erst angekommen. Lass uns sehen, was hier noch so los ist, dann haben wir immer noch genug Zeit.«

Armin warf noch einen letzten langen Blick hin zu der kichernden Gruppe. »Wenn die uns das nächste Mal über den Weg laufen, dann hauen wir uns ran!«

»Machen wir«, sagte Heller und hoffte insgeheim, dass es nicht dazu kommen würde. Mochte ja sein, dass Armin mit seinem Charme erfolgreich war. Aber spätestens, wenn es galt, sich zu erklären, über den Lebensweg zu berichten, den Stand, das Einkommen, dann kam der Moment, an dem sich die Spreu vom Weizen trennte. Da machte Heller sich nichts vor. Zwar hatte die Revolution einiges verändert, mochte auch für ein wenig mehr Gleichberechtigung gesorgt haben, doch genügte das noch lange nicht, eine Brücke zwischen den Klassen zu schlagen. Er war nicht arm, aber weit davon entfernt, reich zu sein. Ein kleines Missgeschick, und all sein Erspartes wäre vernichtet. Diese jungen Frauen hatten sicherlich noch keine der Mietskasernen in Pieschen oder in der Johannstadt von innen gesehen. Sie gingen auf Privatschulen und hatten Bedienstete. Sollte Armin ruhig träumen, er blieb da lieber realistisch. Das verhinderte Enttäuschungen und sparte Zeit.

Er konnte allerdings nicht umhin zu bemerken, wie seine Laune gesunken war. Armins Stimmung war weiterhin ungetrübt, sie schien sogar noch angefacht worden zu sein. Er riss Heller mit sich und sie drehten eine Runde durch die kleine Stadt, verloren jeweils zehn Pfennige an einer Losbude und sahen sich einen Sänger an, der es fast zu einem Tenor gebracht hatte, aber nur fast. Die Zuhörer klatschten begeistert nach jedem Lied, und die Münzen klingelten in seinem Hut. An einem Stand aßen sie Bockwurst und Kartoffelsalat, warfen an einem anderen Stand mit Ringen nach Flaschenhälsen, gewannen Papierblumen, die sie den erstbesten Mädchen schenkten, die ihnen über den Weg liefen, womit sie für einige alberne Aufregung und rote Wangen sorgten. Armin benahm sich, als gehörte alles hier ihm, und manchmal neidete Heller ihm dieses Talent. Sein Freund haderte nicht mit dem Leben. Er hatte den Krieg überlebt, das zu wissen genügte ihm. Und er hatte sich vorgenommen, das Beste aus seinen Möglichkeiten zu machen. Also tat er das auch. Eine feste Liebschaft, eine Frau, ein Kind – das sollte ihm erst in zehn Jahren widerfahren, sagte er selbst, oder vielleicht auch nie.

»Wollen wir nach dem Rittmeister sehen?«, fragte Armin, nachdem sie sich sattgegessen und sattgesehen hatten. Es war überdeutlich, dass er zurück zum großen Platz an der Anlegestelle wollte.

Heller ließ es sich gefallen, dass Armin ihn mehr zog als führte. Sie suchten die Fläche vor dem Podium mit der Blaskapelle ab, dann die große Wiese, und fanden schließlich den alten Heller und Thomas in einem großen von hohen Hecken umschlossenen Biergarten. Die beiden saßen an einem Tisch unter hohen Bäumen, zwischen denen Girlanden hingen. Sie hatten sich Eisbein geleistet und hielten sich an großen Bierkrügen fest. Das Essen und die Wärme zehrten an Großvater, er schwitzte unter seinem breitkrempigen Hut, doch er wirkte vergnügt. Seine Faust tanzte im Takt der Kapelle, im Mundwinkel klemmte eine der Zigarren, die er sich nur selten gönnte.

»Gestatten, die Herren?«, fragte Armin, und sie setzten sich zu den beiden Männern an den Tisch.

»Schon die Hörner abgestoßen?«, fragte Gustav seinen Enkel. Er schien zufrieden, all das Leben um sich herum zu beobachten und vielleicht ein wenig in Erinnerungen zu schwelgen.

»Ich wünschte, es wäre so«, erwiderte Armin und sah sich um. Nun war es seine Laune, die sank. Die Frauen, wegen denen er zurückgekommen war, waren nicht zu sehen. Heller vermutete, dass sie längst ganz woanders eingekehrt waren, auf der Terrasse eines schicken Restaurants, in einer Konditorei oder beim Ponyreiten. Nur sicher nicht hier in einem Biergarten.

Großvater lachte nur und schickte Thomas noch zwei Humpen holen. Heller stand auf. »Ich hole mir auch einen. Und du, Armin?«

»Ich will nichts, bin satt und voll!«, antwortete er. Doch das hieß nur, dass er kein Geld mehr hatte. Heller wollte seinen Freund nicht auf dem Trockenen sitzen lassen. Er sah sich nach Thomas um, aber der war schon in der Menge verschwunden, die sich vor den Getränkeständen tummelten.

Auf der anderen Seite des Biergartens gab es auch Getränkebuden, und dort schien es viel ruhiger zu sein, also machte er sich dahin auf. Um nicht zwischen all den Tischen und Gästen hindurchmarschieren zu müssen, schlüpfte Heller durch eine Lücke im Gebüsch, die vermutlich von vielen als Abkürzung genutzt wurde. Unversehens stand er einer jungen Frau im Weg.

»Himmel«, sagte sie. »Haben Sie mich jetzt erschreckt.«

Ganz eindeutig war es eine von denen, die Armin auf dem Schiff gesehen hatte. Sie trug ein leichtes weißes Kleid, den Strohhut hatte sie abgesetzt, von ihrem blonden Haar hatten sich Strähnen gelöst, die sich im Sommerwind bewegten.

Einen Moment lang konnte er seinen Blick nicht von ihrem Gesicht lösen, ihren Augen, der schmalen Nase, ihrem sanft geschwungenen Mund.

Heller wollte etwas sagen, auf ihren Ton eingehen, der mehr belustigt als verärgert wirkte. Doch es hatte ihm komplett die Sprache verschlagen. Diese junge Frau hatte etwas, wonach er wohl all die Jahre gesucht hatte, ohne es zu wissen. Ihr Aussehen, ihre Haltung, ihre Ausstrahlung, wie sie sich eine Haarsträhne hinter das Ohr strich, wie sie lächelte – es kam ihm vor, als wäre sie genau das, was ihm in seinem Leben bisher gefehlt hatte.

»Sie sind wohl stumm?«, fragte die junge Frau. Heller sah sich genötigt, wenigstens den Kopf zu schütteln, um nicht ganz als Idiot dazustehen.

»Ich bitte um Verzeihung«, brachte er dann hervor.

»Ihrer Bitte sei stattgegeben«, erwiderte die junge Frau lächelnd. Erneut war er sprachlos. Es war völlig unmöglich, seine Empfindungen zu sortieren, weil er einen Moment wie diesen noch nie erlebt hatte. Etwas in ihm, ein erschreckend starker Impuls, wollte ihn nach ihrer Hand greifen lassen; ein anderer Teil von ihm wollte vor Scham im Boden versinken, weil es ihm gänzlich unmöglich war, auch nur ein vernünftiges Wort herauszubringen. Er fragte sich, was mit ihm los war.

Schließlich war wieder sie es, die sprach. »Also, ich hätte mich natürlich gern noch weiter so ausführlich unterhalten, doch wenn Sie gestatten, würde ich meinen Gang gern fortsetzen. Denn es gibt Erledigungen, die keinerlei Aufschub mehr dulden.«

»Natürlich.« Heller deutete eine Verbeugung an und trat ein wenig zur Seite, obwohl es ausreichend Platz gab, um an ihm vorbeizugehen. Noch einmal zögerte die junge Frau, als wartete sie darauf, dass er noch etwas sagte oder tat. Sie sah ihn fragend lächelnd an, doch Heller war wie gelähmt. Sag irgendwas, flehte er sich an, irgendwas über das Wetter, die Musik, die vielen Menschen.

Schließlich gab die junge Frau auf, nickte ihm zögerlich zu und setzte ihren Weg fort.

Noch ein paar Augenblicke lang stand Heller nur da, dann fuhr er herum. Dieser Moment, diese Begegnung durfte nicht einfach so vorbei sein. Doch so sehr er sich auch verrenkte, sie war nicht mehr zu sehen.

»Idiot«, flüsterte Heller und war drauf und dran, sich selbst eine Kopfnuss zu verpassen. »Dummer, dämlicher Esel.«

Er hätte sie einladen können, auf eine Limonade, auf eine Brezel, ein Stück Kuchen. Er hätte sie fragen sollen, ob er ihr zur Entschädigung ein Lotterielos kaufen durfte. Es hätte Hunderte von Möglichkeiten gegeben, doch er hatte bloß dagestanden und gestarrt, und nun war sie verschwunden.

Aber musste sie nicht zurückkehren? Waren ihre Freundinnen nicht hier irgendwo? Musste er einfach nur warten, dass sie denselben Weg zurücknahm? Oder hieß etwas »Unaufschiebbares«, dass der nächste Dampfer fuhr, den sie nicht verpassen wollte? Das war es! Heller stürmte los. Mit großen Schritten, so schnell wie man gehen konnte, aber ohne zu rennen, eilte er zum Anleger, wo schon eine große Menge Ausflügler auf den nächsten Dampfer wartete. Sie war unmöglich auszumachen, überall Schirme und Strohhüte. Lachende Kinder, bellende Hund, scheppernde Musik.

»Na na, junger Mann, nicht so stürmisch!«, rief jemand, während Heller sich durch die Leute drängte.

Schließlich hielt er inne. Der Moment war vorüber. Die Möglichkeit zum spontanen Handeln verflogen. Er hatte sich wie ein kleiner Junge aufgeführt. Heller wandte sich ab. Er würde sich den Tag nicht verderben lassen, mahnte er sich und kehrte doch niedergeschlagen an den Tisch zurück, wo er nur Thomas und Armin fand. Der alte Herr war austreten gegangen.

»Wo kommst du denn her?«, fragte Armin und lachte. Doch sein Lachen fror ein, als er Hellers Gesicht sah.

»Ist etwas geschehen?«

Heller winkte nur ab.

»Erzähl!« Armin wollte nicht lockerlassen.

»Lass ihn doch!«, mahnte Thomas, der wohl ganz gut in Gesichtern lesen konnte.

»Niemals lass ich den, er sieht ja aus wie drei Tage Regenwetter. Du hast auch gar nichts zu trinken dabei, hast du deine Börse verloren?«

»Ich habe eine junge Frau getroffen«, platzte es aus Heller heraus. »Und anstatt irgendwas zu sagen, irgendetwas, damit ich mich annähernd wie ein vernünftiger Mensch verhalte, habe ich nur geglotzt wie ein Backfisch, bis sie davongelaufen ist!«

»Eine Frau? Sag, was für eine? Ist sie hier?« Armin sah sich um.

»Es war eine von denen.«

»Von denen?«, fragte Armin.

»Vom Schiff«, erklärte Heller mutlos.

Nun ging seinem Freund ein Licht auf. »Lügner!«, sagte er atemlos. »Du schwindelst!«

Heller schwieg grimmig.

»Und mit so einer Herrschaftlichen hast du gesprochen?«

»Eben nicht!«, fuhr Heller auf. »Hast du nicht zugehört? Mir hat es völlig die Sprache verschlagen. Nichts kam raus, gar nichts, als stünde ich das erste Mal vor einer Frau.«

»Wo ist sie jetzt?« Armin war aufgesprungen.

»Das ist es ja, sie ist weg.« Nun war ihm buchstäblich zum Heulen zumute. Heller konnte sich nicht vorstellen, dass ihm jemals wieder eine solche Begegnung beschieden sein würde. Er hatte seine Gelegenheit gehabt und sie für immer verdorben.

»Mensch Armin, das war …« Ja, was? Was war in diesem Moment geschehen?

Armin sprach es aus. »Du hast dich verliebt, nicht wahr? Du hast sie gesehen und dachtest, das ist sie«, sagte er ohne den üblichen spöttischen Tonfall. Im Gegenteil, er sank zurück, als hätte er vom Arzt eine verheerende Diagnose bekommen. »Du Glückspilz!«

»Glückspilz? Sie ist doch weg!« Heller lachte verzweifelt, und Thomas' bedauernder Blick half ihm in diesem Moment kein bisschen.

»Die wirst du wiederfinden«, versuchte sein Freund ihn aufzumuntern.

Heller zuckte mit den Achseln. Gerade konnte ihm all das hier gestohlen bleiben, all diese glücklichen Menschen, dieser Lärm, dieses Lachen. Wie sollte er sie je wiederfinden? Ganz und gar unmöglich. In Dresden lebten eine halbe Million Menschen, und genauso gut konnte sie in Pirna oder Heidenau zugestiegen sein, oder aber aus Meißen oder Riesa stammen. Vielleicht war sie auch nur ein Feriengast. Es war zum Verzweifeln.

»Mensch, Junge, so viele hübsche Mädels gibt es«, versuchte Thomas ihn aufzumuntern. »Vielleicht bist du nur zu wählerisch!«

»Wird hier Trübsal geblasen?«, fragte Großvater, als er an den Tisch zurückkehrte. Ächzend nahm er Platz. Mit der Rechten rieb er sich die Brust.

»Ist dir nicht wohl?«, fragte Heller und war froh, das Thema wechseln zu können.

»Nein, bin nur nicht mehr der Jüngste.«

»Wollen wir das nächste Boot nehmen?«, bot Heller an.

»Wenn du das wünschst«, meinte der alte Herr und vermied es so, zuzugeben, dass es ihm sehr recht war.

»Also gut, brechen wir auf«, knüpfte Thomas an, der den

Alten schon seit mehr als vierzig Jahren kannte. Sie gaben ihren Tisch auf, sortierten ihre Kleidung und begaben sich in aller Ruhe zur Anlegestelle. Immerzu musste Heller sich umsehen. Wann immer er eine helle Stimme hörte, riss er den Kopf herum, und ständig zeigte Armin auf diese oder jene junge Frau. Doch immer war es eine andere, nicht diese eine.

Als Heller eine halbe Stunde später an Bord stand und mit der Brust an der Reling lehnte, ließ er seinen Blick ein letztes Mal über die Anlegestelle gleiten. Es sollte also nicht sein, dachte er traurig. Wenn er sich ihr doch wenigstens vorgestellt hätte, dann hätte er zumindest ihren Namen erfahren. Manche Gelegenheiten musste man eben beim Schopfe packen, da half keine Geduld. Die schlimmste Enttäuschung war jedoch vorüber, es blieb nur ein dumpf pochendes Gefühl in seiner Brust zurück, von dem er hoffte, dass es schließlich vergehen würde. So wie er irgendwann aufgehört hatte, an Martha zu denken und auch Hildes Verrat ihn nicht mehr störte. Als der Dampfer ablegte, wendete er sich vom Ufer ab, denn er wollte sie nicht zwischen den winkenden Schaulustigen entdecken und zusehen, wie sie sich für immer von ihm entfernte.

Nicht ganz eine Stunde dauerte es, bis der Dampfer in Pillnitz Halt machte, wo Thomas und der alte Heller von Bord gehen sollten. Beide standen schon bereit. Heller reichte seinem Großvater zum Abschied die Hand.

»Kennst du ein Fräulein Kolbert?«, fragte der alte Herr und wollte die Hand seines Enkels nicht loslassen.

»Nein«, erwiderte Max verwundert, denn diesen Namen hatte er noch nie gehört.

»Nun, du solltest sie kennen.« Großvater hob die Augenbrauen.

»Wirklich, Großvater, ich habe nicht die geringste Ahnung«, beteuerte Max und verstand nicht, was der alte Geheimrat von ihm wollte.

Doch der erklärte sich nicht weiter. »Jedenfalls war es ein wirklich schöner Tag. Eine gute Idee von dir und dem jungen Herrn Richter, mich zu überreden. Ich hätte nichts dagegen einzuwenden, dies irgendwann noch einmal zu wiederholen. Bitte richte deinen Eltern meine Grüße aus.«

Inzwischen hatte der Dampfer angelegt, die Leinen wurden festgemacht, ein Laufbrett angelegt.

»Dies hier soll ich dir geben.« Großvater nahm einen gefalteten Brief aus seiner Jackentasche. »Ich musste der jungen Frau versprechen, dich so lange hinzuhalten. Sie fürchtete wohl, du könntest dich zu etwas hinreißen lassen, das sie vor allen Leuten bloßstellt.« Der alte Herr lachte vergnügt und reichte dem staunenden Heller das Papier.

»Großvater!«

»Ich hoffe, es muntert dich wieder auf. Damit du nicht mehr so bedröppelt dreinblicken musst.« Großvater winkte zum Gruß und ließ sich von Thomas vom Schiff helfen. Er wartete am Ufer, bis der Dampfer wieder losgemacht hatte, um noch einmal zum Abschied den Hut zu lüften.

Heller wollte allein sein, wenn er den Brief öffnete. Außerdem fürchtete er, der Wind könnte ihm das Papier entreißen. Doch Armin drängte: »Los, lies!«

»Noch nicht.«

»Auf der Stelle!«, forderte sein Freund.

Da Heller es selber kaum noch aushielt, entfaltete er das Blatt. Darauf stand geschrieben:

Ganz so leicht sollen Sie nicht davonkommen. Sie finden meinen Namen in jedem Dresdner Telefonverzeichnis. Wenn Sie den Mut finden, rufen Sie auf unserem Apparat an und verlangen nach mir. Karin Kolbert

»Mensch Max, das ist 'ne Wucht!«, staunte Armin und klopfte ihm auf die Schulter. »Was hast du nur angestellt, dass du ihr so imponiert hast? Ich tauschte zehn von denen, die ich hatte, gegen eine von diesen. Also, wie hast du es gemacht?«

»Ich hätte ihr beinahe ein Bein gestellt.«

Armin lachte. »Das merk ich mir, Maxe«, sagte er. »Ich leg mich auf die Lauer und erschreck sie so, dass sie mit mir ausgehen!« Er klatschte begeistert in die Hände. Dabei konnte ausgerechnet er sich über einen Mangel an Zuspruch nicht beschweren. Im Gegenteil, gelegentlich mieden sie bei Spaziergängen verschiedene Straßen oder wichen schnell in schmale Gassen aus, um nicht der einen oder anderen beleidigten jungen Frau begegnen zu müssen.

»Ihr Name steht im Telefonbuch.« Armin hörte gar nicht mehr auf zu staunen. »Da schauen wir gleich nach, irgendein Café wird noch offen haben. Wer hat schon einen Anschluss zu Hause? Mensch, Max, da hast du einen Fang gemacht!«

»Ach, lass nur«, mahnte Heller. Denn genau das machte ihm Sorgen, nachdem er die erste Freude verarbeitet hatte: Wer war diese Frau? Aus welchem Hause stammte sie?

»Du kneifst nicht, Max«, sagte Armin leise drohend. »Dafür sorg ich. Du wirst sie anrufen, schon morgen, und wenn nicht, werd ich dich den Rest deines Lebens mit der Nase drauf stoßen.«

»Ich mach das schon, Armin.«

Vielleicht dachte er aber doch noch einmal darüber nach. Sie wusste nichts von ihm. Er hatte seinen besten Anzug getragen. Sie hatte ihn kaum laufen gesehen, sonst wäre ihr sein Gang aufgefallen. Und sie wusste nicht, welchem Beruf er nachging. Doch diese Zweifel schob er auf später. Für diesen Moment, für den Rest des Tages, würde er den Zettel bei sich tragen, ihn gelegentlich betrachten und das kleine Glück genießen, das er mit sich gebracht hatte.

»Gleich wirst du noch dran schnuppern«, spöttelte Armin. »Doch ich seh schon, dass du Skrupel bekommst. Aber überleg nur: Sie hat sich die Mühe gemacht, das Papier zu besorgen, sie muss dir nachgelaufen sein und spioniert haben, denn sie wusste, wer dein Großvater ist. Und sie hat es gewagt, diesen alten Griesgram anzusprechen und ihn zu überreden, dir den Brief zu geben. Du hast sie genauso getroffen wie sie dich. Mensch, Max, mir scheint, ihr habt euch gegenseitig das Herz gestohlen.«

»Sie wird gesehen haben, wie ich durch die Menge gehetzt bin, um sie zu suchen.«

Armin lachte laut auf. »Stell dir mal vor, du hättest sie gefunden.«

»Hör auf jetzt!«, befahl Heller, denn mit seinem albernen Gehabe zog Armin Aufmerksamkeit auf sich. Dann fiel sein Freund auch noch vor ihm auf die Knie.

»Liebste Unbekannte«, säuselte er Max an und faltete die Hände wie zum Gebet. »Mein Herz verzehrt sich nach Ihnen, an nichts anderes kann ich mehr denken als an Ihr zuckersüßes Lächeln. Wollen Sie meine Frau werden?«

»Sei still und benimm dich, sonst gehst du über Bord. Ich schwör's dir. Ich weiß, du kannst schwimmen!«

Max wusste, dass hinter Armins überzogenem Auftreten mehr steckte als nur kindlicher Schalk oder pure Lebensfreude. Ihm war alles recht, wenn es ihn nur davon abhielt, über seine Zeit im Krieg nachzudenken. Doch in diesem Moment genierte er sich einfach nur für seinen Freund.

Armin ließ sich schließlich überzeugen. Er stand auf, verbeugte sich dann aber wie ein Schauspieler, und einige Umstehende spendeten amüsiert Beifall.

Peinlich berührt schob Heller seinen Freund weg von den Leuten zu einem stilleren Ort. Für den ganzen Rest der Fahrt starrte er den Zettel an und wunderte sich, wie ein kleines

Stück Papier eine solche Wandlung in ihm verursachen konnte. Gerade noch schien sein Leben eine einzige Enttäuschung zu sein, und im nächsten Moment war seine Zukunft voller Möglichkeiten.

Er hatte schon einiges erlebt, seit er in Diensten der Polizei stand. Die Wochen in der Polizeischule in Meißen, wo er wieder die Schuldbank drücken musste. Die Sportübungen, die sie zu absolvieren hatten. Übungen mit Waffen wie Säbel und Pistole. All die Regeln und Paragrafen, die sie studieren mussten, auch die Grundregeln der Psychologie. Es war ungewohnt, in einer Kaserne untergebracht zu sein. Ihn plagte jedoch weniger das Heimweh, denn wirklich weit weg war er nicht, nur eine halbe Stunde mit der Eisenbahn entfernt. Doch es bereitete ihm Sorgen, dass seine Eltern in dieser Zeit ohne seine Hilfe auskommen mussten. Sie selbst aber waren stolz und froh, und sie schickten ihn gern fort. Natürlich hatte er neue Freunde gefunden. Zwar nicht so gute wie Armin, aber es reichte, damit sie Adressen tauschten, um später Kontakt zu halten.

Es brachte ihn in Verlegenheit, wenn im Unterricht der Name seines Großvaters genannt wurde, der einige Innovationen der Polizeiarbeit mit auf den Weg gebracht hatte. Seine Klassenkameraden machten sich einen Spaß daraus, Max Heller in eine Ahnenreihe mit diesem Mann zu stellen, ohne zu wissen, dass sie zu hundert Prozent richtiglagen. Denn Heller verschwieg seine Verwandtschaft vor Mitschülern und Ausbildern.

Auch auf der Wache im Zentrum der Stadt, in der er schon während der Ausbildung und auch später nach Abschluss aller Prüfungen stationiert war, schloss er neue Bekanntschaften. Hier war er jedoch der Neue, der Junge. Der mit dem leichten Hinken. Und bald schon galt er als derjenige, der immer alles ein wenig zu genau nahm. Es gab niemanden, der ihn nicht mochte; doch einige begegneten ihm mit der üblichen Reserviertheit.

Hauptsächlich bestand seine Arbeit und die seiner Kollegen aus Streifendienst. Er wurde zu kleineren Delikten gerufen. Manchmal kümmerte er sich um betrunkene Personen, die nicht mehr Herr ihrer Sinne waren. Oft gab es Streit zu schlichten, Schlägereien zu beenden. Kunden, die sich von Verkäufern betrogen fühlten, Schaffner, die um Hilfe baten, wenn eine renitente Person die Elektrische nicht freiwillig verlassen wollte. Einmal stritten sich zwei Frauen um einen kleinen Hund. Es gab viele Auseinandersetzungen politischer Natur. Nicht selten wurde er von Passanten gerufen, wenn ihnen ein Kutscher auffiel, der sein Pferd schlecht behandelte. Er sprach Kinder an, warum sie nicht in der Schule waren. Gemeinsam mit seinen Kollegen hatte er auch schon einen Ertrunkenen aus der Elbe ziehen müssen. Ein weiterer Mann hatte in seinen Armen seine letzten Atemzüge getan, nur aufgrund einer blödsinnigen Wette, wegen der er auf die Brüstung vor dem Belvedere auf der Brühlschen Terrasse geklettert und dabei abgestürzt war.

Sie wurden außerdem zu politischen Versammlungen gerufen, um Ketten zu bilden. Manchmal bat die Verkehrspolizei sie um Hilfe, wenn es zu einem größeren Unfall kam und Schaulustige ferngehalten werden mussten. Mit wirklich schwerer Kriminalität hatte er es nicht zu tun, nur einmal musste er helfen, den Tatort zu sichern, als die Schaufensterscheiben eines Juweliers am helllichten Tag zerschlagen und alle Auslagen geplündert wurden. Dort hatte er auch Pohl getroffen. Der schien sehr erfreut, Max zu sehen, erkundigte sich vor aller Augen nach dem Fortgang der Ausbildung und dem werten Befinden der Eltern, was Heller gleichzeitig verlegen und stolz machte.

Es gab oft Nachtschichten, und zu Beginn waren sie sehr ungewohnt für ihn. Doch mit der Zeit gewöhnte er sich daran. Er ließ sich extra einen schweren Vorhang anfertigen, mit dem er in seinem Zimmer das Fenster abhängte, um am Tage Ruhe zu finden. Alles in allem war es eine sehr zufriedenstellende Situation. Er hatte eine Bestimmung gefunden, ein Auskommen, einen Beruf. Doch obwohl ihn die Kollegen seiner Wache zu mögen schienen, ihm zumindest keine offene Abneigung entgegenbrachten, hatte er auch nach fast zwei Jahren noch nicht den Eindruck, ganz angekommen zu sein. Begegneten sie sich bei ihren Gängen auf der Straße, nickten sie einander zu. Wenn sie bei Dienstschluss ihre Protokolle und Meldungen schrieben, redeten sie gelegentlich über belanglose Dinge, erzählten sich Anekdoten und Witze, erkundigten sich nach Frauen und Kindern. Und doch blieb ein Rest Distanz, die zu überbrücken er nicht in der Lage war und es vielleicht auch gar nicht wollte.

Heller wusste, dass der eine oder andere seiner Kollegen durchaus bereit war, für ein kleines Trinkgeld auch einmal wegzusehen oder auf eine Anzeige zu verzichten. Es schien eine bestimmte Klientel dafür zu geben, wohlhabende Menschen, angesehene Personen seiner Stadt. Es nahm nicht wirklich bemerkenswerte Ausmaße an, aber es genügte, damit er es wahrnahm. Nicht nur einmal hatte Heller gesehen, wie sich Kollegen untereinander Geldscheine zusteckten und die Köpfe zusammenhielten. Offenbar teilten sie gerecht, nur er wurde nicht einbezogen. Und genau genommen war ihm das auch recht. Er hatte nicht vor, Ausnahmen zu machen, wollte nicht bestechlich sein, kein bisschen. Allerdings war er auch noch nicht in die Verlegenheit geraten, ein Angebot ablehnen zu müssen.

Es störte ihn nicht, dass er nicht voll integriert war, denn hier würde er nicht ewig bleiben müssen. Er wusste von

Schutzmann Reuffler, mit dem ihn nun ein väterliches, fast freundschaftliches Gefühl verband, dass dieser bald pensioniert wurde. Also hatte er die Versetzung in sein Viertel beantragt, sobald Reufflers Posten frei wurde. Zwar würde er dann im Dienst denselben Leuten begegnen wie in seiner Freizeit, was vielleicht zu einigen peinlichen Situationen führen mochte, doch war der Gedanke sehr reizvoll, nicht jeden Tag in die Stadt fahren zu müssen.

Heute, zwei Tage nach dem denkwürdigen Sonntagsausflug, sollte sein Spätdienst in wenigen Minuten beginnen. Also zwang er sich dazu, all seinen Mut zusammenzunehmen. Er hatte die Erlaubnis seines Vorgesetzten, ein Diensttelefon zu benutzen, und wollte es nun endlich wagen, dieses Fräulein Kolbert anzurufen, das ihn so sprachlos gemacht hatte. Er drehte an der Kurbel und holte noch einmal tief Luft. Dann schickte er ein Stoßgebet Richtung Himmel, dass es ihm heute beschieden sein möge, sich in vernünftigen Sätzen zu artikulieren.

»Polizeimeister Heller, wenn Sie mich bitte mit Kolbert in Blasewitz verbinden wollen«, sagte er mit klopfendem Herzen der Vermittlung und wartete. Schließlich ertönte ein Tuten, und Hellers Herz klopfte noch schneller.

»Für Kolbert«, meldete sich jemand, eine helle Frauenstimme.

»Gestatten Sie, Heller mein Name, ich möcht gern das Fräulein Karin Kolbert sprechen.« Er konnte sich nicht entsinnen, ob es die Stimme der jungen Frau vom Bootsausflug war.

»Sehr wohl, mein Herr«, sagte die Frau am anderen Ende.

Heller stöhnte innerlich. Natürlich hatten sie sogar Dienstmädchen, die an den Apparat gingen. Vermutlich auch noch Köchin, Gärtner und Hausmeister. Das Warten kam ihm ewig vor. Nachdem sich die Dienstmagd entfernt hatte, blieb es lange still. Dann endlich näherten sich Schritte. Wenn das Dienstmädchen ihm nun sagen würde, dass Fräulein Kolbert nicht zu sprechen war, dann würde er es nie wieder wagen, dort anzurufen.

»Ja bitte?«, fragte stattdessen jemand leise.

Sie weiß nicht einmal mehr, wer ich bin, dachte Heller resigniert. »Sie entschuldigen. Heller ist mein Name. Fräulein Kolbert? Karin?«

»Ja, die bin ich. Sie wünschen?«

»Nun, ich bin derjenige, dessen Großvater Sie gestern, nein vorgestern, einen Brief überreicht haben.«

»Ich habe überhaupt gar niemandem irgendeinen Brief überreicht«, erwiderte das Fräulein.

»Aber ich ...« Heller verstummte. Es war ein Witz. Natürlich. Er war ein Witz. Einen Spaß hatten sie sich aus ihm gemacht, diese kichernde Truppe aufgewirbelter reicher Fräuleins. »Nun denn, es tut mir leid, Sie gestört zu haben.« Er wollte einhängen. Wenigstens hatte er es versucht.

»Warten Sie!«, rief Fräulein Kolbert plötzlich. »Sie sind der junge Mann, der aus dem Gebüsch gesprungen kam?«

»Nun, wirklich gesprungen ...«

»Und Sie rufen mich jetzt an?«

»Nun ja, ich glaubte, aufgrund des Briefes ...«

»Aber von welchem Brief sprechen Sie denn? Was steht in diesem Brief?«

Heller sah sich um, ob jemand in der Schreibstube ihn beachtete. Doch alle taten unbeteiligt. Also nahm er den gefalteten Brief aus der Brusttasche. »Ganz so leicht sollen Sie nicht davonkommen«, las er leise vor. »Sie finden meinen Namen in jedem Dresdner Telefonverzeichnis. Wenn Sie den Mut finden, rufen Sie auf unserem Apparat an und verlangen nach mir. Karin Kolbert«, las er vor.

»Ha!«, lachte die junge Frau auf. »Also das ist ja eine Frechheit!«

»Wie gesagt, verzeihen Sie, ich hatte nicht die Absicht …«

»Nun schweigen Sie doch!«, rief Fräulein Kolbert. »Der Vorwurf gilt nicht Ihnen. Aber nun weiß ich, dass es meine Freundin war, die Ihrem Herrn Großvater den Brief zugesteckt haben muss.«

»Was hat sie denn dazu veranlasst?«, fragte Heller und bemerkte zu spät, wie intim diese Frage war.

»Das möchten Sie wohl gern wissen«, sagte Karin Kolbert leise.

Heller schwieg, jedes Wort konnte nur falsch sein. Aber ja, er wollte es wissen.

»Zumindest weiß ich nun eins«, kam sie ihm zuvor. »Sie können ja doch richtig sprechen. Und da Sie nun einmal angerufen haben, wollen wir dies doch als einen Wink des Schicksals betrachten, auch wenn meine liebe Freundin Alma diesem wesentlich auf die Sprünge geholfen hat. Was gedenken Sie also jetzt zu tun?«

Heller war baff. So weit hatte er gar nicht gedacht. »Nun, ich könnte Sie einladen. Zu einem Spaziergang. Vielleicht in ein Restaurant, an der Prager Straße?« Er hörte selbst den Zweifel in seiner Stimme. Zum einen kannte er die Restaurants dort nur von außen, wenn er bei seinen Streifengängen Blicke durch die Fenster warf. Sicherlich konnte er sich einen Besuch da leisten und vielleicht auch einen zweiten, aber einen dritten und vierten würden sie auf den nächsten Monat verschieben müssen. Er wusste noch nicht mal, wie man stundenlang Konversation mit einer so gut betuchten und sicher gebildeten jungen Frau betrieb.

»Darf ich das jetzt als eine Einladung betrachten?«, fragte Fräulein Kolbert leise.

»Natürlich, ja …«

»Hören Sie, mein lieber Herr Heller. Was halten Sie von dieser Idee: Das Wetter ist ganz herrlich, und das soll sich wohl ganz so bald nicht ändern, also warum laufen wir uns nicht an einem bestimmten Tag zu bestimmter Uhrzeit zufällig über den Weg? Sagen wir, im königlichen Großen Garten? Sie versuchen mich nicht zu Tode zu erschrecken, und ich zwinge Sie nicht zu reden, wenn Sie nicht möchten. Sagen wir, morgen am Nachmittag um drei auf der Hauptallee an der Lennéstraße?«

»Ja!«, stieß Heller aus. Mit einer solchen Wendung hatte er nicht gerechnet. »O nein!«, fiel es ihm plötzlich ein. »Meine Arbeitszeit erlaubt das nicht. In dieser Woche beginnt mein Dienst am Nachmittag um drei.«

»Oh, dann aber hurtig. Wir müssen uns sputen, zu einer Einigung zu kommen, sicherlich wird gleich jemand nach mir rufen.«

Spottete sie? Machte sie sich lustig? Es hörte sich so an, aber auf eine Art, die auch ihn amüsierte. Nur wusste er kaum etwas zu entgegnen, schließlich war sie nicht Armin.

»Wann hätten Sie denn Zeit?«, half sie ihm einmal mehr aus der Bredouille.

»Nun, am Vormittag dann oder erst nächste Woche.«

Und einmal mehr verblüffte sie ihn. »Nächste Woche? So lange kann ich nicht warten«, sagte sie ganz leise. »Morgen dann? Um zehn Uhr, besser um neun? Da ist die Luft noch frisch. Und falls ich Sie langweilen sollte, werden Sie irgendwann erlöst, weil ich sowieso zum Mittag daheim sein muss.«

Sie ihn langweilen? Eher langweilte er sie. »Das ist recht, Fräulein«, stammelte er.

»Und darf ich fragen, was ist Ihr Beruf, dass Sie solch seltsame Dienstzeiten haben?«, fragte Fräulein Kolbert noch.

Einen kurzen Moment war er versucht zu lügen. Zu groß war die Angst, alles zu zerstören, ehe es begann. Doch ihm fiel nichts ein. Also antwortete er wahrheitsgemäß: »Polizist.«

»Oh, Polizist!«, sagte sie, und es klang nicht erschrocken, eher erstaunt. Dann hörte Heller, wie jemand sie rief.

»Hab ich's doch geahnt. Ich muss!«, sagte sie eilig. »Bis morgen!« Und schon war die Verbindung getrennt.

Heller hängte die Ohrmuschel ein. Für welche Art Polizist hielt sie ihn wohl? Glaubte sie, sich mit einem künftigen Polizeidirektor zu treffen? Einem Regierungsrat? Schutzpolizist hätte er sagen sollen, Schutzpolizist im ersten Dienstjahr. Wie enttäuscht würde sie morgen sein, wenn sie erfuhr, dass er nur ein einfacher Schutzmann war?

Langsam drehte er sich um und blickte in die amüsierten Gesichter von drei Kollegen, die sicher alles mitgehört hatten.

»Mein lieber Scholli«, sagte der eine. »Deine Masche zieht ja ganz ordentlich!«

»Was meinst du? Und warum hört ihr überhaupt zu?«

»Wenn's recht ist, Froillein, natürlich Froillein, bringen Sie am besten ihre Freundin gleich mit«, ahmte der Kollege ihn übertrieben schüchtern nach. »Wie viele Froilleins in der Woche bringst du denn so in die Horizontale?«

»Keine einzige«, erwiderte Heller vielleicht nicht ganz ehrlich.

»Hätte gar nicht gedacht, dass du so ein Sauhund bist«, klopfte ihm ein anderer auf die Schulter.

Nicht mal bei seinem ersten Gang an die Front war er so aufgeregt gewesen. Dabei ging es hier nicht um Leben und Tod. Es ging nur darum, eine junge Frau wiederzusehen, die ihn vor drei Tagen sprachlos gemacht hatte, und sich mit ihr zu unterhalten. Aber wie konnte es dann sein, dass ihm das Herz bis zum Hals klopfte, seine Hände schweißnass waren und er sich immer wieder dabei ertappte, wie er nervös seine Finger krümmte und streckte?

Heller stand schon seit einer halben Stunde an der ausgemachten Stelle. Er war viel zu früh und trug seinen Sonntagsstaat. Ihm war bewusst, dass Fräulein Kolbert ihn erst vor zwei Tagen genau in diesem Anzug gesehen hatte. Doch etwas anderes hatte er nicht.

Heller wartete nicht mitten auf der Kreuzung, sondern hatte sich etwas abseits gestellt, wo er Droschken und Radfahrer an sich vorbeiziehen ließ. Auch er war mit dem Rad da, es stand sicher angeschlossen ein wenig versteckt. Es war noch ein bisschen frisch, doch das würde sich in wenigen Minuten geben, wenn die Sonne erst einmal über die Baumwipfel gestiegen war.

Links von ihm, auf der anderen Seite der Lennéstraße, befand sich der große Sportplatz, schräg davor eine Haltestelle. Zwei Straßenbahnen kamen einander entgegen und hielten fast gleichzeitig. Ein Einspänner bewegte sich an ihm vorbei. Heller nahm die Uhr aus der Tasche. Inzwischen war es fünf Minuten nach der ausgemachten Zeit, und was als leichter Zweifel begonnen hatte schien schon wieder zu dumpfer Gewissheit zu werden. Er sah sich um. Vielleicht stand sie schon längst irgendwo abseits, genau wie er. Die Straßenbahnen fuhren wieder weg, die wenigen Fahrgäste verteilten sich.

Nur eine Person blieb auf der anderen Straßenseite zurück. Hellers Herz hüpfte. Er trat ein wenig vor und machte mit dieser Bewegung auf sich aufmerksam. Die junge Frau sah nach links und rechts, dann kam sie ihm entgegen. Statt des leichten weißen Sommerkleides vom Sonntag trug sie nun etwas Biederes. Doch deshalb wirkte sie nicht weniger elegant. Sie war genauso schön, wie er sich an sie erinnerte. Sein Mut schwand.

Sie war etwa fünf Meter von ihm entfernt, als sie sagte: »Lassen Sie uns erst ein Stück des Weges gehen.«

Heller hatte gerade die Hand ausstrecken wollen und nickte nur. Er ließ sie passieren und folgte ihr zögerlich mit einigem Abstand. Genierte sie sich etwa mit ihm? Hatte sein Anblick sie abgeschreckt? Sicher hatte ihr Kleid deutlich mehr gekostet als sein Anzug.

Sie bog in einen Nebenweg ab, in Richtung des Zoologischen Gartens. Erst im Schatten der Bäume blieb sie stehen und ließ ihn herankommen.

»Sie müssen mir diese Unhöflichkeit verzeihen«, bat sie. Sie wirkte längst nicht so fröhlich, wie sie am Sonntag und gestern am Telefon gewesen war. Und ihrer Entschuldigung ließ sie keine Erklärung folgen.

»Gehen wir ein Stück?«, fragte sie stattdessen.

Heller nickte und bot ihr seinen Arm an. Sie schob ihre Hand darunter und legte ihre Finger sanft auf seinen Unterarm. Bei dieser zarten Berührung fuhr es wie ein elektrischer Stoß durch seinen Körper. Das war es, was er wollte. Sie. Diese oder keine. Er schwieg, doch ihm war nach Hüpfen und Jubeln zumute.

Etwa hundert Meter liefen sie so. Er wollte sie gern fragen, was ihr die Laune verhagelt hatte. Doch da sie von selbst nichts sagte und es ihm zu forsch erschien, ließ er es bleiben. Es war seltsam angenehm, mit ihr im Arm zu spazieren. Als wäre es die selbstverständlichste Sache der Welt. Es kam ihm kein bisschen peinlich vor, dass sie sich für diesen Moment nichts zu sagen hatten. Obwohl sie sich doch gänzlich unbekannt waren, fühlte sich alles wunderbar vertraut an.

Irgendwann hielt sie inne und deutete auf eine Bank am Rande des Carolasees, eines künstlichen Gewässers, auf dem einige Leute, die sich den Müßiggang leisten konnten, mit kleinen Ruderbooten unterwegs waren. Eine Schwanenfamilie gründelte. Enten schwammen vorbei. In den Bäumen und Büschen zwitscherte es.

»Wollen wir uns setzen?«, fragte sie.

»Gern, wenn Sie mögen.«

Sie setzte sich hin, während Heller höflich wartete, um dann neben ihr Platz zu nehmen. Einmal mehr überwältigte ihn beinahe ein leidenschaftlicher Impuls, ihr Gesicht in seine Hände zu nehmen und sie zu küssen. Was war nur mit ihm los? So etwas hatte er noch bei keiner Frau empfunden. Das hier war anders. Es ging weit darüber hinaus. Und wenn es das war, was sein Vater damals für seine Mutter empfunden hatte, dann erschien Heller jede von dessen Auseinandersetzungen mit dem alten Rittmeister nun verzeihlich. Wie oft im Leben traf man schon diejenige, die für einen wie geschaffen war?

Doch ob diese junge Frau seine Gefühle erwiderte, würde sich erst zeigen müssen. Immerhin aber waren sie hier.

»Was ist mit Ihrem Fuß?«, fragte Fräulein Kolbert, und nun wurde ihm bewusst, dass sie seinetwegen eine Pause gemacht hatte. Doch das wäre nicht nötig gewesen. Im Dienst lief er regelmäßig acht Stunden und dann noch nach Hause.

»Eine kleine Kriegsverletzung.«

»Meinetwegen müssen sie es nicht kleinreden. Man sieht Ihnen an, dass Sie um jeden Schritt kämpfen.«

Heller spürte, wie er rot wurde, hatte er sich doch eingebildet, man sähe gar nichts mehr.

»Entschuldigen Sie, ich wollte Sie nicht bloßstellen. Aber es muss Ihnen wirklich nicht unangenehm sein«, sagte sie leise.

»Andere hat es viel schlimmer erwischt.«

»Sie sollen es nicht kleinreden«, sagte sie noch einmal. »Es erwischt einen immer selbst. Und um versehrt zu sein, muss man nicht unbedingt einen Arm oder das Augenlicht verlieren.«

Er verstand nicht ganz, was sie sagen wollte.

Sie drehte ihm das Gesicht zu. »Was ich sagen will: Es gibt immer noch größere Sorgen irgendwo, manchmal direkt neben dir, manchmal ganz weit weg. Der eine verliert ein Bein, der andere zwei. Der eine hat kein Haus mehr, der andere hat nichts mehr zu essen. Dem einen stirbt die Mutter …« Diesen Satz beendete sie nicht. Nach einer kurzen Pause fuhr sie fort. »Aber das eigene Problem ist für einen selbst immer das größte, verstehen Sie?«

Heller wollte nicht lügen und wiegte den Kopf. Er hatte schon eine Ahnung, was sie ausdrücken wollte.

Sie sah ihn an und blickte dann ein wenig geniert zu Boden. »Ich meine, es ist gut, wenn man mit offenen Augen durchs Leben geht und einen Blick für die Nöte anderer hat. Aber die eigene Not muss man nicht kleinreden. Ich sehe Ihnen an, wie Sie kämpfen, nicht nur mit Ihrem Fuß.«

»Ich kämpfe nicht!«, widersprach Heller. Sie war so ernst, ganz anders als vermutet, und doch nicht unangenehm. Dieses Gespräch war anders als jedes, das er jemals geführt hatte. Nicht wie mit den Eltern, die alles verdrängten, nicht wie mit Armin, der immer ins Komische verfiel, sobald ihm ein Thema zu tief geriet.

»Doch«, beharrte sie. »Ich denke schon.«

Nun sahen beide auf das Wasser, beobachteten die Schwäne, deren Nachwuchs sein graues Federkleid beinahe verloren hatte.

»Mögen Sie einst Kinder haben?«, fragte Fräulein Kolbert unvermittelt. »Wenn Sie die Richtige fürs Leben gefunden haben, meine ich.«

»Also …« Heller musste sich bemühen, nicht zu stottern, so sehr war er über diese Frage verblüfft. »Ich denke ja, schon.«

»Sagen Sie das, weil Sie glauben, es müsste so sein? Oder weil Sie es wollen?«

Heller dachte kurz nach. »Nein, ich möchte es.«

Karin Kolbert nickte und lächelte. »Es ehrt Sie, dass Sie zuerst nachgedacht haben.«

Wieder sahen sie aufs Wasser.

»Ich muss Ihnen etwas gestehen«, sagte Heller.

Wieder sah sie ihn an, verschreckt, beinahe ängstlich. »Mir etwas gestehen?«, fragte sie besorgt.

Heller nickte eifrig. »Als ich Ihnen am Telefonapparat sagte, ich wäre Polizist, da meinte ich Schutzpolizist.«

Verständnislos, fast entrüstet, sah sie ihn an. »Mehr nicht? Das wollen Sie mir gestehen?«

Heller hob die Schultern. »Damit Sie nicht denken, ich wollte Sie glauben machen, ich wäre ein Kommissar oder Inspektor. Ich habe es bisher nur zum Wachtmeister gebracht.«

Sie lachte erleichtert. »Himmel, und ich dachte einen Moment, Sie sind ein gesuchter Verbrecher!«

»Es stört Sie nicht?«

»Bitte, was soll mich daran stören?«

»Nun ...« Heller schloss den Mund. Wenn man es aussprach, klang es unlogisch und dumm.

»Nun?«, hakte Fräulein Kolbert nach. Vermutlich wollte sie wirklich wissen, was ihn bewegte.

»Nicht alle mögen den Beruf, und manchmal lüge ich deswegen. Für viele scheint er etwas zu sein, das man macht, wenn einem nichts Besseres gelingen will. Manche machen sich lustig darüber. Andere halten mich für einen, der den Herrschenden hilft, das Volk kleinzuhalten, zu unterdrücken.«

»Das ist aber ganz falsch. Es bedarf doch einer Polizei, um Recht und Ordnung aufrechtzuerhalten. Immer nur an die Vernunft zu appellieren, bringt nichts. Man hat es ja gesehen in den letzten Jahren. Immer scheint es Kräfte zu geben, denen jede Art von Destabilisierung recht zu sein scheint.«

»Das geschieht ja aber nicht ohne Grund ...« Wieder verstummte er. Es war gar nicht seine Absicht gewesen, ins Politische zu wechseln.

»Hören Sie!« Fräulein Kolbert erhob sich und zwang Heller damit, auch aufzustehen. »Ich bin es leid, dass Sie immer wieder innehalten. Es scheint mir, als vermieden Sie ständig etwas zu sagen, von dem Sie glauben, es könnte mich verletzen. Aber ich bin nicht aus Zucker, ich halte etwas aus. Und wenn aus uns beiden etwas werden soll, dann müssen Sie lernen auszusprechen, was auszusprechen ist. Einem nur nach dem Mund zu reden, mag eine Weile gut gehen, irgendwann aber bricht alles zusammen wie ein Kartenhaus.«

Wenn aus uns beiden etwas werden soll, hatte sie gesagt. Heller wollte seinen Ohren nicht trauen. »Würden Sie sich bitte wieder setzen? Ich will Ihnen keinesfalls unterstellen, Sie wären aus Zucker. Aber ist es nicht manchmal besser, man überlegt sich einen Satz genau, ehe man ihn ausspricht? Oft genug kann zu schnell Gesagtes verletzen.«

Karin Kolbert setzte sich langsam wieder. »Da mögen Sie recht haben. Aber ich will hören, was Sie zu sagen haben, ganz ungeschönt oder zensiert. Ohne das Gefühl, Sie sagen etwas nur, weil sie glauben, dass ich es hören will. Also nun raus mit der Sprache.«

Heller atmete durch. »Es gibt tatsächlich viele, die nur auf Chaos und Unordnung aus sind. Die davon profitieren, denen es Freude bereitet. Aber es gibt auch jene, die alte Machtverhältnisse aufbrechen wollen. Ungerechtigkeiten beheben.«

»Ungerechtigkeiten welcher Art? Was meinen Sie?«

»Ist es denn gerecht, dass in meinem Viertel unzählige Familien auf engstem Raum leben? Dass sie sechzig Stunden in der Woche oder länger für einen Hungerlohn schuften, während andere Leute in großen Villen auf riesigen Grundstücken leben und es sich leisten können, Angestellte zu haben, die für sie kochen und putzen. Die ihre Kinder auf die besten Schulen schicken, die sich vom Kriegsdienst freikaufen oder ihn in der Etappe in der Poststube absitzen können. Die sich Zahnprothesen und jede ärztliche Behandlung leisten können, während andere an Keuchhusten sterben. Die selbst aus den schlimmsten Krisen noch mit Gewinn hervorgehen, Champagner trinken, wenn andere nicht mal etwas zu essen haben«, brach es aus Heller heraus. Im nächsten Moment bereute er schon wieder, dass er sich hatte provozieren lassen. Aber sie hatte es hören wollen, und nun hatte sie es gehört. Und es schien ihr nicht zu gefallen.

»Wissen Sie«, sagte sie nun leise. »Wir haben Angestellte. Eine Köchin, einige Dienstmädchen, einen Chauffeur, einen Gärtner. Mit meinem Vater wohne ich in einem sehr großen Haus, einer Villa. Vater ist Teilhaber einer sehr großen Firma, die Nadeln produziert. Von der Stricknadel bis hin zu höchst modernen Nadeln für Industrienähmaschinen. Diese Firma hat vom Krieg nur profitiert. Wir hatten niemanden in den Krieg zu schicken, weder einen Bruder noch meinen Vater selbst, der zu alt dafür war. Ich gehöre also genau zu jenen, denen Sie den Reichtum absprechen wollen.«

»Nein, ich sagte nur, dass bestimmte …«

Mit einer Handbewegung bat sie ihn zu schweigen. »Nur einmal angenommen, wir würden heiraten, dann gehörte all das auch Ihnen. Würden Sie es ablehnen?«

Heller schoss das Blut in den Kopf. Verspottete sie ihn? Hatte er zu viel gesagt und sie so verärgert?

»Ich würde Sie jedenfalls nicht deshalb heiraten«, sagte er und lehnte sich zurück.

Nun saßen sie wieder stumm da, sahen auf den See und dachten nach. Fast zehn Minuten vergingen, dann war es wieder Fräulein Kolbert, die zuerst sprach. »Darf ich Sie nach Ihren Eltern fragen?«

»Sie leben in Pieschen, führen dort einen kleinen Laden. Ich wohne noch bei ihnen. Damit ich ihnen helfen kann, wenn es der Dienst erlaubt.«

Karin Kolbert nickte knapp.

»Meine Mutter starb vor wenigen Jahren«, sagte sie dann.

Heller wandte sich ihr zu. »Das tut mir leid.«

Die junge Frau reagierte nicht, und Heller suchte verzweifelt nach Worten. Er hatte nie gelernt, mit solchen Situationen umzugehen. In seiner Familie blieb das meiste ungesagt.

»Ursprünglich kam sie aus Magdeburg«, sagte Fräulein Kolbert.

»Und nun leben Sie mit ihrem Vater allein?«, fragte Heller, denn irgendetwas musste er ja sagen.

»Und mit den Angestellten. Mein Großvater lebt auch bei uns. Der ist leider sehr krank. Ich kümmere mich um ihn.«

»Kann man ihn nicht in ein Sanatorium …«

Sie schüttelte den Kopf. »Er ist nicht krank in dem Sinne. Er ist einfach sehr alt und manchmal nicht ganz bei Sinnen.«

Wieder schwieg sie. Heller wollte nicht nachbohren. Doch mochte sie sich auch noch so sehr darüber beklagen, dass er seine Worte mit Bedacht wählte, sie sprach sicherlich auch nicht alles aus, was sie bewegte.

»Werden Sie denn nächsten Sonntag wieder einen Ausflug machen?«, wagte er schließlich zu fragen.

»Nein«, antwortete sie schnell. »Ich beteilige mich nicht sehr oft an solchen Vergnügungen. Mein Großvater bedarf der ständigen Pflege. Es waren meine Freundinnen, die mich zu diesem letzten Ausflug überredeten. Und meine Zeit in der Woche ist auch knapp bemessen«, fügte sie noch schnell hinzu.

Sein Herz sank ihm zu Boden. Das war ein Korb. Es bedeutete, dass sie ihn nicht mehr sehen wollte. Sie war nur höflich und sagte es nicht direkt. Er hatte es verdorben.

»Ich werde jetzt gehen«, sagte Karin Kolbert unvermittelt.

Heller erhob sich sofort. Sie griff nach seinem Arm und zog ihn sanft wieder auf seinen Platz. »Ich werde allein zurückgehen.«

Heller war wie vor den Kopf gestoßen.

»Aber heißt das …«, dass wir uns nicht wiedersehen, wollte er fragen. Doch er verstummte wieder. Dieses Mal jedoch, weil sie sich zu ihm beugte und ihm einen Kuss auf den Mund gab.

»Mögen Sie mich anrufen? Nicht morgen, nicht diese Woche, aber nächste Woche wieder?«, bat sie und erhob sich schnell.

»Ja, natürlich«, sagte Heller und verstand die Welt nicht mehr.

Sie nickte, schenkte ihm noch ein knappes Lächeln, dann eilte sie davon. Heller blieb nichts anderes übrig, als ihr hinterherzuschauen.

»Lieber Junge, wie soll ich dir da Auskunft geben?«, lachte Großvater bedauernd auf.

Drei Tage waren inzwischen vergangen, und das Grübeln hatte nicht nachgelassen. Drei Nächte hatte er schlecht geschlafen, noch schlechter als sonst, war viel zu früh erwacht. Diesen Morgen hatte er genutzt, um vor seinem Dienstbeginn den alten Herrn zu besuchen.

Sein Großvater sah nicht sehr gut aus, grau im Gesicht, trotz der Sonne. Und etwas plagte ihn, das war offensichtlich. Er saß auf seiner Bank im Hof und genoss die Wärme, während Thomas im Stall arbeitete.

»Kolbert, sagtest du?«

»Karin Kolbert. Hermann Kolbert ist ihr Vater.«

»Der Name ist mir nicht unbekannt. Ich meine, mich an gewisse Einzelheiten erinnern zu können. Hermann Kolberts Vater Heinrich Kolbert hat in den Neunzigerjahren seine kleine Fertigungsstätte zu einer großen Manufaktur anwachsen lassen. Er hat Maschinen entwickelt, mit denen sich Nadeln in großen Mengen herstellen lassen, deren Qualität gleichbleibend war. Damit wurde er sehr erfolgreich, denn die unterschiedliche Qualität war früher ein wirkliches Problem. Oft kaufte man die Katze im Sack. Zweihundert Arbeiter muss er beschäftigt haben, als er das Geschäft an seinen Sohn weitergab. Der hat es wohl noch vergrößert und dann an einen Großfabrikanten verkauft, sich teilweise in Aktienanteilen bezahlen lassen.«

»Woher weißt du das alles?«

Großvater schnaubte. »Dresden war nicht immer eine so große Stadt. Das Wachstum, die Ausdehnung in alle Richtungen, begann erst Ende des letzten Jahrhunderts. Und bis dahin konnte man diejenigen, an denen die Geschicke der Stadt hingen, an einer Hand abzählen. Oder vielleicht an zweien. Kolbert gehörte zu eben jenen, die im Zuge des wirtschaftlichen Aufschwungs zu den allergrößten Nutznießern wurden. Der Familie gehörten einige Anwesen in und um die Stadt herum. Im Laufe der letzten zehn Jahre veräußerten sie wohl das meiste.«

»Sie wohnen in Blasewitz«, ergänzte Heller.

Der alte Herr versuchte sich weiter zu erinnern. »Das Letzte, was ich hörte, war, dass es seiner Frau sehr schlecht ging. Sie war noch recht jung. Außer dem jungen Fräulein, das dir nun offenbar das Herz und den Verstand verdreht hat, hatten sie wohl keine weiteren Kinder. Offenbar war seine Frau mit keiner guten Gesundheit gesegnet. Sie hat wohl mehrere Fehlgeburten erlitten.«

»Sie ist vor einigen Jahren gestorben«, sagte Heller.

Großvater seufzte. »Der liebe Gott hat manchmal seltsame Präferenzen. Manche Frauen bringen fünf oder zehn Kinder zur Welt, anderen, wie deiner Mutter, ist nur eines beschieden, oder auch gar keines. Ich entsinne mich jetzt an ein paar Begegnungen mit den Kolberts. Er scheint ein sehr stolzer Mann gewesen zu sein, seine Frau schien eher scheu. Aber bitte, lieber Max, erwarte von mir keinen Rat in Fragen der Liebe. Nachdem ich schon deinem Vater ein schlechter Ratgeber gewesen bin. Mit deiner Großmutter, Gott hab sie selig, hatte ich es da leicht. Damals stellte man auch nicht allzu viele Fragen. Da wurde geheiratet, wie es passte. Oft machten das die Eltern des Brautpaares aus. Ich hatte Glück mit deiner Großmutter, wir passten gut zueinander und lernten uns lieben. Sei nur vorsichtig, möchte ich dir raten. Jedoch, ohne es genau zu wissen, glaube ich: Echte Liebe verträgt keine Vorsicht.«

Heller nickte zwar verständnisvoll, doch es brachte ihn kein Stück weiter. Zwar war es immer gut, den alten Herren zu sprechen, die Ruhe hier draußen zu genießen. In diesem Fall aber hatte sich, abgesehen von der Begegnung selbst, der weite Weg kaum gelohnt.

»Wie ergeht es dir denn im Dienst?«, wechselte sein Großvater das Thema.

»Es gibt kaum Berichtenswertes. Nichts, was du nicht selbst erlebt haben wirst. Die Leute mögen vielleicht hektischer geworden sein. Ungeduldiger.«

»Du bist ungeduldig, Max, das sehe ich dir an. Warte nur. Manche Dinge kann man nicht von einem Tag auf den nächsten erwarten. Dein Antrag auf Versetzung, wurde der schon bearbeitet?«

»Bis jetzt wurde er zumindest noch nicht abschlägig beurteilt.«

»Nun, Max, wie gesagt. Behalte kühlen Kopf, in beiden Angelegenheiten. Wenn sie dich wirklich mag, läuft sie dir nicht weg. Ah, da kommt mein Besuch! Ich habe ihn schon erwartet, leider war es zu spät, ihm abzusagen, als du kamst.« Großvater sah zum Tor und hob grüßend die Hand. »Max, wenn du mich entschuldigen würdest.«

»Natürlich, ich muss sowieso zurück.« Max reichte seinem Großvater, der sitzen blieb, die Hand. Auf dem Weg durch das Hoftor grüßte er den Neuankömmling, einen älteren Herrn mit Brille und Klammertasche, der ganz eindeutig ein Arzt auf Hausbesuch war.

»Heller hier«, sagte er in die Sprechmuschel. »Ist das Fräulein Kolbert zu sprechen?«

Sechs Tage waren vergangen, es war Montag geworden. Nächste Woche, hatte sie gesagt, und ihr Kuss war wenig mehr als eine Erinnerung, der er sich kaum noch sicher sein konnte.

»Wenn der gnädige Herr bitte kurz warten mögen«, sagte das Hausmädchen, und ihre Schritte entfernten sich eilig.

Heller lauschte angestrengt, konnte jedoch keinen Ton vernehmen. Kein Werkeln, keine Stimmen, kein Klappern, nichts, was auf Geschäftigkeit hindeutete. Nur absolute Stille.

Dann hörte er die eiligen Schritte, und sein Herz hüpfte, so eilig schien sie es zu haben, dass sie fast rannte.

»Gnädiger Herr, verzeihen Sie, das Fräulein Kolbert ist nicht zu sprechen.«

»Ist sie …«

»Einen schönen Tag noch, gehaben Sie sich wohl.«

Heller starrte das Telefon an. Karin war offenbar daheim, sonst hätte die Dienstmagd nicht fragen müssen. Sie war zu ihr gelaufen, doch Karin hatte sich verleugnen lassen.

»Na, hat dich das Glück verlassen?«, lachte einer seiner Kollegen.

»Sei du bloß still!«, fuhr Heller herum.

»Ho, immer schön ruhig mit den Pferdchen.« Der andere hob die Hände.

»Heller!«, donnerte es von der Tür aus. Hauptwachtmeister Stiel winkte ihn in sein Büro. »Tür zu!«, befahl er barsch, als Max bei ihm war. »Hab acht!«

Heller stellte sich stramm.

Stiel setzte sich an seinen Diensttisch. »Was ist das für ein Ton?«

»Entschuldigen Sie, Herr Hauptwachtmeister, wollte mich nur nicht verspotten lassen.«

»Niemand spottet hier«, brummte Stiel. »Rühren!«

Heller löste seine Körperspannung ein wenig und stellte die Füße auseinander.

»Ich habe Sie schon als Anwärter stets äußerst gewissenhaft erlebt. Und es gibt keinerlei Klagen über Sie, seit Sie bei uns sind. Auch wenn Sie den Kollegen als ein wenig unnahbar erscheinen, doch das soll nicht meine Angelegenheit sein. Aber in der letzten Woche ist mir mehrmals aufgestoßen, wie ungehalten Sie waren. Natürlich habe ich schließlich erfahren, dass es sich um eine junge Frau handelt, die Ihnen den Kopf verdreht hat. Haben Sie Sorgen deshalb? Haben Sie sie geschwängert? Hat sie Sie betrogen oder andersherum?«

»Nichts davon, Herr Hauptwachtmeister. Und mit Verlaub, ich muss auch sagen ...«

»Still, Heller, ehe Sie sich hier um Kopf und Kragen reden! Ich weiß sehr wohl, dass es mich etwas angeht. Ich bin Führer dieser Kompanie und habe nicht nur für die Schichteinteilung und Instandhaltung der Waffen und Uniformen Sorge zu tragen, sondern auch für den seelischen Zustand der Männer. Mit ihrem Verhalten bringen Sie Unruhe in unser Revier. Ich will Ihnen nur sagen, Sie können sich gern auch in privaten Angelegenheiten an mich wenden.«

»Vielen Dank, Herr Hauptwachtmeister ...«

»Ich bin noch nicht fertig. Herr Kolbert ist ein in unserer Stadt sehr angesehener Mann. Sich mit ihm in irgendeiner Weise zu überwerfen, kann ernsthafte Konsequenzen mit sich bringen, gegen die auch ich machtlos bin.«

»Mit Verlaub ...«

»Nein, Heller, nicht mit Verlaub. Ich sehe Ihnen an, wie Ihnen schon wieder der Kamm schwillt. Ich sage all diese Dinge nicht, um Sie zu ärgern. Ich weiß, wie ungerecht die Welt ist. Ich selbst habe zwei Söhne in diesem elenden Krieg gelassen, für den ich nie gewesen bin.«

»Aber Herr Hauptwachtmeister, Sie reden da von Krieg, nicht von der Liebe!«

»Ich will Ihnen ein Freund sein und den Rat geben: Lassen Sie sich nicht mit Kolbert ein. Ich kenne die Liebe. Sie kommt, und man glaubt, man müsste verglühen. Aber sie geht auch wieder, und dann fragt man sich, ob sie den ganzen Ärger wert gewesen ist. Heller, Sie sind noch jung. Aber Sie werden lernen: Liebe kann wie Krieg sein. Wenn Sie älter sind, werden Sie das verstehen.«

»Sehr wohl, Herr Hauptwachtmeister.«

»Abtreten, Heller. Und bedenken Sie meine Worte!«

Sicher meinte es der Mann gut mit ihm und redete nach bestem Gewissen. Doch der Rat, sich nicht mit der Familie Kolbert einzulassen, hatte nur wieder Trotz in Max entfacht.

»Wir fahren hin«, raunte Armin ihm ins Ohr, obwohl in der Kneipe niemand saß, den die Sache irgendwie betraf.

»Ich weiß nicht.«

»Maxe, das ist nicht verboten.«

»Verboten nicht, aber was nützt es?«

»Wir fahren hin, machen einen Spaziergang, sehen uns das Haus an. Wenn sie im Garten ist und dich zufällig sieht, werden wir schon sehen, wie sie sich bei deinem Anblick gibt.«

»Und wenn Stiel nun recht hat, und es ist nur ein Aufflammen, das bald verglüht?«

»Was weiß der dicke Hauptwachtmeister von der Liebe? Der liebt Schweinebraten und Klöße, und die sind sicher schnell von seinem Teller verschwunden.«

»Aber wie oft hast du mir schon eine vorgestellt, die deine Frau werden sollte? Und immer war's die große Liebe. Mit dieser Johanna angefangen. Wie viele waren es, ein Dutzend?«

Armin lachte mit billigem Stolz. »Das kann schon sein, Maxe. Meine Liebe ist vielleicht von Geburt schwächer als deine, vielleicht geht meiner Liebe auch zu schnell der Brennstoff aus, oder sie verteilt sich lieber auf mehrere Frauen. Aber Mensch, nach dem, was du mir über diese Frau erzählt hast, konnte ich ja fast neidisch werden. Dein Herz klopft, der Busen bebt, die Finger zittern. Das hatte ich noch nie.«

»Wag es nicht, dich lustig zu machen!« Heller boxte seinen Freund gegen die Schulter.

Armin verlor fast das Gleichgewicht und lachte. Dann legte er seinen Arm um Hellers Schultern. »Im Ernst, ich bin dein Freund. Und noch mehr, seitdem du mir das Leben gerettet hast.«

»Hab ich gar nicht.«

»Hast du wohl. Die hätten mich genauso zurückgelassen wie die Wachmänner und den Ullrich, mit einem Bleigewicht im Kopf, hättest du mich nicht vorher rausgeholt. Morgen fahren wir zu diesem Fräulein und sehen uns das Haus an. Ich schwör's dir, ich werde dein Trauzeuge sein!«

Als sie auf die Sommerstraße in Blasewitz einbogen, wurden sie still. Es war Nachmittag, in dieser Woche begann Hellers Dienst früh, also hatte er ihn bereits hinter sich. Blasewitz war wie die Stadtteile Loschwitz und der Weiße Hirsch erst seit einigen Monaten eingemeindet, mit allen Vor- und Nachteilen, die das mit sich brachte. Für die normal arbeitende Bevölkerung hatte das nur wenige Konsequenzen, bestenfalls eine bessere Anbindung an Straßenbahn und Omnibus. In der Verwaltung der Stadtteile gab es dadurch jedoch einige Neuerungen, auch die Befugnisse der Polizei betreffend. Vor allem aber die Grundstückspreise hatten sich verändert, zugunsten der Besitzer und zum Nachteil derer, die dort ein Stück Land oder ein Haus erwerben wollten.

Es war ein recht schönes Stadtviertel und wurde durch die Loschwitzer Brücke, einem blau getünchten Wunderwerk der Brückenbaukunst, mit dem Stadtteil Loschwitz auf der anderen Elbseite verbunden. In Blasewitz war die Industrialisierung noch nicht angekommen. Das Leben wirkte fast dörflich, außerdem gab es große Villen, in denen reiche Unternehmer wohnten. Einer davon war Hermann Kolbert.

Angesichts des riesigen Hauses wurde auch Armin still. Das war nicht nur eine Villa. Das war beinahe ein kleines Schloss, mit weißem Putz, zwei kleinen Türmchen, Balkonen und Säulen vor der Eingangstür. Unvorstellbar, dass in diesem Gebäude nur drei Menschen wohnten. Karin, ihr Vater und der kranke Großvater. Und natürlich die Angestellten, die wahrscheinlich unter dem Dach ihre Kammern hatten. In seinem Viertel Pieschen – genau wie in der Innenstadt, in Johannstadt, in der Dresdner Neustadt und all den anderen Arbeitervierteln – mussten sich fünfzig oder gar hundert Menschen so viel Wohnraum teilen. Regelrecht absurd schien dieser Reichtum. Wofür brauchte ein Mensch so viel Platz?

»Komm«, sagte Armin und zog ihn die Straße entlang. Sie passierten das Grundstück und wagten nur verstohlene Blicke durch den geschmiedeten Zaun mit seinen Schnörkeln und Spitzen, um nicht als Gaffer zu gelten. Der Garten war riesig. Große Bäume warfen Schatten, Blumenbeete waren sauber angelegt, Stauden blühten in voller Pracht, Zierhecken waren sauber gestutzt, kleine Pavillons luden zum Verweilen ein, nirgendwo gab es altes Laub oder einen Grashalm, der zu lang war. Es gab ein großes Eingangstor und einen Springbrunnen vor dem Haupteingang, zu dem eine breite geschwungene Treppe führte. Ein zweites, kleineres Tor im Zaun führte zum Dienstboteneingang. Alles war still. Kein Fenster stand offen. Nichts deutete darauf hin, dass jemand zu Hause war.

»Und nun?«, fragte Heller. Falls ihm dieser Ausflug hatte helfen sollen, so war doch genau das Gegenteil geschehen. Er hatte jetzt noch größere Zweifel als vorher. Der Respekt vor diesem Gebäude war schier unüberwindbar, und Stiels Worte, man solle sich mit Kolbert nicht anlegen, bekamen nun erst richtiges Gewicht. Was wollte eine junge Dame aus diesem Hause mit einem Polizisten des niedrigsten Dienstranges anfangen?

Auch seinem Freund hatte die Realität offenbar einen heftigen Dämpfer verpasst. Denn ihm fiel nichts Besseres ein, als zu sagen: »Lass uns da vorn umkehren und noch einmal vorbeigehen.«

»Armin, siehst du das nicht? Ich gehöre hier nicht hin. Das ist eine andere Klasse, so reich wie die sind, da kann ich nicht mithalten.«

»Wozu gab es denn die Revolution?«, hielt Armin trotzig dagegen. »Wozu das Ganze, wenn eine Liebe dann trotzdem scheitert?«

»Ach, Liebe. Was heißt das schon? Einmal hab ich mich mit ihr getroffen, und die meiste Zeit davon haben wir gestritten.«

»Sie hat gesagt, du sollst anrufen!«

»Aus Höflichkeit. Sie wollte sich zuerst nicht mit mir sehen lassen, und gegangen ist sie auch allein.«

»Jetzt sei kein Frosch, lass uns einen Schwenk machen, soooo ...« Armin hakte sich bei seinem Freund unter, drehte sich auf der Stelle und zwang Heller zu einer Halse. »Und jetzt schön gemütlich zurück. Wäre doch gelacht, wenn wir das Fräulein nicht einmal zu Gesicht kriegen. Komm, wir pfeifen ein Lied. Oder besser noch ...« Armin zog an Hellers Arm. »Lass uns klingeln!«

Heller riss sich los und hob drohend die Faust. »Im Leben nicht. Und ich werd es dir nie verzeihen, wenn du das machst!«

Doch als sie beim Tor ankamen, sah Armin nicht aus, als würde er den Mut dazu aufbringen. Heller war es recht. Also passierten sie ein zweites Mal das Gebäude, und als Max schon glaubte, es geschafft zu haben und heimkehren zu können, um sich dort seinem Weltschmerz hinzugeben, bemerkten sie eine Bewegung hinten im Garten.

Es war Fräulein Kolbert, ohne Hut und Schirm, in einem einfachen hellen Kleid. Ihr Haar trug sie offen, das machte

Heller die Angelegenheit nicht leichter. Langsam und mit kurzen Schritten folgte sie einem geschwungenen Weg tiefer auf das Grundstück, wo die Bäume standen.

»Mensch, Max«, stöhnte Armin leise.

»Sei still!«

»Die ist 'ne Wucht, schau nur!« Armin konnte sich an Fräulein Kolbert offenbar nicht sattsehen.

»Ich weiß, und nun sei still.«

»Rufen wir sie!«

»Ich schlag dich auf der Stelle nieder!«, sagte Heller mit vollem Ernst.

»Du wirst jetzt mitkommen. Die Leute sehen schon nach uns, weil wir starren.«

»Karin!«, rief plötzlich jemand aus dem Haus, und Fräulein Kolbert fuhr herum. Dabei schien sie die beiden jungen Männer bemerkt zu haben.

»Los jetzt!« Heller wollte seinen Freund wegziehen. Der aber leistete Widerstand, und nun sah die junge Frau direkt zu ihnen hin. Obwohl sie sicher sechzig Meter weit entfernt waren und sich ein gusseiserner Zaun sowie ein paar Rosenbüsche zwischen ihnen befanden, musste sie ihn erkannt haben. Denn sie bekam einen fragenden Gesichtsausdruck, und ihr Kopf neigte sich leicht zur Seite.

Heller blieb nichts anderes, als grüßend seinen Hut zu ziehen. Armin folgte seinem Beispiel. Fräulein Kolbert erwiderte den Gruß nicht. Sie warf das Kinn hoch und folgte dem Ruf ins Haus.

»Heller hier, guten Tag. Ist das Fräulein Kolbert heute zu sprechen?« Es würde ein letzter Versuch sein.

Zwei Tage hatte er sich Zeit gegeben. Zwei Tage, die sich quälend endlos zogen, in denen es in seinem Inneren zugegangen war wie in einem Tollhaus. Immerzu schwankend zwischen Wut, Sehnsucht, Verzweiflung, Begierde, Trotz und dem Bewusstsein, dass er sich vollkommen unvernünftig und albern benahm.

»Herr Heller«, sagte eine leise Stimme. Das war sie. Kein Dienstmädchen.

»Karin, Fräulein Kolbert«, schreckte Heller auf. »Verzeihen Sie, dass ich so renitent erscheine, doch …«

»Rufen Sie bitte nicht mehr an«, sagte die junge Frau leise.

»Da Sie aber sagten, ich solle …« Erst in diesem Moment kam bei ihm an, was sie gesagt hatte, und er verstummte.

»Karin?«, rief eine laute Männerstimme.

»Ich komme sogleich«, hob das Fräulein die Stimme.

»Aber warum?«, fragte Heller in stiller Verzweiflung.

»Karin!«, forderte die Männerstimme.

»Rufen Sie nicht mehr an. Nie mehr«, sagte sie und hängte ein.

Die nächsten Tage und Wochen verbrachte Heller in einem Zustand, in dem ihm alles völlig gleich schien. Egal ob die Sonne schien, Wolken am Himmel hingen, ob es nieselte oder heiß war. Ihm war egal, wie das Essen schmeckte, das Mutter kochte, oder das Bier in der Kneipe. Auch Armins aufmunterndes Gerede konnte ihn nicht erheitern. Im Gegenteil, es kostete ihn größte Kraft, es seinem Freund nicht noch übel zu nehmen.

Wenn das Liebe war, dachte er sich, dann wollte er das nie mehr erleben. Dann konnte sie ihm gestohlen bleiben, für alle Zeiten. Sein ganzes Schicksal an einer Person festzumachen, die man gar nicht kannte und die diese Gefühle nicht erwiderte, was war das schon? Dass man seine Mutter liebte, seinen Vater auch, das mochte sein. Aber was unterschied die eine Frau schon von der anderen, dass man diese liebte und jene nicht? Ein schlechter Witz war das, von der Natur oder vom lieben Gott. Ihm war's egal. Er wollte damit rein gar nichts mehr zu tun haben, so tief hatte es ihn verletzt, so sehr hatte er sich verausgabt.

»He! Halten Sie den Jungen auf!«, rief jemand und riss ihn aus seinen Gedanken. Heller brauchte keine Sekunde, um zu schalten. Ein kleiner Bursche von vielleicht sieben Jahren war aus einem Laden gesprungen und wollte schleunigst wegrennen, ein Verkäufer mit streng gescheiteltem Haar, gestutztem Oberlippenbärtchen und weißem Kittel schleuderte wütend die Faust in die Luft.

»Schutzmann, halten Sie den Dieb!«, rief er, da hatte Heller schon einen großen Schritt nach vorn gemacht und den Jungen am Schlafittchen gepackt.

»Hiergeblieben, Freundchen!«

Der Verkäufer lief auf ihn zu. »Dieser Bursche, dieser unverschämte Bengel!« Es sah aus, als wollte er sich an dem Jungen vergreifen.

»Halten Sie sich zurück!«, befahl Heller streng. »Ich hab ihn ja schon.«

»Jawohl, Herr Wachtmeister.« Der Mann blieb in sicherem Abstand stehen. »Eine Tracht Prügel sollte er bekommen!«

»Also, Bursche?« Heller hatte den Jungen, der ihn mit großen angsterfüllten Augen anstarrte, noch nicht losgelassen.

»Hast du gestohlen?«, fragte Heller.

Der Junge schüttelte heftig den Kopf.

»Hat er wohl!«, klagte der Verkäufer.

»Ich kläre diese Angelegenheit!«, hob Heller erneut die Stimme.

»Zeig die Hände!«, befahl er. Der Junge zeigte seine Hände vor. Sie waren leer.

»Stülp die Taschen aus!«, machte Heller weiter.

Auch das tat der Junge, und auch diese waren leer.

Jetzt sah Heller streng zum Verkäufer.

»Ich hab es gesehen, er hat in die Dose gelangt!«, bekräftigte er.

»Haben Sie das genau gesehen?«

»Nun, zumindest hat er es versucht.« Nun hob der Mann die Schultern.

»Wie viel Geld vermissen Sie denn?«

»Geld? Nein, Dropse hat er geklaut!«

Heller beugte sich ein Stück vor, um das Ladenschild zu lesen. *Süßwaren und Bonbons.*

»Hast du gestohlen?«, fragte er den Jungen noch einmal. Der schüttelte erneut den Kopf.

»Ich denke, es war nur ein Versuch«, erklärte Heller dem Verkäufer. »Dieser Schreck soll ihm eine Lehre sein.«

Der Mann nickte, nur halb zufrieden. »Ein paar hinter die Löffel geben sollte man ihm«, murmelte er und kehrte in seinen Laden zurück.

Heller wartete, bis die wenigen Gaffer sich verzogen hatten.

»Wie viele Bonbons hast du im Mund?«, fragte er dann.

Der Junge starrte ihn kurz an. Dann beugte er sich vor und ließ aus seinem Mund einige aufgeweichte Drops auf seine Handfläche fallen. Ganze acht Stück waren es.

Heller betrachtete die gelbe, in der Sonne feucht und klebrig glänzende Beute. »Kannst von Glück sagen, dass du daran nicht erstickt bist«, lachte Heller. »Wie heißt du?«

»Werner.«

»Also gut, Werner, wo wohnst du? Hier in der Nähe?«

Der Junge nickte.

»Weiß deine Mutter, wo du bist?«

Werner schüttelte den Kopf.

»Du weißt, welche Sorgen sie sich macht? Ab mit dir, auf schleunigstem Wege nach Haus. Ich bin jeden Tag hier, ich sehe dich, und wenn mir nur noch eine schlechte Tat zu Ohren kommt, dann geht es ab mit dir ins Zuchthaus!«

»Zuchthaus, das geht gar nicht, da bin ich zu klein für!«, stieß der Junge hervor und gab im nächsten Moment Fersengeld.

Heller wusste nicht sogleich, ob er lachen oder dem kleinen Burschen hinterherlaufen sollte. »Ja, pack dich!«, rief er ihm nach. »Wir laufen uns schon noch mal über den Weg!«

Dann aber erregte etwas anderes seine Aufmerksamkeit. Ein großes schwarz glänzendes Automobil kam die Straße hinaufgefahren, verlangsamte und hielt beinahe direkt vor ihm an. Der Chauffeur sprang heraus, eilte um den Wagen herum und riss die hintere Tür auf. Ein großer, stattlicher Mann stieg aus. Er trug einen feinen Smoking mit einer Weste darunter, die goldene Kette einer Taschenuhr war zu sehen, seine Füße steckten in Lackschuhen. Er setzte sich einen Zylinder auf und beugte sich ein wenig herab,

»Raus, die ganze Hühnerschar!«, sagte er ins Wageninnere. Kichernd und angeregt schnatternd flossen fünf junge Frauen aus dem Fahrzeug, in schicken Kleidern und beinahe albernen Hüten, mit bunten Schleifen, Federn und kleinen Blumengestecken daran.

»Da entlang, die ganze Gesellschaft!«, dirigierte der feine Herr. Er zeigte auf ein Café, aus dessen Tür zwei Kellner sprangen, die auf diese Gesellschaft offenbar schon gewartet hatten. Der Chauffeur schloss mit unbewegter Miene die Wagentür. »Zurück in zwei Stunden. Auf die Minute!«, befahl der Herr seinem Fahrer.

»Jawohl! In zwei Stunden, auf die Minute.« Der Chauffeur sah auf die Uhr, verbeugte sich knapp und schlug die Hacken zusammen.

Heller machte einen Schritt zurück an die Hauswand. Diese Gesellschaft musste unweigerlich an ihm vorbeiziehen, und er sog Luft ein. Denn eine der Damen war Fräulein Kolbert, und der Herr mit dem Zylinder ganz sicher ihr Vater.

Noch hatte sie ihn nicht bemerkt, und Heller bemühte sich, sie nicht anzustarren. Er blickte stur geradeaus und hoffte, mit seiner Uniform und Mütze wie ein beliebiger Polizist auszusehen. Er nahm sich fest vor, Karin Kolbert zu hassen. Dieses affige Getue, das zierliche Gehabe der ganzen Truppe. Er wollte nicht mal mehr einen Blick an sie verschwenden, wollte so tun, als kannte er sie gar nicht, als imponierte ihm der Reichtum ihres Vaters kein bisschen. Er hielt sogar den Atem an, um nicht dieselbe Luft atmen zu müssen. Es war aus, und er war schon lange darüber hinweg. Und doch ertappte er sich dabei, wie er ihr Gesicht betrachtete und fühlte, dass ihm ein Stich ins Herz fuhr. Er musste daran denken, wie nahe er dieser jungen Frau gekommen war und wie er mit seinem unnötigen politischen Geschwätz alles verdorben hatte, was es zu verderben gab.

Als die Gruppe beim Café ankam, breiteten die livrierten Kellner ihre Arme aus, als müssten sie eine Schar Gänse in den Stall treiben. Herr Kolbert lief hinter der kichernden Truppe hinterher und war offenbar bestens gelaunt. Beinahe wäre Heller unbemerkt geblieben. Doch Kolbert genoss die Aufmerksamkeit aller umstehenden Passanten und nickte Heller schließlich überfreundlich und theatralisch zu.

»Einen wunderschönen guten Tag, Herr Wachtmeister. Ich hoffe, alles hat seine Ordnung!«

Heller, der am liebsten im Boden versunken wäre, hob die Hand und salutierte. »Danke, alles bestens. Wünsche ebenso einen guten Tag, der Herr.«

Er fühlte es. Er fühlte, wie sie ihn ansah. Ihr Blick bohrte sich ihm in die Haut, ins Gehirn, er spürte, wie Hitze an ihm aufstieg, von der Körpermitte hinauf zum Hals und ins Gesicht. Sie musste ihn sehen, sie musste ihn erkennen, dachte er und wäre am liebsten weggelaufen.

»Ist das nicht …«, flüsterte eine der anderen jungen Frauen kichernd, und Fräulein Kolbert schlug ihr affektiert auf den

Arm. Sie legte sich den Finger auf den Mund, doch die Neugier der anderen war geweckt. Tuschelnd und kichernd sahen sie sich nach ihm um.

»Ein Schupo«, quiekte eine von ihnen spitz, und sogar der alte Kolbert sah sich nun um, was es da zu besprechen gab.

Heller versuchte sich nichts anmerken zu lassen. Sein Gesicht musste feuerrot sein, unter seiner Mütze glühte ihm der Schädel, wollte platzen, sein Blick verschwamm vor Wut und Scham. Doch dann waren sie endgültig vorbei und ließen sich ins Café bitten. Und endlich wagte es Heller hinzuschauen. Er sah, wie Fräulein Kolbert als Letzte vor ihrem Vater das Café betrat, ohne ihn eines einzigen Blickes zu würdigen.

1922

Heller reichte Thomas die Hand. »Sobald ich die Zeit finde, komme ich wieder.«

Sein Atem kondensierte in der Kälte. Der Tag war grau, eisig und trostlos. Der Winter sollte ewig dauern. Es hatte geschneit, doch an ein paar wärmeren Tagen im Januar war er geschmolzen. Seitdem herrschte bittere Kälte. Seine Schichten zogen sich in die Länge. Egal wie er sich kleidete, er fror immer, nutzte jede Gelegenheit, in der Nähe von Geschäften Posten zu beziehen, um wenigstens einen Schwall wärmere Luft zu erhaschen, wenn die Türen sich öffneten. Doch jedes Mal, wenn er stehen blieb, stieg die Kälte in seine Füße und kroch die Beine hinauf bis in seinen Leib. Nur die Bewegung hielt ihn wirklich warm. Und obwohl sich sein Fuß gebessert hatte, bedeutete Bewegung doch immer noch Schmerz. Irgendwann begann er sich vorzustellen, dass jeder kleine Schmerz, den er empfand, auch ein Stück von seinem Leben abschnitt, so wie man eine dünne Scheibe Hartwurst hobelte. Es sollte ihm recht sein.

Beinahe vergessen war die Schmach des letzten Sommers. Er verschwendete fast keinen Gedanken mehr an diese Begebenheit. Seitdem war er nicht mehr in Bad Schandau gewesen, und auch nicht im Ortsteil Blasewitz.

Dank der Empfehlung von Hauptwachtmeister Stiel war er mittlerweile nach Pieschen versetzt worden, was ihm sehr entgegenkam. Nun hatte er einen kurzen Heimweg, konnte sich in den Pausen im Laden seiner Eltern kurz aufwärmen, heißen Tee trinken und ging vor allem der Möglichkeit aus dem Weg, noch einmal eine so peinliche Begegnung wie im letzten Jahr erleben zu müssen.

Armin mühte sich nach Kräften, seinem Freund das Leben zu versüßen. Wenn es Hellers Dienstzeiten zuließen, gingen sie aus, ins Filmtheater oder zum Tanz.

Er bewunderte Armins Lebensfreude und seine Art, selbst die schwierigsten Zeiten leichtzunehmen, war froh, einen solchen Freund zu haben. Immer wieder gelang es Armin, als bettelarmer Student die hübschesten Frauen für sich zu gewinnen. Doch waren seine Bekanntschaften meist von nur kurzer Dauer, und oft bezahlte er diese Liebschaften mit langen Phasen, in denen er sich den Vorwürfen der Abgewiesenen ausgesetzt sah. Er wollte gar nicht einsehen, dass er sich diese Art von Strafe redlich verdient hatte, für ihn gehörte das zum Spiel.

Auch Heller hatte neue Bekanntschaften gemacht, jedoch nicht ein einziges Mal verspürt, was er beim Anblick von Karin Kolbert gefühlt hatte. So war es bei harmlosen Begegnungen geblieben. Auch weil ihn inzwischen zu viele Skrupel plagten, die Hoffnungen der jungen Frauen für ein kurzes Stelldichein auszunutzen, die vielleicht glaubten, es könnte etwas Ernsthaftes werden. Vorerst wollte er sich auf seine Arbeit konzentrieren und das Vorhaben, eine Familie zu gründen, so lange auf Eis legen, bis ihm eine Frau begegnete, die es wert war, sein Herz wieder zu öffnen.

Noch dazu gab es andere Sorgen.

Sein Großvater war sehr krank, das war nun kein Geheimnis mehr. So schön es gewesen war, ihn kennenzulernen, so schmerzvoll war es nun, ihn vergehen zu sehen. Noch hatte er einen wachen Geist, doch sein Körper, der ihm so lange gute Dienste geleistet hatte, gab nun auf. Wie ein Haus, dessen Fundament man untergrub, brach ein Teil nach dem anderen zusammen.

Und als wäre das nicht genug, sah Heller auch seine Eltern regelrecht zerfallen. So sehr er sie auch unterstützte – manchmal heimlich, indem er Geld in die Kasse legte, oder offensichtlich, wenn er im Lager half oder Eis besorgte –, der Laden hatte sie in einen Strudel aus Arbeit und wiederkehrenden Nöte gerissen, aus dem es kein Entkommen gab. Zum Leben zu wenig – zum Sterben zu viel. Auf nichts traf dieses Sprichwort mehr zu als auf ihr Geschäft.

Vater ächzte unter Schmerzen, Mutter schrumpfte regelrecht zusammen, ging krumm und mit steifen Knien. Am Morgen waren seine Eltern grau, am Abend gelb. Beide durften dieses und jenes nicht essen, weil es ihnen Beschwerden bereitete. In den Nächten hörte Heller, wie sie durch die Wohnung liefen oder sich in ihren Betten wälzten. Beide schliefen schlecht. Oft genug war Mutter schon an seinem Bett, als er gerade selbst von seinen Schreien erwachte.

Er schrie längst nicht mehr jede Nacht, in den meisten Nächten schlief er fest und traumlos. Doch gelegentlich geschah es noch, dann hielt Mutter ihn mit beiden Händen und weinte still. Aus Mitleid und vielleicht aus Sorge, wer ihn wohl halten würde, wenn sie einmal nicht mehr war.

Er half ihnen, so gut es ging, selbst Armin half. Doch alle Versuche, ihnen den Laden auszureden, ihnen vorzurechnen, dass sie mit seinem Verkauf sicher einige Jahre sparsam leben, sich mit Gelegenheitsarbeiten und seiner Hilfe weiter durchschlagen könnten, scheiterten. Als wollten sie dem siechenden Großvater trotz der stummen Versöhnung zeigen, dass sie ihre Entscheidung vor dreißig Jahren nicht bereuten. Es schien fast das Beste zu sein, wenn der alte Rittmeister sich nun endlich davonschlich und sich selbst und sie von allem Leiden erlöste. Vielleicht würden sie dann einsehen, dass es an der Zeit war, sich noch ein wenig Ruhe zu gönnen.

»Sobald etwas ist, lass ich nach dem Telefon schicken«, sagte

Thomas und holte Heller aus seinen Gedanken in die Gegenwart zurück. »Ich lass in deiner Wache Bescheid geben.«

Heller nickte. »Und er will wirklich nicht, dass man hilft?«

Thomas winkte ab. »Lass nur, Max, der alte Rittmeister hat schon immer seinen Willen durchgesetzt. Niemals hat er Hilfe verlangt. Ihn dazu zu zwingen, würde nur seinen Stolz verletzen.«

»Er könnte bei uns wohnen«, bot Heller an.

»Du glaubst doch nicht, dass er jetzt noch seinen Hof verließe? Er ist hier verwurzelt, und hier soll es zu Ende gehen.«

»Nun gut.« Es wäre sowieso kaum möglich gewesen, sich um den alten Herrn zu kümmern. Es sei denn, die Eltern gaben den Laden wirklich auf. Heller nahm sein Rad. Die Fahrt nach Hause war nur mit einem dicken Schal, Mantel, Handschuhen und Wollmütze zu ertragen.

»Warte noch«, sagte Thomas, und es schien ihm schwerzufallen. »Es ist ja nun nur eine Frage der Zeit, dass es geschieht. Also muss ich dir etwas sagen.«

Heller wartete ab, ohne zu drängen.

»Seit Jahren schon bringt der Hof nur Kosten ein. Der Rittmeister weiß das, doch sein Stolz hinderte ihn daran, die entscheidenden Schritte zu tun. Schon vor langer Zeit hat der alte Herr ein Testament geschrieben, in dem er uns beiden zu gleichen Teilen den Hof vermacht. Doch es liegt eine Hypothek auf dem Haus, und um die zu tilgen, muss der Hof verkauft werden. Einen Käufer gibt es schon. Das alles musste ich hinter dem Rücken des Herrn organisieren, ich hoffe, du verstehst und verzeihst das. Für uns beide wird kaum mehr bleiben als ein kleiner Trost von einigen Hundert Mark. Wenn wir auch noch die Pferdchen verkaufen, etwas mehr, auch dafür gibt es einen Käufer. Vielleicht dreitausend für alles. Im besten Falle.«

Das waren immerhin anderthalbtausend für jeden, rechnete Heller. Geld, das eigentlich seinen Eltern zustand. Er würde es sicher gut verwenden können. Doch daran mochte er jetzt nicht denken. Es war nur eine zusätzliche Last, von diesem kleinen Verrat an Großvater zu wissen, auch wenn er Thomas' Handeln nachvollziehen konnte.

»Ist gut«, sagte er leise.

»Nein, warte. Du musst dem offiziell zustimmen, verstehst du? Wenn es so weit ist, Gott schütze den Rittmeister, wirst du zustimmen müssen, mit einer Unterschrift. Der Hof ist nicht zu halten.«

»Ist gut, Thomas, ich habe es verstanden.« Jetzt musste er endgültig weg von hier.

»Eines noch«, hielt der treue Mann ihn auf. »Versprich, dass du deinem Großvater nie davon erzählst!«

»Ich soll lügen?«

Thomas überlegte kurz. »Nichts davon zu sagen, wäre keine Lüge. Es wäre eine, wenn er dich fragt, doch eine, die jeder verstehen würde, sogar der liebe Gott. So nahe vor seinem Tod darfst du dem alten Herrn sein Lebenswerk nicht zerstören. Er war ein strenger, aber guter und immer gerechter Herr. Er hat sein Leben der Arbeit und diesem Hof gewidmet. Es ist sein Recht, nichts davon zu erfahren, zumal ihn keine Schuld trifft. Es war der Krieg, der alles kaputt gemacht hat und, nun ja, dass dein Vater sich weigerte, den Hof zu übernehmen. Der gnädige Herr hat das nicht verdient.«

»Ist gut, Thomas. Aber nun lass mich bitte fort von hier.«

Völlig verfroren erreichte er sein Viertel. Er war unten an der Elbe entlanggefahren, auf dem Wasser trieben kleine Eisschollen, vom letzten leichten Winterhochwasser war eine Eiskruste am Ufer zurückgeblieben. Alles schien stillzustehen, wirkte trostlos, so ganz ohne schmückende Schneedecke. Grauer

Himmel, grauschwarzes Land, vom Frost plattgedrückte Wiesen, Bäume wie tot. Kein Leben, nur rauchende Schornsteine, wohin man sah.

»Guten Tag, Herr Wachtmeister«, grüßte ihn jemand, obwohl er seine Uniform gar nicht trug. Heller grüßte zurück.

Er fuhr vorbei an Ullrichs Betrieb, der seit dessen Tod von Chipka geführt wurde – welcher ihn respektvoll grüßte, wann immer sie sich sahen –, und passierte die Häuserfront der Leipziger Straße. Er würde wieder Kohlen aus dem Keller holen müssen. Das tat er schon seit Monaten, um seinen Vater zu entlasten. Das bedeutete jedes Mal eine schreckliche Überwindung, die nur mithilfe des elektrischen Lichtes zu meistern war. Minutenlang stand er dann wie erstarrt in der Kellertür, wagte keinen Schritt vor und bekam keine Luft. Manchmal gab er einem Nachbarsjungen zehn Pfennige, um es für ihn zu tun. Doch meistens überwand er sich, weil er überzeugt war, dass ein Mann, einst Soldat und nun Polizist, sich solchen Herausforderungen stellen sollte. Dann stürmte er die Kellertreppe hinab, warf mit bloßen Hände Kohlen in die Blecheimer, atmete nicht, konnte gar nicht atmen, weil ihm die Panik den Brustkorb quetschte, und blind, halb ohnmächtig, schnappte er dann im Treppenhaus nach Luft. Manchmal wurde er dabei von einem Nachbarn ertappt, der ihn mitleidig ansah.

Ihm graute schon wieder davor, und saurer Geschmack stieg seine Kehle hinauf. Heller fuhr das Rad ins Haus und stellte es ab. Inzwischen hatten sie hier so viel Respekt vor ihm, dass er es nicht mal mehr abschließen musste. Durch die Hintertür im Treppenhaus betrat er den Laden, durchquerte die hinteren Räume, die mit Warenkisten vollgestopft waren. Die früher übliche Ordnung hatte nachgelassen.

»Mutter?«, rief er und hörte, wie sie aus dem Verkaufsraum antwortete.

Er betrat ihn durch die offen stehende Tür.

»Ich bin zurück«, sagte er, als sich jemand von dem Stuhl erhob, der neben der Ladentür stand und alten Damen das Warten erleichtern sollte.

Es war eine Frau in einem schlank geschnittenen Wintermantel. Sie trug eine fellbesetzte Mütze und hielt mit beiden Händen eine Handtasche fest, die sie auf ihrem Schoß abgestellt hatte.

»Die junge Frau wollte dich sprechen. Ich sagte, du bist nicht da, und sie bat mich, warten zu dürfen«, erklärte seine Mutter.

Heller hörte Schritte. Es war sein Vater, der aus einem der kleinen Lagerräume kam. Natürlich wollte auch er wissen, was vor sich ging.

»Sie wünschen?«, fragte Heller mit belegter Stimme.

»Ich hatte gehofft, Sie sprechen zu können«, erwiderte Fräulein Kolbert.

»Nun, ich wüsste nicht, was es zu sprechen gäbe«, sagte Heller, und obwohl jedes einzelne Wort wehtat und Übelkeit verursachte, fand er seine Reaktion angemessen. Es gab keinen Grund, das Feuer noch einmal auflodern zu lassen, nachdem er so lang gebraucht hatte, um die Schmach zu verdauen. Mehr noch als möglicherweise etwas unwiederbringlich zu verlieren, schmerzte ihn der Gedanke an weiteren Spott und Demütigung.

Karin Kolbert sah ihn lange Zeit stumm an, und auch er schwieg. Er sah ihr fest in die Augen und konnte nichts sagen. Denn sein Mund, seine Lippen, seine Zunge würden vielleicht Worte formulieren, die er sich verboten hatte.

»Also gut«, sagte Fräulein Kolbert leise. Unendlich langsam drehte sie sich in Richtung Tür. Heller hielt die Luft an und spürte, wie sein Herz krampfte. Nein, sagte er sich, einmal war genug. Es hatte Monate gedauert, darüber hinwegzukommen, und es war noch nicht mal ganz überstanden. Es konnte nur schlimmer werden.

»Leben Sie wohl«, sagte das Fräulein schließlich über die Schulter, dann öffnete sie die Ladentür und ging hinaus.

Durch das Fenster sah Heller, wie sie draußen nach allen Seiten schaute und nach Orientierung suchte, bevor sie sich nach links wandte. Die Passanten betrachteten sie neugierig, denn eine Frau wie sie, mit teurem Mantel, Handschuhen aus feinstem Leder und Pelzmütze, war in diesem Viertel eine Seltenheit.

Was hatte sie sich auch dabei gedacht, in Kleidung aufzutauchen, die mehr gekostet haben musste, als mancher hier im Jahr verdiente? Allen zu zeigen, von welchem Stande sie war?

Stille hatte sich im Laden ausgebreitet. Mutter hatte den Blick gesenkt, sah auf die Ladentheke. Heller stand nur da und starrte zur Tür. Hinter ihm regte sich Vater leise. Er betrat den Verkaufsraum und ging an Heller vorbei zu Mutter.

»Junge«, sagte er dann leise. Es kam nicht oft vor, dass er ihn direkt ansprach. Oft sahen sie sich gar nicht, und wenn, dann brachte seine Mutter das Gespräch in Gang, und sie sprachen nur das Allernötigste. »Ich weiß nicht, wer sie war und wieso sie in unseren Laden kommt, nur um dich zu sprechen. Aber worum es auch geht, du hast nicht das Recht, sie derartig abzuweisen.«

Heller fuhr auf. »Was willst du schon …«

»Max«, sagte seine Mutter leise, und Heller verstummte. Sie trat an Vater heran und nahm seine Hand. Dann sah sie ihn wieder an und sagte: »Geh ihr nach. Es gibt nichts, das es mehr wert wäre, seinen verletzten Stolz zu vergessen.«

Heller wollte erneut auffahren. Doch als er seine Eltern sah, wie sie dort Hand in Hand standen, einig in allem Handeln, zwei Liebende, trotz aller Sorgen und Nöte, verstummte er. Dann wirbelte er herum, schlängelte sich durch die Thekenöffnung zur Tür und sprang auf die Straße. Er wandte sich nach links, wo hundert Meter entfernt Karin Kolbert bereits in das große schwarze Auto gestiegen war. Gerade stieg auch der Chauffeur ein und warf die Tür zu.

»Junge, was machst du?«, rief sein Vater ihm zu, als Heller sich umdrehte und in den Hausflur stürzte. Er riss sein Rad herum und sprang auf.

Er trat so fest er konnte in die Pedale, holte zwar auf, doch das Auto beschleunigte immer mehr. Als er kurz davor war, die Verfolgung aufzugeben, wurde es langsamer und blieb endlich stehen.

Dieses Mal hatte sie sich wohl nach ihm umgesehen.

Er hielt an und stieg vom Rad, als die Wagentür sich öffnete und die junge Frau ausstieg. Langsam ging er ihr entgegen, und auch sie kam auf ihn zu.

»Entschuldigen Sie …«, begann er, als sie sich auf halbem Weg begegneten.

»Nein, Sie müssen mich bitte entschuldigen«, unterbrach sie ihn. Er verspürte Trost und Schmerz zugleich, als er Tränen in ihren Augen sah. Er wollte nicht, dass sie seinetwegen litt, er wollte, dass sie nie mehr litt, und jeder schlechte Gedanke, den er ihretwegen gehabt hatte, tat ihm nun leid. »Ganz schrecklich habe ich mich Ihnen gegenüber benommen. Und auch wenn es Gründe dafür geben mag, sind sie trotzdem keine Entschuldigung für mein Verhalten.«

Alles, alles war fort, der alberne Schmerz, der Trotz, der idiotische Stolz. Alles, was gerade noch so schwer gewogen hatte wie die ganze Welt, flog plötzlich davon und löste sich auf wie eine Rauchwolke.

Eilig schüttelte er den Kopf. Der Frost war ihm völlig egal, er spürte ihn gar nicht mehr. »Sie müssen sich nicht …«

»Doch, doch. Wie barsch ich mit Ihnen umgesprungen bin, als wir uns trafen. Dabei haben Sie nur nach den richtigen Worten gesucht, um mich nicht zu verletzen. Und wie ich Sie behandelt habe, als wir uns zuletzt sahen. Ich möchte Ihnen gern alles erklären. Ich möchte, dass Sie ein anderes Bild von mir bekommen.«

»Es ist ganz unmöglich, mir ein anderes Bild von Ihnen zu machen«, sagte Heller.

»So?«, fragte sie bestürzt, fast verzweifelt.

»Ich habe nur ein Bild vor Augen, vom ersten Moment, als wir uns begegneten. Ihr Kleid, Ihre Haare, wie Sie mich angelächelt haben. Mir war in der ersten Sekunde, als würde ich Sie schon ewig kennen. Ich wollte ihre Hände nehmen, so als wären wir Verlobte. Aber natürlich hab ich es nicht gewagt.«

Karin Kolbert sah ihm fest in die Augen, und in diesem Moment genierte Heller gar nichts. Völlig egal waren ihm die Leute, die stehen blieben, um diese ganz ungewöhnliche Szene zu betrachten, den teuren Wagen mit Chauffeur, dieses reiche Fräulein, den jungen Mann, der leicht humpelte und sonst in Uniform als Schutzpolizist seinen Dienst hier tat.

»Wollen Sie dann vielleicht jetzt meine Hand nehmen, damit ich Ihnen ein Versprechen geben kann?«

Heller sah nach unten und bemerkte, dass sie ihm die Hand nicht entgegenstreckte. Es lag aber keine Herablassung darin; vermutlich fürchtete sie, er könnte ihre dargebotene Hand ignorieren. Also griff er nach unten und nahm sie in seine.

»Sie müssen mir nichts versprechen«, erklärte er, und obwohl sie lederne Handschuhe trug, spürte er die Wärme ihrer Finger.

»Doch, natürlich. Und ich hoffe, Sie verzeihen, wenn ich vielleicht nicht ganz die richtigen Worte treffe, denn in solchen Angelegenheiten habe ich keinerlei Erfahrung. Aber ich will es so ausdrücken wie es mir in den Sinn kommt. Ich verspreche, dass ich ganz und gar Ihnen gehöre, wenn Sie mögen.«

Heller verschlug es den Atem. »Ich …«, brachte er hervor.

»Nein, sagen Sie nichts, bitte. Ich muss jetzt fort, es drängt sehr. Und bitte, haben Sie ein wenig Geduld. Nun, da ich endlich herausgefunden habe, wo Sie wohnen, schreibe ich Ihnen einen Brief, und alles wird sich fügen. Haben Sie nur Geduld. Wollen Sie mir das versprechen?«

»Ja«, sagte Heller und fühlte sich wie in einem Traum. »Ja, natürlich. Ich verspreche es.«

»Gut«, sagte Karin Kolbert und entzog ihm sanft ihre Hand. »Wenn Sie mich jetzt bitte entschuldigen.«

»Warten Sie noch kurz«, sagte Heller und überraschte sich einmal mehr selbst. »Eines noch, damit ich weiß, dass ich es nicht nur geträumt habe.«

»Soll ich Sie kneifen?«, fragte Karin Kolbert.

Heller schüttelte den Kopf, beugte sich vor und gab ihr einen Kuss auf den Mund. Nur ganz kurz berührten sich ihre Lippen.

»Oh«, sagte Fräulein Kolbert.

Heller wurde sich erst jetzt wieder bewusst, dass sie nicht allein waren und inzwischen regelrecht begafft wurden. »Verzeihen Sie«, bat er.

Statt einer Antwort gab sie ihm ebenfalls einen Kuss. »Nun muss ich aber wirklich eilen.« Sie wich zurück, und ein leises Lächeln umspielte ihre Lippen. »Wissen Sie«, sagte sie, »in Ihrer Uniform haben Sie mir ausgesprochen gut gefallen.« Sie lächelte, und Röte stieg ihr ins Gesicht, dann eilte sie zu ihrem Wagen zurück.

»Lassen Sie nur«, rief sie dem Chauffeur zu, der aussteigen wollte, um ihr die Tür zu öffnen. Sie stieg ein, und der Wagen fuhr davon.

»Das hat sie gesagt?« Armin starrte ihn fassungslos an. Vor seinem Zimmer lief Frau Richter auffällig oft hin und her, wollte sicher mitbekommen, warum Max Heller bei ihnen Sturm geklingelt hatte. Die Männer wagten es nicht, ihr die Tür vor der Nase zu schließen. »Und der Wagen? Was war das für einer?

Ein Benz? Ein Opel? Nein, sicher kein Opel. Oder ein Horch? Nein, ein Benz, hab ich recht? Acht Zylinder?«

»Das ist mir doch jetzt völlig schnurz«, rief Heller. Welch eine Wendung! All die Sorgen und der Schmerz, fort, dahin, entschwunden. Das Leben, gerade noch trist und öde, steckte plötzlich voller Farben und Gerüche.

Auch Armin war voller kindischer Euphorie. »Mensch, Max, denk nur an das Haus. Nimm mich als deinen Hausmeister! Nein, als Chauffeur! Ich fahr euch durchs ganze Land. Und den Wagen, den musst du mir gelegentlich borgen!«

»Armin, versteh doch, das ist mir alles vollkommen egal.«

»Du hast ja recht.« Armin beugte sich vor und packte Heller an den Schultern. »Sag's mir: Habt ihr's getan?«

»Dummkopf!«, lachte Heller. »Wo denn, etwa auf der Straße?«

»Aber du wirst es tun, oder? Du hast sie ja gesehen, wie ein junges Reh ist sie, leicht wie eine Feder wird sie sein. Der Hals, wie von einem Schwan. Und die Fesseln, die kannst du mit Daumen und Zeigefinger umfassen. Und der Busen! Wie muss sich der Busen einer solch reichen Frau anfühlen. Tu es für mich, ja? Und dann musst du mir davon erzählen!«

»Schande über dich, du bist ein ganz schlechter Poet«, lachte Heller. »Nicht eine Silbe wird mir über die Lippen kommen.«

»Verrat ist das, Meineid, Verleugnung. Du verleugnest mich als Freund. Schande!«, schrie Armin in völliger Entrüstung.

»Jungs!«, nutzte Frau Richter die Gelegenheit, ins Zimmer zu platzen.

»Mutter!« Armin zeigte anklagend auf Heller. »Dieser Mann ist des Verrates schuldig. Urteile selbst. Die schönste und reichste Frau Dresdens fällt vor ihm auf die Knie, fleht um Vergebung für ihr schändliches Verhalten, will ihn heiraten …«

»Das hat sie doch gar nicht gesagt«, rief Heller dazwischen.

»Und dieser Hund, Mutter, verrät seinen besten Freund, will mir nicht mal von der Hochzeitsnacht berichten!«

»Armin!«, schrie Frau Richter mit belustigtem Entsetzen.

»Und Mutter!« Armin sprang der armen Frau entgegen, fiel auf die Knie, schlang seine Arme um ihre Hüfte, den Kopf an ihren Leib gepresst. »Was bleibt für mich? Grobschlächtige, dumme Idiotinnen, ohne Sinn für Kunst und Kultur, ohne jede Anmut!«

Jetzt wurde Frau Richter zornig, regelrecht grob, und stieß ihren Sohn von sich. »Übertreib es nicht, Armin. Du vergisst, dass ich selbst eine solche Idiotin bin. Und sieh dich an, ein erwachsener Mann, den man nicht ernst nehmen kann, voller Unfug. Machst eine Frau nach der anderen unglücklich, und dein Studium wird nicht fertig«, schimpfte sie, dann wandte sie sich an Heller. »Und dir, Max, wünsche ich recht viel Glück. Es wird dieser Frau trotz aller Liebe sicher nicht leichtfallen, ihr Elternhaus davon in Kunde zu setzen. Wenn sie dich um Geduld bat, so bleib auch geduldig«, gab sie ihm einen letzten Rat, ohne zu bemerken, dass sie damit der Lauscherei überführt war.

»Meine Güte«, flüsterte Heller. Ihm wurde bewusst, dass er Karin wirklich großes Unrecht getan hatte. »Mensch, Armin. Damals bei ihrem Haus, als sie im Garten war, da hat sie ja gar nicht zu uns sehen können. Um uns nicht zu verraten. Und als ich das zweite Mal anrief, hat die Dienstmagd nicht *sie* gefragt wegen des Telefons, sondern den Vater, und der muss es verboten haben.«

»Und in der Stadt«, schlug Armin in dieselbe Bresche. »Mit ihrem Vater und den Freundinnen, was hätte sie denn tun sollen? Dir vor allen um den Hals fallen?«

Im neuen Licht betrachtet, war das alles ganz und gar logisch. Jetzt ahnte er, wie sie sich nach ihm verzehrt haben musste. Und sie hatte ihn ja suchen müssen, den Laden seiner

Eltern. Wer weiß, wie viel Zeit und Geduld es sie gekostet hatte, wie es ihr auf der Seele gebrannt haben musste. Ob sie auf seiner alten Wache gewesen war, bei Stiel, der ihr trotz seines eigenen Rates, von den Kolberts zu lassen, die Adresse gegeben hatte?

»Ach, Gott«, hauchte Frau Richter vor Rührung, die Hände wie zum Gebet verschränkt, und sank mit dem Gesäß auf Armins Bett. »Ach Gott, Armin, das muss Liebe sein!«

Lieber Max,
dies soll mein erster an Sie gerichteter Brief sein, doch hoffentlich und ganz sicherlich nicht der letzte. So furchtbar unglücklich in einer Minute und so unaussprechlich glücklich in der nächsten kann nur ein Mensch sein. Kein anderes Lebewesen ist dazu fähig und gleichsam auch verdammt. Mein Leben schien zu Ende, als Sie mich im Laden Ihrer Eltern so schroff abwiesen. Und dabei hatten Sie alles Recht dazu. Aber wie sprang mir das Herz und kitzelte mein Magen, als ich Sie auf Ihrem Rad dem Wagen folgen sah, wie ein Reiter auf seinem Ross. Als Sie meine Hand nahmen, ich verspreche, das war der schönste Moment meines Lebens. Knapp gefolgt von dem Moment, als Sie mir in Bad Schandau vor die Füße stolperten und nichts zu sagen wussten. Ich verrate Ihnen, hätten Sie in diesem Moment meine Hände genommen, ich hätte mich Ihnen stumm hingegeben, und all diese Ärgernisse und Stunden der Verzweiflung wären uns erspart geblieben. Doch vielleicht, rede ich mir ein, hat es ja seinen Zweck, denn was allzu leicht zu bekommen ist, dem misst man nicht immer den richtigen Wert bei.
Nur kurz möchte ich Ihnen jetzt die Umstände schildern, die mich zwangen, all meine Gefühle zurückzuhalten und mich Ihnen gegenüber ganz und gar widersprüchlich zu verhalten. Nach dem frühen Tod meiner geliebten Mutter sah ich mich in einer ausweglosen Situation. Die Krankheit meines Groß-

vaters verpflichtete mich dazu, mich ihm ganz und gar zu widmen, sodass ich außer den wichtigsten Gelegenheiten nicht aus dem Hause kam. Noch dazu ist mein Vater ein über alle Maßen hinaus besorgter Mann. Nach dem Verlust seiner Frau, meiner geliebten Mutter, fürchtet er nichts mehr, als auch sein einziges Kind zu verlieren. So behütet er mich wie seinen Augapfel und lässt nur schwer jemanden an mich heran.

Nun ist mein Großvater vor einigen Wochen von seinen Leiden erlöst worden, was ich natürlich außerordentlich bedauere, doch hat mir dies ein geringes Maß an Freiheit verschafft. Vor allem wenn Vater von seinen Verpflichtungen gerufen wird und nicht im Hause ist. Ich will mir also gern die Zeit nehmen, um Sie, wann immer es möglich ist, zu sehen, um unsere Gespräche zu vertiefen. Wenn wir nur einen Modus fänden, dies umzusetzen, da ich ja weiß, dass Sie in verschiedenen Schichten arbeiten und der Weg zueinander nicht der kürzeste ist. Sie dürfen sich meiner von ganzem Herzen kommenden Zuneigung gewiss sein, und ganz sicherlich würde ich jeden Weg gehen, um Sie sehen zu können.

Ihre Karin.

PS: Bitte beachten Sie die Absenderadresse, wenn Sie mir zurückschreiben mögen.

Es war nur ein Brief, der ihn schon am nächsten Tag erreicht hatte, doch er war ihm mehr wert als jeder Besitz. Diesen Brief würde er für nichts in der Welt hergeben. Er würde ihn immer bei sich tragen und für alle Zeiten hüten wie einen Schatz. Er war der Beweis, wann immer sich Zweifel meldeten. Er konnte ihn vorzeigen, wenn jemand behauptete, er sei ein Lügner.

Ganz sicher würden sie einen Modus finden. Seine Dienstzeiten wusste er Wochen im Voraus, er musste sie ihr nur mitteilen, dann konnte sie ihm Bescheid geben, an welchen Tagen es ihr passte.

Heller hörte ein Klappern vor seinem Zimmer. Die Eltern hatten den Laden abgeschlossen und kamen hoch. Es wurde Zeit, sie aufzuklären. Dank ihrer üblichen Bescheidenheit hatten sie nichts gefragt, obwohl sie Augenzeugen des Geschehens am gestrigen Tage gewesen waren, sich sogar eingemischt und ihm zu seinem Glück verholfen hatten.

»Karin Kolbert ist ihr Name«, sagte Heller also am Abendbrottisch im Schein der elektrischen Lampe. »Sie ist die Tochter eines Fabrikanten.«

»Kolbert. Der Name ist geläufig.« Mehr sagte sein Vater nicht.

»Sie kam den ganzen Weg aus Blasewitz. Ich frage mich nur, was sie in mir sieht«, wagte Heller anzumerken, und weder seine Mutter noch sein Vater antwortete.

Lang blieb es still. Dann erhob sich Heller. Auch seine Mutter stand auf, kam zu ihm und nahm sein Gesicht zärtlich in ihre Hände.

»Max, Sie weiß, dass du ein ganz wunderbarer Mann bist. Du warst auf der Suche, wie so viele in deinem Alter. So lange hast du gesucht, und nun bist du angekommen.«

»Angekommen? Das bin ich noch lange nicht«, erwiderte Heller und wollte zurückweichen, doch seine Mutter ließ ihn nicht los. »Ich bin unzufrieden, so oft wütend, und mein verdammter Fuß quält mich mit Schmerzen.«

»Nein, schimpf ihn nicht aus. Dein Fuß hat dich hergebracht, zurück in deine Heimat, zu deinen Eltern. Und denk nur daran, wie sehr dich alles verändert hatte, so sehr, dass eine Mutter ihren Sohn nicht erkannte.« Sie schluchzte auf; dieser Moment hatte sich ihr offenbar auf ewig eingebrannt. »Aber sieh nur, du lebst, und du hast eine Frau gefunden, die dich wohl sehr liebt. Und sie liebt dich offenbar genauso, wie du bist. Du musst dich nicht fragen, warum. Du musst dieses Geschenk annehmen, denn so vielen ist das nicht beschieden.«

»Mutter«, sagte Heller. Sein Hals schnürte sich zu, und seine Nase begann zu laufen. Auch sein Vater war sichtbar angefasst von diesen Worten.

»Wirst du mir verzeihen, dass ich an jenem Tag an dir vorbeiging?«

»Vier Jahre ist das her, Mutter. Länger noch. Es ist längst schon verziehen und vergessen.« Das war nicht die ganze Wahrheit. Er log für sie. Er hatte es nicht vergessen. Verziehen jedoch hatte er es schon lange.

Sie nutzten jede Gelegenheit. Sie gingen spazieren, wenn das Wetter es zuließ. Sie gingen ins Lichtspielhaus oder trafen sich in einem Museum. Sie gingen ins Café, und nachdem Heller zweimal darauf bestanden hatte, zu bezahlen, übernahm Karin den dritten Besuch und alle weiteren. Denn was ihn einen Wochenlohn kostete, bestritt sie mit dem Handgeld, das sie von ihrem Vater bekam. Und es machte ihm nichts aus. Denn Stolz, so hatte er inzwischen gelernt, war eine dumme Sache, die jemanden Geld, die Familie oder gar das Leben kosten konnte. Manchmal besuchte sie ihn während seines Dienstes, dann lief sie ihm ganz unerwartet über den Weg, ohne ihn in Bedrängnis zu bringen. Sie hielt sich abseits und machte ihn höchstens ein wenig verlegen. Und nach einigen Wochen trat sie ihm nachts nach Dienstschluss vor seiner Haustür in den Weg.

»Bist du ganz allein hier?«, fragte er besorgt, nachdem sie ihm im finsteren Hauseingang einen innigen Kuss gegeben hatte.

»Wir haben nicht viel Zeit«, flüsterte sie in sein Ohr.

Heller nahm ihre Hand, schloss die Haustür auf, und im Dunkeln eilten sie auf Zehenspitzen nach oben. Leise öffnete er die Wohnungstür. Lautlos schlichen sie am Schlafzimmer der Eltern vorbei und betraten sein Zimmer. Erst dort ließ er sie los.

»Lässt du das Licht aus?«, bat sie ihn und begann sich zu entkleiden. Der Mond schien fahl durchs Fenster, und Heller beobachtete staunend, wie sie zuerst den Mantel ablegte und dann aus den Schuhen stieg. Mit steigender Erregung sah er, wie sie ihr Kleid abstreifte, wie sie zuerst ihr Mieder öffnete, dann ihre Haare, die ihr über die Schultern fielen. Er beobachtete, wie sie sich des Unterkleides und ihrer Unterhose entledigte und schließlich so vor ihm stand, wie der liebe Gott sie erschaffen hatte.

Noch immer stand er ganz starr da, als könnte sich das Ganze bei der geringsten Bewegung als Wunschtraum entpuppen und platzen wie eine Seifenblase. Er sah, dass sie fror, dass sie sich genierte und sich nach seiner Wärme, nach ihm sehnte. Und weil sie ihn inzwischen gut kannte, kam sie zu ihm und begann mit zittrigen Fingern die Knöpfe seines Uniformrocks zu öffnen. Er beugte sich hinab und küsste ihre Halsbeuge. Sie streifte die Jacke und die Hosenträger über seine Schultern, dann half sie ihm, die Bluse und das wollene Unterhemd über den Kopf zu ziehen. Er zog sie an seine nackte Brust, spürte, wie sich ihr Busen dagegen presste. Dann küssten sie sich, und seine Hände durften zum ersten Mal berühren, was ihm so lang verwehrt gewesen war. Er streichelte ihren Rücken hinab, bis dahin, wo ihr Gesäß begann, schob seine Hände an ihrer Taille wieder hinauf und wagte es endlich, ihren Busen zu umfassen, zuerst ganz vorsichtig, dann fester. Karin schauderte und musste längst seine Erregung bemerkt haben, denn sie war nicht mehr zu verbergen. Heller ließ seine Hand wieder hinuntergleiten, über ihren Bauch, immer weiter, und berührte sanft ihren Schritt. Karin stöhnte leise und ließ sich von Heller zum Bett führen, wo sie rückwärts niedersank.

»Sieh mich nicht so genau an«, flüsterte sie.

»Du bist wunderschön«, erwiderte Heller mit belegter Stimme.

»Komm zu mir«, forderte sie leise und nestelte an seinem Gürtel, doch es wollte ihr nicht gelingen, ihn zu öffnen.

Er streifte sich die Stiefel von den Füßen, öffnete den Gürtel und zog auch den Rest seiner Uniform aus. Karin umfasste seinen Nacken und zog ihn zu sich hinab. Er küsste sie auf den Mund und den Hals, küsste ihre Brüste und den Bauchnabel. Als er wieder hochkam, schob sie sich halb unter ihn, und halb zog sie ihn auf sich hinauf.

»Sei bitte vorsichtig«, sagte sie. Heller nickte und küsste sie, und sie schob ihm ihr Becken entgegen.

Für einen kurzen Moment zuckte sie zusammen und sog scharf Luft durch die Zähne. Heller wollte zurückweichen, doch sie hielt ihn fest, im Nacken, an seinen Schultern. »Es ist gut«, flüsterte sie und entspannte sich. »So lang habe ich darauf gewartet und es mir hundertfach ausgemalt. Es ist gut so, Max, mach weiter, und versprich, versprich mir, dass du mich nie wieder loslässt.«

»Du wirst es ihm sagen müssen«, bemerkte Heller einige Tage später. »Deinem Vater. Oder weiß er schon von mir?«

Karin lief still neben ihm, hatte sich bei ihm untergehakt. Es war noch sehr kühl, doch es wurde langsam Frühling, die ersten Knospen sprangen auf, Weidenkätzchen blühten, Krokusse und Märzenbecher. Sie waren auf dem Weg zu seinem Großvater. Dem Alten ging es schon lange nicht mehr gut, doch immer wieder hatte er die Zähigkeit, die ihm nachgesagt wurde, unter Beweis gestellt. Er rang mit dem lieben Gott, kämpfte um jede Stunde, jede Minute. Es wäre ihm ein Vergnügen, die Verlobte seines Enkels kennenlernen zu dürfen, hatte er Thomas diktiert. Dieser Brief war eindeutig von jemandem geschrieben worden, dessen Hände für schwere Arbeit geschaffen waren, nicht für das Verfassen von Schriften.

»Sag's mir, Karin.«

»Dass wir uns treffen, weiß er längst«, antwortete sie, doch das genügte ihm noch nicht.

»Karin, wenn wir einmal heiraten wollen, wird er es sowieso erfahren müssen.«

»Max, ich weiß. Ich werde es ihm sagen.« Karin schritt neben ihm aus, den Blick zu Boden gerichtet. Er spürte, wie sich ihr Körper anspannte. Er wusste, dass es ihr nicht leichtfallen würde. Kolbert war ein bedeutender Mann. Ihm beizubringen, dass sie einen Polizisten heiraten wollte, war sicher eine Herausforderung und würde nicht ohne Kampf vonstattengehen. Doch sie kamen nicht umhin, Kolbert einzubinden. Sie mussten auf sein Verständnis hoffen, auf die Erinnerungen an seine Frau, Karins Mutter, die er einst geliebt hatte. Ohne ihn, als Karins einziger Vormund, würde alles schwerer. Es sei denn, sie warteten bis zu ihrer Volljährigkeit. Das hieße jedoch, die unregelmäßigen, fast heimlichen Treffen bis zu ihrem einundzwanzigsten Geburtstag fortzusetzen. Der lag noch fast ein ganzes Jahr entfernt. Und selbst dann konnte man Kolbert nicht einfach ignorieren, es sei denn, man wollte seinen Unmut riskieren, sein Unverständnis und ein zerrüttetes Verhältnis, wie es jahrzehntelang zwischen seinen Eltern und seinem Großvater geherrscht hatte. Nein, da war es besser, man brachte es hinter sich.

Sie hatten mittlerweile den Hof erreicht und gingen durch die weite Einfahrt. Einige Hühner pickten und ließen sich nicht dabei stören.

Thomas kam ihnen entgegen. Er hatte extra seinen Sonntagsstaat angelegt. »Gnädige Frau«, begrüßte er Karin mit einer Verbeugung.

»Ich bitte Sie, wollen Sie mich Karin nennen und mir die Hand reichen?«

»Sehr wohl, aber dann bestehe ich darauf, dass Sie mich Thomas nennen.« Er nahm ihre Hand, ganz vorsichtig. Dann drückte er Hellers Hand, fest wie immer. »Der Herr Geheimrat hat eigentlich darauf bestehen wollen, Sie in seiner Schreibstube zu begrüßen, doch heute ist kein guter Tag für ihn. Er liegt noch im Bett.«

»Sollen wir lieber an einem anderen Tag wiederkommen?«, fragte Heller.

»Die guten Tage sind rar«, sagte Thomas. »Es macht ihm nichts aus, Sie vom Bett aus zu begrüßen.«

»Wäre dir das recht?«, fragte Heller, und Karin nickte. Er spürte, dass es sie so viel Kraft zu kosten schien wie ihn, wenn er genötigt war, den Keller zu betreten. Gern hätte er sie gefragt, woran das lag, doch in Thomas' Anwesenheit wäre es ihr sicher nicht recht gewesen. Er hatte ein schlechtes Gewissen, weil er sie genötigt hatte, herzukommen. Schließlich lag der Tod ihres Großvaters noch gar nicht lang zurück. Wie konnte er nur immer so gedankenlos sein?

»Ich will dich nur um eins bitten, lieber Max«, sagte Thomas leise. »Lass deinen Besuch nicht zu lang werden. Der alte Herr würde es zwar nie zugeben, doch es kostet ihn viel Kraft.«

»Natürlich.« Max nickte, dann folgten sie Thomas ins Haus. Nur zögerlich betrat Karin mit ihm den Raum, in dem sein Großvater schlief.

»Sieh an«, empfing sie der alte Heller und schien zu Max' Erleichterung recht munter zu sein. Er saß aufrecht im Bett, war gekämmt und rasiert und hatte sich der Form halber sein Jackett übergeworfen. »Sieh an, mein Enkel mit seiner wunderschönen Angelobten.«

Karin errötete, und Heller sah, wie sie sich bei diesem herzlichen Empfang ein wenig entspannte.

»Darf ich das Fräulein Kolbert ans Bett bitten, damit ich ihr die Hand reichen kann? Und Sie verzeihen, dass es mir heute zu gemütlich war, als dass ich mich dazu entschließen konnte, meine alten Knochen ins kalte Beinkleid zu stecken.«

Karin folgte seiner Aufforderung und eilte mit schnellen Schritten zu ihm.

Er nahm ihre Hand und hielt sie kurz fest. Dabei sah er ihr in die Augen.

»Nun, ich bin froh, dass der Leidensweg meines Enkels ein Ende hat und alles einen guten Ausgang fand«, sagte der Alte und ließ ihre Hand wieder los.

»Großvater«, mahnte Heller und genierte sich.

»Ich hätte mich Ihnen natürlich gern in anderer Verfassung gezeigt, aber sicher verzeihen Sie mir diesen ungebührlichen Aufzug.«

»Aber natürlich«, erwiderte Karin.

»Meine Tage sind gezählt, müssen Sie wissen. Da gibt es kein Wenn und Aber, das Tagwerk ist vollbracht. Doch es macht mich froh und glücklich, Max in so guten Händen zu wissen. Seid nur immer recht freundlich und ehrlich miteinander und wisset, dass es in schlimmen Zeiten immer genau das ist, was zählt. Dass ihr einander habt.«

Heller spürte, wie ihm das Blut in den Kopf stieg. Großvater griff weit voraus und hielt eine Hochzeitsrede, dabei waren sie gerade erst seit ein paar Wochen ein echtes Paar und hatten sich noch nicht mal verlobt. Karin stellte sich neben ihn und berührte seinen Rücken, sodass der alte Rittmeister es nicht sehen konnte. Trotz der freundlichen Miene seines Großvaters konnte Heller erkennen, welche körperlichen Qualen ihm dieses Treffen bereitete.

»Wirst du uns verzeihen, wenn wir dich jetzt recht zügig wieder verlassen? Es gibt viel zu tun«, sagte er also.

»Natürlich, Junge«, spielte der alte Mann das Spiel mit. Inzwischen kostete es ihn sicher seine ganze Kraft, aufrecht zu sitzen.

»Dann gehab dich wohl, Großvater. Ich will bald wieder zu Besuch kommen, sobald es der Dienst erlaubt.«

»Sehr wohl, guter Junge. Und Ihnen wünsche ich einen wunderschönen guten Tag, junge Frau. Es war mir ein wirkliches Vergnügen, Sie noch kennenlernen zu dürfen.«

»Er möchte, dass du uns besuchst«, sagte Karin vier Tage später. »Noch am Wochenende. Er hat zum Essen geladen.«

»Dein Vater? Du hast es ihm gesagt?«, fragte Heller erfreut.

Karin nickte. Obwohl es an diesem Tag recht warm war, trug sie einen leichten Schal und wirkte auch sonst sehr hochgeschlossen.

»Du freust dich nicht darüber?« Dass ihr Vater ihn zum Essen einlud, war mehr als gut. Denn das bedeutete, dass er ihn nicht von Anfang an ablehnte. Der Mann wollte ihn kennenlernen, wollte sehen, wem er seine Tochter anvertrauen sollte. Max konnte sich von seiner besten Seite zeigen. Er würde nicht zu viel reden, würde politische Themen auslassen und bestenfalls knapp antworten, wenn er gefragt wurde. Es würde ihm schon gelingen, den Mann für sich einzunehmen.

»Natürlich tue ich das«, erwiderte Karin schnell.

»Aber du bist besorgt?«, fragte Heller weiter, obwohl er sah, dass sie ausweichen und das Thema beenden wollte. »Glaubst du, ich kann mich nicht benehmen?«

»Ach, Max, wenn du wüsstest. Gerade die sogenannten feinen Herrschaften wissen sich sehr oft selbst nicht zu benehmen. Du dagegen kannst das sehr gut.«

»Aber was besorgt dich dann?« Heller warf die Arme in die Luft. »Meine Kleidung? Ist die nicht gut genug?«

Nun lachte sie, doch es war kein freudiges Lachen. »Max, ich könnte dich von oben bis unten einkleiden, und es wurde nichts an dir besser machen können.«

Er brauchte einen Augenblick, um zu verstehen, dass es als Kompliment gemeint war.

»Dann sag's mir doch. Will er mich vorführen? Ist eine Gesellschaft geladen?« Es war seine größte Sorge, verspottet und gedemütigt zu werden, mangels besserer Bildung nicht mithalten zu können und im schlimmsten Fall darüber seine Contenance zu verlieren.

»Max, bitte, frag nicht weiter. Lass uns spazieren. Sei nur pünktlich da, am Sonntag zum Mittagsmahl. Ich mag es kaum sagen, aber schaffst du es, dich mir gegenüber nicht allzu vertraulich zu verhalten?«

»Es wird mir schwerfallen, aber natürlich, keine Sorge. Ich werde dich vor deinem alten Herrn schon nicht küssen.«

Es lief viel besser als gedacht. Kolbert gab sich freundlich und gesellig. Schnell waren sie am Tisch doch in politische Gespräche geraten, und Kolbert genierte sich nicht, seine Standpunkte aufzuzählen. Heller hielt sich wie vorgenommen zurück. Dass die Arbeiter mehr Geld verdienen und besseren Wohnraum erhalten sollten, hatte Kolbert längst selbst eingesehen. Wiewohl er kaum Einfluss darauf hatte, da er seit dem Verkauf seiner Firma nur noch stiller Teilhaber war. Karin dankte Heller mit Blicken, dass er keinen Streit vom Zaun brach. Sie wusste, wie er dachte und dass er sich zurücknahm.

Nach dem Essen führte Kolbert Heller durch das Haus, zeigte ihm unzählige Zimmer, erzählte viel über Karin, wie sie als Kind gewesen war, und geriet über den Tod seiner Frau in sehr melancholische Stimmung, die sich beim Dessert dank einiger Gläser Wein jedoch wieder aufhellte. Auch hier hielt Heller sich zurück, Wein war sowieso nichts für ihn. Er trank ihn vorsichtig wie Medizin und konnte kaum Gefallen daran finden, egal welchen Jahrgang Kolbert anpries.

Interessiert fragte Kolbert ihn schließlich nach seinen Plänen aus. Vage deutete Heller an, dass er nicht ewig Schupo bleiben wollte. Er hoffte, Karins Vater verstand, dass es ihm nicht am Willen mangelte, einmal zu studieren, sondern an den Mitteln.

Kolbert verstand viel zu schnell und allzu gut. »Oh, einen Kriminalrat muss man sich immer warmhalten«, rief er belustigt, ohne spöttisch zu erscheinen. »Einen zukünftigen Regierungsrat noch mehr. Was meinen Sie, Max – ich darf Sie doch Max nennen –, soll ich mich umhören, ob es ein Stipendium auszusprechen gäbe? Oder ob sich vielleicht ein Gönner findet? Grille haben Sie sicher schon kennenlernen dürfen?«

Hugo Grille war der Polizeipräsident, und natürlich hatte Heller ihn noch nie zu Gesicht bekommen. Er kannte ihn nur von Bildern. Mit Schutzleuten wie Max gab sich ein Polizeipräsident kaum ab. Vermutlich nur, wenn es galt, eine Auszeichnung zu verleihen.

»Nein, das kann ich nicht von Ihnen verlangen«, widersprach Heller. Und doch war ihm bei dem Gedanken daran, dass er Zugang zu solchen Kreisen bekommen konnte, heiß geworden.

Karin sprach kaum, nur dann, wenn sich ihr Vater direkt an sie wendete und um Bestätigung einer Geschichte bat oder ihm ein Name nicht mehr einfallen wollte. Genau wie das Personal, zwei junge Dienstmägde, die in sauberer Kleidung und weißen Kittelschürzen an der Tür standen, war sie meistens stumm. Sie aß wenig und lächelte Heller gelegentlich heimlich zu.

»Ach was«, winkte Kolbert ab und wurde mit einem Schlag ganz ernst. »Ich muss Ihnen natürlich gestehen, dass ich mir niemals ausgemalt habe, meine einzige Tochter könnte je einen Polizisten heiraten wollen. Ich will nicht lügen. Ich dachte mir, es würde der Sohn eines Fabrikanten sein, ein Offizier vielleicht. Ein Flieger möglicherweise, vielleicht auch ein Baron. Aber ein Polizist? Nein.« Er lachte laut. Dann schlug er auf den Tisch. »Jedoch! Die Zeiten ändern sich nun mal. Warum soll ich nicht Vorreiter sein? Einer muss den Anfang machen. Und wenn meine Tochter Sie liebt, warum soll ich mich dann nicht dafür einsetzen, Ihre Karriere in Schwung zu bringen? Da ist nichts Verwerfliches dran, wenn man nur ein wenig beschleunigt, was sowieso geschehen soll. Meinen Sie etwa, andere würden nicht auf diese Mittel zurückgreifen? Was glauben Sie, die ganze Gesellschaft beruht auf Vorgängen wie diesem.«

»Herr Kolbert«, sah Heller sich gezwungen zu intervenieren. »Ein Herr Grille, der Polizeipräsident, der kennt mich nicht. In der Hierarchie der Polizei bin ich beinahe noch ganz unten.«

»Das macht Ihnen also Sorgen? Sie haben recht, Grille wäre zu hoch gegriffen. Bescheidenheit ist eine Zier. Besser ist es, kleinere Schritte zu wagen. Wohl gesprochen!« Kolbert hob das Weinglas und prostete ihm zu.

»Und wenn wir schon dabei sind, die Zukunft zu besprechen«, begann er, als er einen Schluck Wein getrunken hatte.

»Vater«, wagte Karin leise zu mahnen.

»Eine Hochzeit!«, rief Kolbert aus. »Keine Frage. Man muss an den Ruf denken. Alles muss seine Ordnung haben. Trotz der neuen Zeiten oder erst recht deswegen. Ihr glaubt, sie hätten sich geändert? Politisch vielleicht, doch die Menschen sind dieselben. Es gilt, einen Ruf zu wahren. Es gibt Klatschzeitungen, die Leute zerreißen sich das Maul. Wollen wir dem ins Auge blicken, Max? Eine Hochzeit?«

»Aber natürlich, Herr Kolbert, ich fürchte nur, der Beitrag meiner Familie ...«

»Max! Schweig still«, befahl Kolbert und rückte näher. »Deine Eltern sollen keine Kosten haben. Das wird ihnen sicherlich aufstoßen, und es ist deine Aufgabe, sie zu überzeugen, dass der Vater der Braut alle Kosten übernimmt. Ich will mich auch nicht lumpen lassen. Ein Fest soll es werden. Ein richtiges. Wie oft gibt es schon etwas zu feiern in diesen Tagen? Neue Zeiten sind angebrochen, sollen es die Leute doch sehen. Kolberts Tochter heiratet einen Schutzmann. Kolbert, werden sie sagen, ist ein moderner Mann, fortschrittlich, modern und mutig! Basta!«

»Fürchtest du, wir haben uns zu gut verstanden?«, fragte Heller ein paar Stunden später beim Abschied an der Tür. Es wurde schon dunkel, und sein Kopf schwirrte vom vielen Essen, dem Wein und Kolberts ausgelassenem Gerede.

Karin schüttelte den Kopf.

»Lief es denn nicht gut?«, hakte er nach, denn etwas war mit ihr. Sicher fürchtete sie, sich ihren zukünftigen Mann mit ihrem sehr einnehmenden Vater teilen zu müssen.

»Doch, sehr«, sagte sie und küsste ihn schnell auf den Mund.

»Aber du wirkst reserviert, als behagte dir etwas nicht.« Sicher war es so. Sie wollte, dass er so blieb wie er war und nicht die Allüren ihres Vaters annahm. Wie konnte er ihr versichern, dass sie sich nicht zu sorgen brauchte?

»Ich will nur, dass du dir nicht zu viele Versprechungen machst. So mächtig ist er nun auch wieder nicht, dass er dich zum Polizeipräsidenten machen könnte.«

»Aber Karin, ich bin nicht dumm …«

»Das weiß ich doch.« Sie küsste ihn noch einmal. »Geh jetzt heim, wir sehen uns erst in einer Woche wieder, ja? Ich fahre mit Vater einige Tage weg. Am Sonntag sehen wir uns. Ich komme zu dir.«

Bis Sonntag war es eine lange Zeit, doch zwei Tage waren bereits vergangen. Allein darüber nachzudenken, welche Zukunft ihm jetzt offenzustehen schien, ließ die Stunden des Nachtdienstes wie im Fluge vergehen. Außerdem wurde es jetzt spürbar Frühling. Längst war es nicht mehr eisig in der Nacht. Also musste er auf Streife auch nicht mehr seinen schweren Mantel über dem Rock tragen.

Er meldete sich in seiner Wachstube für die Streife ab und

machte sich auf den üblichen Gang durch die dunklen Gassen. Inzwischen hatte er sich gut eingelebt. Seine Sorge, die Bewohner könnten ihm und seinen Eltern seinen Beruf verübeln, hatte sich als unbegründet erwiesen. Man begegnete ihm mit demselben Respekt und derselben Skepsis wie schon zuvor. Zwar humpelte er längst nicht mehr sichtbar, doch blieb ihm das Gefühl, dass die Leute ihm nachsahen und ihm noch immer im Stillen unterstellten, sich vor der Front gedrückt zu haben. Doch wahrscheinlich entsprang es nur seiner Einbildung. Offen ins Gesicht hatte ihm das schon seit Jahren niemand mehr sagen wollen. Dass ihn in dem eher roten Viertel gerade die Arbeiter misstrauisch beäugten, vor allem die mit kommunistischem Parteibuch, aber auch jene, die sich zu den Nationalisten zählten, weil sie ihn für einen Büttel der Weimarer Regierung hielten, kannte er. Er lebte damit, wobei er ihnen oft gern gesagt hätte, dass er sich ganz und gar für unpolitisch hielt. In den Revolutionsjahren hatte er oft genug sehen dürfen, wohin es führte, sich zu sehr politisch zu engagieren. Und es war ja noch lange nicht vorbei. Immer wieder kamen große Unruhen auf.

Er bog in die Konkordienstraße ein, lief von dort langsam in Richtung der Oschatzer, um irgendwann in die Leisniger abzubiegen. Es war noch keine Sperrstunde, einige späte Kneipengäste gingen nach Hause, manch einer torkelte, doch keiner von ihnen über das erträgliche Maß hinweg. Niemand sang laut oder pöbelte, es gab keinen Grund, jemanden für die Nacht wegzusperren. Die Gasmänner waren schon fertig mit ihrer Arbeit, die Laternen brannten. Beim Baulager von Breibach war Ruhe; hier hatte es in den letzten Wochen Diebstähle gegeben. Gauner waren über den Zaun geklettert, hatten das Tor aufgebrochen und Zement und Gerät mitgenommen. Doch seitdem sich Breibach einen Hund angeschafft hatte, schien auch dieses Übel beseitigt.

Heller ging sich den Zaun trotzdem ansehen. Er war ganz und gar vernagelt und ließ keinen Blick ins Innere zu, nicht mal ein Astloch fand sich. Er klopfte leise dagegen, denn meist wartete der Schäferhund schon dahinter und ließ ein Knurren vernehmen. Heute aber blieb es aus.

Heller lief noch ein paar Meter weiter und stellte sich in eine dunkle Ecke, um zu beobachten. Nichts Ungewöhnliches geschah, nur eine Fledermaus huschte durch die Nachtluft. Ansonsten blieb alles still, auch der Hund machte sich nicht bemerkbar, gab nicht einmal Laut.

Nun wunderte sich Heller doch. Denn inzwischen sollte ihn das Tier gewittert haben. Er stellte sich auf einen Sandsteinblock und sah über den Zaun, was sonst immer genügte, um den Hund sofort anschlagen zu lassen. Heute aber blieb es ruhig. Kein Hund war zu sehen. Noch eine Weile wartete Heller, lief dann aber weiter, denn es gab keinerlei verdächtige Bewegungen. Er nahm sich jedoch vor, später noch einmal vorbeizuschauen.

Nach einigen Hundert Metern war ihm dann aber, als folgte ihm jemand. Gelegentlich blieb er stehen und sah sich um. Doch scheinbar war es nur der Hall seiner eigenen Schritte, den er vernahm.

An der nächsten Kreuzung aber war es eindeutig. In der Nähe des Maschinenbahnhofs beim Leisniger Platz blieb er erneut stehen. Etwas war ihm nicht geheuer. Hatte er tatsächlich Diebe aufgeschreckt, die es auf Breibachs Hof abgesehen hatten? Hatten sie den Hund vergiftet und liefen ihm nun nach, um zu sehen, wohin er ging?

Heller legte die rechte Hand auf seine Pistolentasche, mit der linken griff er zum Schlagstock, der an der Koppel hing. Ein Säbel wäre ihm lieber gewesen, denn der jagte Dieben noch mehr Respekt ein, doch die Seitenwaffe hatte man vor wenigen Jahren abgeschafft, gerade als er in den Dienst der

Polizei getreten war. Sie wurde nur noch bei formellen Anlässen getragen.

»Ist da wer?«, fragte er in die Büsche auf dem Grünflecken inmitten des Platzes. Natürlich antwortete niemand, und er hatte es auch nicht erwartet. Es war nur eine Warnung an die Verfolger.

Heller trat näher, doch es tat sich nichts. Kurzentschlossen machte er sich auf den Weg zurück zu Breibachs Grundstück.

Schon an der nächsten Kreuzung sprang ihn plötzlich ein Mann an. Er holte mit einer Eisenstange aus und schlug Heller vor den Leib. Dieser war nicht völlig überrascht und wich zurück, der Schlag traf ihn aber trotzdem und trieb ihm die Luft aus der Lunge. Der Angreifer wich ein wenig zurück. Doch statt ihn anzugreifen, sah sich Heller nun auch einer Attacke von hinten ausgesetzt. Ein zweiter Angreifer, der in einem Hauseingang gelauert haben musste, schlang Heller etwas um den Hals und würgte ihn. Heller konnte weder um Hilfe rufen noch kam er an seine Polizeipfeife. Der erste Mann kam nun wieder heran, holte erneut mit der Eisenstange aus, und Heller riss sein rechtes Bein hoch, um den Schlag abzuwehren. Er traf seine Stiefelsohle, was eine schlimme Verletzung verhinderte, jedoch einen wilden Schmerz vom Fuß durchs Bein bis ins Rückgrat schleuderte.

Heller keuchte. Er überlegte, dass es nutzlos war, sich mit bloßen Händen gegen das Erdrosseln zu wehren, denn obwohl er seine Hände unter das Seil hatte schieben können, drückte es ihm die Blutzufuhr ab. Also löste er seine Finger und griff nach der Pistole. Doch damit hatte der andere gerechnet. Er warf die Eisenstange weg, die klirrend auf die Straße fiel, und griff ebenfalls nach der Pistolentasche. Er riss wild an ihr, statt den Knopf zu öffnen. Heller löste mit seiner linken Hand den Schlagstock und schlug dem Angreifer auf die Hand. Er spürte schon erste Anzeichen einer nahenden Bewusstlosigkeit, der Blick verschwamm ihm. Dann schlug er mit letzter Kraft über seine Schulter nach hinten. Im selben Moment, als der Stock etwas hart traf, ließ auch der Druck um seinen Hals nach.

Dem Ersten war es inzwischen trotz des Schlages auf die Hand gelungen, den Knopf der Pistolentasche zu öffnen. Er wollte die Waffe herausziehen, doch so weit durfte es nicht kommen. Heller holte weit aus und drosch ihm den Schlagstock auf den Unterarm, der mit hörbarem Knacken brach. Laut jaulend sank der Mann auf die Knie. Er musste sich den Arm halten und vergaß darüber, was er eigentlich vorgehabt hatte. Der Zweite hatte sich vom Schlag gegen den Kopf erholt und versuchte das Seil wieder zu straffen. Doch Heller riss daran und trat nach hinten aus. Schließlich beugte er sich nach vorn, riss den Mann hinter sich mit und warf sich im nächsten Moment rücklings gegen ihn. Als der Druck durch das Seil für einen Moment ganz nachließ, schlüpfte Heller aus der Schlinge und wirbelte herum. Der Angreifer, vom Schlag gegen den Kopf wohl doch noch benommen, stand ihm nun keuchend gegenüber und war überrascht von Hellers Wehrhaftigkeit. Aber trotz allem war er nicht bereit, aufzugeben. Er griff in seine Tasche und holte ein Messer hervor.

Heller wartete gar nicht erst darauf, dass der andere angriff. Er sprang nach vorn, schlug dem Mann den Knüppel auf den Oberarm und auf die Schulter und trat ihm vor die Brust, was ihn nach hinten taumeln ließ. Der Angreifer fiel jedoch nicht, stolperte nur rückwärts, fing sich und stürmte erneut vor. Heller wich dem Vorstoß zur Seite aus, griff nach der Messerhand und bekam den Arm zu fassen. Im selben Moment schlug er dem Mann den Knüppel seitlich gegen das Knie. Dem hatte dieser nun nichts mehr entgegenzusetzen. Er knickte ein und ging zu Boden. Heller bog ihm das Messer aus den Fingern. Dann sah er, dass der Erste sich trotz des gebrochenen Arms aufgerappelt hatte und mit der Pistole auf ihn zielte. Heller schaute entsetzt auf seine leere Pistolentasche. Er hatte gar nicht bemerkt, dass es dem Angreifer gelungen war, die Waffe zu entwenden.

»Nicht!«, rief Heller.

Der Mann drückte ab. Doch da er offenbar im Umgang mit einer Feuerwaffe ungeübt war, geschah nichts. Heller hatte sie nicht durchgeladen, und sie war noch gesichert.

Heller wusste, diese Gelegenheit musste er nutzen, bevor der Mann dahinterkam. Er sprang ihm entgegen und schlug ihm auf das Handgelenk, sodass die Waffe zu Boden fiel. Dann schlug er ihm mit seinem Stock ebenso gegen das Knie. Nun lagen beide, wimmernd unter Schmerzen, am Boden.

»Wer seid ihr?«, fragte Heller und bückte sich hastig nach der Pistole.

»Hilfe!«, begann der mit dem gebrochenen Arm zu schreien. »Hilfe!«

»Ich hole Hilfe«, grollte Heller, doch er musste kurz verschnaufen und fand die Pfeife nicht gleich.

Jetzt riefen beide Männer um Hilfe. In den Fenstern ging Licht an, und die ersten Hausbewohner traten auf die Straße.

»Laufen Sie zur Wache!«, befahl Heller einem von ihnen. »Holen Sie Hilfe!«

»Schildern Sie noch einmal den Ablauf der Ereignisse«, forderte der leitende Ermittler, Staatsanwalt Funke.

Heller, dem das alles wie ein böser Traum vorkam, schloss einen Moment lang die Augen. Er wusste, es war ganz dringend erforderlich, ruhig zu bleiben. Er musste besonnen bleiben, er musste zeigen, dass er Opfer eines feigen Angriffs gewesen war. Er musste die Ruhe bewahren. Doch am liebsten wäre er aufgesprungen, um alles kurz und klein zu schlagen. Nun holte er Luft und wiederholte, was er jetzt schon dreimal geschildert hatte, nachdem er von seiner Zelle in den Verhörraum gebracht worden war.

Noch einmal würde er es nicht erzählen, beschloss er, als er fertig war. Viermal war genug.

Funke nickte und schrieb mit, dabei hatte Heller nichts anderes erzählt als zuvor. Der Staatsanwalt sah ihn beinahe mitleidig an. Heller fragte sich, was mit Funke los war. Was hatte er gegen ihn? War es eine alte Feindschaft mit seinem Großvater, die er nun an ihm ausließ? Jeden Tag wurden Polizisten angegriffen, und oft gab es Verletzte. Doch noch nie hatte er erlebt, dass man einen seiner Kollegen dafür so zur Rechenschaft zog.

»Warum gingen Sie wieder zurück zur Leisniger Straße, anstatt eine Runde zu laufen, über die Moltkestraße zum Beispiel?«, fragte der Staatsanwalt.

Heller holte wieder Luft. Auch das hatten sie bereits dreimal besprochen. »Wie ich schon sagte, weil ich glaubte, es wäre ein Raubzug beim Baugeschäft in Gange.«

»Antworten Sie, ohne dabei unverschämt zu werden, Wachtmeister.« Funke sah ihn eiskalt an. »Jawohl, Herr Staatsanwalt, heißt das.«

»Jawohl, Herr Staatsanwalt«, knirschte Heller.

»Sie sagten, die Männer hätten Ihnen aufgelauert und Sie aus dem Hinterhalt angegriffen?«

»Jawohl.«

Wieder sah ihn der Mann streng an.

Heller bekam kaum noch die Zähne auseinander. »Jawohl, Herr Staatsanwalt«, verbesserte er sich.

»Sie sagten, die Männer hätten eine Eisenstange, ein Würgeseil und ein Messer dabeigehabt.«

»Jawohl, Herr Staatsanwalt.«

»Nun ist es aber so.« Der Mann setzte seinen Kneifer auf und las vom Blatt. »Es wurden weder Eisenstange noch Würgeseil noch Messer gefunden.«

Heller glaubte zuerst, sich verhört zu haben. »Das kann nicht sein.« Er sprang auf, als ihm klar wurde, was das bedeutete.

»Setzen Sie sich wieder!«, befahl der Staatsanwalt, und die Hände zweier Wächter der Untersuchungshaftanstalt legten sich schwer auf Hellers Schultern. Er sank in den Stuhl zurück. Einen ganzen Tag schon hatte er in der kleinen Zelle gesessen, mit nichts als seiner Verzweiflung und den Gedanken daran, warum sich alles gegen ihn verschworen hatte. Warum man ihn wie einen Verdächtigen behandelte und niemand seinen Ausführungen Glauben schenken wollte.

»Außerdem ist es so, dass von dem vermeintlichen Schlag mit der Eisenstange nach eingehender ärztlicher Untersuchung keinerlei Spuren an Ihrem Körper zu finden waren. So wie es auch keinerlei Würgemale oder Abschürfungen an ihrem Hals gibt, geschweige denn Kratzer oder ähnliche Spuren eines Kampfes.«

»Darf ich sprechen?«, brachte Heller mühsam hervor. Viel lieber wäre er dem Mann an die Kehle gesprungen und hätte ihn eigenhändig erwürgt. Funke nickte gnädig.

»Mein Uniformrock ist aus sehr festem Stoff, das mag den Schlag gemildert haben. Und der hohe Kragen meiner Jacke hat wohl Würgemale verhindert.«

Davon ungerührt, fuhr Funke fort. »Noch dazu ist es doch regelrecht absurd, dass ein Mann, dessen Unterarm durch einen brutalen Schlag gebrochen wurde, Sie noch einmal angegriffen haben soll.« Wieder hob der Mann seine Stimme, denn Heller wollte Widerspruch leisten. »Hätten die Männer nach dem gescheiterten Mordversuch nicht lieber das Weite suchen sollen?«

»Nicht wenn es ihr oberstes Anliegen war, mich umzubringen«, brachte Heller hervor.

»Aha. Und wenn es diesen so dringenden Wunsch gab, Sie zu meucheln, wieso griff der zweite Sie dann mit einem Würgeseil an, wenn er doch ein Messer dabeihatte? Warum hat er Sie nicht gleich erdolcht?«

»Fragen Sie doch diese Männer!«, rief Heller, und die Geste, mit der Funke ihn zur Mäßigung aufforderte, machte ihn noch wütender.

»Das haben wir getan, Herr Wachtmeister. Beide sagen aus, sie wären von einem Kneipenbesuch gekommen. Dafür gibt es Zeugen, das ist schon geprüft. Des Weiteren sagten sie aus, dass Sie die beiden auf der Leisniger Straße aufgehalten und ohne Vorwarnung mit Ihrem Knüppel auf sie eingeschlagen hätten.«

»Lüge!« Heller sprang auf, und beide Wachmänner mussten ihn mit aller Kraft in den Sitz pressen.

»›Rotes Pack‹, hätten Sie geschrien. Das sagen beide aus. ›Verdammtes Rotes Pack, verdammte Verräter, euretwegen ging der Krieg verloren.‹ Auch Anwohner können das bezeugen.«

»Das ist eine Lüge, eine infame Lüge«, keuchte Heller entsetzt, denn jetzt wurde ihm endgültig klar, dass er zum Opfer einer Verschwörung geworden war. Man hatte es auf ihn abgesehen. Die Freundlichkeit im Viertel, der Respekt, all das war Heuchelei. Man hatte ein Komplott gegen ihn geplant.

Funke hatte noch weitere Asse im Ärmel. »Ist es nicht so, Wachtmeister, dass Sie mit der Tochter des Unternehmers Kolbert angebändelt haben?«

»Was hat das damit zu tun?«, fragte Heller kraftlos.

»Man spricht sogar von Hochzeit, und ist es nicht so, dass Kolbert als Mitglied im Stahlhelmbund aktiv ist? Kann es nicht sein, dass er Ihnen den Floh ins Ohr gesetzt hat, die Roten hätten dafür gesorgt, dass wir den Krieg verlieren?«

»Das ist nicht wahr«, flüsterte Heller.

»Sie sind nicht mit Karin Kolbert liiert?«

»Doch.«

»Also stimmt es!«, triumphierte Funke.

»Das eine ja, aber das andere nicht. Warum sollte ich auch willkürlich zwei Männer angreifen?«

»Um dem Herrn Schwiegervater zu imponieren vielleicht.«

»Aber ich kenne diese beiden Männer gar nicht!«

Dieses Argument schien Funke seltsamerweise zu beflügeln. »Dann sagen Sie mir doch«, forderte er fast höhnisch, »warum sie Sie angegriffen haben sollen.«

»Ich weiß es nicht. Das ist eine Verschwörung. Die Anwohner müssen die Eisenstange und das Messer versteckt haben. Sie sagen falsch aus.«

»Ist es nicht auch so, dass Sie als durchaus streitsüchtiger Mann bekannt sind?«

»Nein, das stimmt nicht!«

»Gut«, gab sich Funke jovial. »Das nehme ich zurück. Aber es ist so, dass Sie schnell die Beherrschung verlieren und Gewalt gegenüber nicht abgeneigt sind. Es gibt eine Liste von Begebenheiten, in denen Sie trunken Streit angezettelt haben.«

»Früher vielleicht. Und niemals habe ich Streit begonnen, immer habe ich mich nur verteidigt.«

»Heller, hören Sie sich reden? Sagt das nicht jeder, den Sie wegen Prügelei festnehmen? Begreifen Sie doch die Aussichtslosigkeit Ihrer Lage. Besser wäre es, Sie arbeiten mit mir zusammen und gestehen.«

Heller konnte nur den Kopf schütteln. »Rufen Sie Kolbert an, fragen Sie ihn. Ich habe erst einmal mit ihm gesprochen. Er wird für mich aussagen.«

»Kolbert ist nicht in der Stadt. Seltsam, oder? Als hätte er gewusst, dass heute etwas geschieht. Vielleicht kommen diese beiden Männer aus einer von seinen Fabriken, vielleicht sind sie ihm sogar als Streikführer bekannt. Das alles lässt sich herausfinden.« Funke hatte seine Beweisführung abgeschlossen und war zufrieden. »Heller, Sie werden weiter in Untersuchungshaft bleiben, die richterliche Anordnung liegt vor. Das weitere Vorgehen werden Sie mit dem Anwalt besprechen, der Ihnen zugeteilt wird. Guten Tag noch.« Funke erhob sich. »Abführen!«

Es waren zwei Tage, die er nicht vergessen würde. In Untersuchungshaft. Blankes Starren gegen graue Wände. Keine Ablenkung. Nichts zu lesen. Keine Zeitung, kein Buch. Nicht mal eine Bibel. Stunden der Agonie, der völligen Hilflosigkeit. Dieses andauernde Vergewissern, dass die Wände sich nicht bewegten. Das dauerhafte Ankämpfen gegen seine Zustände, der Platzangst geschuldet. Nagende Zweifel, ob er vielleicht doch alles falsch verstanden, die Situation falsch eingeschätzt hatte. Ob es vielleicht sogar stimmte, was man ihm vorwarf. Vielleicht war er ja verrückt geworden? Wenn sie kein Messer und keine Eisenstange gefunden hatten, hatten sie dann vielleicht wirklich gar nicht existiert? Nein, Lüge. Verschwörung. Komplott. Wenn der Drang zu übermächtig wurde, gegen die Wände zu schlagen, dann half nur noch der Blick auf das kleine vergitterte Fenster, sich zu besinnen.

Dann alles wieder von vorn. Sekunden fressen. Minuten. Alles besehen, nur nicht denken. Ewig konnte es so nicht bleiben. Hier ein Bett. Dort ein Tisch. Ein Eimer mit Deckel. Eine Wasserschüssel. Er brauchte Veränderung. Irgendetwas. Hauptsache etwas, das sich bewegte, das ihm zeigte, er war hier nicht begraben. Das Lichtanschalten. Das Wecken. Die Wasserschüssel, um sich zu waschen. Ohne Seife. Das karge Frühstück durch die Klappe in der Tür. Befehl zur Zellenreinigung, obwohl es nichts zu reinigen gab. Die Demütigung, auf dem Eimer zu hocken. Der Blick zur Tür. Zum Guckloch. Sich beobachtet fühlen. Das Mittagessen, nicht zu wenig, doch so schmackhaft wie Pappe.

Wieder das Warten. Das Treffen mit dem Anwalt, der keinerlei Nachrichten brachte. Nur dass Kolbert sich entsetzt gezeigt hatte. Weiter nichts. Keine entlastenden Indizien. Kein Widerruf falscher Zeugenaussagen. Keine Nachricht von Karin. Sie liebte ihn. Sie liebte ihn, hatte versprochen, immer zu ihm zu gehören. Doch was, wenn sie denen glaubte? Wenn sie sich fragte, was in ihn gefahren war, welchen Menschen sie da kannte? Nein, niemals würde sie das. Wenn aber doch, woher sollte sie es besser wissen? Alles verloren.

Und seine Eltern? Vor Gram würden sie eingehen. Würden sie ihm glauben? Wenn alles gegen ihn sprach? Sie müssten ihm glauben, er war ihr Sohn. Doch viele Verbrecher hatten Mütter und Väter, die glaubten, ihre Söhne wären unschuldig, und dann eines Besseren belehrt wurden. Und sie wussten von seinen früheren Ausbrüchen. Warum sollten sie also nicht glauben, dass es wieder geschehen wäre? Wie oft beschwerten sich die Leute über die zu harte Gewalt der Polizei? Jetzt war er einer von den Übeltätern.

Und die Schande vor seinem Großvater. Würde er in dem Glauben sterben, dass sein Enkel ein Verbrecher war? Lebte er überhaupt noch? Er müsste sich ihm erklären, müsste schwören, dass er unschuldig war, dass man ihm nach dem Leben getrachtet hatte. Von Angesicht zu Angesicht würde Großvater ihm glauben, er würde sehen können, dass die Wahrheit aus ihm sprach.

Überhaupt wollte er sich allen erklären, Großvater, Mutter, Vater, Karin. Doch niemand war hier, niemand kam. Hatten sie ihn aufgegeben? Nein, Armin nicht, niemals. Der kannte ihn, kannte ihn besser als jeder andere. Doch auch er war nicht da. Wusste er etwa gar nichts davon? War das der Grund, warum er noch nicht Himmel und Hölle in Bewegung gesetzt hatte? Was hatten sie ihm erzählt?

Warten, warten, warten. Eine Stunde Hofgang. Im Kreis laufen, nicht sprechen, den Blicken der anderen ausgesetzt, die wohl schon wussten, dass er Polizist war, die feixten, raunten, Pläne gegen ihn schmiedeten, weil sie ihn kaltmachen wollten, weil sie ihn hassten, wie sie jeden Polizisten hassten. Starren, starren, starren.

Unmenschlich war das, unmenschlich die ganze Behandlung, erniedrigend, entwürdigend. Einen Menschen in der Untersuchungshaft so zu behandeln, dessen Schuld noch nicht bewiesen, dessen Anklage noch nicht einmal ausgesprochen war, ihn zu brechen, ihm zu zeigen, dass er kein Mensch mehr war. Keinem Reichen würde es so ergehen. So erging es nur den Armen. Jenen, die es sich nicht leisten konnten, sich freizukaufen, die keine Beziehungen hatten, denen man einfach nicht glaubte, weil sie von der Arbeit Dreck unter den Fingernägeln hatten, die verschlissene Kleidung trugen, weil sie sich keine bessere leisten konnten. Unrecht war das. Diese Behandlung. Diese Verzweiflung. Das Rechnen. Das Denken.

Was konnte man ihm vorwerfen? Körperverletzung in schwerem Falle. Drei Jahre. Vier. Tötungsabsicht? Niemals. Aber wenn doch, weil der Staatsanwalt vielleicht einst Streit mit Großvater gehabt hatte? Wenn er dem Richter geheime Zeichen gab? Acht Jahre. Nein, so lange würde Karin nicht warten, sofern sie noch zu ihm hielt. So lange wartete keine Frau. Aber warum kam sie nicht? Warum fragte sie nicht nach ihm? Warum stand sie nicht draußen und rief seinen Namen, um ihm Hoffnung zu geben?

Nein, er war verloren. Verzweiflung. Aushalten. Harren. Und dann, wenn Nachtruhe befohlen wurde und das Licht ausging, all die Verzweiflung ins Kissen schreien. Gegen die Wände boxen, bis die Haut an den Fingerknöcheln platzte.

»Untersuchungshäftling Heller«, dröhnte es vor der Tür. Inzwischen kannte er die Prozedur. Er stand auf und stellte sich stramm, alles andere würde mit Bestrafung enden. Nicht leicht in dieser Kleidung. Nicht leicht, in diesem groben einfarbigen Zeug Haltung zu wahren, das ihn zu einem von denen machte, die wirkliche Verbrecher waren. Schlüssel drehten sich im Schloss. Die Tür öffnete sich.

»Raustreten!«, befahl der Wärter.

Heller trat hinaus, blieb stumm, hatte gelernt, diese Männer wussten nichts, sagten nichts. Sie hatten Befehle. Fragen hatten keinerlei Zweck, brachten nur Unmut und Strafe. »Vorwärts. Vernehmungszelle«, befahl der Wärter.

Heller lief den bekannten Weg, überlegte, was es zu sagen gäbe, das noch nicht gesagt war. Welchen Kniff es geben konnte, sich freizureden, welchen Beweis er übersehen hatte, wen zu sprechen er verlangen könnte. Er folgte dem Gang, lief die Eisentreppe hinab, der Wächter hinter ihm, den Blicken derer ausgesetzt, die zur Reinigung, zur Essensausgabe kommandiert waren. Vor dem Vernehmungsraum wartete er. Der Wärter klopfte, kündigte ihn an. Sie wurden hereingerufen, und der Anblick, der sich ihm bot, hätte ihm fast die Füße weggerissen.

Großvater, schwer auf den Stock gestützt, kaum mehr als ein Schatten seiner selbst, doch aufrecht stehend. Funke, der Staatsanwalt, schweigend.

Heller sagte nichts. Großvater sah an ihm vorbei, der Blick starr, der Mund fest verschlossen. Er war rasiert, das lange weiße Haar gekämmt. Er trug seine Rittmeisteruniform.

Es ist alles gelogen, wollte Heller rufen, du sollst nichts Schlechtes von deinem Enkel denken. Eine Verschwörung. Ein hässliches Komplott. Ein böser Scherz. Doch so wollte er sich nicht vor die Hunde werfen. Antworten ja, kriechen jedoch nicht.

So standen sie da, und Heller sah, dass es den alten Mann, der an manchen Tagen nicht mal aus dem Bett kam, viel Kraft kostete. Ihre Blicke trafen sich, doch da war kein Zeichen, kein Zwinkern. Vielleicht ein leichtes Flackern in den feuchten Augen. Enttäuschung? Resignation? Warum fragte niemand etwas? Warum wollte Funke nicht beginnen?

Stattdessen klopfte jemand an der Tür. Funke bat ihn herein. Es war ein Wärter, mit einem Pappkarton auf dem Arm. Darin befand sich Hellers Uniform, die Stiefel, die Mütze, alles, was er am Leibe getragen hatte. Als man ihn verhaftet hatte anstatt der Angreifer.

»Herr Geheimrat ...«, begann der Staatsanwalt.

»Raus! Elender Schuft!«, donnerte Großvater mit aller Kraft, die noch in ihm steckte. »Und wäre ich nicht alt und gebrechlich, dann würde ich Sie mit Schimpf und Schande durchs Haus und auf die Straße treiben, Sie elender Lump, und da blieben Sie auch!«, brüllte er.

»Sehr wohl«, sagte Funke und eilte geduckt aus dem Raum, als glaubte er, der alte Geheimrat würde seinen Säbel ziehen und ihm mit der blanken Seite geben.

»Zieh dich an, Junge«, stöhnte Großvater, sobald die Schritte des Mannes verklungen waren. »Ich kann mich keine Minute länger auf den Beinen halten. Draußen wartet eine Autodroschke auf uns.«

Heller nahm eilig seine Uniform aus dem Karton und zog sie an. Er war frei. Alle Anschuldigungen nichtig. Dann hielt er inne. Er musste es sagen, es deutlich machen, beteuern. »Großvater. Du weißt ...«, sagte er, doch noch bevor er es aussprechen konnte, wusste er, dass es nicht nötig war.

Großvater nickte. »Jemand steckt dahinter. Du wirst herausfinden, wer. Aber bring mich jetzt heim, Junge, ehe ich hier in Scham und Schande eingehe.«

Heller nickte, richtete die Uniform.

»Wie hast du es erfahren?«

»Dein Freund kam zu mir, mit deinem Rad. Deine Eltern liefen durch das Viertel und fanden Zeugen, mit denen sie dann im Präsidium vorstellig wurden.«

Heller nickte, verbarg seine Rührung, schämte sich all der Zweifel gegen seine Liebsten in Grund und Boden. Himmel und Hölle hatten sie in Bewegung gesetzt. Waren sogar hier gewesen, keine hundert Schritt entfernt von seiner Zelle. Er nahm seine Mütze, klemmte sie unter die Achsel, dann bot er seinem Großvater den Arm an.

Sie schafften es zu Fuß durch die ewig langen Gänge und Flure, durch das Foyer mit den salutierenden Wachmännern, bis zum Wagen, wo Thomas wartete. Mit letzter Kraft und der Hilfe beider Männer setzte sich Großvater hin und fiel sofort in einen Erschöpfungsschlaf, der einer Ohnmacht nahekam.

Heller wollte ebenfalls einsteigen. Doch Thomas hinderte ihn daran, zog ihn an sich und umarmte ihn fest. »Geh und ruf deine Eltern, sie sollen zum Hof kommen. Sie sollen diesen vermaledeiten Laden schließen, wenigstens heute, wer weiß, wie viel Zeit noch bleibt. Und dann geh zu deiner zukünftigen Frau.«

»Ich kann ihn doch nicht …«

»Mensch, Junge, hör doch nur einmal zu! Immer diese Widerworte!« Thomas stieg ein, schloss die Tür und ließ Heller auf der Straße zurück.

Die Villa lag wie tot da. Nichts regte sich, es gab keine Zeichen, dass jemand daheim war. Heller öffnete das Tor, stieg die Treppe zum Herrschaftseingang hinauf, klopfte dort und klingelte. Nichts geschah. Waren sie verreist? Geflohen sogar, vor einem Skandal? Nein, nicht Karin.

»Gnädiger Herr!«, rief jemand halblaut vom Dienstboteneingang. Eine der Mägde stand dort in ihrem schwarzen Hauskleid mit Servierschürze und winkte ihn schüchtern heran. Heller ging zu ihr.

»Das gnädige Fräulein ist bei Ihren werten Eltern, das sollen wir ausrichten.«

Vor Glückseligkeit wäre er dem Mädchen beinahe um den Hals gefallen. »Bei meinen Eltern?« Noch vom Präsidium aus hatte er die Wache in Pieschen angerufen und einen Kollegen gebeten, seinen Eltern zu übermitteln, dass sie schleunigst den Großvater besuchen sollten. Würde Karin mitfahren oder würde sie warten? Er wollte keine Zeit mehr verlieren, wollte sie unbedingt sehen. »Sollte sie doch wieder zurückkehren, richten Sie ihr aus …«

»Warten Sie bitte, mein Herr, eine Minute nur. Kommen Sie herein!« Die Magd deutete auf den Eingang. »Es kommt auf diese Minute nicht an, bitte!«

Heller stutzte zwar, doch ihr schien es wirklich wichtig zu sein. Also ging er ihr voran ins Haus. Durch den Lagerraum und die Waschküche gelangte er schließlich in die Küche. Dort saßen am Herd eine zweite Magd und der Chauffeur. Beide erhoben sich. »Gnädiger Herr.«

»Bitte«, sagte Heller, »ich bin wie Sie, ich war Lieferjunge, und nun bin ich Schutzpolizist. Setzen wir uns?«

Der Chauffeur war der Älteste am Tisch und auch der Erste, der nun sprach.

»Wir haben ja schon Bekanntschaft gemacht. Johann Zeig ist mein Name. Es ist uns allen ein Bedürfnis, Sie auf bestimmte Umstände aufmerksam zu machen, die Ihnen bisher entgangen sein mögen. Wir müssen Sie jedoch um äußerste Diskretion bitten, auch dem gnädigen Fräulein Kolbert gegenüber, denn sie war es, die uns ausdrücklich verboten hat, mit Ihnen darüber zu sprechen oder Sie irgendwie in Kenntnis zu setzen.«

Heller nickte, ohne zu wissen, was nun auf ihn zukam. Wenn es den Angestellten recht schien, diese Anweisung zu ignorieren, musste es von großer Wichtigkeit sein. War Karin etwa krank? War etwas mit ihr, was auch ihre Mutter schon so früh hatte dahinscheiden lassen? »Ich verspreche es«, antwortete er besorgt.

Zeig schluckte und rang nach Worten. »Fünf Jahre ist es nun her, dass die gnädige Frau Kolbert starb, Gott sei ihrer geschundenen Seele gnädig. Mit diesem Tag begann für Karin, damals gerade fünfzehn Jahre alt, ein regelrechtes Martyrium. Leider war Herr Kolbert senior zu eben jenem Zeitpunkt schwer an Senilität erkrankt, und sein Zustand verschlechterte sich Jahr für Jahr. Er war bettlägerig, konnte weder allein essen noch trinken, beschmutzte sich auf jede erdenkliche Weise. Noch dazu war er grausam und gemein. Sich darum zu kümmern, lag allein auf den Schultern Fräulein Kolberts, der gnädige Herr bestimmte es so. Er war der Meinung, dass sie dadurch fürs Leben lernen und keine Dummheiten anstellen würde. Ich verbürge mich für Fräulein Klara und Fräulein Helene und die anderen Dienstmädchen, die Karin zur Hand gingen, wann immer es möglich war. Doch der gnädige Herr führt ein strenges Regime. Wie streng, vermag ich Ihnen kaum zu schildern. Es ist eine Schreckensherrschaft, unter der wir alle leiden, so viel sage ich. Und jeder hier weiß, dass dies wohl der Grund für den frühen Tod der gnädigen Frau war und wohl auch für die Fehlgeburten, die sie erlitt. Wir wissen, wie es Ihnen in den letzten Tagen ergangen ist, und ich wage zu behaupten …«

»Er war es!«, rief Heller aus. Darum der vehemente und doch dilettantische Angriff. Die feigen Hilferufe der Angreifer. Es war nicht das Ziel gewesen, ihn umzubringen, sondern ihn als Bräutigam unmöglich zu machen, seinen Ruf zu zerstören, ihn einzusperren. Die verschwundenen Waffen, die falschen Zeugenaussagen. »Dieser falsche Hund, dieser scheinheilige Bastard. Er hat Funke bezahlt dafür, sie haben gemeinsame Sache gemacht.«

»Herr Wachtmeister«, mahnte der Chauffeur. »Der gnädige Herr ist ein gefährlicher Gegner. Es wird ihm nicht gefallen, dass Sie wieder auf freiem Fuß sind. Und denken Sie an Karin. Lassen Sie sich nicht zu unbedachten Handlungen hinreisen. Zu offiziellen Anschuldigungen. Sie müssen die Vernunft bewahren. Sicher wird er alles daransetzen, Sie weiter zu diskreditieren.«

Mit jedem Schritt, den er seiner elterlichen Wohnung näher kam, wurde ihm bewusster, wozu er Karin in seiner Unbedarftheit gezwungen hatte. Er hatte darauf bestanden, dass sie es ihrem Vater sagte. Ohne zu wissen, was er ihr da abverlangte. Was war er nur für ein Klotz. Es war Frühling, er war frei. Er hatte eine Frau, die ihn liebte und heiraten wollte. Und doch war sein Herz schwer.

Die Tür des Ladens war verriegelt. Auf einem Stück Pappe stand in der Handschrift seiner Mutter: *Aus privaten Gründen geschlossen*. Das war noch nie vorgekommen.

Kaum hatte er das Haus betreten, flog ihm Karin auch schon entgegen. Sie küsste ihn innig, liebkoste ihn, und er schwieg. Sagte ihr nichts von seinen Gefühlen und den Seelenqualen in der Zelle. Nichts von seinem bösen Verdacht gegen ihren Vater. Doch er sah ihr an, dass sie denselben Verdacht hatte. Wenn nicht sogar die Gewissheit.

Dann überkam Heller plötzlich eine wilde Lust. All die angestaute Angst und Verzweiflung und neu gefundene Lebensfreude wollten sich entladen. Er schob sie in die Wohnung, griff ihr an den Busen, unter den Rock, fasste ihr fest zwischen die Beine. Karin keuchte und erwiderte seine wilden Küsse.

»Nicht so!«, sagte sie plötzlich, als er ihr den Rock lösen wollte und schob ihn von sich. Dann drehte sie sich um und raffte den Rock bis übers Gesäß. Wild entschlossen riss Heller Uniformrock und Hose auf, zerrte ihr die Unterhose bis zu den Knien, drängte sich an Karin heran und begann schließlich mit rauer Kraft all seinen Zorn hinauszustoßen.

Später saßen sie beisammen, hielten sich bei den Händen und sprachen leise bis in den späten Abend. Er erzählte, was geschehen war, jedoch nichts von seinem Verdacht gegen ihren Vater. Und er fragte auch nicht weiter nach ihm, weil er es dem Chauffeur versprochen hatte. Irgendwann kamen seine Eltern heim, bedrückt vom Zustand des Großvaters, aber nicht niedergeschlagen. Zu groß waren die Differenzen gewesen, als dass sie in den wenigen Monaten aus der Welt geschafft werden konnten. Großvater ging es schlecht. Er erwartete nicht, sie noch einmal wiederzusehen. Also hatte er ihnen einen Umschlag gegeben und verlangt, ihn erst nach seinem Tod zu öffnen.

Zu viert saßen sie nun da. Heller erzählte noch einmal seine Geschichte und ließ dabei erneut alle Erniedrigungen aus.

Von seinem Großvater hatten die Eltern erfahren, dass man nun den Angreifern den Prozess machen wollte. Das würde ein anderer Staatsanwalt übernehmen; Funke wurde zwar nicht entlassen, jedoch schwer gerügt. Kolbert sollte so schnell keinen Freund mehr in der Justiz finden.

Die nächsten Tage blieb Karin bei ihnen. Sie war fest entschlossen, ihrem Vater zu trotzen. Mutter und Vater duldeten das. Auch dass Karin bei ihm schlief, als wären sie ein Ehepaar. Sie machte sich nützlich, genierte sich nicht, auch im Laden mit anzupacken. Sie erwies sich als tüchtig und aufmerksam. Alle Vorbehalte, die seine Mutter möglicherweise gegen die verwöhnte Tochter aus gutem Hause gehabt hatte, verloren sich in kürzester Zeit. Sein Vater war verlegen und wusste nicht, wie er mit ihr reden sollte. Doch das ging ihm auch den meisten anderen Menschen gegenüber so. Max genoss diese Zeit. Zu wissen, dass er eine Krise überstanden hatte, dass auf seine Liebste Verlass war. Es gefiel ihm, dass Karin hier lebte, in dieser kleinen Wohnung. Unter ganz anderen Verhältnissen, als sie gewohnt war.

Eines Nachts jedoch erwachte Heller schweißgebadet neben Karin. Er sah die Tür, die sich einen Spaltbreit geöffnet hatte und nun wieder schloss. Offenbar hatte seine Mutter ihn gehört, dann aber erkannt, dass Karin sich auch um diese Angelegenheit zu kümmern wusste.

»Was ist das, was geschieht mit dir?«, fragte Karin, und voller Scham drehte Heller sein Gesicht weg. Er hatte ihr nie von den Träumen erzählt, die ihn gelegentlich packten und in den Graben zerrten, die Granaten explodieren ließen und ihn unter Fleisch und Lehm begruben. Er hatte gehofft, es würde sich legen, wenn sie neben ihm schlief.

Er konnte nicht sprechen, so peinlich war es ihm. Doch Karin nahm sein Gesicht in ihre Hände und zwang ihn, sie anzusehen.

»Hast du das aus dem Krieg mitgebracht?«, fragte sie.

»Es geschieht nicht oft. Nicht so oft wie zu Beginn.«

»Erzählst du mir davon?«

Zuerst wollte er Nein sagen. Er musste sie nicht mit hineinziehen in diesen Abgrund. Doch vielleicht tat es gut, es jemandem zu erzählen, der nicht dabei gewesen war, wie Armin. Und vielleicht half es ihr, ihn besser zu verstehen. Also erzählte er ihr schließlich doch von seinen Erlebnissen. Das Allerschlimmste ließ er aus, aber es genügte, um sie zum Weinen zu bringen. In der Dunkelheit schmiegte sie sich an ihn, lauschte, schniefte, schluchzte.

»Dieses Elend«, flüsterte sie. »Diese armen jungen Männer.«

»Was denkst du jetzt bloß von mir«, brachte er am Ende hervor.

»Nichts, wofür ich mich schämen müsste, Max. Ich liebe dich, so wie du bist. Und da ich nun davon weiß, kann ich damit leben. Dann weiß ich, was geschieht, und kann für dich da sein, wenn du das möchtest. Denn ich gestehe, es hat mir einen furchtbaren Schrecken eingejagt.«

Nach fünf Tagen schließlich, in denen sie das Eheleben ausprobiert hatten, beschloss Karin, wieder nach Hause zu fahren. So konnte es nicht bleiben, hatte sie entschieden. Es musste eine Aussprache mit ihrem Vater geben.

Kurz nachdem sie heimgekehrt war, ließ sie Heller durch ein Telegramm wissen, dass ihr Vater beleidigt schwieg. Zu dem Vorfall hatte er sich nicht geäußert.

Max war beruhigt, dass es Karin offenbar gut ging und sie sich keinerlei Anfeindungen oder Vorwürfen ausgesetzt sah. Also konnte er seinen Dienst wieder antreten und spürte nun eine Veränderung. Denn was ihn die Angst und der Schmerz beim Überfall sowie die Verzweiflung später in der Haft gekostet hatten, zahlte sich nun aus. Er hatte der Attacke zweier Männer mit bloßer Kraft standgehalten sowie der falschen Anklage getrotzt und erntete dafür nun Respekt und Anerkennung. Die Kameraden auf der Wache zeigten sich beeindruckt, und es kam ihm so vor, als würde man ihn auch auf der Straße mit anderen Augen betrachten. Man gab ihm ehrlich Antwort. Man widersprach seinen Anweisungen nicht. Und wusste, dass er nicht bestechlich war.

Sein Großvater starb mitten im April. Thomas war bis zum allerletzten Atemzug bei ihm geblieben, sprach jedoch nicht viel darüber. Der alte Krieger, sagte er nur, hatte sich bis zum Schluss gewehrt und war mit zum Himmel geballten Fäusten gegangen.

Heller, der den alten Mann erst viel zu spät richtig kennengelernt hatte und schon seit einiger Zeit mit dessen Tod rechnete, trauerte nun umso mehr. Nicht zuletzt um jedes verlorene Jahr seiner Kindheit mit diesem Mann.

Die Prozession zum Friedhof wurde von fliehenden Wolken begleitet, wodurch Licht und Schatten sich beinahe im Sekundentakt abwechselten. Immer wieder gab es kurze Regenschauer, und viele Dutzende, wenn nicht gar Hunderte Menschen aus dem Dorf schlossen sich dem Trauerzug schweigend an. Die meisten davon waren Heller völlig fremd. Auch wenn Gustav Heller nicht der freundlichste Zeitgenosse gewesen sein mochte, so hatte er sich doch durch seine Lebensführung den Respekt der Gemeinde verdient, die ihm jetzt die letzte Ehre erwies.

Der Pastor machte keinen Hehl daraus, dass der alte Rittmeister seit Jahrzehnten der Kirche ferngeblieben war. Und dass sein Verhältnis zu Gott dem zu seiner Majestät, dem König, geglichen hatte. Zwar wusste der Rittmeister seinem Herrn zu dienen, trat ihm aber nicht mit gesenktem Blick entgegen, sondern vermochte ihm dabei stolz ins Angesicht zu sehen. Der Pastor sprach seinen Segen aus und lobte den Geheimrat als einen der ehrlichsten und geradlinigsten Männer, die er je kennengelernt hatte, auch wenn es manchmal eine schmerzliche Erfahrung gewesen war. Doch Ehrlichkeit, fügte er hinzu, tat nun einmal oft weh. Und oft verstand man erst zu spät, dass der Schmerz, den ein ehrliches Wort verursachte, viel weniger wog als der Nutzen, den man daraus zog, wenn man ein intelligenter Mensch war.

Karin hielt Hellers Hand. Es war ihr vollkommen egal, dass man sie argwöhnisch betrachtete, weil sie weder verlobt noch verheiratet waren.

Heller wollte nicht weinen. Er hielt die Tränen mit aller Kraft zurück. Der Pastor beschied seinem Großvater ein Leben, das erfüllt gewesen war von Stolz, Kraft und Arbeit, von Freude und auch Leid. Er beschrieb ihn als einen Mann, der stets zu lenken und zu führen wusste und der nun zu seiner Frau und seiner geliebten Tochter heimkehren konnte. Da brach auch Hellers Widerstand.

Karin war bei ihm, als Heller vom Postboten wenige Wochen später einen Brief empfing.

»Ist dir nicht warm?«, fragte Heller, während er das versiegelte Kuvert öffnete. Karin trug ein Kleid mit Ärmeln, die bis zu den Handgelenken reichten, obwohl es draußen merklich wärmer wurde.

»Du weißt, ich friere viel schneller als du. Was ist das?«

Es war ein Wechsel, auf dem man ihm nach einem Notarbescheid vom Liquidator des Großväterlichen Grundstücks tausendachthundertzwanzig Mark gutgeschrieben hatte, kaum dass die Beerdigung des Großvaters eine Woche her war. Eine solche Summe hatte Heller in seinem ganzen Leben noch nie gesehen. Und auch wenn Karin ganz andere Zahlen gewohnt sein musste, freute sie sich ehrlich mit ihm, denn inzwischen wusste sie genau, wie viel Geld das in diesem Teil der Stadt war.

Karin erhob sich. »Max, ich muss mich davonmachen. Es gibt noch Pflichten, die rufen. Dinge zu erledigen.«

»War dein Vater böse mit dir, als er die Anzeige las? Hat er geschrien?«

Sie hatten getan, was längst nötig gewesen und von seinem Großvater sogar vorweggenommen worden war. Sie hatten sich verlobt und es mit einer Zeitungsanzeige verkündet. Damit hatten Sie Karins Vater vor vollendete Tatsachen gestellt, an denen nicht mehr zu rütteln war.

Karin tat es ab. »Ich denke, die Angelegenheit mit dir war ihm eine Lehre. Er ist fast schon zahm.«

»Wird er der Hochzeit zustimmen?«

»Davon will ich ihn überzeugen.«

»Und wenn er nicht will?«

»Dann erpresse ich ihn und sage, ich ziehe auch so zu dir und heirate dich nächstes Jahr. Und dass er sein Geld behalten kann.«

Max nickte. »Ich will sowieso nichts davon. Für den Anfang haben wir genug. Mehr als genug sogar. Ruf in der Wache an, sobald du wieder Zeit hast.«

»Max, die lachen doch schon, wenn ich anrufe!«

»Na, und wenn schon. Die sind nur neidisch.« Max gab seiner Verlobten einen Kuss.

Drei Tage später sahen sie sich am frühen Abend wieder. Noch war es schön draußen, doch ein Unwetter lag in der Luft. Es war eine Überraschung für ihn, denn sie hatten sich nicht verabredet. Karin lachte, als sie ihm auf der Straße begegnete.

»Wo ist das Auto?«, fragte Heller und nahm sie mit ins Haus, wo sie sich umarmten. Karin schien ein wenig abgehetzt und erschöpft zu sein, als wäre sie den ganzen Weg gelaufen. »Wartet dein Fahrer, oder hast du eine Zeit ausgemacht? Wird er keinen Ärger bekommen?«

Karin winkte nur ab, wollte sich gar nicht von ihm lösen. »Wenn ich dich fragte, ob ich bei dir wohnen darf, würdest du das wollen?«

Heller musste sich ein wenig zur Seite beugen, um sie anzusehen, denn sie hielt ihn fest umschlungen und presste ihren Kopf an seine Brust. »Du meinst, richtig hier wohnen?« Wie ein Ehepaar, in der elterlichen Wohnung. Sie wäre da, wenn er nach Hause kam, sodass sie sprechen könnten, oder läge im Bett, wenn er von der Nachtschicht kam. Ein warmes Nest, um hineinzuschlüpfen – was für ein Gedanke. »Und die Leute?«, fragte er, um noch mehr aus ihr herauszukitzeln, nicht, weil es ihn wirklich anfocht. Er wünschte sich nichts sehnlicher, als dass sie bei ihm wohnte.

»Was die sagen, wäre mir egal. Sollen Sie mich ruhig anstarren wie ein Äffchen im Zoo. Deine Antwort möchte ich wissen.«

Eine dunkle Ahnung übermannte ihn. »Hat er dich hinausgeworfen?«

Jetzt schob sie ihn sanft von sich und sah ihm ins Gesicht. »Nein, Max. Ich stehe hier vor dir, es ist meine Entscheidung!«

Sie war tatsächlich den ganzen Weg gelaufen. Sie würde ihn nicht anlügen, man hatte sie nicht rausgeworfen.

»Gehen wir nach oben«, sagte er, und gemeinsam stiegen sie die Treppe hinauf. In der Wohnung war es ruhig, die Eltern standen beide noch im Laden.

»Sag, Max, willst du mich heiraten?«, fragte Karin leise und stand ein wenig verloren in der Tür.

»Aber Karin, wir sind doch schon verlobt.«

»Ja, Max, das weiß ich. Aber willst du wirklich? Wirst du es tun?«

»Ich liebe dich, Karin. Und außer dir habe ich niemanden.«

»Du hast Armin, deinen verrückten Freund.«

»Aber der lässt sich schlecht küssen«, erwiderte Max, fasste Karin bei der Taille und gab ihr einen Kuss.

Sie wich zurück und wollte seine Hände lösen, doch das war ihr übliches Spielchen. Sie lachte und wollte ihn in sein Zimmer locken, in dem es meist dunkel war, weil er vergaß, die Vorhänge zu öffnen.

»Nein«, sagte Max. »Hier!«

»Was?«, fragte sie erregt und überrascht zugleich.

»Karin, wir sind Mann und Frau. Vielleicht nicht auf dem Papier, aber im Herzen schon. Wir sind ganz allein hier.«

»Nein, Max«, lachte sie und zog an ihm.

Er widerstand ihr mühelos, zog sie zu sich heran und nestelte an ihrem Kleid.

»Nein«, kicherte sie. »Ich schäme mich, so ganz nackt im Licht.«

»Karin, du bist die schönste Frau, die ich je gesehen hab. Und wir waren schon so oft zusammen, dass ich jeden Zoll deines Körpers kenne. Du musst dich nicht schämen. Sieh!«

Er ließ von ihr ab und begann sich selbst zu entkleiden, warf sein Hemd weg, die Hose, zog sich vollständig aus. Karin stand da und sah zu, ganz aufgewühlt.

»Aber deine Eltern!«

»Die hören wir, wenn sie die Treppe hochkommen.« Ganz und gar nackt stand er nun im späten Tageslicht vor ihr.

»Nicht, Max!«, bat sie mit starrer Miene. Er erkannte, dass aus dem Spiel bitterer Ernst geworden war.

»Karin, komm her«, bat er. Er müsste nur einen Schritt machen, doch er wollte, dass sie aus eigenem Willen zu ihm kam.

Sie tat es, aber nur zögerlich. »Max«, sagte sie. »Es ist vorbei. Es ist vorbei. Jetzt wohne ich hier, und er kann nichts mehr tun.«

Heller verstand nicht ganz, warum sie das sagte. Er nahm ihren Arm, der wie immer unter Stoff verborgen war. Sie ließ es geschehen, doch als er ihr ins Gesicht sah, lösten sich Tränen von ihren Augen. Er schob ihren Ärmel hoch, und sein Blick fiel auf blaue und gelbe Flecken.

Er nahm auch ihren anderen Arm, sah ihn sich an und erkannte mit Entsetzen, was er bei all ihren Begegnungen im Dunkeln nicht hatte sehen können. Er griff nach den Knöpfen ihres Kleides, öffnete sie und streifte ihr das Kleid über ihre Schultern. Er löste die Schleife ihres weichen Mieders, öffnete es und starrte entsetzt auf ihre Brust, ihr Schlüsselbein, ihre Schultern.

»Max«, flüsterte Karin. »Das ist nichts. Tut gar nicht mehr weh.«

Er drehte sie herum und keuchte, als er ihren Rücken sah. Die Haut war von grässlichen Blutergüssen, Striemen und Gürtelmalen überzogen.

Oh, wie dumm er war. So dumm und naiv. Glaubte ein ernster Mann zu sein, ein Polizist, ein Soldat, der alles gesehen hatte, glaubte genug zu wissen von dieser Welt, glaubte sich

Respekt verdient zu haben. Und dabei wusste er nichts. Ein Tyrann war Kolbert. Ein Tyrann, der brüllte und fluchte. Ein widerlicher Heuchler, der hinterhältige Pläne schmiedete. Ein Säufer war er, unberechenbar im Suff. Aber vor allem war er ein Schläger, ein Prügler, ein Gewaltverbrecher. Ein Schinder, der sich an der Tochter vergriff, der das Personal schlug, seine Schutzbefohlenen. Der seine Frau zu Tode geprügelt hatte und so wohl auch seine ungeborenen Kinder.

»Max!«, sagte Karin und wandte sich ihm wieder zu. Doch er war blind und taub vor Wut. Er schob sie beiseite.

»Max, nicht. Es ist vorbei. Er kann nichts mehr tun, ich bin ja hier.« Sie griff nach seinem Arm, doch er strich sich ihre Hände von der Haut wie Wassertropfen.

Ohne nachzudenken, griff Heller nach seiner Kleidung und zog sich an. Sein Kopf war vollkommen erfüllt von dem, was er gerade gesehen hatte. Er war so dumm gewesen, dass er es nicht bemerkt hatte. Immer musste es dunkel sein, darauf hatte sie bestanden. Oder sie hatte ihre Kleidung anbehalten, hatte ein regelrechtes Geschick entwickelt, ihre Verletzungen vor ihm zu verbergen. Und in seiner Naivität hatte er es auf ihre Schüchternheit geschoben, auf ihre Angst, seine Eltern könnten sie ertappen. Hatte ihr Ächzen und Stöhnen missverstanden, den Schmerz in ihrem Gesicht, den sie schnell unter einem Lachen verbarg.

»Max, du machst dich unglücklich, du machst uns unglücklich.«

Das wusste er. Und er wollte sie nicht unglücklich machen. Doch in ihm steckte ein Zorn, der ein Ziel hatte. Er hörte und sah sie nicht mehr. Er war wie ein kochender Vulkan, in dem der Druck stieg und der unweigerlich ausbrechen musste.

»Max, ich flehe dich an«, rief Karin und versuchte ihn zu bremsen. Doch nichts konnte ihn jetzt noch aufhalten.

In der Ferne rollte der Donner des noch fernen Gewitters. Finster war es. Die sich nähernde Wolkenwand presste die Hitze auf den Boden. Kaum jemand war auf der Straße. Max Heller humpelte, das Gesicht im Schmerz zu einer schiefen Maske verzerrt. Im trüben Licht der Gaslaterne war er mit seinem schlechten Fuß auf eine Baumwurzel getreten und umgeknickt, und nun schien es, als wäre der Fortschritt der Genesung um Jahre zurückgeworfen. An seinem Vorhaben änderte es nichts. Vielmehr steigerte es seine Wut noch. Er trug nur Hemd und Weste, sogar den Hut hatte er vergessen. Er bog in die Straße zu Kolberts Haus ein, weit weg von seinem eigenen Heim. Er wusste kaum noch, wie er hergekommen war. Alles war dumpf in seinem Kopf, nur die Bilder von Karins geschundenem Körper hatte er vor Augen. Diese Ungerechtigkeit, dass Männer wie Kolbert ihre Familie und ihre Angestellten misshandeln und halb totprügeln konnten, ohne belangt zu werden. Dass die Oberen, die Reichen, die Mächtigen einander deckten, sich freikaufen konnten, mit jeder noch so üblen Tat davonkamen, das alles kochte in ihm und wurde zu einem giftigen, ätzenden Sud.

Als er das Haus erreichte, betrat er das Grundstück durch das große Tor, nahm die drei geschwungenen Stufen zur Tür des Herrschaftseingangs und hämmerte dagegen. Wind kam auf. Lichter flackerten hektisch am Himmel, wie im Lichtspielzelt auf der Vogelwiese. Noch einmal hob er die Faust und hämmerte gegen die Tür.

»Wer da?«, rief Hermann Kolbert von drinnen.

»Ich«, sagte Heller nur.

Kolbert öffnete die Tür einen Spaltbreit und lugte misstrauisch heraus. »Max!«, sagte er dann. Der widerliche Heuchler gab sich freudig überrascht. »Was treibt dich zu so später Stunde hierher?«

Max Heller hatte keine Geduld, die aufgesetzte Fröhlichkeit zu erwidern, dieses Spiel mitzuspielen. Denn sie beide wussten, was zwischen ihnen geschehen war. Und vor allem, warum er jetzt hier war. Er sah die Angst in Kolberts Augen. Er wusste, dass er entlarvt war.

Max knöpfte seine Hemdsärmel auf, krempelte erst den linken, dann den rechten hoch, und öffnete die Knöpfe der Weste.

Kolberts Lächeln verflog. Er wich zurück und sah sich nach etwas um, mit dem er sich zur Wehr setzen konnte. Er war groß und stark, doch offenbar sah er etwas in Max, und er glaubte nicht, dass er dem etwas entgegensetzen konnte.

»Ich schreie um Hilfe!«, drohte er.

Max Heller machte drei schnelle Schritte auf ihn zu, und genährt von blankem Hass wuchs der Schmerz in seinem Fuß zu einem roten Dämon an, der ganz von ihm Besitz ergriff. Hellers Hände ballten sich zu Fäusten. Wie schwere Steine fuhren sie in den Wanst des Mannes. Kolbert prallte gegen die geschlossene Zimmertür hinter sich. Heller presste ihn mit seiner Schulter dagegen und hieb ihm die Fäuste in den Leib, drei, vier, fünf, sechs harte Schläge, die dem Mann die Luft aus der Lunge trieben.

Heller trat zurück. Mit weit aufgerissenen Augen sackte Kolbert zusammen und schnappte nach Atem, wie ein Fisch an Land. Max bückte sich, packte den Mann, der fast doppelt so viel wiegen mochte wie er, in rasendem Zorn. Er zerrte ihn hoch, schleuderte ihn zur Seite, durch die offene Tür des Wohnzimmersalons, wo sie einmal zusammen gegessen und Pläne für seine Zukunft geschmiedet hatten. Giftige Heuchelei. Widerwärtige Lügen. Kolbert stürzte zu Boden. Er wälzte sich auf den Bauch, krabbelte, kroch vorwärts, bis zur Ottomane, versuchte sich hochzuziehen. »Max!«, stöhnte er.

Heller ging ihm nach, konnte die Knie nicht bewegen, so steif waren seine Beine vom Adrenalin. Seine Fäuste waren geballt, und es schien, als würde er seine Finger nie mehr lösen können. Von hinten trat er an den hilflos keuchenden Mann heran, dem der Hosenträger aufgesprungen und das Hemd aus der Hose gerutscht war. Ohne Warnung drosch er ihm die Linke in die Nieren, die Rechte, die Linke. Wie ein Rind blökte Kolbert, wälzte sich auf dem Polster, empfing Schlag um Schlag.

»Du schlägst mich ja tot«, wimmerte er, kaum dass er ein wenig Luft schnappen konnte. Heller richtete sich auf, öffnete seinen Gürtel, zerrte ihn mit einem Schwung aus den Schlaufen und wickelte ein Ende mehrmals um die rechte Faust, sodass die Schnalle frei schwang. So hatte Kolbert es getan. Und nicht nur einmal. Dutzende, Hunderte Male.

»Max, nicht! Hab Erbarmen«, heulte Kolbert, der nun wusste, was ihm geschehen würde. Er sabberte, Speichel tropfte auf den Teppich, Rotz und Blut liefen ihm aus der Nase.

»Erbarmen? Erbarmen soll ich haben?«, presste Heller hervor, holte aus und schlug dem Mann seinen Gürtel über den Rücken.

Kolbert bäumte sich nach hinten, schrie gellend vor Schmerz, doch sein Schrei ging im Donnergrollen unter. Und wer auch immer noch im Haus war, würde nichts hören und sehen. Jetzt ereilte den feinen Herrn seine gerechte Strafe. Immer wieder schlug Heller zu und überließ dem Dämon die Gewalt. Irgendwann riss der Stoff von Kolberts Kleidung, saugte sich mit Blut voll, und seine Schreie verstummten. Er kippte zur Seite und fiel von der Ottomane.

Langsam ließ Heller seine Hand sinken. Er zitterte am ganzen Leib. In der Vitrine klirrten leise die Gläser. Er sah hin und erkannte im Licht eines Blitzes sein Spiegelbild. Mit dem Gürtel in der Hand war er selbst ein Schläger. Heller schniefte, sog Luft durch die Nase, leckte sich die Lippen, schmeckte Blut. Er hatte sich in die Zunge gebissen, brauchte alle Kraft und Konzentration, um seinen Gürtel wieder einzufädeln, zog schwer atmend seine Weste zurecht, schloss die Knöpfe, schob die

Ärmel herunter, knöpfte die Bünde zu. Er streckte seine Finger, sah die aufgeschürften Knöchel, leckte das Blut von ihnen ab.

Kolbert regte sich, röchelte, Blut lief ihm aus einer Platzwunde am Jochbein, und er schien einen Zahn verloren zu haben, obwohl Heller sich nicht bewusst war, ihm ins Gesicht geschlagen zu haben. Verzweifelt krallte sich Kolbert in Hellers Hosenbein.

»Hilf mir«, keuchte Kolbert. »Ich sterbe, Max, hilf mir!«

Heller beugte sich hinab, presste dem Mann die flache Hand auf die Brust, drückte ihn zu Boden. Noch immer brodelte derselbe Hass in ihm, der wild aufgeflammt war, nachdem er zum ersten Mal Karins nackten geschundenen Leib gesehen hatte. Doch nun wusste er ihn zu bändigen, bezwang den Dämon, der Kolbert ermorden wollte. Noch dazu fühlte er sich wie ein Verräter. Er hatte sich selbst verraten, sich und Karin und ihr Leben.

»Du wirst Karin nie wieder schlagen. Niemals wieder. Nicht Karin oder irgendjemanden. Hast du das verstanden?«

»Aber …«, röchelte Kolbert. Doch Heller war nicht bereit, ihm zuzuhören.

»Sonst komme ich wieder«, sagte er. »Und ich schwöre bei Gott, dann schlage ich dich tot.«

Auf dem Weg nach draußen, taumelnd, als wäre er betrunken, kamen ihm zwei Dienstmädchen entgegen. Er erkannte sie nicht, weil sein Blick verschwommen war. Er fühlte sich, als wäre er in letzter Sekunde vor dem Ertrinken gerettet worden, und auf seinen Ohren lastete ein schwerer Druck.

Es blitzte und donnerte, und er zuckte zusammen, weil er glaubte, eine Granate wäre eingeschlagen und gleich würden noch Hunderte weitere folgen.

»Wir müssen Hilfe rufen«, sagte Heller mit tauber Zunge.

»Ist schon geschehen«, sagte eins der Mädchen. »Gehen Sie!«

»Ich weiß nicht …«

»Gehen Sie!«, insistierte die Dienstmagd.

Heller nickte und ließ sich von ihr hinausschieben, in die Nacht, ins Gewitter.

Dort begegnete er Karin auf der Treppe. Sie war verschwitzt und erschöpft, musste den ganzen Weg gelaufen sein wie er. Doch sie war zu spät gekommen, um ihn aufzuhalten.

Er wollte etwas sagen, öffnete den Mund, doch nichts kam heraus. Karin sah ihn kurz an, dann lief sie an ihm vorbei ins Haus, ohne irgendetwas zu sagen.

Ohne jede Empfindung lief er heim, durch das Gewitter, durch Regenschauer, Blitz und Donner. Er überquerte die Brücke, und es war ihm egal, ob ihn ein Blitzschlag traf. Er war nur noch eine Hülle, völlig leer. Wie konnte sich etwas, das so recht war, so falsch anfühlen? Das war die einzige Frage, die ihn beschäftigte, und sie war nicht zu beantworten. Das ganze Leben kam ihm so vor, als wären die richtigen Dinge falsch und die falschen richtig. Und egal was man tat, am Ende blieb immer Schmerz. War eine Lüge, wenn sie dem anderen das Leben erleichterte, noch eine Lüge? Wie sollte er die Welt verstehen, wenn Karin ihn jetzt verließ, um bei ihrem Vater zu sein? Er hatte etwas Rechtes getan und war doch zum Täter geworden, indem er ihren Vater totschlug.

Mitten auf der Brücke blieb er stehen, während über ihm die Elemente tobten. Sollte ihn der liebe Gott doch strafen, wenn er falsch gehandelt hatte. Doch kein Blitz traf ihn, und er wusste, so einfach machte es sich Gott nicht. Der hatte einen eigenen Sinn für Gerechtigkeit. Millionen junger verführter unschuldiger Männer mussten sterben, während diejenigen, die alles angezettelt hatten, weiterlebten und weiter lügen konnten. Männer wie Kolbert trieben weiter ungestraft ihr Unwesen. Kolbert hatte jeden Anspruch auf Gnade verwirkt, und trotzdem erdrückte Heller nun sein Gewissen, obwohl er das einzig Richtige getan hatte. Sollte Gott ihn doch dafür bestrafen, dachte er und verharrte weiter im Gewittersturm, mitten auf der Brücke. Doch kein Blitz traf ihn. Nein, so einfach war das nicht mit Gott.

Vollkommen durchnässt kam er schließlich zu Hause an, streifte sich die nassen Kleider vom Leib, trocknete sich ab und legte sich auf sein Bett. Die Taubheit wollte nicht verfliegen, die Leere in ihm breitete sich weiter aus. Schande hatte er sich, seinen Eltern, dem Großvater bereitet. Morgen musste er sich stellen.

Mitten in der Nacht kam Karin in sein Zimmer. Er war wach und hörte sie rascheln, hörte, wie ihre nackten Füße den Boden berührten. Er wagte es nicht, sich zu rühren, als sie sich zu ihm unter die Decke schob und ihren nackten Leib an seinen presste. Sie sprachen kein Wort. Ihre Lippen suchten seinen Mund, ihre Hände betasteten seinen Körper, ihre Bewegungen verlangten nach ihm, und er wusste diese stummen Gesten zu deuten. Sie hatte ihm alles verziehen. Sie bewegte sich, ließ nicht zu, dass er zu Atem kam, drückte ihn ins Kissen, legte sich auf ihn, doch sie sah ihn dabei nicht an, behielt die Augen geschlossen, und auch diese Abmachung verstand er. Sie würden kein Wort darüber verlieren. Jetzt nicht und auch niemals sonst.

Kolbert starb ein halbes Jahr später. Der ärztliche Befund lautete schweres Nierenleiden durch übermäßigen Alkoholgenuss. Und nicht nur die Nieren waren in Mitleidenschaft gezogen, auch die Leber und das Herz waren betroffen.

Karin erreichte diese Nachricht als Telegramm. Seit jener verhängnisvollen Nacht, in der sie sich noch ein letztes Mal um ihren Vater gekümmert hatte, war sie nicht mehr in die Villa zurückgekehrt. Von ihrem Chauffeur Zeig hatte sie sich die nötigsten Dinge herbeischaffen lassen, Kleider, Wäsche, Bücher, Noten, das Wenige, was wirklich ihr gehörte und etwas bedeutete.

Sie las die Nachricht stumm und legte das Telegramm auf den Tisch. Lange sagte sie nichts.

Heller kannte sie inzwischen gut genug, um zu wissen, dass es keinen Zweck hatte, sie zu bedrängen. Doch er hätte gern mit ihr darüber gesprochen. Dumpf und drückend war das Gefühl der Schuld, das auf ihm lastete, auch wenn das ärztliche Gutachten ihn freisprach. Er hatte Kolberts Nieren zerstört, hatte ihm den Rücken zerschlagen, und egal was der Leichenbeschauer sagte, er konnte sein Gewissen nicht von dieser Tat befreien. Wenn ihn diese Nacht jedoch eins gelehrt hatte, dann dass er niemals wieder die Beherrschung verlieren durfte. Dass Zorn und Wut ihn nie wieder lenken sollten. Dass er seine Gefühle von seinem Handeln lösen musste.

Offenbar war er darüber gerade so ins Grübeln versunken, dass Karin ihn mit einer Berührung in die Wirklichkeit zurückholen musste.

Sie hatte sich gut eingelebt, war schwere Arbeit von der Pflege ihres Großvaters gewohnt. Für ein paar Pfennige übernahm sie die Hausordnung. Arbeitete stundenweise in der Wäscherei und flickte dort zerrissene Kleidung. Nach und nach verkaufte sie ihre teuren Kleider sowie die überzähligen Schuhe, von denen die meisten in diesem Viertel wirklich nutzlos waren.

Sie hatte jedoch die bittere Erfahrung machen müssen, dass sie selbst für ihre besten Freundinnen nun unsichtbar war. Für diese jungen Frauen existierte sie nicht mehr. So wie sie auch keine Bettler sahen, keine Bediensteten, keine Lieferanten, war auch Karin Kolbert für sie nun ganz und gar verschwunden.

Selbst für jene Alma, die mit ihrem Brief dafür gesorgt hatte, dass Karin und Max zueinandergekommen waren. Doch Karin ertrug diesen Verrat und die Enttäuschung tapfer und hatte neue Bekanntschaften gemacht. Denn die Menschen hier mochten es, wie sie sich einfügte und keinerlei Allüren zeigte. Und trotzdem war sie eine Exotin, der man mit Respekt und ein wenig Ehrfurcht begegnete, denn noch immer galt sie als reich.

»Er hat sich davongemacht«, sagte sie am Abend jenes Tages, und Heller wusste augenblicklich, wer gemeint war. Es war November, und es regnete. Sie saßen im Schein der Petroleumlampe, weil es heimeliger war als das elektrische Licht. Heller trank seinen letzten Tee, bevor er hinaus musste in die Kälte der Nacht.

»Ich …«, begann er, doch Karin erinnerte ihn mit einer einzigen Handbewegung an ihre stumme Abmachung jener Gewitternacht.

»Ich hätte ihn besuchen müssen, trotz allem«, sagte sie. Karin müsste kein schlechtes Gewissen haben, dachte er. Doch er wusste selbst, so einfach war das nicht.

Sie schob ihre Hand über den Tisch. »Wir werden uns die Treue halten und niemals auseinandergehen, nicht wahr? Egal wie hart die Zeiten werden. Wir haben uns, und alles andere ist unwichtig.«

Heller nickte und legte seine Hand auf ihre. »Und wenn du erbst?«, fragte er aus Sorge, sie müssten vielleicht ihr kleines Leben hier aufgeben.

Karin schüttelte den Kopf. »Ich verspreche mir gar nichts.«

»Er hat mir nichts gelassen«, sagte sie einige Tage später.

»Es ist meine Schuld«, sagte Heller, damit es nicht für den Rest seines Lebens in seinem Kopf widerhallte.

Sie kamen gerade aus der Kanzlei von Notar Kranzberger, wohin man Karin zur Testamentseröffnung bestellt hatte. Nur damit sie erfuhr, dass ihr Vater sie enterbt hatte. Zwar bekam sie einen Pflichtanteil, doch der war angesichts des riesigen Vermögens sehr gering. Denn der Mann hatte in seiner Boshaftigkeit Firmenanteile, Häuser und Grundstücke an andere überschrieben und auch dem Stahlhelmbund einen riesigen Teil gespendet. Es gab zwar die Möglichkeit zu klagen, denn die Angelegenheit stand rechtlich auf schwachen Füßen. Doch das konnte Jahre dauern und erforderte beträchtliche Vorschüsse, die sie nicht hatten.

»Sei nicht dumm«, sagte Karin hart. »Das alles bedarf langer Vorarbeit. Er hat es schon lange so geplant. Vermutlich wusste er sogar, wie krank er war. Weiß Gott, was ich ihm getan habe, dass er mich so hasste. Sprich nicht von Schuld. Sag so etwas nie wieder.« Eine Weile liefen sie schweigend weiter. »Und außerdem …«, sagte sie dann in viel versöhnlicherem Ton. »Wir beide sind gar nicht wirklich arm. Wir haben uns, wir haben Erspartes. Unser Geld ist dort, wo wir wohnen, dreimal so viel wert. Im Grunde sind wir reich, verstehst du?« Plötzlich blieb sie stehen, und er sah sie verwundert an. »Und frei sind wir. Frei!«

Kolberts Beerdigung war Stadtgespräch. In den Zeitungen wurde groß darüber berichtet. Es kamen so viele Menschen, dass sie unmöglich alle Freunde und Weggefährten gewesen sein konnten. Staatsanwalt Funke ließ sich nicht blicken. Auch keine anderen höheren Beamten oder Regierungsangestellten. Für diese Kreise war Kolbert mit seinem hinterhältigen Komplott gegen Max zur Unperson geworden. Es war zu heikel, sich in seinem Dunstkreis zu zeigen, selbst nach seinem Tod. So waren es wohl eher Geschäftspartner, die sich in den Trauerzug einreihten. Neugierige. Neider. Geier. Karin trug ihr schlichtestes Kleid. Es war nicht schwarz, sondern grau. Sie trug keinen Hut und auch keinen Schleier vor ihrem Gesicht.

Weder sagte sie etwas noch zeigte sie bei der Rede des Pastors irgendeine Regung.

Als sich der Sarg neben der Ruhestätte ihrer Mutter in die Erde hinabgesenkt hatte, legte Karin nur eine Blume auf deren Grab und drehte sich dann wortlos um. Während sie am Grab ihres Vaters die Kondolenz entgegennahm, sah sie den Gästen in die Augen und nickte nur knapp. Sie hatte für diesen Mann keine Träne übrig und ließ den Anwesenden damit Raum für Spekulationen. Sie stellte sich den begierigen Blicken derer, die davon gehört haben mochten, dass der feine Herr Kolbert doch nicht so fein gewesen war, aber ohne deren Neugierde auf irgendeine Art zu befriedigen. Ob der junge Mann in der Polizeiuniform ihr Verlobter war, darüber ließ sie die Schaulustigen ebenso im Unklaren, wie darüber, was nun aus ihr werden sollte. Denn es hatte sich schon herumgesprochen, dass Kolbert sein einziges Kind enterbt hatte. Sie war nicht mehr Teil dieser Kreise und hatte ihren Austritt selbst beschlossen.

Nur mit ihren Getreuen – den Hausmädchen, dem Gärtner und dem Chauffeur Johann Zeig, die nun allesamt ohne Anstellung waren – zogen sie sich ein letztes Mal ins Haus ihres Vaters zurück. Dort blieben sie bis in die Nacht, saßen unten in der Küche, erzählten sich Geschichten, erinnerten sich an die besseren Zeiten, die an dem Tag endeten, als Karins Mutter gestorben war.

Schließlich nahm Karin alle in die Arme, wünschte ihnen Glück und überreichte jedem ein Empfehlungsschreiben. Dann brachte Zeig sie ein letztes Mal zu ihrem neuen Heim.

Es war ihm peinlich, in seinem ausgeliehenen Anzug auf die Straße zu treten. Lieber hätte er in seiner Uniform geheiratet. Doch seiner Mutter zuliebe, die sich ihren Sohn in einem Frack wünschte, hatte er nachgegeben. Es war auch ihr Wunsch, dass sie in einer Kirche heirateten. Dagegen hätte er Einwände erhoben, wenn es nicht auch Karins Wunsch gewesen wäre.

Hinter ihm verließ Armin das Haus, mit seiner Mutter im Arm. Er war Trauzeuge. Als zweiter Trauzeuge war Thomas vorgesehen. Von Karins Familie würde niemand dabei sein. Die wenigen Onkel, Tanten und Kusinen hatten die Einladungen unbeantwortet gelassen.

»Lach nicht!«, drohte Heller seinem Freund.

»Ich lache gar nicht. Hier!« Armin reichte Heller den Zylinder. »Hast du vergessen.«

Heller nahm den Hut und setzte ihn auf.

»Aufgeregt?«, fragte Armin.

»Nicht sehr«, erwiderte Heller, doch so ganz stimmte das nicht. Er hatte sich immerzu eingeredet, dass diese Hochzeit kaum mehr als eine Formalität war. Immerhin hatten sie sich ihrer Liebe versichert, waren für sie durch tiefe Täler gewandert. Karin wohnte schon bei ihnen, was also sollte dieser Akt noch ändern? Und trotzdem war seit seinem Umzug zu Armin für die drei Tage vor der Hochzeit eine gewisse Nervosität entstanden, die seitdem immer weiter anstieg. Da hatten auch die Besuche beim Barbier und in der Kleiderausleihe kaum Ablenkung verschafft.

»Klemmen die Schuhe?«, fragte Frau Richter.

»Die sitzen wie angegossen«, log Heller. Die Lackschuhe, die sie ihm geliehen hatte, waren eine halbe Nummer zu klein. Sie hatten früher Armins Vater gehört, beinahe ein Heiligtum. Sie tragen zu dürfen, war ein Geschenk von seinem besten Freund, über das sie nicht sprechen mussten. Die Geste allein genügte.

»Dann lasst uns zur Tat schreiten!«, rief Armins Mutter. Sie trug einen Mantel, der mit Pelz besetzt war, viel zu warm für die Jahreszeit. Doch obwohl er schon alt und abgenutzt aussah, war er doch ihr bestes Stück. Dazu einen Hut mit breiter

Krempe, einer Kunstblume und einem Schleier, den sie jedoch über die Krempe gestülpt hatte.

Gemeinsam machten sie sich auf den Weg zur Wohnung seiner Eltern, die er drei Tage nicht hatte betreten dürfen. Unten vor dem Haus stand Thomas, ebenfalls in Frack und Zylinder, den er nun lüftete, um Armins Mutter mit einer Verbeugung zu begrüßen.

»Ist es nicht ein ganz wunderbarer Tag für einen solch festlichen Anlass?«, fragte er heiter und deutete einen Handkuss an, etwas, das Frau Richter wohl noch nie widerfahren war.

»Na, Junge?« Er haute Max auf die Schulter. »Ganz passabel siehst du aus, hätte der alte Rittmeister gesagt.«

»Danke, du auch«, erwiderte Heller. Nun konnte er es nicht mehr leugnen: Die Aufregung nahm Ausmaße an, die ihm die Finger zittern und ihm den Schweiß auf die Stirn treten ließen.

»Leider habe ich nicht viel zu schenken, Max, aber etwas konnte ich doch tun.« Thomas nahm die Finger in den Mund und stieß einen gellenden Pfiff aus. Zunächst geschah nichts, doch dann vernahm Heller Hufgeklapper. Aus der nächsten Straße bog ein Gespann mit Kutsche um die Ecke, von Vater gelenkt, der angespannt auf dem Kutschbock saß. Sie hatten das Gefährt mit weißen Bändern und Tüll geschmückt, und auch sein Vater trug Frack und Zylinder. So hatte Max ihn noch nie gesehen.

Die Kutsche, verfolgt von einer Schar neugieriger kleiner Kinder, hielt vor dem Laden. *Wegen Hochzeit geschlossen*, stand auf einem Pappschild, und Heller glaubte sogar an der Schrift zu erkennen, wie sehr sich seine Eltern darüber freuten.

»Brrrrrrrr«, machte Vater etwas lauter als nötig, band gewissenhaft die Zügel fest und kurbelte die Bremse an. Dann stieg er leise ächzend vom Bock.

»Der alte Herr hat es sich so gewünscht. Die jungen Leute sollen standesgemäß zum Traualtar geführt werden«, erklärte Thomas, als Heller ihm dankend die Hand reichte und vor Rührung kein Wort herausbrachte. »Er hat sogar Geld dafür zurückgelegt und mir das Versprechen abgenötigt, alles ganz genau so auszuführen, wie er es wünschte.«

Sein Vater kam zu ihnen, und es war Heller peinlich, dass er alles mitgehört haben musste.

»Für große Gesten hatte er schon immer viel übrig«, kommentierte sein Vater ohne jeden Groll. »Aber es ist doch ein schönes Geschenk. Da, schau«, sagte er und deutete mit dem Kopf zum Haus. Heller drehte sich um, und nun schoss ihm das Blut in den Kopf. Denn dort stand Karin, von seiner Mutter begleitet. Sie trug das Hochzeitskleid seiner Mutter. Damit also hatten sie die letzten Tage verbracht – sie hatten es geändert, damit Karin es bei ihrer Hochzeit tragen konnte. Es war schlicht, weiß, schmal geschnitten, mit gepufften Ärmeln und einem Kragen aus Spitze. Dazu trug Karin ein weißes Band ins Haar geflochten und in der Armbeuge einen Blumenstrauß. Sie war ganz rot im Gesicht, freute und genierte sich zugleich.

Neben sich hörte Heller ein leises Schniefen und sah sich erstaunt nach seinem Vater um, den Karins Anblick wohl an seine eigene Hochzeit erinnerte. Obwohl Heller nichts lieber getan hätte, als zu seiner Braut zu laufen, streckte er seinen Arm aus und berührte die Schulter seines Vaters. Mehr als dreißig Jahre war es her, dass er seine Frau, Max Hellers Mutter, in diesem Kleid gesehen hatte. Er nickte nur und nahm ein Taschentuch heraus, um sich die Augen zu tupfen.

»Geh nur hin«, sagte er dann zu seinem Sohn. »Mutter hat es einzig für diese Gelegenheit aufbewahrt.«

Max ließ von ihm ab, ging zu Karin und nahm ihre Hand. Und obwohl ihm gerade noch die Worte auf der Zunge gelegen hatten, schwieg er. Was er auch von sich gab, es würde sich in diesem Moment banal anhören.

»Ich wünschte, meine Mutter wäre hier«, sagte Karin, und ihr trauriges Lächeln passte zu all den Gefühlen, die ihn jetzt übermannten. Froh war er, so froh wie noch nie in seinem Leben. Fassungslos beinahe, dass eine so schöne Frau wie Karin nun seine Frau werden sollte, dass sie seinetwegen, der Liebe wegen, auf alles Geld und ihren Stand verzichtet hatte. Aber auch fassungslos, dass ihm dieser Moment nun doch so feierlich war. Und gleichzeitig lag eine Traurigkeit über allem, wegen all derer, die nicht dabei sein konnten. Karins Mutter, sein Großvater und viele Freunde, die aus dem Krieg nicht heimgekommen waren. Doch diese stille Trauer würde ihre Trauung nicht überschatten; vielmehr verlieh sie ihr einen besonderen Glanz, als fände diese Zeremonie statt, um auch jene zu ehren, die sie nicht mehr erleben durften.

»Schau, Großvater hat uns eine Kutsche spendiert!« Heller zeigte auf das Gefährt, als könnte Karin sie übersehen.

»Dabei sind es nur ein paar Hundert Meter zur Kirche«, lachte Karin und ließ sich von Max hinaufhelfen. »Ich war so aufgeregt«, gestand sie flüsternd, nachdem Heller sich neben sie gesetzt hatte.

»Ich auch«, gab Heller zu. »Und als ich dich gerade sah, da ist mir das Herz in die Hose gerutscht.«

»Hattest du Angst, ich könnte dir jetzt noch weglaufen?«

»Das nicht …«, begann Heller, doch Karin unterbrach ihn.

»Max, wir haben immer uns. Wir haben uns, und das ist alles, was zählt. Was auch immer das Schicksal uns bringt, wohin es uns treibt, solange wir uns haben, wird alles gut.«

Der Wagen wackelte, als Mutter in die Kutsche stieg, von Vater gestützt, und Thomas den Kutschbock erklomm. Der treue Stallmeister des alten Heller schnalzte mit der Zunge, ließ die Zügel locker, und die Kutsche setzte sich in Bewegung.

So standen sie schließlich vor dem Altar, und auch wenn Heller mit Gott abgeschlossen hatte, schien ihm die Atmosphäre für diesen Akt des Lebens angemessen. Er hörte das leise Rascheln der Kleider, das ehrfürchtige Flüstern der Anwesenden. Es waren doch einige erschienen und hatten in den hinteren Reihen Platz genommen. Karin hatte ihren ehemaligen Chauffeur Zeig und einige der früheren Dienstmädchen eingeladen, aus Verbundenheit und Dank für ihre Treue. Heller sah Chipka, den pensionierten Reuffler, der mit seiner Frau gekommen war, auch Hauptwachtmeister Stiel war mit seiner Frau erschienen, sowie einige Leute aus der Straße und dem Viertel, in dem er sich inzwischen einen Namen gemacht hatte. Und sicherlich waren auch einige Neugierige anwesend, die sich mit eigenen Augen vergewissern wollten, ob die verstoßene Fabrikantentochter tatsächlich den Schutzpolizisten heiraten würde.

Der Pfarrer, den Heller vor den Traugesprächen zuletzt gesehen hatte, als er noch ein Kind gewesen war, sprach sein Eingangsgebet. Dann las er einige Passagen aus der Bibel und hielt eine nicht zu lange Rede über sie beide, doch Heller hörte kaum zu. Er bemühte sich, ruhig zu stehen, wagte nicht, nach links zu sehen, zu Karin. Er fürchtete, lachen oder vielleicht weinen zu müssen. So albern ihm die alten Rituale auch erschienen, jetzt, da er vor diesem ernsthaften Mann stand, seine Eltern hinter sich und neben sich die Frau, die er liebte, und wusste, dass sie in wenigen Augenblicken Mann und Frau sein würden – jetzt gaben diese alten Rituale dem Anlass ein Gewicht, wie es nur jahrhundertealte Traditionen konnten.

»Max Heller, ich frage dich vor Gottes Angesicht, nimmst du die hier anwesende Karin Kolbert zu deiner Ehefrau und versprichst, sie zu lieben und zu ehren, bis dass der Tod euch scheidet? So antworte: Ja, mit Gottes Hilfe!«

Das war der Moment, auf den er gewartet hatte. »Ja, mit Gottes Hilfe«, entfuhr es ihm mit belegter Stimme.

»Und nimmst du, Karin Kolbert, den hier anwesenden Max Heller zum Ehemanne und versprichst, ihn zu lieben und zu ehren, bis dass der Tod euch scheidet? So antworte: Ja, mit Gottes Hilfe!«

»Ja, mit Gottes Hilfe«, sagte Karin genauso schnell, wie Heller es getan hatte, und griff mit ihrer rechten nach seiner linken Hand.

»Reicht euch die Ringe als Zeichen eurer Liebe und Treue!«, sagte der Pfarrer. Armin kam mit den Ringen zu ihnen, und Heller, der etwas besorgt gewesen war, ob sein Freund den Ernst dieses Moments genügend zu würdigen wüsste, sah sich eines Besseren belehrt. Bemüht, keinen Fehler zu machen, reichte Armin ihnen die Ringe. Vor Aufregung war er ganz rot im Gesicht.

Heller steckte Karin den Ring an den Finger, und schließlich tat sie dasselbe bei ihm.

»Was Gott zusammengefügt hat, soll der Mensch nicht scheiden«, verkündete der Pfarrer. Hinter Heller schluchzten seine Mutter und Frau Richter gleichzeitig auf, und es raschelte, da sie nicht die Einzigen waren, die von der Rührung übermannt wurden.

Karin sah ihm in die Augen, und in ihrem Blick glänzten Tränen. Heller beugte sich hinab und gab ihr einen Kuss, den sie zärtlich erwiderte. »Ich wünschte, Mutter wäre hier«, sagte sie noch einmal. »Du hättest ihr ganz sicher gefallen.«

Die Feier in der Gaststätte war bescheiden, die kleine Hochzeitsgesellschaft passte an eine kleine Tafel, die der Wirt aus mehreren Tischen zusammengeschoben hatte. Doch das war weder Heller noch seiner Frau Karin wichtig. Armin war ganz gelöst, als wäre er erleichtert. Hellers Eltern waren still, es nagte an ihnen, dass sie kaum etwas hatten beitragen können, das wusste Heller. Und doch waren sie auch glücklich. Thomas sprach angeregt mit Frau Richter, Herrn Zeig und den Dienstmägden und unterhielt damit den ganzen Tisch. Es gab genug zu essen, eine Torte wurde angeschnitten. Gelegentlich kamen Wirtshausgäste heran und sprachen ihre Glückwünsche aus. Heller nahm unter dem Tisch immer wieder Karins Hand. Seine Frau sah ihn an, und in ihren Augen spiegelte sich das, was auch er spürte. Zufriedenheit und das Gefühl, nach all den Unwägbarkeiten, Widerständen und Schicksalsschlägen im Leben angekommen zu sein.

Doch noch war dieses so bewegende und von dramatischen Ereignissen geprägte Jahr nicht zu Ende. Das Schicksal wollte dem jungen Ehepaar keine Ruhe gönnen.

Mitten in der Nacht, nur wenige Tage nach der Hochzeit, schlich sich Max Hellers Vater davon.

Es war, als hätte Albert Heller nur den Tod seines Vaters abgewartet. Sein Herz verweigerte einfach seinen Dienst. Als wäre er nun von der Pflicht entbunden, dem alten Herrn beweisen zu müssen, dass er in der Lage war, ein Leben außerhalb von dessen Einfluss zu bestehen. Als hätte ihn nur diese Aufgabe noch am Leben erhalten. Er war in den letzten Wochen immer grauer und kleiner geworden. Vielleicht hatte auch die Hochzeit seines Sohnes das Schicksal endgültig besiegelt, als wäre er von allen Lasten befreit, da er nun seinen Sohn in guten Händen wusste.

Max sprang aus dem Bett, als er im tiefsten Schlaf den spitzen Schrei der Mutter vernahm. Er wusste es schon, bevor er die Tür zum elterlichen Schlafzimmer öffnete. Es war die reine Verzweiflung, die Mutter entwichen war. Sie stand da und hatte die Hände auf den Mund gepresst, als fürchtete sie, die Seele könnte aus ihrem Körper entfliehen. Vater lag in seinem Bett, und zum ersten Mal, seit Max aus dem Krieg zurück war, bemerkte er in seiner Miene keine Sorge. Seine Gesichtszüge waren weich, und er sah zehn Jahre jünger aus. Er schien sanft zu lächeln, als wäre er mitten in einem wunderschönen Traum entschlafen.

Heller fühlte den Puls seines Vaters, ging dann zu seiner Mutter und nahm sie in die Arme. Und wie er sie so an sich zog und sie auf seine Berührung nicht reagierte, kalt wie ein Stein war, da wusste er, dass er auch sie schon verloren hatte.

Seit diesem Tag blieb der Laden geschlossen. Heller bekam Sonderurlaub, damit er sich um die Auflösung des Geschäftes und die Beerdigung seines Vaters kümmern konnte. Seine Mutter saß nur und trauerte. Mit jedem Tag wurde sie kränker. Alles Zureden von Karin und alles Flehen von Heller half nicht. Die Liebe zu ihrem Mann zog sie mit ins Grab. Sie verging vor Hellers Augen, ohne dass er etwas dagegen hätte tun können. Nichts tröstete sie. Zwar lebte sie noch, atmete, sprach und aß, doch sie war im Geiste nicht mehr wirklich anwesend.

Heller kam nicht dazu, darüber nachzudenken, ob und wie er sich mit seinem Vater hätte aussprechen können. Vielleicht musste dieser Moment, als sie beide Karin im Brautkleid gesehen hatten, ausreichen, um sie für alles Unausgesprochene zu entschädigen. Stattdessen räumte und sortierte er, stritt sich mit den Lieferanten, die trotz des einwandfreien Zustandes ihre Waren nur zum halben Preis zurücknehmen wollten. Manches, das ihm nützlich erschien, behielt er. Anderes verschenkte er an alle, die sich nicht zu fein waren, darum zu bitten. Dem Vermieter schenkte er schließlich die nächste Miete, damit dieser den Laden ohne Beschwerde zurücknahm.

Wann immer es Armins Studium zuließ, half er, den Laden auszuräumen und die Möbel zu verladen, die sie für wenig Geld noch losschlagen konnten. Viele kamen, um ihr Mitgefühl zu bekunden. Plötzlich fanden sie alle ein gutes Wort, auch jene, die nun ein schlechtes Gewissen verspürten, weil sie ihre Rechnungen nicht beglichen hatten. So mancher reichte Heller stumm einen Umschlag, in dem sich Geld befand. Die Tage waren erfüllt mit dieser traurigen Arbeit, und anschließend die Wohnung zu betreten, brachte keine Erleichterung. Denn dort saß seine Mutter, starrte aus dem Küchenfenster, ohne wirklich etwas zu sehen, und Karin, die sich nach Kräften bemühte, die Frau ein wenig aufzurichten, blickte ihn mit traurigen Augen an.

Eines Abends rief seine Mutter ihn beim Namen. Und erneut verriet ihm der Klang ihrer Stimme, dass das Schicksal kein Erbarmen zeigte. In diesem Moment war es sein einziges Glück, dass Karin bei ihm war und er sich ihm nicht ganz allein stellen musste.

Er lief ins Schlafzimmer, wo Mutter seit der Beerdigung meistens in ihrem Bett lag, eine Hand auf der anderen Seite, wo ihr Mann in jeder Nacht ihres gemeinsamen Lebens gelegen hatte.

Max war nicht in der Lage zu sprechen. Er kniete sich neben das Bett. Karin wartete in der Tür, um ihm Halt zu geben und ihm zu zeigen, dass er nicht allein war.

»Max«, sagte seine Mutter leise. Sie war noch nicht mal sechzig Jahre alt und sah fast aus wie eine Greisin.

»Mutter, gib doch nicht auf«, flehte Max. »Es werden schönere Tage kommen.«

»Für euch, Max. Du und Karin, ihr habt doch euch. Und ich hatte Vater«, erwiderte sie und sah ihm in die Augen. Es war ein Blick, dem er nicht standhalten konnte. »Max, du musst mir verzeihen.« Ihr Atem ging flach, und jeder Lebenswille war erloschen.

»Ich hole einen Arzt, Mutter«, weinte Max, aber sie hielt ihn fest. Mit schwacher Hand nur, und doch war es unmöglich für ihn, sich zu lösen.

»Max, du musst mir verzeihen. Kein Tag verging, an dem ich nicht daran dachte, wie ich damals an dir vorbeilief und dich nicht erkannte.«

»Mutter, das war nicht deine Schuld. Schuld war nur der Krieg, dieser verdammte Krieg, der alles kaputt gemacht hat.«

»Sag es, Max. Ich flehe dich an.«

Er schüttelte den Kopf, denn er wusste, wenn er es sagte, dann ließ er sie gehen.

»Bitte, mein lieber Junge.« Sie nahm seine Hände.

»Ich verzeihe dir, Mutter. Ich hab dir doch längst verziehen«, sagte er, und sie schloss die Augen.

»Sieh nur«, sagte Karin. In den Wochen, nachdem er seine Mutter neben Vater beerdigt hatte, war die Wohnung ganz zu ihrer geworden. Sie hatten sich eingerichtet und das Geschäft komplett aufgelöst. Nun mussten sie die letzten Geschäftspapiere sortieren, die kurze Frist von ein paar Wochen war fast verstrichen. Das Finanzamt verlangte danach, nahm weder Rücksicht auf ihre Trauer noch darauf, dass sie keinen Überblick hatten. Sogar über den Tod hinaus wirkte es aufs Leben ein.

Heller sah in das Kuvert, das Karin ihm hinhielt. Darin waren tausend Mark von Großvater, außerdem ein Brief an die Eltern. Entweder hatten sie ihn ungelesen beiseitegelegt, oder sie hatten ihn gelesen und ignoriert, weil sie noch immer nicht bereit waren, irgendein Geschenk von dem alten Mann anzunehmen. Die kurze Nachricht lautete:

Nehmt das Geld, seid nicht zu stolz, es gehört euch. Ich lag falsch, ihr hattet recht. Und ich nehme mir heraus, es zu sagen, denn nun bin ich tot, und dieses Mal könnt ihr mir nicht widersprechen: Wir hätten alle nicht so stur sein müssen.
GH
PS: Wenn ihr das Geld partout nicht wollt, gebt es dem Jungen.

»Er war schon ein wunderlicher Mann«, sagte Karin, die mitgelesen hatte.

»Wunderlich und eigen, aber auf seine Art gut«, sagte Heller.

»Mit diesem Betrag und dem, was der Laden noch eingebracht hat, haben wir genug Geld, um uns ein neues Leben aufzubauen«, sagte Karin, die in einem Haus aufgewachsen war, dessen Unterhalt im Monat so viel gekostet haben mochte, wie sie jetzt besaßen. »Und weißt du noch, was ich dich gefragt habe, als wir uns das erste Mal trafen?«

»Ich schäme mich, auch nur an dieses Treffen zu denken«, erwiderte Heller, doch das war eine Lüge. Er dachte oft und gern daran, seitdem sie sich gefunden hatten.

»Ich habe dich gefragt, ob du einmal Kinder haben willst.«

»Einst, sagtest du«, korrigierte Heller. »Das bedeutet in ferner Zukunft.«

»Damals war die Zukunft so fern wie nur irgend möglich. Aber nun sind wir in ihr angekommen. Also, was sagst du?« Karin blitzte ihn herausfordernd an.

Heller betrachtete seine Frau, legte den Umschlag weg, gab ihr einen Kuss und umfasste ihre Taille, um sie auf den Tisch zu heben.

1923

Die Inflation machte das ganze geerbte Geld zunichte. Sorgte für Armut und Arbeitslosigkeit im Viertel. Für Unruhen. Für bettelnde Kinder. Für Diebstahl und Raub. Kaum war Hellers Lohnstreifen eingelöst, war das Geld auch schon wertlos, wenn man es nicht sofort in Lebensmittel oder Wertsachen umsetzte. Man stritt, rechnete und rätselte überall, täglich gab es neue Kurse, manchmal schon, bevor man überhaupt mit dem Rechnen fertig war. Es wurde in Bäckereien eingebrochen, in Fleischereien, in Schlachthäuser, Geld wurde aus dem Fenster geworfen, für alles, was irgendeinen Wert besaß. Karin trauerte jedem ihrer guten Kleider nach, das sie ein Jahr zuvor für zehn oder fünfzehn Mark verkauft hatte. Denn jetzt wäre es zwanzig Zigaretten wert, zehn Dollar, drei Brote oder ein Stück Butter.

Sie litten keinen Hunger, aber sie waren nur ein kleines Missgeschick davon entfernt. Doch das Allerschlimmste war, dass die Menschen kein Vertrauen mehr hatten. In sich, in ihre Nachbarn, in den Staat und die Regierung. Es gab keine Beständigkeit, keine zuverlässige Vorhersage, keiner wusste, was am nächsten Tag geschehen würde. Während Karin mit den alltäglichen Problemen zu kämpfen hatte und aus der Zeitung von den Geschehnissen erfuhr, sah Heller auf seinen Rundgängen immer nur das Schlimmste. Opfer von Raub, Mord, Krankheit und Hunger. Menschen begingen Straftaten, um eingesperrt zu werden, weil sie so wenigstens regelmäßige Mahlzeiten bekamen.

Ihre einzige Reserve war Hellers Fahrrad, ein wahrlich weiser Kauf vor nunmehr fünf Jahren. Sie würden es versetzen, wenn es keinen anderen Ausweg mehr gab.

Denn noch etwas anderes hatte sich ereignet. Ein Kind wuchs in Karin heran. Das bereitete ihnen Sorge und Vorfreude zugleich, denn es war genau das, was sie sich beide gewünscht hatten. Doch die Zeit hätte dafür kaum schlechter sein können. Wer mochte ein Kind in diese Welt setzen, in der ein Arztbesuch vierhunderttausend Mark kostete und einen Tag später vielleicht schon das Doppelte?

Doch sie verloren den Mut nicht. Heller tat seine Arbeit. Karin fand keine, doch sie hielt die Wohnung sauber, kochte und war blitzgescheit, wenn es daran ging, zur rechten Zeit am rechten Ort zu sein, wenn es Kartoffeln gab oder Eier.

Gelegentlich klingelte es bei ihnen, und Kinder oder Frauen standen vor der Tür, die Karin schüchtern baten, für sie einen Brief zu schreiben, an Obrigkeiten, an die Behörden, an das Wohnungs- oder Arbeitsamt. Anfangs nahm Karin noch ein paar Pfennige dafür, später dann zehn, hundert oder tausend Mark, bis sie schließlich dazu überging, diese Briefe kostenlos zu schreiben.

»Herr Wachtmeister«, grüßte jemand laut. Es war mittlerweile August geworden, und stickige Hitze lag über der Stadt. Ein Dollar war inzwischen fast fünf Millionen Mark wert. Die Mitgliedszahl der KPD wuchs wegen der Arbeitslosigkeit und des Elends rapide an, ebenso die der USPD. Aber auch die Monarchisten und die radikalen Rechten bekamen massenhaft Zuwachs.

Fanatiker waren sie allesamt, ließen ihre Meinung gelten und keine andere. Einig waren sie sich nur in einem: Die Schuldigen waren ausgemacht – die Weimarer Regierung und vor allem die Entente, die, glaubte man den Zeitungen, beinahe wollüstig im Wochentakt neue und schier unerfüllbare Reparationsforderungen verkündete.

Heller sah sich um und entdeckte Armin, der auf ihn zulief. Schweiß stand ihm auf der Stirn.

»Heute habe ich mich bei sage und schreibe zwölf Firmen beworben. Man kann mir nicht vorwerfen, untätig zu sein. Aber anscheinend braucht es keine Ingenieure.«

Heller klopfte seinem Freund auf die Schulter. Zum unglücklichsten Zeitpunkt hatte auch er sein Studium erfolgreich beendet, nur um jetzt als Ingenieur ohne Anstellung stempeln zu gehen. Nicht mal als technischer Angestellter wollte man ihn beschäftigen.

»Manchmal denke ich, dass wir doch den Hof deines Großvaters hätten nehmen sollen. Hühner halten. Die sind genügsam und legen jeden Tag ein Ei. Wir wären die Hühnerbarone von Dresden. Jeden Tag Setzei, pochiertes Ei, Rührei, Spiegelei.«

Heller lachte. »Hör auf, ich bekomme ja Hunger!«

»Mensch, in deiner Uniform möcht ich aber auch grad nicht stecken.« Armin sah ihn mitleidig an, obwohl er es war, der Mitleid verdiente. Studiert, fast mittellos, mit Mitte zwanzig daheim bei seiner Mutter, die inzwischen auch immer komischer wurde und an Heilsbringer und Weissagungen zu glauben begann. So prophezeite sie neuerdings schon den nächsten Krieg, den sie alle noch erleben würden. Heller hielt nicht dagegen, um der Frau ihre Überzeugung zu lassen, doch er glaubte nicht daran. Vom Krieg sollte Europa genug haben.

»Bis jetzt war es heute ruhig«, erwiderte Heller, und das hatte Seltenheitswert. Denn gerade bei den Essenausgaben der Volksküchen oder den Stempelstellen der Ämter kochte der Volkszorn schnell hoch. Die Kommunisten organisierten täglich Kundgebungen vor den geschlossenen Fabriktoren, drohten mit Sturm oder Streik. Arbeiter, die eine Anstellung hatten, wurden als Streikbrecher angegriffen. Bewaffnete Wachleute mussten die Fabriken schützen. Die Kommunisten behaupteten, dass die Besitzer und Fabrikanten die letzten Arbeiter mit Niedriglöhnen erpressten, Fertigungswerke ohne Not schlossen und nur ihre Ressourcen, Material und Waren zurückhielten, bis das Geld wieder an Wert gewann. Doch der hungernde Arbeiter hatte davon nichts. Waffen gab es in rauen Mengen, Pistolen, sogar Gewehre, jahrelang versteckt gehalten. Man konnte nie wissen, ob jemand unter seiner Jacke vielleicht ein Schießeisen verbarg.

»Ich meinte die Affenhitze«, berichtigte Armin.

»Ach so, ja, allerdings.« Seine Uniform war völlig durchnässt, und vom Rand der Mütze lief salziger Schweiß in seine Augen.

»Wie geht es deiner Frau? Das Kind wächst und gedeiht?«

»Es ist gerade zwei Wochen her, dass wir es wissen. Und bei dir? Was macht deine Bekanntschaft?«

Armin wurde verlegen, und das wollte gar nicht zu ihm passen. Der alte Weiberheld schien sich nun wohl doch verschossen zu haben. Heller hatte sie erst einmal gesehen, eine zierliche hübsche Frau namens Emma. Sie war ganz anders als die Frauen, die Armin sonst gelegentlich mitgebracht hatte, wenn er glaubte, es könnte etwas Festes werden. Sie war keine von denen, die er in Tanzlokalen oder den billigen Kaschemmen kennenlernte. Vor allem aber war sie deswegen anders, weil sie sich von ihm nichts gefallen ließ.

»Wir sehen uns heute wieder, und nächstes Wochenende bin ich bei ihren Eltern eingeladen. Ich hab vielleicht Fracksausen, sag ich dir. Ihr Vater ist wohl auch Ingenieur. Ich hoffe nur, er zwingt mir kein Fachgespräch auf.«

»Also magst du sie?«

»Ich mag alle Frauen«, wich Armin aus. Doch dass er sich auf ein Treffen mit ihren Eltern einließ, bedeutete einiges.

»Aber Emma, mag sie auch erst zwanzig Jahre alt sein, redet wie eine, die genau weiß, was sie will.«

»Mir scheint, das gefällt dir.« Heller klopfte seinem Freund auf die Schulter.

»Reite nur nicht darauf rum, du hast ja deine Karin. Überleg lieber, was das noch werden soll.« Um vom Thema abzulenken, zeigte Armin auf eine lange Schlange. Überall stand man an. Für Essen, für Stempel, für Nahrungsmittel, für das Arbeitslosengeld.

»Irgendwann muss es werden.« Das sagte Heller sich jeden Tag. »Es kann nicht ewig so weitergehen.«

»Dumm ist das«, murmelte Armin. »Von allen in der Entente mit ihren ständigen Forderungen. Und von der Regierung, immer nur nach deren Pfeife zu tanzen. Damit zündeln sie schon den nächsten Krieg.«

»Das sagt deine Mutter.«

»Die hat auch schon den letzten Krieg vorhergesagt!«

»Wollen wir es nicht hoffen.«

»Stresemann sollte sich an die Amerikaner halten, die Wirtschaftshilfe bieten.«

»Armin, du weißt, Politik ist nicht mein Metier.«

»Nee, Maxe. Aber du wirst nicht dein Leben lang darum herumkommen, dich zu positionieren.«

»Warum glaubst du das? Meinst du nicht, es ist möglich, einfach seiner Arbeit nachzugehen, ohne sich um diese Belange zu scheren?« Politik machte Menschen nur wütend und ließ sie oft ihren Anstand vergessen. Und viele, die behaupteten, Politik zu machen, dachten ja doch nur an sich.

»So einfach wird das nicht, Max. Politik, um die sich niemand scherte, hat dazu geführt, dass von unserer Schulklasse kaum mehr als wir zwei übrig blieben. Und egal, wie sehr du dich davon fernhalten willst, du bist doch auch immer ein Teil davon. Und wenn du keinen Anspruch auf deine Stimme erhebst, wirst du immer von jenen vereinnahmt, die bestimmen.«

»Das wirst du auch so. Niemals wirst du einen finden, der all deine Forderungen erfüllt.«

Armin wiegte den Kopf. Dieses Argument war nicht wegzuwischen. »Mag schon sein. Doch dann kannst du wenigstens sagen, du warst dagegen und hast deinen Teil getan.«

»Als ob das wichtig wäre«, brummte Heller.

»Du weißt genau, wie wichtig das sein kann«, murmelte Armin finster. Und er hatte recht, wusste Heller, auch wenn er es gerade nicht zugeben mochte. »Aber letztlich wirst du mit deiner Einstellung immer nach irgendeiner Pfeife tanzen. Da versuche ich lieber, ein bisschen mitzubestimmen.«

Heller blieb stumm. Es musste einen Weg geben, seinen Teil dazu beizutragen, dass Menschen ein gutes, friedliches Leben hatten, ohne sich politisch zu positionieren.

Eine Weile liefen sie stumm weiter. Sie hatten sich selbst die Laune verdorben.

»Hast du schon das Neueste gehört?«, stieß Armin ihn plötzlich an.

»Nein.«

»Angeblich gibt es hier eine Familie, auf der ein Fluch liegt. Buuhuu!«

Die Leute, stöhnte Heller innerlich. Man konnte es ihnen gar nicht übel nehmen. Der Presse wollten sie nichts glauben, also erzählten sie sich beim Schlangestehen die verrücktesten Geschichten. Wenn alles den Bach runterging, begannen sie wieder an den lieben Gott zu glauben, an Propheten oder irgendeinen anderen Zauber.

»Wen hat es denn getroffen? Und welcher Fluch soll es sein?«

»Irgendeine Familie, richtig arme Schweine. Irgendwo hier im Viertel, dritter Hinterhof.«

»Und der Fluch?«

»Was weiß ich, Max, ein Fluuuuhuch eben. Sie wurden verhext. Nichts Genaues weiß keiner. Wie lang schiebst du noch Dienst?«

»Bis in die Nacht. Morgen ist Kegelabend«, erinnerte Heller seinen Freund.

»Na, schön für dich. Ich kann mir nicht mal mehr ein Bier leisten.«

»Dann trink ich eins für dich mit!«

»Au fein, Max, dann komm ich und schau dir dabei zu. Jetzt muss ich aber los.« Armin lachte, winkte und eilte davon.

Ein Fluch, das wollte Heller sehen. So ein Dienst konnte lang werden. Manchmal konnte er gar nicht sagen, was ihm lieber war: Wenn viel geschah, wusste man nicht, wo man anfangen sollte, und kam kaum nach, Protokolle zu schreiben. Und wenn gar nichts passierte, dann zogen sich die Stunden. Er verschränkte die Hände hinter dem Rücken und machte sich auf den Weg. Vielleicht erfuhr er etwas. Es gab genug Menschen, mit denen er sprechen konnte. Oft genug grüßte man ihn, und dann hob er die Hand zum Schirm seiner Mütze.

An diesem Tag aber fand er niemanden, der ihm helfen konnte. Von einer verfluchten Familie hatte keiner etwas gehört.

»Ich habe davon gehört«, sagte Karin. Sie hatte wegen der Hitze nicht schlafen können, also empfing sie ihn an der Tür, als er in der Nacht nach Hause kam.

Sie schwitzte und trug nur ein dünnes Unterkleid. Die Wölbung ihres Bauches deutete sich nur an, es war noch viel Zeit. Doch Heller konnte nicht aufhören hinzusehen.

»Was schaust du?«, fragte Karin und lächelte verschämt.

»Ich schaue meine schöne Frau an«, sagte Heller.

»Wenn du schon dabei bist, schau mal hier.« Sie nahm seine Hände und legte sie auf ihren Busen. »Wo das nur hinführen soll«, kicherte sie.

Heller wusste nur, wo es jetzt hinführte, nämlich aufs Bett, wo er ihr das Kleid über den Kopf zog.

»Ja, mach nur«, sagte sie spöttisch. »Bald bin ich ein fettes Walross, dann willst du mich nicht mehr ansehen.«

»Dann gibt's noch mehr zum Liebhaben«, widersprach Heller.

»Wolltest du nicht etwas über diese Familie wissen?«, fragte sie, doch das gehörte zum Spiel.

»Ja, doch so viel Zeit muss sein. Ich bin schließlich nicht im Dienst.«

»Nein? O wie schade, Herr Wachtmeister.« Sie griff nach seiner Mütze und setzte sie auf. »Ich hätte da nämlich ein Verbrechen zu melden.«

»Ach ja, welches denn?«

»Eine arme Frau, die sich nach ihrem Mann verzehrt.«

»Himmel, da muss eingeschritten werden!«, bestimmte Heller und küsste, was Karin ihn zuvor hatte tasten lassen.

»Sie sollen in der Moritzburger wohnen, in einem Hinterhof«, sagte sie später.

»Hm?«, fragte Heller, aus dem Halbschlaf gerissen.

»Diese Familie, die verflucht ist.« Karin drehte sich zu ihm und legte den Arm auf seine Brust. »Ganz arme Leute, zugewandert aus Böhmen.«

»Und was ist mit ihnen?«

»Das weiß ich auch nicht genau, Max. Und ich hätte es dir auch nicht erzählt, wenn du nicht gefragt hättest. Du weißt ja, was für dummes Zeug die Leute reden.«

Auf der Straße spielten Kinder, ihnen schien die Hitze gar nichts auszumachen. Sie waren dreckig, und es war nicht der Schmutz eines Tages, der an ihnen klebte, sondern der des ganzen Sommers. Streunende Hunde suchten nach Fressbarem, mager wie die meisten Kinder. Es roch nach Unrat. Die kleinen Flächen und Gärten zwischen den Häusern waren von der Sonne verdorrt. Alles schien ständig in Bewegung zu sein, die Leute liefen hierhin und dorthin und wieder zurück. Auf den Elbwiesen suchten sie nach Löwenzahn, auf den Obstplantagen und den Gemüsefeldern mussten Wachleute die Menschen am Stehlen hindern. Wer konnte, baute sich eine Angel oder versuchte mit Netzen zu fischen. Es gab Streit mit den Fischern. Das Wasser war niedrig, die Schifffahrt lag brach. In den Häfen gab es nichts zu tun. Die Fährmänner, ob mit oder ohne Lizenz, saßen in ihren Kähnen. Invaliden schwangen sich auf Krücken durch die Gassen oder hockten da und bettelten, andere gaben nur vor, versehrt zu sein, um das Mitleid der Leute auszunutzen.

Wenn er Geld gehabt hätte, dann hätte er jedem etwas gegeben. Doch inzwischen hatte er auch lernen müssen, dass sein Beruf zwar einen aufmerksamen Blick verlangte, dass es aber genauso oft nötig war, nach dem Verstand zu handeln und nicht nach dem Herzen. Er war für Recht und Ordnung zuständig und konnte nicht jedem helfen. Er konnte nicht jedes Kind füttern, nicht jedem Arbeitslosen eine Anstellung besorgen, nicht jedem Kranken den Arzt bezahlen. Er musste lernen, all das zu sehen, ohne sich dabei im Geiste selbst zu zerstören. Das war nicht herzlos und ganz sicher nicht stumpf. Wie Großvater gesagt hatte: Man durfte Mitleid haben und Verständnis, sonst war man kein guter Mensch. Aber darüber hinaus galt es, sich vor zu viel Leid zu schützen, um auch Mensch bleiben zu können. Um seiner selbst willen.

Heller lief die Moritzburger nun schon ein drittes Mal entlang, aber etwas Ungewöhnliches war ihm bisher noch nicht aufgefallen. Er hielt sich immer auf der Schattenseite der Straße. Machte Schritt für Schritt, hatte sich inzwischen mit seinem Fuß versöhnt und arrangiert, kein Gedanke mehr daran, dass er sich manchmal gewünscht hatte, er wäre ihn und damit die Schmerzen losgeworden. Möglich, dass man ihn noch einmal hätte operieren können, wenn dieser garstige Mann seine Tochter nicht in einem letzten Akt der Boshaftigkeit enterbt hätte. Doch auch das war schon Geschichte. Über Karins früheres Leben wurde nicht gesprochen.

Heller verharrte jetzt, denn ihm kam ein Mann entgegen, der seltsam torkelte, nein, eher tastete. Als fürchtete er, wie ein Blinder mit jedem Schritt ins Leere zu treten. Er hatte eine Hand nach der Hauswand ausgestreckt, doch er berührte sie nie. Heller gab den Weg frei, wollte sehen, wie der Mann sich schlug. Betrunkene gab es genug, wenn auch nicht am helllichten Tag. Und auch hier hatten sich die Maßstäbe verschoben. Hätte er jeden Volltrunkenen in eine Zelle gesteckt, dann wären alle ständig überfüllt.

Der Mann trug viel zu große Hosen, deren Saum über den Gehweg schleifte und schon völlig zertreten war. Sein Hemd und die Jacke, früher mal eine Arbeitsjacke, waren nur noch Lumpen. Das Haar stand wirr von seinem Kopf ab, und es schien, als hätte er es sich vor dem Spiegel mit einem Rasiermesser selbst geschnitten. Er war unrasiert, der Bart spross wild in seinem Gesicht. Gerade als er neben Heller war, geriet er aus dem Gleichgewicht, stolperte in Richtung Bordstein, trat daneben und stürzte lang auf die Straße.

Heller seufzte. Er packte den Mann am Ellbogen und zerrte ihn auf die Füße.

»Dank, hab Dank«, stöhnte der Mann. Sein Atem stank nach Schnaps. Heller erkannte, dass er noch recht jung war, zumindest kaum älter als er, obwohl er erst geglaubt hatte, der Mann müsste wenigstens fünfzig Jahre alt sein.

»Nehmen Sie sich zusammen. Wissen Sie Ihren Namen?«

»Karel.«

»Und weiter?«

»Sobo… Sobotka.«

»Karel Sobotka?«

»Ja … jawohl.«

War das ein böhmischer Akzent? »Wohnhaft?«

Der Mann hob seinen Arm, zeigte nach vorn, drehte sich dann mit dem ganzen Körper, peilte über seinen gestreckten Zeigefinger, dann beendete er seine Drehung.

Heller folgte dem Fingerzeig, der auf einen Hauseingang deutete. »Kommen Sie.« Er wollte sichergehen, dass der Mann den Weg nach Hause fand.

Sobotka nickte, ließ sich führen und schlenkerte dabei mit den Beinen, als wären es Prothesen. »Nich«, flüsterte er sich selbst zu. »Nich … nee …«

Sie betraten die Toreinfahrt und verharrten im angenehm kühlen Schatten. Heller las die Namensschilder auf der Haustafel. Auf einem fand er den Namen Sobotka. Es verwies auf das zweite Hinterhaus. Über einen engen Hinterhof betraten sie die nächste Durchfahrt. Hier stand ein Junge von zehn Jahren, das Gesicht zur Wand gedreht, als wäre es ihm als Strafe auferlegt worden. Sein Haar war kurz geschoren, doch sehr unregelmäßig, er war vollkommen verdreckt, das Gesicht, die Hände, die Finger ganz schwarz. Jetzt drehte er den Kopf.

»Guten Tag«, sagte Heller laut. Der Junge erwiderte nichts. Dann erreichten sie den zweiten Hinterhof. Hier saß ein weiteres Kind im Dreck, auch ein Junge, jünger noch als der andere. Er spielte mit einem Häufchen Erde, türmte sie auf, bohrte seine Finger hinein, zerriss das Häufchen, schob es wieder zusammen.

»Guten Tag«, sagte Heller erneut. Doch auch dieser Junge reagierte nicht.

»Wohin?«, fragte Heller, denn es gab mehrere Türen. Trotz des Sommertages war es hier finster. Die grauen Wände der vier Stockwerke hohen Häuser und die vollen Wäscheleinen saugten alles Licht auf. Wie mochte es erst im Herbst und im Winter sein, dachte Heller. Es roch so stark nach Unrat, dass der Gestank auf der Straße dagegen nahezu angenehm wirkte.

Sobotka deutete auf ein Haus rechts von ihnen. Heller wollte ihn zum Eingang ziehen, doch Sobotka wehrte sich. »Nich. Nein. Da!«, rief er, riss sich los und taumelte auf eine Treppe zu, die vier Stufen hinab ins Tiefparterre oder in den Keller führte.

»Hier wohnen Sie?«, fragte Heller und ging leicht in die Hocke, um einen Blick durch die offen stehende Tür zu werfen. Er wusste ja, dass es Armut gab und dass sie Tag für Tag schlimmer wurde. Aber im Vergleich zu diesem Keller schien es fast besser, ohne Obdach zu sein. Das hier war schlimmer als eine Höhle.

»Kommen Sie.« Heller fasste den Mann am Oberarm, half ihm die Stufen hinab, schob ihn durch die Tür. Dann holte er Luft, mahnte sich, dass er jederzeit hinauslaufen konnte, dass es nur ein Halbkeller war, und trat dann selbst ins Dunkel. »Guten Tag. Wachtmeister Heller«, kündigte er sich laut an. Wie vermutet, war dies kaum mehr als ein Loch, ein schreckliches finsteres Loch, ohne fließendes Wasser oder Elektrizität, feucht und kühl. An den wenigen Möbeln wuchs Schimmel, an den Wänden blühte Salz. Die zwei Halbparterrefenster gaben kaum genug Licht, um in den hinteren Ecken der Räume Konturen zu erkennen. Eine Tür führte nach links, eine nach rechts.

Aus dieser kam ein kleines Kind von höchstens zwei Jahren gelaufen, und dessen erbärmlicher Anblick verschlug Heller den Atem. »Frau Sobotka?«, rief er mit rauer Stimme. Sicher war die Frau unterwegs auf der Suche nach Lebensmitteln, wie so viele. Ein leises Wimmern ließ ihn aufmerken. Vorsichtig, denn noch mehr Elend würde er kaum ertragen können, ging er hin, während Sobotka erschöpft auf einen Stuhl fiel. Sein Kopf kippte sofort nach hinten, und so schlief er ein.

»Frau Sobotka?«, fragte Heller noch einmal leise und betrat den nächsten Raum. Hier stand ein Bett, ringsum auf dem Boden verteilt lagen Matratzen der billigsten Art und alte Decken. Auf dem gelb-schwarz-fleckigen Bettzeug lag eine Frau, an ihrer Seite ein Säugling. Es stank ganz erbärmlich, obwohl das kleine Fenster offen stand. Wie man so leben konnte, war Heller unbegreiflich. Er fragte sich, wo die Leute ihre Notdurft verrichteten, wie sie ihre Wäsche wuschen.

Die Frau bemerkte ihn und richtete sich auf, als hätte sie gerade tief geschlafen. Sie blinzelte. Wirklich verwundert schien sie nicht zu sein. Ob sie verstand, dass ein Fremder in ihrem Zimmer war? Der Säugling neben ihr jammerte leise und schwach.

»Sind die beiden Jungen draußen auch ihre? Sind Sie auch betrunken?«, fragte Heller, und langsam stieg Wut in ihm auf. Mochte die Armut noch so groß sein, diese Menschen hatten Kinder, für die sie Verantwortung trugen. Er musste das Jugendamt und das Gesundheitsamt verständigen. Zwar waren in diesen Zeiten die Kinderheime voll, aber um diese Sache musste sich jemand kümmern.

Jetzt erhob sich die Frau, antwortete ihm jedoch nicht. »Milla?«, fragte sie stattdessen leise. »Milla?«

Das zweijährige Kind lief an Heller vorbei, als existierte er gar nicht. Die Mutter nahm das Mädchen hoch und strich ihm über das verfilzte Haar.

»Frau Sobotka!«, sagte Heller streng.

»Ja, bitte«, sagte die Frau mit böhmischem Akzent. »Setzen Sie sich doch, was hat er denn angestellt?«

»Wer?«, fragte Heller.

»Ich weiß nicht.« Offenbar war sie es gewohnt, dass einer ihrer Jungen etwas anstellte. Oder auch ihr Mann. Mit der Zweijährigen folgte sie ihm in die Stube, wo der Mann im Schlaf röchelte.

»Haben Sie denn gar nichts? Kein Geld, keine Anstellung? Hilfe vom Amt?«, fragte Heller.

Die Frau war nicht betrunken, nur sehr müde vielleicht oder krank.

»Er findet nichts, ist Metall… also Metall…« Sie suchte nach einem Wort.

»Metallarbeiter? Aber was ist mit der Unterstützung, die bekommen Sie doch. Geht er nicht stempeln?«

»Ja, geht er, er ist ein guter …« Wieder überlegte sie. »Mann.« Jetzt hob sie den Kopf und lächelte.

»Diese Kinder draußen, gehören die auch zu Ihnen?«

»Kinder ja, alle unsere, sechs!«, sagte sie seltsam stolz, obwohl es hier nichts gab, um darauf stolz zu sein.

»Was ist mit dem Säugling?«, fragte Heller und deutete auf das Schlafzimmer.

»Ach ja, mein kleiner Schatz.«

Heller schüttelte den Kopf. Seine mühsam unterdrückte Platzangst nahm nun überhand, er wollte hier keine Sekunde länger bleiben.

»Ich will sehen, was ich tun kann. Ihr Mann darf nichts mehr trinken. Waschen Sie die Kinder, geben Sie ihnen irgendwas zu essen. Ich will wiederkommen.«

Fast schon panisch stürzte er hinaus, doch der Hinterhof war keine Befreiung für ihn, höchstens eine kleine Erleichterung. Er eilte an dem Kind im Dreck vorbei Richtung Straße. Das andere Kind stand noch immer mit dem Gesicht zur Wand da. Das war sie, dachte Heller, die verfluchte Familie. Er hatte sie gefunden.

»Die Sobotkas«, nickte Hauptwachtmeister Protze, der Dienstleiter seiner Wache. »Arme Kreaturen. Sobotka kam vor zehn Jahren mit Frau und Kind aus Böhmen, er war geworben worden und arbeitete an Drehmaschinen. Dann kam der Krieg, und er musste in einem böhmischen Regiment dienen. Irgendwo in den Karpaten, soweit ich weiß. Als er zurückkam, soff er. Sechs Kinder sagte die Frau?« Protze schüttelte den Kopf. »Zwei davon sind gestorben.«

»Woran?«, fragte Heller mit belegter Stimme.

Protze hob die Hände. »An den Zeiten, Wachtmeister. Sie haben doch gesehen, wie die leben. Kälte, Krankheit, Hunger.«

»Man muss ihnen helfen.«

»Es ehrt Sie, dass Sie das denken, Heller. Aber Sie können nicht jedem helfen.«

»Ich weiß. Aber das Gesundheitsamt kann es. Das Jugendamt, das Amt für Hygiene, irgendwer.«

»Heller, die waren schon da und haben denen bescheinigt, dass sie ihre Kinder den Umständen entsprechend ernähren und erziehen.«

»Wann? Wann war das?«

Protze gefiel Hellers Ton nicht, doch er schien Verständnis für dessen Aufregung zu haben. »Vor einem Jahr wohl.«

»Vor einem Jahr mag das auch so gewesen sein, Herr Hauptwachtmeister. Doch jetzt ist es eine Katastrophe.«

Protze seufzte. »Ich kann Ihren Unmut nachvollziehen, doch sicher wissen Sie, dass die Ämter überlastet sind.«

»Mit Verlaub, dann will ich ihnen persönlich helfen.«

Protze kniff die Lippen zusammen. Doch inzwischen hatte er wohl gelernt, dass Hellers gelegentliche Widerworte nichts mit Respektlosigkeit zu tun hatten, sondern seinem tiefsitzenden Gerechtigkeitsempfinden entsprangen.

»Was wollen Sie tun? Und was erwarten Sie von den Ämtern? Dass sie den Leuten die Kinder wegnehmen?«

Das wäre richtig, dachte sich Heller. Und doch klang es grausam.

»Sehen Sie, Heller. Bringen Sie den Mann dazu, nicht mehr zu saufen, dann helfen Sie schon. Nehmen Sie ihn beim Wort, drohen Sie ihm, vielleicht bringt es ihn zur Räson.«

»Darf ich fragen, Herr Hauptwachtmeister, und ich schicke voraus, dass ich mir keinen Scherz erlaube …«

»Sie reden von dem Fluch?«

Heller nickte. Er war verblüfft, dass Protze schon davon gehört hatte. »Die Leute denken sich immer etwas aus. Sie sehen diese Familie, zwei Kinder sind inzwischen tot, die anderen krank, der Vater säuft, die Mutter vermutlich inzwischen auch. Und um sich von der Mitschuld freizumachen, denken sich die Leute so etwas aus. Eine Hexe hat die Familie verflucht.«

»Mitschuld? Wie meinen Sie das?«

»Heller, so wie Sie sind nicht viele. Die meisten wollen nicht helfen, sondern drehen sich lieber weg. Aber in jedem Menschen steckt doch wenigstens ein bisschen Gewissen. Und damit beruhigt man es.«

»Also gut, ich will sehen, ob ich etwas zu essen für die Leute auftreiben kann.« Heller erhob sich und salutierte. Doch dann kam ihm noch ein Gedanke. »Ich frage mich nur eins. Wenn die so arm sind, woher bekommen sie Schnaps und Bier?«

Protze öffnete zuerst den Mund und schloss ihn gleich wieder. Darauf hatte er offenbar keine Antwort. »Schauen Sie sich um, Heller, meinen Segen haben Sie. Und hier …«

Protze beugte sich hinter seinem Schreibtisch zur Seite, öffnete eine Schranktür und nahm einen Korb heraus, in welchem ein halbes Dutzend Äpfel lag.

»Nehmen Sie das mit, als meinen Anteil der Spende.«

Heller sah seinen Vorgesetzten verblüfft an. »Vielen Dank!«

»Frau Sobotka!«, rief Heller in das Kellerloch und bekam keine Antwort. Er rieb sich den Schweiß von der Stirn, der hier in diesem kühlen Hof, der fast wie ein Schacht war, unangenehm zu erkalten begann. Allein die Enge dieser Häuserschlucht bedrückte ihn. Fast ängstlich sah er sich nach dem kleineren Kind um, das über seinem Spiel mit dem Dreck eingeschlafen war. Zumindest hoffte Heller das. Es war in sich zusammengesunken und zur Seite gekippt. Er wagte es kaum, hinzugehen, um es zu berühren. Er wusste nicht, ob er es ertragen könnte, das Kind tot zu sehen.

»Du!«, sagte er und bewegte das Kind an der Schulter. Zu seiner grenzenlosen Erleichterung regte es sich. »Wo ist deine Mutter?«

Der Junge, er musste wenigstens sechs Jahre alt sein, glotzte ihn nur fragend an.

»Hast du Hunger?«, fragte Heller und nahm einen Apfel aus dem Korb. Außerdem hatte er vier Eier und eine Tüte Mehl aufgetrieben. Mit etwas Milch konnte man daraus eine Suppe machen, die wenigstens sättigte. Er gab dem Jungen den Apfel. Der nahm ihn wortlos an und biss hinein. Entsetzt sah Heller das Blut am Fruchtfleisch. Alle Zähne des Jungen mussten locker sein.

Dann wandte Heller sich wieder der Kellerwohnung zu. Er musste sich überwinden und wenigstens nachsehen, ob die Eltern da waren.

»Frau Sobotka?«, rief er noch einmal, stieg dann die Stufen hinunter und warf einen Blick durch die offene Tür. Er wagte sich nicht hinein und zuckte zusammen, als er sah, dass er beobachtet wurde. Das kleine Mädchen von zwei Jahren starrte ihn aus einer dunklen Ecke an.

»Hören Sie! Herr Schutzmann!«, rief eine Stimme. Heller nahm den Kopf aus der Tür und blickte nach oben, wo im dritten Stock eine Frau aus dem Fenster sah.

»Haben Sie etwas zu melden?«, fragte Heller.

»Ich komme runter!«

Heller wartete, bis sich wenige Sekunden später unten die Haustür zum letzten Hinterhaus öffnete. Eine Frau mittleren Alters, der das Leben auch nur übel mitgespielt zu haben schien, kam heraus. Sie trug ärmlichste Kleidung, aber wenigstens war sie sauber und frisiert.

»Sie werden die Eltern jetzt nicht finden. Die Mutter ist gegangen, sie hat das Kleinste mitgenommen. Der Vater ging auch und nahm den Ältesten mit.«

»Wo gingen sie hin?«

»Das ist es ja. Man müsste meinen, sie gingen Essen besorgen, aber sie laufen nur ziellos durch die Gegend. Oft grinsen die einfach bloß, als wären sie völlig verblödet. Ich sag Ihnen, da ist etwas geschehen!«

»Der Fluch?«, fragte Heller und bemühte sich, nicht allzu sarkastisch zu erscheinen.

»Sie wissen davon?«, fragte die Frau. »Ich sag Ihnen, die waren früher nicht so. Vor etwa einem Jahr waren sie noch ganz anständige Leute.«

»Sobotka hat aber schon immer gesoffen.« Das wusste Heller von Protze.

»Ach, das machen alle hier. Zumindest als man es sich noch leisten konnte. Außerdem hat er auch nicht mehr gesoffen als alle anderen. Im Gegenteil, das wenige Geld hat er fast komplett nach Hause gebracht. Und es sah längst nicht immer so aus da unten. Die Frau hat geputzt und alles sauber gehalten. Die haben sogar versucht, etwas im Hof zu pflanzen. Es wächst nur nichts, wegen dem schlechten Licht. Aber deshalb die Erde da unten. Vor einem Jahr ist dann was geschehen, und seitdem haben sie sich verändert. Ich sag Ihnen, die wurden verhext! Ja, lachen Sie nur.« Die Frau schüttelte entrüstet den Kopf, obwohl Heller gar keine Anstalten gemacht hatte, zu lachen. »Und ich sage Ihnen auch, wer es war. Die alte Lorenz. Von der sagt man, sie ist eine Hexe! Die hat sie verflucht und Unglück über die gebracht. Seitdem sind denen zwei Kinder gestorben. Und das Schlimmste ist, die haben das noch gar nicht wirklich bemerkt. Zwar wurden sie beerdigt, aber da waren die schon völlig verblödet. Und es wird immer schlimmer. Der arme Mann kann ja manchmal gar nicht mehr reden und torkelt nur noch.«

»Frau Lorenz, sagen Sie?« Heller hatte das Notizbuch herausgeholt und notierte den Namen. »Die wohnt wo?«

»Beim Weimarschen Platz.«

Der Weimarsche Platz war auch zur frühen Abendstunde noch belebt. Heller durchmaß ihn gemächlichen Schrittes und sah sich beiläufig um. Er könnte nach dieser Frau Lorenz fragen, doch das würde er sich für den Fall aufheben, dass er sie nicht fand. Eine Hexe aber, so meinte er, sollte er erkennen müssen, wenn er sie sah, so überzeugt, wie die Frau im Hinterhof davon gesprochen hatte.

Die Sonne war fast hinter dem Horizont verschwunden, und Falken sausten durch die Luft. Der Platz war nicht völlig mit Häuserblocks verbaut, eine Seite lag offen. Hier gab es Gärten und kleine Felder, eher Beete, die von Anwohnern bewirtschaftet wurden. In kleinen Verschlägen lebten Hühner, Ziegen und Schweine. Wer einen Obstbaum besaß, tat gut daran, ihn Tag und Nacht zu bewachen. Denn mit dem Obst konnte man gute Geschäfte machen.

Heller lief eine Runde, ohne fündig zu werden.

»Guten Tag«, sprach er einen Jungen an, der mit den Händen in den Hosentaschen und barfuß angeschlendert kam. Der Junge zuckte zusammen, als hätte er etwas zu verbergen. Und tatsächlich sahen seine Hosentaschen ziemlich voll aus. »Ich suche Frau Lorenz.«

Der Junge starrte ihn einen Augenblick lang an, dann schüttelte er hastig den Kopf und rannte davon.

»Ich wünsche schönen guten Abend«, versuchte Heller es dann bei einer älteren Frau. »Wo finde ich Frau Lorenz?«

»Was wollen Sie denn von ihr?«, fragte sie, was ziemlich unverschämt war. Und offenbar wurde ihr das in dieser Sekunde auch bewusst. »Ich meine, Herr Wachtmeister, Sie sind doch Herr Heller, nicht wahr? Und Ihre Frau ist doch in anderen Umständen.« Die Frau machte ein Gesicht, als müsste Heller verstehen, was sie sagen wollte.

»Wenn Sie sich bitte genauer erklären könnten …«

»Nun, ich weiß ja nicht, was Sie von der wollen, aber unter diesen Umständen würde ich mich nicht … Sie wissen schon.«

»Wollen Sie mir bitte einfach zeigen, wo ich sie finde?«

»Ich möchte nicht darauf zeigen; aber sehen Sie den Zaun an der Ecke zwischen den Wohnhäusern hinter mir? Da wohnt sie, in einer Hütte. Schönen Abend noch.« Ohne ein weiteres Wort zu verlieren, eilte sie davon.

Die winzige Hütte war eher ein Bretterverschlag und stand auf einer kleinen Fläche von vielleicht fünfzehn mal fünfzehn Metern. Sie lag an einer Straßenecke, die hinteren zwei Seiten grenzten an die Häuserblocks an. Die Seite zur Hartigstraße war mit einem hohen altersgrauen Bretterzaun verschlossen, die Seite zum Weimarschen Platz mit Maschendraht versperrt. Ein kleines windschiefes Tor stellte den Eingang dar. Heller hatte das kleine Grundstück schon einmal bemerkt, jedoch nicht gedacht, dass in der winzigen Hütte wirklich jemand lebte.

Er überquerte den Platz und erkannte neben der Hütte einen kleinen Hühnerstall. Dort wuchsen Bohnen und wilde Kräuter, außerdem gab es einen Kartoffelacker, kaum größer als seine Stube. Zwei alte Obstbäumchen fristeten ihr Dasein.

Die Hütte selbst sah aus, als könne ein starker Windstoß sie jederzeit umwerfen. Doch offenbar stand sie hier schon seit vielen Jahrzehnten. Ein winziges Fenster gab es, aber es war nicht verglast. Es war lediglich eine Öffnung in der Bretterwand, die sich mit einer Klappe verschließen ließ. Die Tür, ebenfalls nur aus Brettern zusammengenagelt, hatte eher einen symbolischen Charakter als eine wirkliche Funktion. Jetzt stand sie weit offen.

Heller wollte das Grundstück nicht einfach so betreten. Und wenn er jetzt darüber nachdachte, wusste er auch gar nicht, was er eigentlich von der Frau wollte. Er konnte sie schlecht der Hexerei bezichtigen.

»Wollen Sie etwas?«, fragte jemand von der Seite. Heller fuhr zusammen. Eine uralte Frau kam hinter einem Haufen geschnittener Zweige, Laub und Pflanzenresten hervor, und es war ganz offensichtlich, dass sie dort gerade ihre Notdurft verrichtet hatte. Sie trug einen langen schweren Rock mit einer Schürze darüber, trotz der Hitze einen Schulterüberwurf und auf dem Kopf eine Bundhaube, die wohl einmal weiß gewesen sein musste. Sie ging ganz krumm und sah ihn deshalb mit gedrehtem Kopf von schräg unten an.

»Frau Lorenz?«, fragte Heller und staunte leicht belustigt. Hexen sahen wohl noch immer aus wie im Märchenbuch.

»Das ist mein Name. Warum fragen Sie?«

»Sie leben hier?«, fragte Heller und hoffte, ihm würde gleich etwas Besseres einfallen.

»Mehr schlecht als recht.« Die Frau war am Tor stehen geblieben und wartete.

»Kennen Sie die Familie Sobotka?«, ging Heller direkt in die Offensive.

»Nein.«

»Eine Familie böhmischer Abstammung, wohnt direkt in der nächsten Straße hinter den Gärten.«

»Da wohnen viele.« Sie wirkte hart. Kein Wunder, wenn sie schon ewig so lebte.

»Sie hatten sechs Kinder, zwei sind inzwischen gestorben. Jetzt haben sie noch zwei Jungen, ein kleines Mädchen und einen Säugling.«

»Ich habe keine Zeit für derlei Fragerei. Es steht ein Kessel auf dem Feuer!« Frau Lorenz drehte sich weg und humpelte zu ihrer Hütte.

»Darf ich hereinkommen und mich umsehen?«

»Was immer Sie wollen«, knurrte die Alte über die Schulter. Heller öffnete das Tor, folgte ihr und trat unvermittelt in eine Wolke menschlicher Ausdünstungen, die ihm Tränen in die Augen trieben. So wie die Frau lebte und ihre Kleidung aussah, hatte sie sich vermutlich seit Jahren nicht gewaschen.

In der wirklich winzigen Hütte, die weniger als zwei mal zwei Meter maß, befand sich zu Hellers Erstaunen kein Herd, sondern tatsächlich eine offene Feuerstelle, über der auf primitivste Art ein blecherner Trichter und ein Rohr angebracht waren. Es führte durch das Dach und fungierte als Abzug. Drei Reihen im Kreis aufgeschichteter Ziegelsteine, auf denen ein verrußter alter Kessel stand, dienten als ewiges Provisorium.

Aus dem Verschlag daneben hörte er die Hühner, die für die Nacht schon eingesperrt waren, leise gakeln. Heller konnte die Hütte nicht betreten, so sehr stank es darin. Er warf nur einen Blick hinein.

Das Innere der Hütte unterschied sich vom Äußeren nicht. Windschiefe Bretterwände, ohne jeden Schmuck, ohne Farbe. Eine Schlafstatt, nur ein paar Holzbohlen mit einem Strohsack als Matratze. Aus einigen Brettern hatte jemand ein Regal genagelt, in dem das Allernötigste stand. Ein Becher, ein Blechnapf, etwas Besteck, eine Schere, alte Messer, die so oft geschärft worden waren, dass von den Klingen kaum noch etwas übrig geblieben war.

»Wovon leben Sie?«, fragte Heller.

»Ich brauch nicht viel. Ich hab Kartoffeln, Äpfel, Birnen, Pflaumen, außerdem Mohrrüben, Zwiebeln. Ich hab Hühner und tausche die Eier gegen Brot.«

»Und Sie sind ganz allein?« Das schien zwar offensichtlich, doch Heller wollte mehr über die Umstände erfahren.

»Ja«, antwortete die Alte aber nur.

»Schon immer?«, fragte Heller weiter. Inzwischen meinte er sich zu erinnern, dass man in seiner Kindheit gelegentlich von einer Hexe gesprochen hatte. Nur hatte er es im Gegensatz zu einigen Schulkameraden nie gewagt, nachzusehen, was es damit auf sich hatte.

»Wie kam es denn dazu?«, wollte er wissen.

»Wüsste nicht, dass Sie das was angeht«, knurrte die Frau. »Was ist mit ihrem Fuß?«

Heller sah an sich herab und musste sich erst besinnen. Sein Fuß, natürlich. Aber wie konnte sie wissen, dass etwas damit nicht stimmte? »Meinem Fuß geht es gut«, log er. Bildete er sich nur ein, dass man es nicht mehr sah?

»Und der Vater hat die Mutter mit ins Grab genommen?«, fragte die Alte. Ob sie mit ihrer plötzlichen Frage eine böse Absicht verfolgte, war nicht zu erkennen. Vielmehr verblüffte ihn, dass sie überhaupt davon wusste.

»Hat er wohl«, sagte Heller leise.

»Nun, die neue Familie gedeiht.« Die Alte rührte in ihrem Kessel, und es hätte ihn nicht gewundert, wenn Froschbeine und Spinnen in der Suppe köchelten.

»Sie wissen, wer ich bin?«

»So alt wie ich bin und so lang wie ich hier lebe, hab ich wohl jeden schon gesehen«, sagte sie.

Das war keine wirkliche Erklärung für ihr Wissen. Aber es gab ihm Gelegenheit, nachzuhaken.

»Aber die Sobotkas nicht?«

Nun ließ sie vom Kessel ab und sah ihn an. Ihre Augen verengten sich. »Zwei freche Jungs«, sagte sie. »Diebe.«

Heller nickte. Das mochte sein. Und vielleicht sorgte die Alte auch selbst dafür, dass man sie überall als Hexe wahrnahm. Wer bestahl schon eine alte Frau, vor der sich sogar die Erwachsenen gruselten? Sicher nur Menschen, denen in der Not wirklich keine andere Wahl mehr blieb. Solche wie die Sobotkas.

»Was haben die Ihnen gestohlen?«

»Ein Huhn, schon länger als ein Jahr ist das her. Lassen sich seitdem nicht mehr blicken. Gesindel.«

»Seitdem haben Sie sie nicht mehr gesehen?«

»Sagte ich doch!«

Das stimmte nicht ganz. Sie hatte gesagt, die Jungs ließen sich nicht mehr blicken.

»Wie überstehen Sie den Winter?«

»Jemand bringt mir Holz.«

»Einfach so, für Eier? Und für ein paar Eier bekommen sie auch Brot? Und Wurst?« Er zeigte auf eine angeschnittene Hartwurst, die an der Decke hing.

»Manchem konnte ich einst helfen, und sie zeigen Dankbarkeit.«

»Helfen?«

»Helfen, ja. Gegen Beschwerden.«

Heller lachte. »Mit Kräutern und Zaubersprüchen?«, provozierte er absichtlich. Die Alte sah ihm nur ausdruckslos in die Augen.

»Nun gut«, meinte Heller schließlich. »Einen schönen Abend wünsche ich noch.« Er hob die Hand zum Gruß.

»Sollte ihr übel sein, dann soll sie Aufguss von Kamillenblüten trinken. Und Tee aus Erdbeerblättern, wenn sie müde ist, oder von Hagebutten. Und gedörrte Pflaumen bei Verstopfung.«

»Danke«, sagte Heller. »Auf Wiedersehen.« Doch die Alte hatte sich schon weggedreht.

Es vergingen einige Tage ohne besondere Vorkommnisse, zumindest für Zeiten, in denen man alle zwei Wochen eine Null an den Wechselkurs der Reichsmark gegen den Dollar hängen musste. Auch wenn es kaum noch möglich schien, wurde es schlimmer und schlimmer. Die Arbeitslosenzahl schoss in unermessliche Höhen, jeden Tag trieben sich mehr Menschen auf den Straßen herum, suchten nach Arbeit, nach Geld, nach Neuigkeiten und Gesellschaft in der Not, holten sich Suppe an den Straßenküchen. Gerüchte gingen allerorten um. Dieses oder jenes sollte geschehen. Da und dort gäbe es etwas. Doch es waren immer nur Falschmeldungen. Der Volkszorn kochte hoch. Man war wütend auf alle. Auf die Entente, die sich als schlechter Sieger erwies und dem Deutschen Reich alle Schuld an dem Krieg gab, der deutschen Regierung, den Fabrikanten und Industriebaronen, denen der Krieg als Einzigen nicht geschadet zu haben schien, den Sozialdemokraten, den Bolschewiken. Man tat als Polizist gut daran, sich nicht unbeliebt zu machen, indem man zu pingelig war. Mancher Kollege, der früher jeden kleinen Vorfall aufgeschrieben hatte, hielt sich während seines Dienstes nun in stillen Gassen auf oder verschmolz mit der Hauswand.

Man lebte von Tag zu Tag, von der Hand in den Mund, und manchmal war Heller froh, dass weder seine Eltern noch sein Großvater das miterleben mussten. Oft lag Heller nachts wach oder wälzte sich am Tag nach der Nachtschicht in seinem verdunkelten Zimmer im Bett, zerbrach sich den Kopf, wie er Karin und das noch ungeborene Kind durchbringen sollte. In diesen Stunden bereute er wirklich, den Hof nicht behalten zu haben, selbst mit den Schulden, die darauf lasteten. Mit dem Grundstück und den Gebäuden darauf hätten sie sicher etwas anfangen können. Die Idee, Hühner zu halten – so lächerlich sie sich auch einst angehört hatte –, hätte ihnen helfen können, die schreckliche Inflation zu überstehen. Und gerade in diesen Zeiten war es besser, etwas anderes als Münzen oder Geldscheine zu besitzen.

Er bereute, dass sie ihr Geld nicht besser investiert hatten, statt sparsam damit zu sein. Einen Wagen hätten sie kaufen sollen, oder ein kleines Haus. Sie hätten etwas gehabt, eine Rückversicherung. Oder einen Fotoapparat, ein Radio, ein Grammofon, Lexika. Oder ein Klavier, Karin hätte Stunden geben können. Zu spät. Sie hatten sparen wollen, und nun war alles dahin, wie bei so vielen.

Die Reichen, die es sich leisten konnten, münzten ihr Geld schnell in Werthaltiges um. Sie würden Verlust machen, zehn oder zwanzig Prozent vielleicht, doch das war immer noch besser, als alles zu verlieren. Was aber machten die Ärmeren und Armen, die ihr Geld zum Leben brauchten? Die gingen vor die Hunde.

Gelegentlich hatte er sich nach den Sobotkas erkundigt, hatte erfahren, dass der große Junge in der Schule eigentlich als ganz helles Köpfchen gegolten hatte. Nun waren seine Zensuren so schlecht, dass man daran dachte, ihn an eine Hilfsschule – landläufig Idiotenanstalt genannt – zu überweisen, wenn nicht sogar in eine Anstalt für Schwachsinnige und geistig Behinderte. Er grinste nur noch blöde und starrte die Wände an. Sein jüngerer Bruder hatte den Aufnahmetest der Schule gar nicht erst bestanden, konnte mit seinen sechs Jahren kaum seinen Namen oder sein Alter nennen. Ihnen zu helfen, wie er sich es vorgenommen hatte, war ganz unmöglich gewesen. Die Einnahmen reichten gerade für Karin und ihn.

Inzwischen näherte sich der August seinem Ende. Bis auf wenige Gewitterschauer, die kaum Erleichterung gebracht hatten, hatte die Hitze beständig angehalten. Karin litt oft an leichten Schwächeanfällen, eine Sorge mehr für Heller. Vom Dienst befreite ihn das natürlich nicht.

»Sie da!«, rief er, als er eines Tages weitab von der Moritzburger Straße Sobotka erkannte. Der taumelte und hüpfte seltsam durch die Gegend, schien kein Ziel zu haben.

Sobotka sah sich um, als könne er die Stimme nicht verorten. Dann landete sein Blick auf Heller, aber offenbar ohne zu wissen, wen er vor sich hatte.

Heller näherte sich dem Mann, der zuckte und den Hals verrenkte, als plage ihn eine Zerrung.

»Wo wollen Sie hin?«

»Muss ich, ja, muss ich, muss. Medizin.«

»Sie brauchen Medizin? Wofür?«

»Kind, das Kind ist krank. Ganz krank, ganz.«

»Haben Sie getrunken?«

»Nee, nicht, gar nicht. Das Kind!«

Tatsächlich war neben dem üblichen Gestank des Mannes kein Alkoholgeruch auszumachen.

»Die Apotheke wird Ihnen nichts geben, wenn Sie kein Geld haben. Haben Sie welches?« Doch das war völlig unmöglich. Um Medizin zu bezahlen, hätte Sobotka schon Koffer voller Geld dabeihaben müssen.

Sobotka griff sich in die Hosentaschen und stülpte sie aus.

Eine Welle von Mitleid überkam Heller. Doch selbst er würde ihm nicht helfen können, es sei denn, als Polizist ließ man ihn anschreiben. Doch Heller wusste noch nicht mal, was das Kind brauchte.

»Kommen Sie«, sagte er und nahm den Mann am Arm. »Gehen wir erst mal zu Ihnen nach Hause.«

Es war ein mühsamer Marsch, denn Heller musste den Mann immer wieder halten und in die richtige Richtung weisen. Er schien durchaus zu wissen, wohin er gehen musste, nur schienen ihm seine Füße einfach Streiche zu spielen, indem sie ihn woanders hinlenkten. Heller konnte sich diesen Zustand nicht erklären. Vielleicht litt er an einer anderen Sucht, nach Opium oder Heroin. Doch wie sollte er sich diese Rauschmittel leisten können?

Ihm graute davor, noch einmal in dieses dunkle, feuchte Loch zu steigen, das die Wohnung der Sobotkas war. In seiner Erinnerung wurde es von Mal zu Mal düsterer. Doch jetzt war Mittag, die Sonne stand hoch am Himmel und spendete vielleicht sogar in dem dunklen Hinterhof ein wenig Licht.

Sobotka sprach nicht, sondern lachte nur, als er sein Haus erkannte, als wäre er froh, daheim zu sein. Sie durchquerten die zwei Durchfahrten bis in den hintersten Hof. Niemand war zu sehen, doch aus der Kellerwohnung drang leiser Gesang. Er half Sobotka die Treppe hinab und überwand den Anfall von Raumangst. Die Wohnung war mindestens so düster wie in seiner Erinnerung.

Die Familie saß am Tisch. Die Mutter sang mit geschlossenen Augen, die beiden Jungen und das Mädchen hörten zu. Er verstand nicht, was sie sang, denn der Text war entweder böhmisch oder tschechisch. Ein schlechtes Gewissen überkam Heller, weil er sich vorgenommen hatte, den Leuten zu helfen und es doch nicht getan hatte. Nicht nur, weil ihm jegliche Mittel fehlten und er geglaubt hatte, mit seinem mehrmaligen Nachfragen bei den Ämtern wäre genug getan, sondern auch, weil er meinte, diese Leute müssten ein Stück weit willens sein, sich selbst zu helfen. Nun erst wurde ihm klar, dass sie dazu gar nicht in der Lage waren. Es handelte sich nicht um Säufer, die wenigstens gelegentlich nüchtern und bei Sinnen waren. Nein, diese Leute hier litten ganz offensichtlich an einer Geisteskrankheit, welche die gesamte Familie ereilt hatte. Und dagegen musste man etwas tun. Vielleicht gab es in ihrer Wohnung ein Leck in der Leitung, und sie waren gaskrank. Das musste man prüfen können.

»Frau Sobotka«, sagte er leise, und sie öffnete die Augen.

»Kakao?«, fragte sie lächelnd. »Möchten Sie? Bitter zwar, aber ganz nahrhaft.«

»Nein, danke«, erwiderte Heller leicht verwirrt. »Ihr Mann sagte, Sie benötigen Medizin.«

»Ja!«, fiel es Herrn Sobotka wieder ein, und sofort wollte er die Wohnung wieder verlassen. Heller hielt ihn fest.

»Was brauchen Sie? Was braucht das Kind?«

»Das Kleine!«, sagte sie und erhob sich, um ins Schlafzimmer zu gehen. Bei jedem Schritt hielt sie sich fest, an Tisch, Wänden, Türrahmen.

Heller folgte ihr ins Schlafzimmer, wo sie ihr Kind vom Bett nahm. Der Anblick des Kindes ließ ihn beinahe in Ohnmacht fallen.

»Frau Sobotka«, stöhnte er. »Das Kind ist tot.«

Sie lächelte ihn an, hatte ihn offenbar gar nicht verstanden. Heller wusste nicht, was er tun sollte. Er sah sich um. Stammelte. »Legen Sie es wieder hin. Ich hole den Arzt.« Doch es war zwecklos, das Kind war seit Tagen tot. Aber etwas musste er tun, irgendetwas, und nun übermannte ihn die Raumangst wieder, er musste hier raus, doch er konnte nicht. Sobotkas wirrer Geist hatte wohl begriffen, was geschehen war. Brüllend wie ein Stier kam er angelaufen, wollte seiner Frau das Kind aus den Armen reißen. Die beiden kämpften, bis Heller einschritt und den Mann aufs Bett stieß. Dort krümmte er sich zusammen, presste sich die Fäuste aufs Gesicht und schrie seine Trauer und seinen Schmerz hinaus.

»Was ist denn los?«, rief jemand von oben.

Heller erkannte, dass hier gerade keine Gefahr mehr drohte, also lief er an den teilnahmslosen Kindern vorbei hinaus. »Lassen Sie einen Arzt holen!«, befahl er dem Rufer, nachdem er die Stufen hinaufgesprungen war. Er lehnte sich oben ans Geländer. Er konnte nicht wieder hinein. Ihm war übel, und obwohl er nun wieder im Freien war, wollte es nicht besser werden. Er hatte schon viel gesehen, tote Kameraden, tote Franzosen, tote Polizisten und Verbrecher, Ertrunkene, Erschlagene, schreckliche Wunden, grässliche Verstümmelungen. Doch auf so etwas hatte ihn niemand vorbereitet. Darauf konnte man nicht vorbereitet sein, erst recht nicht jetzt, da Karin selbst ein Kind in sich trug. Wie sollte man angesichts solch schrecklicher Bilder Schlaf finden? Aber er war Polizist, er gehörte zu denen, die man rief, wenn so etwas geschah. Er musste das aushalten, er musste derjenige sein, der die Ruhe bewahrte.

Noch einmal holte er Luft, dann ging er wieder hinunter und hinein. Frau Sobotka hatte sich inzwischen aufs Bett gesetzt, das Kind noch im Arm, streichelte ihrem verzweifelten Mann den Kopf, als wäre er ebenfalls ein Kind, das in den Schlaf gewiegt werden musste. Er weinte verzweifelt und schlug sich die Hände an den Kopf. »Gott«, krächzte und schluchzte er. »Gott, Gott, Gott!« Heller stand nur da und konnte nichts tun.

»Polizei!«, rief jemand von draußen, und er lief wieder hinaus. Zwei Kameraden von der Wache kamen ihm entgegengerannt. Er trat ihnen in den Weg.

»Keine Not am Manne, denen ist das dritte Kind gestorben. Ich hab es gerade entdeckt.«

»Mensch, Heller, siehst aus wie ein Geist.« Einer von ihnen klopfte ihm auf die Schulter. »Geh nur, wir kümmern uns. Verfluchte Zeiten sind das. Verfluchte Zeiten.«

»Max, was ist?«, fragte Karin, als er heimkam.

Heller schüttelte den Kopf. Er mochte nicht darüber sprechen, und in ihrem Zustand sollte sie auch nichts davon erfahren. Es genügte außerdem, wenn er sich damit plagte, warum sollte er sie damit belasten?

Karin stellte ihm einen Teller Suppe hin und legte einen Brotkanten daneben.

Heller nahm den Löffel, pustete und aß. Während Karin ihn prüfend ansah, kaute er, schluckte und nahm den nächsten Löffel. Karin seufzte und schob ihm eine Schale mit Salz sowie eine Flasche Maggi-Würze zu. Heller zögerte kurz und nahm dann beides zum Nachwürzen. Karin hatte vieles gelernt als Mädchen und junge Frau. Sie war auf eine höhere Schule gegangen, hatte dort Französisch und Latein gelernt, las Bücher, die Heller zu anstrengend waren, war unterrichtet in Naturwissenschaften, konnte leidlich Klavier spielen, wusste klassische Musik zu deuten und zu genießen. Sie wusste über Näherei Bescheid und wie man einen alten Mann pflegte, der mit Flüchen und Unrat um sich warf. Sie wusste auch allzu gut, wie man Blutergüsse, Angst und Demütigungen ertrug. Doch Kochen hatte nicht zu ihrer Ausbildung gehört. Seit Monaten tastete sie sich heran, ließ sich beraten, hatte Kochzeitschriften gekauft, wenn sie es sich hatten leisten können, und es wurde besser. Heller hatte ihr nie irgendeinen Vorwurf gemacht. Sie war allein darauf gekommen, dass ihm ihre Speisen zu fad waren, nur indem sie ihn beobachtet hatte.

»Du weißt, ich gebe mir wirklich Mühe«, betonte sie. »Und ich will nicht scharf würzen, des Kindes wegen.«

Heller nickte mit vollem Mund.

»Also, was ist?«, sagte sie.

»Es schmeckt, wirklich. Ich mag es nur ein wenig salziger.«

Karin schwieg. Heller wusste schon, was sie wirklich wissen wollte. Schnell nahm er den nächsten Löffel. Mit vollem Mund sprach man nicht.

»Du weißt doch noch, unser erstes wirkliches Treffen, im Großen Garten?«, fragte sie.

Heller sah auf. Natürlich wusste er es noch, es lag gerade zwei Jahre zurück. Und doch kam es ihm so vor, als wäre es in einem anderen Zeitalter gewesen.

»Du erinnerst dich sicher, dass ich wütend war?«

Heller nickte.

»Hast du dich je gefragt, warum?«

»Weil ich herumgedruckst habe.«

»Ja, weil du dir ständig die Worte zurechtgelegt hast. Weil du dachtest, du könntest das kleine reiche Püppchen vor den Kopf stoßen. Ich war wütend, weil du nicht gesagt hast, was du dachtest. Das wollte ich aber, und ich will es jetzt noch.« Sie sah ihm tief in die Augen, wollte sehen, ob ihre Worte Wirkung erzielten. Noch immer schwieg er.

»Max, sicher siehst du Sachen und erlebst Dinge, die sehr unerfreulich sind. Und sicher glaubst du, sie mir vorzuenthalten wäre besser für mich, und das ist wirklich sehr liebevoll gedacht. Aber ich sehe, wie es in dir arbeitet. Und ich bitte dich, mich einzuweihen, auch wenn es noch so schlimm ist. Du siehst doch an dir selbst, wie gut es dir getan hat, vom Krieg zu reden. Und dann schau dir Armin an, der aus allem einen Ulk macht. Das tut er doch nur, weil er niemanden hat, sich auszusprechen. Weil er unter all den Witzeleien und dem Unfug das ganze Entsetzen verbirgt. Max, wir sind jetzt Eheleute und teilen Freud und Leid. Verstehst du? Lieber will ich, dass du es mir sagst, als dass ich mir tagelang den Kopf zerbreche, wie es dir wohl ergeht und was dir zu schaffen macht.«

Heller legte den Löffel hin. »Ich musste heute einer armen kranken Frau sagen, dass ihr Kind tot ist. Ein Säugling. Ihr drittes totes Kind.«

Er wusste, es war gemein. Aber er musste ihr deutlich machen, was sie sich antat, wenn sie von ihm verlangte, so ehrlich zu sein.

Karin war erstarrt, und er sah, wie ihre Augen glasig wurden. Heller war der Hunger gänzlich vergangen.

Dann regte sie sich. Sie zog die Tischdecke aus Wachstuch glatt, wischte sich Krümel vom Brot in die hohle Hand und warf sie sich in den Mund.

»Trotzdem«, sagte sie dann. »Trotzdem, oder erst recht. Sag es mir. Ja! Damit du es nicht mit dir allein ausmachen musst. Kann man den Leuten helfen?«

»Nun soll wohl doch jemand von einem Amt nach ihnen schauen. Doch das hatte ich schon vor Tagen verlangt. Vielleicht hätte ich energischer sein müssen.« Inzwischen wusste er, dass die Gasleitungen dicht waren. Außerdem war das Gas sowieso schon seit Monaten abgestellt, wegen Zahlungsunfähigkeit.

»Sicher hast du getan, was du konntest.«

Heller nickte, ihr zuliebe. Er würde ihr nicht alles erzählen, überlegte er sich. Denn manchmal war es wirklich besser, nicht alles zu wissen. Es war sein Beruf, und so wie die Frau eines Eisenbahners nicht alles über Lokomotiven wissen und die Frau eines Advokaten nicht jeden Paragrafen kennen musste, brauchte auch Karin nicht alles zu erfahren. Aber es war tröstlich, dass sie in der Not für ihn da wäre.

»Wenn wir schon dabei sind, eines gibt es noch, das ich dir gestehen muss«, sagte er. »Ich habe große Schwierigkeiten, einen Keller zu betreten.«

»Ich verstehe nicht. Wegen deines Fußes?«

»Nein. Ich bekomme Zustände … Angst, weil ich verschüttet war. Es ist nahezu unmöglich und gelingt mir nur unter allergrößter Anstrengung. Dann ist es, als kämen die Wände näher und die Decke senkte sich hinab. Dann bekomme ich keine Luft mehr, und mein Herz will aussetzen.«

Sie beugte sich vor und legte ihre Hand auf seine. »Aber Max, wie oft habe ich dich in den Keller geschickt!«

Heller hatte Not, seine Gefühle im Zaum zu halten. Sie glaubte ihm. Einfach so. Stellte nichts infrage. Dachte gar nicht daran, ob es ein Scherz sein könnte.

»Und jedes Mal hast du dich überwinden müssen?«

Er nickte und musste erst durchatmen, ehe er antworten

konnte. »Mit elektrischem Licht ist es leichter.« Doch das war eine Lüge. Es war kaum eine Erleichterung, der Gedanke, das Licht könnte erlöschen, war dann so drastisch, dass ihm buchstäblich schwarz vor Augen wurde und er sich wie blind vorantasten musste. Er wollte es ihr nur leichter machen, damit ihr schlechtes Gewissen nicht zu groß wurde und sie nicht zu viel Rücksicht nahm.

»Und was, wenn deine Arbeit es verlangt?«

»Dann muss ich mich zwingen. Aber wenn es jemals nötig wird, den Beruf zu wechseln – als Bergmann käme ich ganz und gar nicht infrage.«

Er war schon wach, als Karin ihn sanft an der Schulter berührte. Lautes Klingeln hallte durch die nächtliche Straße, und das Getrappel von Pferdehufen.

»Max, hörst du? Feuer, oder?« Sie stand auf und ging zum Fenster, um auf die Straße zu schauen. Max folgte ihr und sah, wie ein Spritzenwagen und ein Rüstwagen der Feuerwehr das Haus passierten und die Leipziger Straße weiter stadteinwärts fuhren.

»Ob es was Großes ist?«, fragte Karin besorgt.

»Ich gehe nachsehen.« Zwar sollten die Zeiten vorbei sein, in denen Großbrände ganze Städte zerstörten, doch der heiße Sommer hatte wirklich alles ausgedörrt. Außerdem beschlich ihn ein schlechtes Gefühl. Schnell zog er sich etwas über und lief los.

Ein großer Lichtschein war nicht zu sehen, stellte er mit Erleichterung fest. Doch die Straßen waren bereits voll von besorgten Anwohnern und neugierigen Gaffern. Heller lief weiter, dem Klingeln der bespannten Feuerwehrwagen hinterher, und je näher er dem Weimarschen Platz kam, desto stärker wurde sein Gefühl der Vorahnung. Er war nicht überrascht, als er schließlich die Hütte der alten Lorenz brennen sah.

Es gab für ihn nichts zu tun. Die Feuerwehrleute waren von den Wagen abgesprungen, montierten Schläuche, warfen sich an die Pumpen der veralteten Geräte. Doch die dünnen Wasserstrahlen konnten nicht viel ausrichten. Die Hütte brannte lichterloh. All das trockene Holz flammte wie Zunder, und falls die Alte sich noch im Inneren befunden hatte, war sie längst verbrannt.

Heller drängte sich durch die Zuschauer weiter nach vorn, bis er bei den Feuerwehrleuten angekommen war. Dort fand er auch seine Kollegen, die eine lockere Menschenkette bildeten, um allzu Neugierige vom Feuer fernzuhalten.

»Ist die Frau noch drin?«, fragte Heller einen von ihnen.

»Es wurde nur Feuer gemeldet. Als wir ankamen, brannte es schon lichterloh. Sieh nur, der halbe Garten brennt, selbst die Bäume.«

Tatsächlich hatte das Feuer auf das Grundstück übergegriffen, die Obstbäume hatten Feuer gefangen, auch das arme Federvieh war hinüber. Die Feuerwehrleute konzentrierten sich darauf, diese Brände unter Kontrolle zu halten. Der Spritzenwagen einer entfernteren Wache traf ein. Er war größer und motorisiert. Heller und sein Kollege mussten Platz machen.

»Aber die Frau?«, drängte Heller.

»Heller, wenn die da drin war, ist sie hin. Draußen war sie jedenfalls nicht.«

Er fragte sich, ob es ein Zufall sein konnte. Dass er sie gerade erst besucht und die offene Feuerstelle bemerkt hatte – und ausgerechnet jetzt, einige Tage später, brannte die Hütte ab, nachdem jahrzehntelang nichts geschehen war. Und war es ein Zufall, dass er gerade ein paar Stunden zuvor bei den Sobotkas gewesen war, mit ihrem dritten toten Kind? Heller setzte sich in Bewegung, lief durch die Reihen der Anwohner, sah in deren Gesichter. Im roten Lichtschein des Feuers waren sie kaum unterscheidbar. Als das Feuer schließlich verlosch, hatte er immer noch nicht gefunden, wen er suchte. Also kehrte er zur Brandstelle zurück.

»Mensch, Maxe«, sprach ihn einer seiner Kollegen an. »Geh zu Bett, das Feuer ist gelöscht.«

»Ich will nur wissen, ob sie drin war.« Das Feuer war weniger gelöscht worden, vielmehr hatte es an Nahrung verloren. Alles Brennbare war vernichtet, die Hütte ein Haufen Asche. Die Bäume waren aller Blätter und Zweige beraubt, zurück blieben nur Erdboden und verschmorte Pflanzenreste. Zur Prävention besprühten die Feuerwehrleute nun die Wände der umliegenden Häuser mit Wasser.

»Da ist der Hauptmann, frag den!« Sein Kollege zeigte auf einen der Feuerwehrmänner.

»Wachtmeister Heller«, stellte er sich ihm vor und salutierte. »Bin gerade außer Dienst. Ich muss wissen, ob die Bewohnerin in der Hütte war.«

»Als wir kamen, hieß es, sie wäre drin. Fragen sie den da!« Der Hauptmann winkte einen abseitsstehenden alten Mann heran.

»Ich sah das Feuer zufällig, weil ich nachts immer raus muss«, erklärte er. »Ich lief hin und hörte sie in der Hütte schreien. Ich wollte was tun, aber ich wusste nicht, was.«

»Sie hörten Sie schreien?«

»O Gott, ja.« Der Mann stand sichtlich unter Schock. »So möchte man keinen Menschen schreien hören. Wie einer Hexe auf dem Scheiterhaufen muss es ihr ergangen sein.«

Das hieß, sie war wach gewesen. Sie hätte also nur die Tür aufsperren und hinauslaufen müssen. War sie vom Feuer geblendet? Hatte die Hitze sie wirr gemacht, die Gase, sodass sie den Ausgang nicht fand? In einer Hütte, die kaum genug Platz bot, um sich auszustrecken?

»Kann ich es mir ansehen?«, bat Heller den Feuerwehrhauptmann.

»Hören Sie, wenn Sie etwas anderes vermuten als ein fahrlässiges Handeln mit offenem Feuer, dann müssen wir die Kriminalpolizei alarmieren«, erwiderte der Mann, der wohl die gleichen Schlüsse gezogen hatte.

»Dann mache ich das.«

»Max«, weckte ihn Karin ein weiteres Mal. Heller blinzelte müde. Es war hell draußen.

»Wie spät ist es?«

»Um sechs am Morgen. Jemand ist an der Tür, er sagt, Kriminalinspektor Pohl schickt nach dir.«

»Pohl.« Es war lange her, dass sie zuletzt miteinander zu tun gehabt hatten.

»Du sollst zum Weimarschen Platz kommen.«

Das munterte ihn augenblicklich auf. Wie elektrisiert sprang er aus dem Bett. Einen Moment überlegte er, was er anziehen sollte, und entschied sich dann für die Uniform. Obwohl er nicht im Dienst war, schien sie ihm angemessen.

Um das ausgebrannte Grundstück der Alten waren Absperrbarken aufgestellt. Schupos sorgten dafür, dass kein freches Kind hindurchschlüpfte. Heller erkannte Pohl, der neben einem Automobil stand, schon von Weitem. Als er Heller bemerkte, kam er ein paar Schritte auf ihn zu.

»Herr Wachtmeister!«, rief er erfreut.

Heller salutierte und bekam dann heiße Ohren, als der Mann nach seiner Hand griff, um sie vor aller Augen kräftig zu schütteln.

»Herzlichen Glückwunsch zur Beförderung«, sagte Heller.

Pohl stutzte ein wenig und lächelte dann. »Ach so, natürlich. Das ist schon so lang her, ich hatte es fast vergessen. Das habe ich auch ein wenig Ihnen zu verdanken. Gleich nach dem Auffliegen dieser Bande bekam ich endlich das, was ich verdient hatte«, meinte Pohl ganz unbescheiden und kommentierte es mit einem Zwinkern. Dann wurde seine Miene wieder ernst. »Lieber Heller, ich möchte Ihnen mein Bedauern angesichts all der Verluste bekunden, die Sie erlitten haben. Vor allem das Hinscheiden Ihres Großvaters hat mich sehr getroffen, zumal ich von der traurigen Nachricht erst erfuhr, als die Bestattung und alle Trauerfeierlichkeiten schon weit zurücklagen. Ich hoffe, Sie nehmen es mir nicht übel, dass ich nicht bei der Beerdigung war.«

»Durchaus nicht.«

»Aber ich erfuhr auch, dass Sie in den Bund der Ehe getreten sind. Sie sind also noch wagemutiger, als ich sowieso schon glaubte. Die schwersten Gefechte trage ich mit meiner mir Angetrauten aus, das sage ich Ihnen. Doch um wieder ernst zu werden: Ich habe Sie nicht ohne Grund zu mir rufen lassen. Kommen Sie mit und schauen Sie.«

Pohl nahm ihn mit auf das Grundstück, wo die verkohlten Überreste der Hütte lagen. »Mir gefällt, wie Sie Ihre Schlüsse ziehen. Und mir gefällt diese, sagen wir, Penetranz, mit der Sie Ihren Schlüssen folgen. Ihr Vorgesetzter hat ein anderes Wort dafür verwendet.«

»Verraten Sie es mir?«

»Sturheit«, kam es wie aus der Pistole geschossen. »Das braucht man, wenn man etwas erreichen will. Sturheit. Ich habe Ihnen das damals schon angemerkt, deshalb hielt ich Sie ja geeignet für den Beruf. Da!«

Pohl zeigte auf die Brandstelle und ließ Heller Zeit, sich alles anzusehen.

Es war wirklich fast nichts übrig. Alles Holz war zu Asche oder kleinen schwarzgrauen Kohlestücken zerfallen. Von dem Strohsack konnte man noch die Konturen erkennen. Blechnapf und Tasse waren schwarz verrußt. Ebenso der blecherne Abzug, der am Boden lag. Die Ziegelreihen der Feuerstelle waren intakt. Wo sich die Tür befunden hatte, lagen auf dem Boden die Überreste der alten Frau, fast völlig verbrannt. Der Schädel und einige größere Knochen waren noch zu erkennen, ansonsten sah man nur noch ein undefinierbares Häufchen.

»Von da scheint das Feuer ausgebrochen zu sein«, sagte Heller und deutete auf eine Stelle an der Rückwand der Hütte.

»Wie kommen Sie zu dem Schluss?«

»Dieser große schwarze Brandfleck am Boden lässt darauf schließen, dass eine Flüssigkeit, vielleicht Petroleum, an die Rückwand gegossen und angezündet wurde.«

Pohl nickte. »Ein Mordanschlag.«

»Was wird mit ihr?« Heller zeigte auf die Überreste der Frau.

»Ich fürchte, Sie wird buchstäblich in Stücke zerfallen, wenn wir versuchen, Sie aufzuheben«, sagte Pohl. »Es muss wirklich sehr heiß gewesen sein. Vermutlich wurde eine große Menge Brennöl vergossen. Das Holz war sehr trocken, brannte sicher wie Zunder. Extrem heiß, aber nicht sehr lang.«

Heller kam nicht umhin, sich auszumalen, wie es wohl war, mitten in einem Flammenmeer zu erwachen. Wie gnädig war es dagegen, im Bruchteil einer Sekunde von einer Granate zerfetzt zu werden. Pohl schwieg wieder, und das schien stets eine Aufforderung zum Hinsehen zu sein. Heller sah also hin, und schließlich entdeckte er etwas, das er gleich hätte sehen müssen.

»Fassen Sie es ruhig an«, forderte Pohl. Heller bückte sich und klaubte ein Stück Draht auf, das inmitten der Asche lag. Als er es anhob, entpuppte es sich als eine sehr lange Schlaufe, die einmal um die ganze Hütte herumführte. Er wischte durch Asche und Brandreste und fand einen zweiten sowie einen dritten Drahtring.

Pohl hockte sich zu ihm. »Jemand hat die Hütte der schlafenden Frau mit dem Draht umwickelt und dann angezündet. Sie hatte keinerlei Möglichkeit zu fliehen. Ein feiger Mordanschlag. Gedanken dazu?«

Heller zögerte. Er hatte Gedanken, doch sie gefielen ihm nicht. Pohl wartete nicht lang.

»Ihre Zurückhaltung ist löblich, Heller.« Pohl richtete sich auf, und Heller tat es ihm gleich. »Ich bin mir sicher, es wird Ihnen nicht gefallen, aber wir haben einen Mann verhaftet. Karel Sobotka. Er wurde unter den Schaulustigen gesehen. Als man ihn ergreifen wollte, versuchte er zu fliehen.«

»Dieser Mann …«

Pohl erbat sich mit einer Geste Schweigen. »Das ist es, was ich sagen wollte. Es wird Ihnen nicht gefallen, aber der Mann hatte eine Schachtel Zündhölzer in der Tasche. Noch dazu verhält es sich so, dass er in einem Metallbetrieb arbeitete, wo diese Art von Draht täglich in großen Mengen in Gebrauch war.«

»Hat er eine Aussage gemacht?«

»Seine Aussagen sind wirr, doch das wirkt sich nicht gerade entlastend für ihn aus. Er ist in höchstem Maße erregt, schreit nach Gott und seinen Kindern. Soweit wir in Erfahrung bringen konnten, sind Sie in letzter Zeit einige Male bei den Sobotkas gewesen und wissen auch von dem albernen Gerücht, dass die Familie von einem Fluch dieser armen Frau hier heimgesucht worden sei.«

»Aber die Sobotkas selbst haben nie davon gesprochen.«

»Soweit ich gehört habe, ist gar nichts recht Vernünftiges aus deren Mündern gekommen. Heller, ich benötige Sie als Zeuge. Sie haben gestern erst entdeckt, dass das Kind tot war, oder?«

»Jawohl, Herr Kriminalinspektor.«

»Ich sehe Ihnen an, dass es Ihnen schwerfällt, darüber zu sprechen. Aber wie reagierte der Mann darauf?«

Heller antwortete nicht sofort. Er konnte nicht glauben, dass Sobotka zu solch einer Tat fähig war. »Dass Sobotka in seiner Rage die Frau angreift, das hätte ich geglaubt. Dass er sie in seiner Not niederschlägt, ja. Aber er wäre kaum in der Lage, klar genug zu denken, um Draht und Petroleum zu besorgen.

Geschweige denn, auf diese Art zu verhindern, dass die Frau sich befreit.«

»Heller, seien Sie nicht unvernünftig. Es gilt, sachlich zu bleiben. Sie sollen mir sagen, wie der Mann den Tod des Säuglings aufnahm.«

»Er reagierte mit größter Trauer und Verzweiflung, raufte sich das Haar, schlug sich ins Gesicht.«

»Beweisen diese Handlungen nicht, dass er sich der Tatsache bewusst war, noch ein Kind verloren zu haben? Im Gegensatz zu seiner Frau, die scheinbar nichts davon wissen will. Ich sah sie vorhin. Sie weigerte sich, das Kind dem Bestatter zu geben, trägt es mit sich herum und spricht mit ihm, als lebte es noch. Man musste es ihr wegnehmen. Er aber hat verstanden, was vor sich geht. Und so wirr er reden mag, so wird sich doch in seinem Geiste die Idee geformt haben, dass diese Frau eine Hexe ist und seine Familie verflucht hat. Das verleitete ihn zu dieser Tat. Das Wenige, was er heute sagte, deutete auch auf eine solche Handlung hin. Er war sich durchaus bewusst, dass seine Söhne dieser Frau einst ein Huhn stahlen.« Pohl hielt inne und sah Heller mitfühlend an. »Ich verstehe Sie, Heller. Und ich will Ihnen nicht verbieten, sich weiter umzuhören. Doch machen Sie sich mit dem Gedanken vertraut, dass manchmal der kürzeste Weg auch der richtige ist.«

Dieser Satz verfolgte Heller. Es geschah wirklich oft, dass man die Lösung eines Falles ganz in der Nähe fand. So gerieten in Säuferkreisen oft beste Freunde aneinander, und der eine erschlug den anderen im Suff. Ein vergifteter Ehemann war meist zum Opfer seiner Frau geworden, und umgekehrt war eine erstickte Frau oft Opfer ihres Mannes. Misshandelte Kinder fanden ihren Peiniger in ihrem Vater oder auch der Mutter. Diebe fand man direkt in der Nachbarschaft. Was das betraf, mochte Pohl recht haben. Doch in diesem Fall dachte er zu kurz.

Natürlich bestand die Möglichkeit, dass er aus blankem Mitleid nicht an Sobotkas Schuld glauben wollte. Selbst wenn die Vorzeichen und Indizien kaum Zweifel ließen. Er hatte Zündhölzer bei sich getragen, gab nun vor, nicht mal mehr zu wissen, wo er in jener Nacht gewesen war. Nun saß er in einer Zelle und musste bei Mordanklage wohl nicht mit dem Tod, aber mit lebenslangem Einsitzen in einer Irrenanstalt rechnen. Heller fragte sich, was dann aus seiner Familie werden sollte. Denn offenbar war Sobotka der Einzige von ihnen, der zumindest noch einigermaßen selbstständig handeln konnte.

So verbrachte Heller seinen nächsten Dienst immer in der Nähe der Brandstelle, betrachtete die Neugierigen, die herkamen, hörte die Gespräche, die sie führten, die Geschichten, die immer größere Ausmaße annahmen. So wollten einige gesehen haben, wie eine schwarze Katze ins Feuer gelaufen war; andere, wie durch den Abzug über der Feuerstelle ein schwarzer Schatten entwichen war. Einige wollten gräuliches Gelächter gehört haben; andere wiederum einen Fluch, welcher der ganzen Stadt galt.

Drei Tage nach dem Brand kamen zwei Lastwagen, und Arbeiter stellten einen hohen Bretterzaun auf, der das ganze Gelände umschloss. Diese Arbeiten lockten wieder Hunderte Schaulustige an, die sehen wollten, was vor sich ging.

Hellers Dienst hatte an diesem Tag erst später begonnen, also kam er erst dazu, als der Zaun schon fast komplett errichtet war.

»Darf ich fragen, was hier geschieht?«, wendete er sich an einen der Arbeiter.

»Wenn Sie sich freundlichst an den Grundstückseigner wenden wollen«, erwiderte dieser.

»War das nicht die Frau, die hier lebte?«

»Wenden Sie sich an Herrn Voigts Büro, Herr Wachtmeister. Dort bekommen Sie Auskunft.«

Hauptwachtmeister Protze sah Heller streng an. »Voigt und Sohn heißt die Firma. Voigt ist ein angesehener Bauunternehmer, der in unserer Stadt schon die allergrößten Projekte durchgeführt hat. Sein Unternehmen soll vor der Inflation zweihundert Mann stark gewesen sein.«

»Aber ich ging davon aus, der Grund gehörte Frau Lorenz. Nun brennt ihr Haus ab, drei Tage später wird er mit einem Zaun umschlossen, und es heißt, Voigt wäre der Eigentümer.«

»Warum sollte Voigt nicht der Eigentümer sein?«, fragte Protze.

»Wieso sollte er die Frau dort wohnen lassen, wenn er Eigentümer wäre?«

»Nun, vielleicht ist er ja ein guter Mann? Er hat sich durchaus schon sehr spendabel gezeigt. Einige Schulen und Krankenhäuser in der Stadt haben ihm Ehrentafeln gewidmet. Vermutlich wollte er mit dem Zaun nur verhindern, dass das Gelände zum Abenteuerplatz für Kinder oder zur Attraktion für Schaulustige wird. Wenden Sie sich doch in dieser Angelegenheit bitte an Pohl.«

Heller nickte. Ihm war etwas in den Sinn gekommen. Er musste sich nicht an Pohl wenden, denn er kannte jemanden, der sehr gut Bescheid wusste.

»Von wegen ›guter Mann‹«, schnaubte Karin, als Heller nach Dienstschluss nach Hause kam und von dem Gespräch berichtete. »Er ist einer der listigsten und rücksichtslosesten Männer, die ich kannte, ein furchtbarer Intrigant. Du kannst sicher sein, dass wenigstens ein Fünftel aller Mietskasernen in Dresden ihm gehören. Und du siehst selbst, wie die Menschen hausen müssen. Manche leben zu acht in einer Wohnung wie unserer, und ich weiß von welchen, die müssen in Schichten schlafen, weil sie sich ein Bett teilen. Wir können von Glück reden, den

Mietvertrag deiner Eltern geerbt zu haben. Ich sag dir, da ist was nicht geheuer. Was meinst du, soll ich mich mal umhören? Ein paar wenige kenne ich noch, die mir vielleicht Auskunft geben könnten.«

Heller wusste nicht, ob ihm das recht war. Es wäre gut, etwas in Erfahrung zu bringen; er war jedoch nicht sicher, ob Karin sich da einmischen sollte.

»Na, ich seh schon deine Bedenken. Aber lass mich nur machen. Es waren nicht alle schlecht. Gleich morgen früh werde ich telefonieren. Ach, und weißt du schon?« Sie lachte spitzbübisch.

Nein, er wusste nichts, was dieses Lächeln rechtfertigen könnte.

»Wir werden bald noch eine Hochzeit feiern. Armin war hier. Er verlangt Revanche.«

»Revanche?«

Karin lachte und gab ihm einen Kuss. »Du bist immer so pfiffig, wenn's deine Arbeit betrifft. Und dann wieder verstehst du gar nichts. Du sollst Trauzeuge sein. Er dachte, du wärst zu Hause und wollte es mir gar nicht erst erzählen, aber ich hab es ihm rausgepresst.«

»Aber wieso will er heiraten? So lange kennt er sein Mädchen doch noch gar nicht!«

»Lang genug«, kicherte Karin. »Liebster Max, Sie haben sich so lieb, sie müssen schnell heiraten. Sonst passt sie in kein Kleid mehr.«

Nun ging ihm ein Licht auf. »Oh. Wollen Sie denn beide?«

»Der alte Weiberheld ist ganz kleinlaut, wenn er von seiner Emma spricht.«

»Ob das gut geht? Sie kennen sich erst ein paar Wochen.«

»Ich kenne Leute, bei denen ging es gut. Und hätte ich gekonnt, du hättest mich auf der Stelle geheiratet!«

Heller nahm sie in den Arm. »Kann schon sein.«

»Kann sein, sagst du? Gemeiner Schuft!« Sie lachte und küsste ihn.

Beim Schichtwechsel erfuhr er, dass sie jemanden aus der Elbe gezogen hatten. Der Mann hatte unter einem Landungssteg festgehangen, wo die Strömungen manchmal tückisch waren. Vielleicht hatte er sich eine Erfrischung gönnen oder sich einfach nur waschen wollen, wie es die Ärmsten oft taten. Oder er war beim Versuch, eine Reuse aufzustellen, umgerissen und abgetrieben worden. Es gab viele, die nicht schwimmen konnten.

Da es kurz vor dem Schichtwechsel passierte, war es nun Hellers Aufgabe, die Überführung ans städtische Leichenschauhaus zu überwachen. Der Tote trug keine Papiere bei sich und konnte von niemandem identifiziert werden. Auch gab es keine Vermisstenanfrage. Möglicherweise war er von weiter oben die Elbe hinabgetrieben worden. Als Heller den Raum im Polizeirevier betrat, in dem man den Toten untergebracht hatte, fand er ihn völlig nackt auf der Tragebahre. Man hatte ihn entkleidet, um nach Verletzungen zu sehen. Da er gänzlich unverletzt war, musste von Tod durch Ertrinken ausgegangen werden. Der Mann war in seinen Dreißigern, unrasiert, das Haar lang, ihm fehlten einige Zähne, die Augen waren gelb unterlaufen. An der rechten Hand fehlten die ersten Glieder dreier Finger. Heller entschied, dass eine Überführung nicht notwendig war.

»Herr Hauptwachtmeister, ich kenne den Mann«, meldete Heller. »Er ist hier aus dem Viertel. Zumindest weiß ich in etwa, wo er verkehrte. Soll ich der Sache nachgehen?«

Protze seufzte. »Wie ich Sie inzwischen kenne, tun Sie das auch ohne meinen Befehl. Also bitte, kümmern Sie sich.«

Sein erster Gang führte ihn in eine Kneipe in Altpieschen. Er hatte des Öfteren gesehen, wie der Mann sie verlassen hatte. Die Kneipe gehörte zu den billigsten Absteigen im ganzen Viertel. Dort hielten sich die schlimmsten Säufer auf, dort gab es die wildesten Schlägereien.

»Ich brauche den Namen eines Mannes«, sprach er den großen glatzköpfigen Wirt an. »Durchschnittlich groß, das Haar zwischen grau und blond. An drei Fingern einer Hand fehlen ihm die ersten Glieder.« Jetzt am frühen Nachmittag war die düstere Kaschemme noch nicht besonders voll. Sofern es sich überhaupt noch jemand leisten konnte, diesem Laster zu frönen, kamen die meisten Gäste wohl erst gegen Abend.

»Ich kenne hier keinen beim Namen.« Der Wirt ließ Heller deutlich spüren, was er von Polizisten hielt. Er gab sich abweisend und klopfte Aschenbecher aus.

»Aber Sie wissen, von wem ich spreche?«

»Das wohl. Manchmal kommt er jeden Tag, dann wieder ein paar Wochen nicht. Ewig nicht mehr gesehen.«

»In welcher Richtung müsste ich nach ihm suchen?«

»Ich bin immer nur hier. Aus welcher Richtung die Leute kommen, ist mir vollkommen wurscht.«

»Wissen Sie, wen ich nach ihm fragen könnte?« Heller versuchte gar nicht erst, dem Mann zu drohen. In diesen Kreisen war jeder, der einem Polizisten Auskunft gab, ein Verstoßener. Außerdem hatte er als Wachtmeister nichts in der Hand, um diesem Mann irgendetwas anderes abzuringen als ein Lächeln.

Der Wirt schüttelte nur müde den Kopf.

Heller musste ihm etwas entgegenkommen. »Hilft es zu wissen, dass man ihn heute Morgen tot aus der Elbe gezogen hat? Er ist ertrunken.«

»Dann ist er wohl auf dem Heimweg ins Wasser gefallen.«

»Also kennen Sie seinen Heimweg?«, fragte Heller.

Der Wirt verengte mürrisch die Augen. Es gefiel ihm nicht,

dass er sich so leichtsinnig verraten hatte. »Fragen Sie den da«, sagte er und deutete nur mit den Augen nach rechts, wo ein einzelner Mann an einem Tisch saß.

Heller nickte, ging zu dem Tisch und setzte sich. Vor dem einsamen Trinker standen ein halbvolles Glas Bier und drei leere Schnapsgläser. Er war älter als der Tote, mindestens sechzig, und sah Heller teilnahmslos an.

»Ich suche einen Mann, dem an drei Fingern die ersten Glieder fehlen.«

»Kenn ich nicht«, brummte der Alte und nahm sein Bierglas. Heller griff seinen Arm und drückte ihn hinunter, bis das Glas den Tisch wieder berührte. Hilfesuchend sah der Trinker sich zum Wirt um. Der aber hatte sich abgewendet, wollte wohl nichts sehen.

»Also?«, sagte Heller.

»Fritz heißt der. Mehr weiß ich nicht.«

»Ich will wissen, wo er wohnt.«

»Ich sagte doch ...«

»Er ist tot. Ersoffen.«

»Ersoffen?«, keuchte der Alte entsetzt. Sein Kinn begann zu zittern, seine Augen wurden glasig.

»Man fand ihn heut Morgen. Hat er eine Frau? Kinder?«

»Nichts von alledem ... Er ist hin? Richtig tot? Heut Morgen?«

»Wann sahen Sie ihn zuletzt?«

»Gestern Nacht, hier. Als er aufstand und sich verabschiedete.«

»Wann und mit welchem Ziel?«

»Es muss gegen Mitternacht gewesen sein. Er wollte heim. Ich blieb noch hier, das kann ich beweisen«, sagte der Mann mit leiser Besorgnis.

»Sind Sie sicher, dass Sie seinen vollen Namen nicht kennen?«

»Na gut. Horn, Friedrich hieß er. War ein guter Kerl. Ihm konnte man sein Leid klagen. War früher auf einem Gutshof angestellt, dort hat es ihm beim Anschirren von drei Fingern ein Glied abgerissen, gleich am ersten Tag. Und das nur, weil der Gutsherr ihn nicht gewarnt hat, dass der Fuchs einen Stich hatte. Keinen Pfennig hat er bekommen, aber rausgeschmissen haben sie ihn noch am selben Tag.«

»Wo wohnte er?«

»Drüben, wo die Ziegelei ist. Mehr weiß ich nicht.«

Heller wusste, wo das war. Also machte er sich auf den Weg hinunter an die Elbe, über die Leipziger Straße zur Kötzschenbroderstraße, die nach Mickten führte. Bei Dunkelheit konnte ein Betrunkener durchaus in die Elbe fallen. Es war kein ewig weiter Weg, doch weil es immer noch sehr warm war und er nicht daran gedacht hatte, eine Trinkflasche mitzunehmen, war er erschöpft und durstig, als die Ziegelei schließlich in Sicht kam.

Im Garten eines kleinen Häuschens arbeitete ein altes Ehepaar. Er fragte die beiden, ob ihnen der Name Friedrich Horn geläufig war. Sie kannten ihn zwar nicht, wussten aber von einem ehemaligen Lagerhaus, in dem Wanderarbeiter oder andere Menschen nächtigten, die sich kein Zimmer leisten konnten.

Das Gebäude war schnell gefunden. Es handelte sich um ein einstöckiges, aber hohes Haus mit gemauerten Wänden, sicherlich vierzig Meter lang, mit einem Dutzend kleineren Fenstern an der Längsseite.

»Wer ist es denn diesmal, Herr Wachtmeister?«, sprach ihn eine Frau aus einem der Fenster heraus an, als er näher kam. Sie musste um die fünfzig sein, war von kräftiger Statur, trug ein hochgeschlossenes Kleid aus grobem grauem Stoff und ihre Haare zu einem hohen Dutt gebunden.

»Wie meinen?«

»Wer hat diesmal etwas angestellt, Herr Wachtmeister? Oder warum sind Sie hier?«

»Sind Sie die Hausherrin?«

»Ich arbeite für den Herrn, dem das Haus gehört. Ich halte alles sauber und achte auf Ordnung.«

»Dann muss ich Sie sprechen. Ich komme herein!«

»Der Horn war ja einer von den Ruhigen. Hat kaum Ärger gemacht, nur wenn er allzu betrunken war«, erklärte die Frau kurze Zeit später und führte Heller mit großen Schritten durch einen langen Gang. Man hatte die große Lagerhalle mit einfachen Bretterwänden in unzählige kleine Abteile aufgeteilt. So waren Zimmer entstanden, die aber nach oben nicht abgeschlossen waren, sodass man alles hören musste, was ringsum geschah. Wenn man auf eine Truhe kletterte, konnte man sogar über die Bretterwand hinwegsehen. Fließendes Wasser und Elektrizität gab es nicht, dafür ein Pumpenhäuschen im Hof und eine Latrine für alle. Die Zimmer maßen kaum drei mal drei Meter, und nur wer das Glück hatte, an einer Außenwand zu wohnen, besaß ein Fenster. Die Räumlichkeiten, die sich innen befanden, wie Kabinen im Bauch eines Schiffes, wurden nur durch Karbidlampen beleuchtet. Offenes Feuer war verboten, Zigaretten auch, und im Winter bestand die Heizung wohl einzig und allein aus der Körperwärme der Bewohner.

»Das hier ist seine Kammer. Er war ja oft in Rückstand mit der Wochenmiete, und einmal hat er sein Fenster zerschmissen. Aber kürzlich erst hat er alle Schulden beglichen.« Die Frau schloss Horns Kammer auf.

Heller betrat den Raum, sah sich um. Inzwischen hatte sich die Anwesenheit der Polizei herumgesprochen, der Gang füllte sich mit Neugierigen.

»Macht euch fort!«, schimpfte die Hauswirtin. »Faules Gesindel, weg hier, sucht euch lieber Arbeit!«

Murrend zogen die Männer ab. Aus Angst, gekündigt zu werden, mussten sie sich diese Behandlung gefallen lassen. Das dürfte nicht sein, dachte sich Heller, dass jemand so auf Gedeih und Verderb seinem Vermieter oder Arbeitgeber ausgesetzt war. Täglich drohte Mietkündigung. Und selten nur gab es Anstellungen, die eine zweiwöchige Kündigungsfrist versprachen.

Horns Zimmer war karg, das Bett war ungemacht und die Wäsche seit Wochen oder Monaten nicht neu bezogen. Der Schrank enthielt nichts von Wert. Heller sah unter das Bett, überlegte, wo jemand seine Papiere oder Wertsachen verbergen könnte, und fand schließlich das, was er suchte, ganz banal unter der festen Strohmatratze. Der Pass, einige Unterlagen von verschiedenen Ämtern, ein Attest zur Kriegsdienstbefreiung; wenigstens das hatte ihm sein Unfall mit den Fingern eingebracht.

»Was ist das?«, fragte Heller und deutete auf einen kaum auffälligen Kreis aus feinem Dreck oder Asche von etwa vierzig Zentimetern Durchmesser.

»Da stand wohl der Eimer für den Kehricht. Jemand muss über die Wand geklettert sein und ihn gestohlen haben«, schimpfte die Hauswirtin. »Diese Sauhunde. Die müssen nämlich eine Liste mit Gegenständen unterschreiben, damit sie ihre Kaution beim Auszug zurückbekommen. Und manchmal stehlen sie voneinander, um die Sachen zu versetzen. Saupack, elendes. Säufer, verfluchte.«

»Nun lassen Sie's gut sein«, beschwichtigte Heller. »Wie lang ist das Zimmer bezahlt?«

»Zwei Wochen noch im Voraus.«

»Gut. So lange bleibt es verschlossen, und niemand Neues zieht ein.«

»Aber …«, begann die Frau, die sich um ihre Zusatzeinkünfte gebracht sah.

»Nichts aber. Polizeiliche Anordnung. Und das Geld haben Sie ja auch schon.«

Karin wartete auf ihn, als er in der Nacht von seinem Dienst kam. »Du glaubst es nicht, Max. Dieser Voigt hat der Frau das Grundstück abgekauft, für sechzehn Milliarden Mark. Er hat zwar noch keinen Eintrag im Grundbuchamt, aber notariell beglaubigte Besitzurkunden. Und in dem Vertrag wurde der Frau das Nießbrauchrecht zugestanden, das heißt, sie durfte dort bis zu ihrem Lebensende wohnen.«

»Und wann hat er es ihr abgekauft? Sechzehn Milliarden, das bedeutet doch wohl, dass der Kauf erst kürzlich erfolgte. Und inzwischen ist das Geld höchstens noch ein Zehntel wert.«

»Vor einer Woche«, sagte Karin leise.

»Und nun sperrt er das Gelände ab.«

»Nicht nur das. Er stapelt dort Ziegel, Zement, Holz und alles, was man heutzutage für Geld noch kaufen kann. Er hat wohl Pläne, die Ecke mit einem fünfstöckigen Wohnhaus zu bebauen, sobald die Mark sich irgendwann wieder stabilisiert.« Heller nickte und dachte nach. Karin dauerte das zu lange, also fuhr sie fort: »Das ist schon bemerkenswert, oder? Sagtest du nicht, die Frau lebte seit Jahrzehnten anspruchslos? Wie alt war sie, achtzig? Neunzig? Und wie ist es ihm wohl gelungen, sie zum Verkauf zu überreden?«

»Nun, durch dieses Nießbrauchrecht vermutlich. Sie wird das Geld genommen haben, wenn sie dort wohnen bleiben konnte.«

»Aber warum sollte sie das? Sie brauchte es nicht. Und mit dem Geld hätte sie sich nur in Gefahr gebracht. Man ließ sie doch nur zufrieden, weil man wusste, dass es bei ihr nichts zu holen gab.«

»Und nun wurde sie umgebracht.«

»Das ist es ja. Ein Dieb hätte sie einfach niedergeschlagen und das Geld gestohlen. Aber warum sollte er sie so umbringen?«

Aus Angst davor, sie könnte eine Hexe sein, überlegte Heller. Er kannte die Menschen mittlerweile gut genug, um zu wissen, dass dies kein abwegiger Gedanke war.

»Karin, dieser Verdacht bedarf einiger Belege, ehe er laut geäußert werden kann. Nicht einmal Pohl würde ohne Indizien die Anzeige aufnehmen.«

Karin hörte gar nicht zu, so sehr war sie in ihre Überlegungen versunken. »Und wenn er sich nun das Geld zurückgeholt hat?«

»Warum sollte er das? Es ist ja nichts mehr wert.«

»Aber wenn er nun gar keinen wirklichen Vertrag mit ihr hatte? Wenn das alles gefälscht ist? Es würde doch niemand wagen, einem Mann wie ihm oder einem Notar so etwas zu unterstellen. Er nahm das Geld von seinem Konto, und niemand würde kontrollieren können, wer es bekommen hat.«

»Denkst du, ein Notar würde so etwas tun? Er verlöre jede Akkreditierung, wenn das ans Tageslicht käme.«

»Max, in diesen Kreisen ist so etwas sehr unwahrscheinlich.«

»Aber Karin, wie soll man das nachweisen können? Du magst recht haben, da ist etwas faul. Aber einen solchen Verdacht zu äußern, kostet mich die Karriere. Allein schon, dass ich von dem Kauf weiß, macht mich verdächtig.«

Karin war einsichtig. Sie verstummte und schob sich in der Dunkelheit an ihn heran. »Aber überleg nur«, flüsterte sie. »Der arme Mann kommt für eine Tat, die er nicht begangen hat, in die Irrenanstalt. Frau und Kinder sind allein.«

»Du magst mir das jetzt übel nehmen, aber vielleicht geschieht das alles nicht zu ihren Ungunsten. Der Mann ist untergebracht, und die Familie bekommt amtliche Hilfe.«

»Max, mach mich nicht wütend. Du redest dir nur etwas ein. Du weißt genau, wie solchen Leuten in der Anstalt geholfen wird. Und zweitens, Liebster«, sagte sie mit zärtlichem Zorn, »ist es einfach nicht recht. Meinst du, ein Leben lang drei Mahlzeiten am Tag sind es wert, unschuldig hinter Gittern zu sitzen?«

Heller berührte ihren Bauch. »Du hast recht. Aber nun hör auf, das Kind zu beunruhigen. Ich will sehen, was ich ausrichten kann.«

Heller schreckte aus dem Schlaf hoch, blinzelte in Richtung des schweren Vorhangs, sah nur einen schmalen grauen Streifen. Er drehte sich zu Karin, die fest schlief. Es musste noch früh sein. Etwas hatte ihn aufgeschreckt. Etwas, das sich nur in seinem Kopf abgespielt hatte. Nichts von der Front. Etwas von hier. Im Traum war ihm etwas eingefallen. Und nun versuchte er, sich daran zu erinnern.

Er war an der Elbe gewesen und hatte ins Wasser gesehen. Dann war ihm ein Gedanke gekommen, von dem er aufgewacht war. Er hatte an Friedrich Horn gedacht, den sie aus dem Wasser gezogen hatten. Aber was genau? Heller verzweifelte fast. Wie konnte ein Gedanke solcher Tragweite einfach verloren gehen?

Manche Tote fand man erst nach Wochen, weil sie irgendwo weiter unten auftauchten. So wie diesen Minister im April neunzehn, der so niederträchtig erschossen worden war, nachdem man ihn von der Brücke geworfen und er versucht hatte, ans Ufer zu schwimmen. Manche fand man nie. Ob sie sich unter Wasser verfingen, sich irgendwann ganz und gar auflösten oder von Welsen gefressen wurden, die angeblich zwei Meter groß werden konnten? Ob manche bis in den Hamburger Hafen getrieben wurden? In die Nordsee gar?

»Natürlich!«, sagte er, als ihm sein Gedanke wieder einfiel.

»Was ist denn?«, fragte Karin. Sie war es gewohnt, dass er aus dem Schlaf aufschreckte, nur nicht auf eine so leise Art.

»Horn ist nicht auf dem Heimweg ins Wasser gefallen. Man fand ihn ja weiter stromaufwärts«, sagte Heller.

»Horn?«

»Friedrich Horn. Er ist ertrunken, du magst ihn sogar einmal gesehen haben. Ein Trinker. Sie haben ihn gestern aus der Elbe gefischt.«

»Und du sagst, er war nicht auf dem Heimweg?«

»Nein. Er wohnt ja in Mickten, und man fand ihn weiter oben. Er hat sich aber nachts in der Kneipe mit den Worten verabschiedet, dass er sich auf den Heimweg macht.«

»Und warum ist das wichtig?«

Heller dachte kurz nach. Er wusste es nicht. Er fühlte nur, dass etwas nicht mit rechten Dingen zuging. »Ich war in Mickten, und die Hauswirtin sagte, er hätte plötzlich alle Schulden beglichen, obwohl er keine Arbeit hatte.«

»Und wo wohnte er in Mickten?«

»Mit vielen anderen in einem umgebauten Lagerhaus, das wohl für Wanderarbeiter gedacht war.«

Karin richtete sich neben ihm auf. »Max, steht es auf dem Gelände der Ziegelei?«

»Ja. Warum fragst du?«

»Du weißt, wem das Gelände gehört? Auch das Lagerhaus und die Scheunen ringsum?«

Heller ahnte es, doch er wollte Karin die Pointe gönnen. Er hob die Schultern.

Sie machte große Augen. »Voigt, dem Bauunternehmer!«

Heller beugte sich zu seiner Frau, gab ihr einen Kuss und wollte eilig aufstehen.

»Stopp!«, befahl sie. »Du bleibst hier, du hast noch keinen Dienst.«

»Aber ich muss das melden. Ich will Pohl anrufen.«

»Kannst du das nicht später tun? Nichts davon läuft weg.«

»Aber jetzt bin ich gar nicht mehr müde.«

»Sie sollen auch nicht schlafen, Herr Wachtmeister.« Karin schlug die Decke weg. »Schauen Sie, wie warm es mir heut Nacht war.«

Es war ein wenig aufregend, in Pohls Wagen einsteigen zu dürfen. Seinem Ruf in der Wache konnte es kaum noch schaden, er galt schon lange als übereifrig. Nicht nur einmal war ihm aufgefallen, dass seine Kameraden sich um Dienstzeiten rangelten, die sich nicht mit seinen deckten. Nicht dass sie ihn nicht mochten; sie wussten eben, dass er dort hinging, wo andere sich unauffällig zurückzogen.

Als er lange vor seiner Schicht unerwartet in der Wache erschienen war und den Chef vom Dienst gebeten hatte, den Telefonapparat zu nutzen, um Pohl anzurufen, hatte er nur ein schicksalergebenes Seufzen und Nicken zur Antwort bekommen.

»Wachtmeister Heller weist Ihnen den Weg!«, sagte Pohl seinem Fahrer und setzte sich hinter ihn, während er Heller den Platz neben dem Chauffeur zuwies. Betont gelassen gab Heller dem Mann Anweisungen und bewunderte insgeheim alles an dem neuen Wagen.

Die Hauswirtin des Lagers an der Ziegelei staunte nicht schlecht und bekam den Mund nicht auf, als der Kriminalinspektor sich vorstellte. Sie knickste sogar unbeholfen. Sonst war sie die Autorität am Platz, jetzt kuschte sie, und alles Burschikose an ihr war verschwunden.

»Das Zimmer ist doch noch unberührt?«, fragte Pohl streng.

»Sehr wohl, Herr Inspektor.«

»Kriminalinspektor«, korrigierte Pohl. »Halten Sie sich zur Verfügung, während wir das Zimmer untersuchen.«

Die Hauswirtin knickste wieder und sandte sofort einen

grimmigen Blick in Richtung eines Mieters, der angesichts ihrer Unterwürfigkeit hämisch feixte.

In Horns Zimmer ging Pohl in die Hocke und sah sich an, was Heller ihm zeigen wollte. Heller hockte sich daneben.

»Ihre Gedanken dazu«, verlangte Pohl.

»Darf ich ausholen?«

»Ich bitte darum.«

»Gestern bekam ich den Auftrag, mich um die Identität eines Ertrunkenen zu bemühen. Über Umwege führte mich das hierher. Heute Morgen kam mir dann der Gedanke, dass der Mann, Friedrich Horn, nicht auf dem Heimweg ertrunken sein konnte. Seine Leiche fand man weiter oben, an einem Anlegesteg in Pieschen.«

»Vielleicht wollte er nicht heim«, sagte Pohl.

»Es war Nacht, und von seinem Saufkumpan erfuhr ich, dass er sich mit den Worten verabschiedete, dass er nach Hause wollte. Gestern jedenfalls, als ich sein Zimmer hier inspizierte, ließ ich mich von der Wirtin ablenken, die meinte, dieser Kreis wäre von einem Eimer verursacht worden. Ich dachte, er wäre entstanden, weil Horn nach dem Fegen seiner Stube den Dreck über den Rand verschüttet hatte.«

»Weiter?«, fragte Pohl, denn Heller hielt inne.

Heller überlegte, wie er dem Kriminalinspektor seine These darlegen sollte, ohne sich der Lächerlichkeit preiszugeben.

»Nun, als ich heute Morgen mit meiner Frau sprach, teilte sie mir mit, dass dieses Gebäude hier dem Bauunternehmer gehört, der auch das Grundstück der Frau Lorenz gekauft hat.«

Pohl hob die Augenbrauen.

»Und das«, setzte Heller fort, nachdem er seine Kehle freigeschluckt hatte, »brachte mich zurück auf diesen Ring, von dem ich glaubte, er wäre aus Staub und Dreck. Doch eigentlich, vermute ich, ist es Rost.«

Pohl hockte sich hin, fuhr mit dem Finger hindurch, zerrieb das Pulver zwischen den Fingerkuppen, roch daran. »Es ist Rost«, sagte er, ließ aber nicht erkennen, was er davon hielt. »Soll bedeuten?«, fragte er.

»Also ich meine, ich würde sagen …«

»Heller, Sie müssen bei mir nicht schüchtern sein, das sollten Sie inzwischen wissen.«

»Ein solcher Ring entsteht, wenn man eine Rolle rostigen Draht abwirft.«

»Und weiter?«

»Horn war derjenige, der die alte Frau mit dem Draht in ihrer Hütte einsperrte und sie in Brand setzte. Möglicherweise im Auftrage eines besagten Herren.« Er wagte es nicht, den Namen auszusprechen. »Dieser kannte ihn möglichweise von hier, sah in ihm einen willfährigen Handlanger. Für Geld, Schnaps oder andere Vergünstigungen.«

»Was bedeuten könnte …«, animierte Pohl ihn, weiterzusprechen.

»Dass Horn selbst zum Mordopfer wurde, weil man ihn als Mitwisser beseitigen wollte.«

»Zwei Morde also.« Pohl erhob sich.

Heller richtete sich ebenfalls auf und wagte kaum zu antworten. Zwei Morde, im Auftrag eines bekannten und angesehenen Mannes. Eines der reichsten und mächtigsten Männer dieser Stadt.

Pohl sagte nichts weiter. Er verließ das Zimmerchen und winkte Heller, ihm zu folgen. Beim Zimmer der Hauswirtin blieben sie stehen. Pohl klopfte, und die Frau riss die Tür schnell auf. Sie musste direkt dahintergestanden und gewartet haben.

»Wie kann ich dienen?«

»Wann war Herr Voigt zuletzt hier?«

»Die letzte Inspektion seinerseits erfolgte erst vor vier, nein fünf … verzeihen Sie, vor sechs Tagen.«

»Waren Sie dabei?«

»Warum? Das Gebäude entspricht allen in der Stadtverordnung beschriebenen Normen …«

Pohl hob die Hand. »Still. Waren Sie dabei?«

»Nun, er machte einen Rundgang mit mir, dann schickte er mich weg.«

»Ging er dann, oder hielt er sich noch weiter hier auf?«

»Er blieb noch eine Weile, hatte etwas zu besprechen.«

»Mit wem?«

»Bitte, das weiß ich nicht.«

»Benahm Horn sich auffällig? Anders als sonst?«

»Er bezahlte seine Mietschulden und einen Vorschuss.«

»Bevor oder nachdem Voigt hier war?«

»Das weiß ich nicht mehr …«

»Führen Sie nicht Buch? Gibt es hier vielleicht etwas, das von der Finanz- und Steuerbehörde geprüft werden müsste?«

»Es war danach. Horn bezahlte seine Schulden, nachdem der gnädige Herr hier war«, beeilte sich die Frau jetzt zu antworten.

»Nun gut«, sagte Pohl. »Das genügt fürs Erste. Sie erzählen keinem von unserem Gespräch! Strengste Geheimhaltung!«

»Sehr wohl, Herr Kriminalinspektor.«

Auf dem Weg zum Wagen verlangsamte Pohl seine Schritte. »Das ist eine heikle Angelegenheit, Heller. Ich kann Sie nur ermahnen, mit niemandem darüber zu sprechen. Dies ist nun meine Angelegenheit. Zu Ihrem eigenen Wohl.« Bei den letzten Worten hob er die Stimme, denn Heller wollte Widerspruch leisten.

»Sie haben gute Arbeit geleistet, Heller. Sie sind aufmerksam und scheuen sich nicht, auch heikle Dinge anzusprechen. Ungerechtigkeiten lassen Ihnen keine Ruhe. In dem Sinne erinnern Sie mich sehr an Ihren Großvater. Nur eines geht Ihnen ab.«

»Ach ja?«, fragte Heller. Er hoffte, dass Pohl nicht heraushörte, wie sehr ihn diese letzte Bemerkung angriff.

Pohl nickte und lächelte in nostalgischer Erinnerung. »Ihr Großvater war ein sehr stolzer Mann. Ihnen fehlt dieser Stolz. Und ehe Sie mir gleich an die Kehle springen, will ich Ihnen sagen: Das ist gut so. Stolz ist die am meisten überschätzte Eigenschaft der ganzen vermaledeiten Menschheit. Stolz gilt den meisten als ein guter Charakterzug, dabei richtet er den allermeisten Schaden an. Im Kleinen, wie auch im Großen. Auch der Stolz Ihres Großvaters hat für einigen Schaden gesorgt. Der einzige Stolz, den ich gelten lasse, ist der Stolz auf etwas selbst Erreichtes. Doch selbst der wird zu einer unangenehmen Eigenschaft, wenn man sich zu lang daran erfreut.«

Karin war nicht daheim. Sicherlich erledigte sie Besorgungen.

Heller saß eine Weile lang da und blätterte in einer Zeitung. Doch er kam einfach nicht zur Ruhe. Er hatte den Fall zwar an Pohl abgegeben, konnte jedoch nicht aufhören, daran zu denken. Er zog die Schuhe wieder an und ging hinaus.

Auf seinem Weg versuchte er seine Gedanken in eine andere Richtung zu lenken. Sie landeten schließlich bei Sobotka, der in Untersuchungshaft saß. Allein der Rost in Horns Zimmer sollte als Beweis für Sobotkas Unschuld genügen, und sicher kämen bei den Untersuchungen weitere Indizien für Horns Schuld am Tod der Lorenz ans Tageslicht. Nur wusste Heller inzwischen, dass es nie so einfach war. Geriet man einmal in die große Justizmaschine, war das Entkommen fast unmöglich, zumindest für Menschen ohne Geld und Namen. Er selbst hatte es am eigenen Leib erfahren. Nur dank Großvaters Name und Ruf war er freigekommen.

Heller stutzte, denn ihm war etwas aufgefallen, das er bisher noch nicht beachtet hatte. Von allen Familienmitgliedern der Sobotkas schien der Vater Karel selbst am wenigsten von der Krankheit betroffen zu sein. Er war es, der trotz aller Verwirrung draußen herumlief, einen Arzt suchte oder zum Feuer kam, während Frau und Kinder immer nur in diesem Kellerloch oder im Hof harrten. Lag das daran, dass der Mann eine stärkere körperliche Konstitution besaß? Vielleicht sogar daran, dass er gelegentlich trank? Man müsste die Leute vielleicht körperlich untersuchen lassen, doch wer sollte das bezahlen? Und wovon ernährten sich die Sobotkas eigentlich? Wenn er Karel gesehen hatte, dann hatte der nie etwas zu essen dabeigehabt.

Ihm kam eine Idee, die ihn auf der Stelle anhalten ließ.

»Moment mal!«, beschwerte sich jemand hinter ihm.

Heller beachtete ihn nicht. Er wirbelte herum und lief los.

»Frau Sobotka«, rief er halblaut und zögerte. Ihm war plötzlich, als könnte etwas anderes aus dem Kellerloch antworten, etwas Dunkles, Finsteres, das nach ihm langen und ihn schließlich mit seinen Tentakeln hineinzerren würde. Er wusste, dass es vollkommen irrationale Gedanken waren. Aber in diesem Moment waren sie real. Draußen auf der Straße, im Sonnenlicht, würden sie ihm wahrscheinlich lächerlich vorkommen. Doch hier, im Halbdunkel des Innenhofes, mit dem Geruch von Unrat und feuchtem Moder, waren sie so echt wie seine Hände, seine Uniform und der Boden, auf dem er stand.

»Frau Sobotka«, rief er noch einmal. Doch damit zögerte er das Unvermeidliche nur hinaus. Er würde noch einmal in den Keller hineinmüssen. Und sich dem stellen, was er dort fand.

Schließlich stieg er die wenigen Stufen hinab und blieb in der Eingangstür stehen. Die Frau saß am Tisch, hatte ihren Kopf auf den ausgestreckten Arm gelegt und schlief. Wenn sie nicht tot war. Die zwei Jungen saßen apathisch auf ihren Stühlen und starrten völlig abwesend vor sich hin. Die Zweijährige hockte auf dem Boden, ohne sich zu rühren. Die Szene war so gespenstisch, dass Heller sich kneifen musste, um sich davon zu überzeugen, dass er nicht träumte.

Mit all seinem Mut betrat er nun die Wohnung. Die Köpfe der Jungen drehten sich langsam zu ihm, und auch das Mädchen sah auf.

»Frau Sobotka«, sagte Heller und musste noch einmal Mut fassen, bevor er die Frau an der Schulter berührte. Zu seiner Erleichterung hob sie verschlafen den Kopf. Die Mutter tot zwischen ihren Kindern, das wäre ihm zu viel gewesen. Doch viel schien nicht zu fehlen. Offenbar hingen diese Leben nur an einem dünnen Faden.

»Frau Sobotka, Sie hatten mir doch einen Kakao angeboten.«

Die Frau richtete sich auf, glotzte ihn an, und Heller sah förmlich, wie seine Worte eines nach dem anderen durch ihr Gehör ins Hirn tröpfelten. »Kakao, ja.« Sie erhob sich, schwankte, tastete sich dann am Tisch entlang zur Kochnische. Was immer sie vorhatte, es konnte nicht funktionieren. Die Wasserkanne war leer, Milch hatten sie sicherlich nicht, so arm wie sie waren. Nirgends stand eine Milchkanne, und der Herd war schon lange aus.

»Wird rasch jemand Wasser holen?«, sagte Frau Sobotka und hielt die leere Blechkanne hoch. Niemand reagierte.

»Ich hole es«, sagte Heller, blieb aber stehen, um zu sehen, was die Frau nun tat. Ganz automatisch wankte sie zu einer kleinen Tür, eher einer Klappe, die Heller noch nicht wirklich wahrgenommen hatte. Sie öffnete sie und nahm eine Dose heraus. Die Dose war beinahe so groß wie ein Zylinder ohne Krempe und bestand aus Blech. Frau Sobotka stellte sie auf den Tisch, während Heller in die kleine Kammer sah, in der sich noch mehr von diesen Dosen stapelten.

»Wenn wir nichts annerschd haben, dann rühr ich's dick ein, und wir löffeln wie Suppe«, sagte die Frau. Mit Mühe gelang es ihr, den Deckel abzuschrauben. Heller stellte die Kanne ab und nahm ihr die Dose aus der Hand.

»Karel hat's besorgt, der gute Mann.« Frau Sobotka setzte sich. Sie wirkte wie eine Greisin, hatte wohl nach einem kurzen Anflug von Erinnerung wieder jeglichen Bezug zur Realität verloren.

Heller hob die Dose zur Nase und roch daran. Es roch nach Kakaopulver. Er tippte mit dem Finger hinein und leckte ein wenig von seiner Fingerkuppe. Auch der Geschmack deutete darauf hin, dass es wirklich Kakao war. Natürlich von der billigsten Sorte, vermutlich sehr alt, stumpf und leicht bitter. Und trotzdem, etwas stimmte nicht. Statt braun oder schwärzlich, wie er es kannte, war das Pulver grau. Außerdem war die Dose schwerer, als sie sein müsste, wenn sich wirklich Kakao darin befand.

»Wie oft essen Sie davon?«, fragte Heller.

Frau Sobotka kehrte wie aus weiter Ferne zurück. »Wenn nichts annerschd da ist.«

»Wie oft? Jeden Tag?«

»Nicht, nein, Karel hat es gebracht, im Sommer, oder?«

»Diesen Sommer?«

»Nicht, nein, im Winter haben wir es oft gebraucht, Karel ist ein guter Mann, es hat uns viele Tage geholfen.« Die Frau lebte ein wenig auf.

»Sie hatten viel davon?«

»Ja, ja, die Kammer war voll.«

Heller roch noch einmal an dem Pulver. »Ich will nur mal ans Licht«, sagte er dann und verließ den Keller mit der Dose.

»Nich uns wegnehmen!« Die Frau versuchte ihm zu folgen, doch wie eine Betrunkene verfehlte sie den Ausgang und prallte mit der Schulter ans Gewände der Tür.

»Ich will nur ins Licht!«, beteuerte Heller. Zwar hatte er auf die Straße gehen wollen, doch das Licht im Hof sollte auch genügen. Er griff in die Dose, nahm eine Handvoll Pulver heraus und betrachtete es in seiner Handfläche. Es sah aus, als wäre dunkles, echtes Kakaopulver mit einem bläulich grauen Pulver vermischt worden. Kurzentschlossen ballte Heller die Hand zur Faust. Die Dose gab er Frau Sobotka wieder.

»Bitte schön, da haben Sie es zurück. Ich komme noch einmal wieder. Aber sagen Sie, von wem hat Ihr Karel das bekommen?«

»Weiß nicht.« Die Frau griff sich an den Kopf.

»Es ist sehr wichtig. Wissen Sie es nicht, oder ist es Ihnen entfallen?«

»Karel hat's gesagt.« Der Frau traten die Tränen in die Augen. Für einen Moment schien sie sich ihrer Verwirrung bewusst, sah sich gefangen in diesem Zustand und konnte nicht freikommen.

»Denken Sie daran, wie er damit ankam. Er kann das nicht alles getragen haben. Hatte er einen Handwagen?«

Frau Sobotka schüttelte den Kopf. »Es ist alles wie leer. Ich kann nicht …«

»Krause«, sagte einer der Jungs plötzlich.

»Krause, ja«, schreckte die Frau hoch.

»Also gut. Gehen Sie nicht weg. Ich werde dafür sorgen, dass noch heute etwas geschieht. Sie sollen Unterstützung bekommen. Und eine neue Bleibe.«

»Blei«, sagte der Mann in dem weißen Kittel.

»Ganz sicher, Ludwig?«, fragte Pohl.

»Jawohl, Herr Kriminalinspektor. Hundertprozentig.«

Heller, der sich in dem Labor mit all seinen teuren Geräten kaum zu bewegen wagte, atmete erleichtert auf. Er hatte befürchtet, dass es Pohls Zuneigung zu ihm arg strapazieren würde, wenn er ihn erneut anrief und mit etwas belästigte. Der Kriminalinspektor hatte zuerst nicht erkennen lassen, was er von der Angelegenheit hielt, doch immerhin hatte er Hellers unkonventionell entnommene Probe in Papier eingetütet und war mit ihm ins Labor der Kriminalpolizei gefahren.

Jetzt sprach Pohl. »Bleivergiftung. Das erklärt natürlich alles. Die schleichende Verblödung, die Orientierungslosigkeit, das Schwinden des Erinnerungsvermögens. Der angebliche Fluch der Hexe entpuppt sich jetzt als Vergiftung.« Pohl schüttelte ganz unmerklich den Kopf. Er musste Heller angesehen haben, dass dieser nach dem Fortgang der Ermittlungen gegen Horn und Voigt fragen wollte. »Da staunen Sie, was?«, sagte er und deutete auf die Apparaturen und Geräte. »Sie müssen wissen, dass die Dresdner Polizei zu den fortschrittlichsten im Reich gehört. Daran war auch Ihr Großvater nicht unbeteiligt. Wenn er auch sonst gegen jeden technischen Fortschritt war, so hatte er gegen das hier nichts einzuwenden. Inzwischen sind wir natürlich noch viel weiter.«

Heller nickte nur vorsichtig. Ludwig, wie der Mann im weißen Kittel von Pohl genannt wurde, sonnte sich ein wenig in Hellers Ehrfurcht und ergänzte: »Wir können Bilder entwickeln, Fingerabdrücke lesen, Zusammensetzungen von Stoffen prüfen, Haare mikroskopisch untersuchen. Wir können sogar nachweisen, aus welcher Waffe eine bestimmte Kugel abgefeuert wurde.«

Pohl nahm das Gesagte auf. »Es macht unsere Arbeit kaum leichter, dafür aber verspricht es den Staatsanwälten und Richtern stichhaltigere Beweise und dem fälschlicherweise Verdächtigten die Freiheit.«

»Weil Sie davon sprachen«, begann Heller, als sie das Labor verlassen hatten. »Wie werden Sie mit Sobotka verfahren?«

»Lassen Sie uns zuerst nach diesem Krause suchen. Ich kenne da jemanden, bei dem wir möglicherweise an der richtigen Adresse sind.«

»Mit Verlaub, Herr Kriminalinspektor«, wagte Heller den Mann noch einmal aufzuhalten. »Diese Familie wird zugrunde gehen, wenn sie dableibt. Sie sind völlig hilflos. Und was ich über Blei weiß, verheißt nichts Gutes. Das bleibt jahrzehntelang im Körper. Ob sie je wieder so werden, wie sie waren, steht in den Sternen.«

»Lieber Heller, was wollen Sie denn von mir? Ich bin doch nicht die Heilsarmee.«

»Aber Sie kennen wichtige Männer, mehr als ich. Ich kann kaum etwas tun, ich habe keine Mittel dazu. Sie müssen in Obhut genommen, in einem Sanatorium oder einer Klinik untergebracht werden. Sie müssen raus aus dem Dreck und ordentliche Nahrung bekommen, wenn wir sie noch retten wollen. Bedenken Sie doch nur, drei Kinder haben sie schon verloren.«

»Ist ja gut, Heller, ist ja gut. Ein Punkt mehr, in dem Sie Ihrem Großvater aufs Haar gleichen. Wenn der etwas durchsetzen wollte, konnte er sehr penetrant werden. Renitent trifft es eher. Dann kannte er weder Freund noch Feind. Ich will telefonieren und sehen, was sich machen lässt. Ich lasse Sie von meinem Fahrer in Ihr Viertel zurückbringen, Ihr Dienst hat schon begonnen. Unterdessen will ich mich nach dem besagten Krause umhören.«

»Herr Kriminalinspektor, ich glaube, auch da kann ich Ihnen behilflich sein. Ich denke, ich weiß, wer dieser Krause ist.«

»Himmel, Heller, wollen Sie mir noch meine Stelle streitig machen?«, schimpfte Pohl und lachte, als er Hellers betroffene Miene sah.

»Also gut, Sie erzählen mir jetzt, was Sie wissen. Morgen früh um neun halten Sie sich dann zu Verfügung, in Zivil, ich hole Sie ab. Und bis dahin keine Einzeleskapaden!«

Heller salutierte. »Jawohl, Herr Kriminalinspektor!«

Besagter Krause hatte seinen Stützpunkt in der Nähe des Wasserwerks Trachau. Hinter dem recht großen Gelände Krauses begann ein Waldstück, in dem sich nordwestlich der Friedrich-August-Park befand; östlich grenzte es an ein großes Stück brachliegenden Landes, genannt »Der Heller«. Krauses Grundstück wurde von einem hohen geschlossenen Bretterzaun vor Dieben und neugierigen Blicken geschützt. Das Tor war geschlossen, gelegentliches Bellen deutete darauf hin, dass Hunde den Ort bewachten.

Heller hatte diesen Krause noch nie gesehen, doch gelegentlich tauchte der Name in Unterhaltungen auf, vor allem in den letzten Monaten. Denn wer ganz dringend etwas benötigte und keinen anderen Ausweg mehr wusste, wendete sich an ihn. Der Mann hatte einen ausnehmend schlechten Ruf; zwar bekam man von ihm, was man wollte, jedoch entweder zu völlig überzogenen Preisen oder von schlechtester Qualität. Wer glaubte, echten russischen Kaviar zu kaufen, musste mit gefärbtem Froschlaich rechnen; wer Fleisch kaufte, sollte wirklich hungrig sein und sich wenig Gedanken über dessen Herkunft machen. Holzbretter waren so frisch, dass sie sich noch auf dem Transport verzogen. Konserven waren falsch etikettiert, Dosen mit Blei verlötet, Gummireifen spröde, Schnaps giftig, Most vergoren. Kaufte man Brot, musste man damit rechnen, Sägespäne untergemischt zu finden. Er schien riesige Mengen verschiedenster Utensilien aus Heeresbeständen zu besitzen. Er vergab Kredite und hatte Männer, die entweder als Leibwächter fungierten oder als private Inkassounternehmer das Geld inklusive Zinsen eintrieben und bei Bedarf viel zerbrochenes Geschirr und gebrochene Finger hinterließen. Zu Krause ging man nur, wenn man in größter Not war oder sofort Geld brauchte.

Da dieser Krause noch nie angezeigt worden war und offenbar dem Finanzamt ausreichend Rechenschaft ablegte, hatte sich auch noch nie jemand bemüßigt gefühlt, dem Mann und seinen Geschäften auf den Zahn zu fühlen.

Pohl hatte gar nicht erst vor, sich hineinzuschleichen, um inkognito zu ermitteln. Er war mit Heller und zehn weiteren Kollegen erschienen, allesamt in Zivil, denn es galt, so wenig Aufsehen wie möglich zu verursachen. Noch lag auf Krause nur ein Verdacht.

Nachdem er ans Tor geklopft hatte, öffnete es sich einen Spalt. Ein grober Kerl musste einen Schäferhund an der Kette zurückhalten, der sich sofort auf die Ankömmlinge stürzen wollte, die Zähne fletschte und knurrte. »Was wollt ihr?«, fragte der Mann und konnte den Hund nur mit Mühe bändigen.

»Kriminalpolizei«, sagte Pohl und zeigte ihm seine Marke.

»Moment, da muss ich ...« Der Mann wollte das Tor wieder schließen, doch Pohl stellte seinen Fuß hinein. Heller konnte nicht umhin, die Selbstsicherheit des Kriminalinspektors zu bewundern. Der Hund zerrte wild an seiner Kette, wollte nach Pohls Fuß schnappen, was der Mann nur mit äußerster Anstrengung verhindern konnte. Noch dazu trug dieser ganz sicher eine Waffe am Leib.

»Ist Krause da?«, fragte Pohl, drückte das Tor auf und winkte Heller, ihm zu folgen.

»Ist das eine Razzia?«, fragte der Mann am Tor.

»Schaffen Sie schleunigst den Hund weg, sonst wird es eine. Wir wollen Krause sprechen.«

Der Mann wusste offenbar nicht, was er tun sollte. Die zwölf Polizisten schienen ihn zu beeindrucken, doch vor seinem Chef hatte er noch mehr Respekt. Doch das Kläffen und Knurren des Hundes hatte schon gereicht, damit jemand aufmerksam wurde. Im obersten Stockwerk eines zweistöckigen Gebäudes aus Holz öffnete sich eine Tür, und ein großer Mann mit gewaltigem Bauch trat auf den Balkon.

»Gibt's Probleme?«, fragte er.

»Kripo!«, rief sein Mann ihm vom Tor aus zu.

Krause zeigte keinerlei Regung. Er ging wieder ins Haus und kam wenige Sekunden später durch die Tür im Erdgeschoss. »Wie kann ich den Herren dienlich sein?«, fragte er, während er näher kam. Dem Mann mit dem Hund gab er ein Zeichen zu verschwinden. Doch gleichzeitig tauchten zwischen Kisten und Holzstapeln und weiteren Lagerhütten fünf oder sechs andere Männer auf. Sicherlich befanden sich noch mehr auf dem Gelände.

Pohl zeigte auch ihm seine Marke und ließ sich dann von Heller die Kakaodose reichen, die sie von den Sobotkas mitgenommen hatten. Die Familie war noch am Abend zuvor in ein Haus gebracht worden, das eigentlich Frauen vorbehalten war, die von ihren Männern misshandelt wurden.

»Unser Kakao ist alle, wir hätten gern mehr.«

Krauses zwar kühle, doch leicht besorgt wirkende Miene verwandelte sich in ein siegesgewisses Lächeln.

»Damit kann ich dienen, kommen Sie«, sagte er und marschierte voran, um den Polizisten seinen Vorrat zu zeigen.

»Bitte schön, wie viel soll es sein?« In einem kleinen Schuppen lagerten Unmengen dieser Dosen. »Vorkriegsware, sehr haltbar, können Sie noch zehn Jahre aufbewahren.«

Pohl betrat das windschiefe Gebäude und sah sich um, ohne zu sprechen. Heller folgte ihm. Krause blieb draußen, lächelte weiter. Pohl hob die Hand und wischte über Kisten und einzelne Dosen. »Der Staubschicht nach lagert das hier schon seit geraumer Zeit, oder?«

»Das tut dem Inhalt nichts«, sagte Krause, aber sein Lächeln hatte einen Sprung bekommen.

Pohl nickte nur. »Darf ich?«, fragte er und zeigte willkürlich auf eine Dose.

»Nach dem heutigen Tageskurs bekomme ich siebzig Millionen dafür. Aber eigentlich verkaufe ich zurzeit gar nicht, deshalb war das Tor zu.«

»Ich will nur mal schauen.« Pohl nahm die Dose, schraubte den Deckel auf und trat damit ins Freie. Mit einer Kopfbewegung befahl er Heller zu sich. Heller befeuchtete eine Fingerspitze, tippte ins Pulver, kostete. Es schien purer Kakao zu sein, bitter, nur leicht süßlich. Die Farbe war eine ganz andere als in Sobotkas Dose. Heller schüttelte kurz den Kopf.

»Einwandfreie Ware!«, kommentierte Krause. »Und im Moment bin ich der Einzige, der so etwas auf Lager hat.«

»Sie geben also zu, dass diese Dose auch von Ihnen ist?« Pohl deutete auf die Dose der Sobotkas. »Heller, Sie sind Zeuge. Außerdem haben die Käufer, eine Familie namens Sobotka, ausgesagt, dass sie den Kakao von Ihnen haben.«

»Darf ich fragen, weshalb Sie nun hier sind? Nur um meinen Kakao zu verderben? Schmeckt es diesen Sobotkas nicht? Wann sollen die denn gekauft haben?«

Pohl erwiderte nichts. Das gefiel Heller. Er sah, wie das Schweigen Krause in Zugzwang brachte.

»Hören Sie, Herr Kriminalpolizist, ich habe nichts Falsches getan. Wenn die Herrschaften nicht zufrieden waren, sollen sie sich bei mir beschweren. Aber machen wir uns nichts vor, wer bei mir kauft, weiß, was er bekommt. Ich bin ein Restehändler, ich kaufe Überbestände auf, Restposten, Ausschussware. Deshalb ist mein Geschäft hier und nicht auf der Prager Straße. Und mein Geschäft ist nicht die Mark, sondern der Pfennig.«

»Nun gut«, sagte Pohl, schraubte die Dose zu und ging in den Schuppen, um sie zurückzustellen. Heller konnte seine Enttäuschung kaum verhehlen. Dies war nicht das mit Blei vergiftete Zeug, das er zu finden gehofft hatte. Nicht nur, dass er Pohl auf die falsche Spur gebracht hatte, er musste auch noch diesem feisten Halsabschneider den Triumph gönnen.

»Wenn ich die Herren vielleicht zu einem Kaffee einladen darf?« Krause machte eine einladende Geste zu seiner Hütte.

»Was ist das hier?«, fragte Pohl und wischte mit der Fußspitze durch den Staub auf dem gepflasterten Boden.

»Was soll das sein«, fragte Krause unerwartet aggressiv zurück. »Dreck, Verschüttetes. Ist das ein Verbrechen? Gibt es inzwischen ein Gesetz, das mich zum Kehren zwingt? Muss ich noch Steuern dafür zahlen?«

»Und da drin?« Pohl deutete auf ein kleines Fass aus fester Pappe. Es stand im Dunkel einer Ecke, und Heller hatte es noch gar nicht bemerkt.

Krause sah sich nun genötigt, den Schuppen zu betreten. »Ein Fass«, kommentierte er nach einem kurzen Blick frech. »Darin werden Dinge transportiert.«

»Und welche Dinge werden in diesem transportiert?«

»Was weiß ich? Ich habe Hunderte verschiedene Waren hier, meinen Sie, ich weiß das alles auswendig?«

Pohl griff nach unten und hob den Deckel an. In dem Fass war blaugraues Pulver. Darin steckte eine Kelle.

»Ich geb's zu«, stöhnte Krause theatralisch. »Mehl. Ja, es ist Mehl. Minderwertiges, ich bekam es für ein Zehntel vom üblichen Preis. Und ja, ich lasse das Kakaopulver strecken. Jetzt haben Sie mich erwischt. Aber ich sag Ihnen, wer eine solche Dose für fünf Pfennig bekommt, vier sogar im Mengenrabatt, der muss sich auch nicht wundern. Und noch was, in diesen Zeiten soll Sobotka doch dankbar sein, dass Mehl drinsteckt. Davon werden sie wenigstens satt.«

»Haben Sie es Sobotka in Mengen verkauft?«, fragte Pohl.

Krause schloss den Mund. Er wusste, dass er ihn sich verbrannt hatte. »Ich weiß es nicht, hab's vergessen«, murmelte er.

»Sie wissen, dass das kein Mehl ist.«

»Wie meinen?«

»Krause, stellen Sie sich nicht dumm.«

»Was soll es denn sonst sein, Herr Oberinspektor? Natürlich ist das Mehl.«

»Nun, dann ...« Pohl nahm die Kelle und hielt sie Krause auffordernd vor den Mund.

»Was? Soll ich an trockenem Mehl ersticken?« Er schob die Kelle von sich weg.

Pohl warf sie ins Fass zurück. »Das ist Bleipulver.«

»Dass ich nicht lache! Woher soll ich das denn wissen? Man hat es mir als Mehl verkauft. Bleipulver, kein Mensch braucht das.«

»Man benötigt es für Rostanstriche. Sie haben den Kakao damit gestreckt, und zwar in lebensgefährlichen Mengen.«

»Nein, Herr Kriminalhauptmann, das lass ich mir nicht nachsagen. Sie wollen doch nur einen Vorwand finden ...«

»Schnauze jetzt, Krause!«, fuhr Pohl ihn an. »Verkaufen Sie mich hier nicht für blöde. Sieht so Mehl aus? Grau? Und es steht sogar an dem Fass geschrieben: *Pb*. Das bedeutet Plumbum, die chemische Bezeichnung für Blei. Und sicher haben Sie noch mehr davon. Also, wo steht das Zeug?«

Krause war zuerst erschrocken, schaltete dann aber sofort auf Verteidigung um. »Bin ich studiert? Weiß ich was von chemischen Bezeichnungen? Weiß nicht, was Sie wollen. Runter jetzt von meinem Gelände. Zeigen Sie mir einen Durchsuchungsbescheid, vorher haben Sie hier nichts zu melden.«

Pohl griff in seine Jackentasche und nahm ein Papier heraus. »Da ist Ihr Bescheid. Krause, Sie sind festgenommen. Sie werden angezeigt wegen Betrugs und wenigstens fahrlässiger Tötung, wenn nicht sogar versuchten Mordes und Mord. Sie können aussagen, und was Sie sagen, kann vor Gericht gegen Sie verwendet werden. Sie haben das Recht zu schweigen.«

Krause machte einen Schritt zurück. Er sah aus, als wäre er nicht sicher, ob er sich ergeben oder seinen Männern den Angriffsbefehl geben sollte.

»Krause, keine Sperenzchen«, drohte Pohl. »Sonst werden Sie zusätzlich wegen Angriffs gegen die Staatsgewalt angezeigt.«

»Was Sie da reden! Mord! Ich hab niemanden umgebracht.« Krause lachte auf.

Pohl griff noch einmal in seine Jacke und holte eine Pistole heraus, die er gegen Krause richtete. »Drei Kinder sind den Sobotkas gestorben«, sagte er und drückte dem Mann die Mündung gegen den Bauch.

»Heinrich, Wilhelm«, befahl er zwei der Polizisten. »Den Mann festnehmen!« Mit Blick auf Krauses Männer, die ebenfalls in ihre Taschen greifen wollten, fügte er hinzu: »Und auf jeden, der glaubt, sich hier einmischen zu müssen, oder eine Waffe zieht, wird ohne Vorwarnung geschossen!«

»Kommen Sie, Heller«, sagte Pohl, nachdem Max eine halbe Stunde vor seinem Büro hatte warten müssen. »Gehen wir eine Runde.«

Krause hatten sie inzwischen dem Untersuchungsrichter vorgeführt. Sein Lager war geschlossen und versiegelt worden. Man würde es gründlich nach Hehlerware, weiteren vergifteten Lebensmitteln und anderen verbotenen Dingen durchsuchen. Ein gewisser Staatsanwalt war darauf angesetzt worden, und er wollte die Gelegenheit nutzen, seine angeschlagene Reputation wiederherzustellen.

Heller hatte der Begegnung mit Funke mit einiger Besorgnis entgegengesehen und war nun wieder um eine Erfahrung reicher. Nach einem kühlen Kopfnicken zum Gruße hatte der Staatsanwalt all seine Ressentiments überwunden und sich nach Karins Befinden erkundigt. Heller hatte ihm freundlich und unverbindlich geantwortet und dabei gelernt, dass man Größe zeigen konnte, indem man Fehler eingestand, aber auch verzieh. Schließlich hatte Heller auf Pohls Anweisung hin ausführlich den Fall geschildert, auch den Verdacht gegen den Bauunternehmer und Großgrundbesitzer Voigt.

Schließlich war Heller aus dem Zimmer geschickt worden, damit die Männer beraten konnten.

Jetzt begleitete er Pohl aus dem Präsidium. Sie bogen links ab, gingen in Richtung des Flusses und dann wieder nach links, am Albertinum vorbei und die Brühlschen Terrassen hinauf.

»Sie werden sich jetzt einiges anhören müssen. Teile davon werden Ihnen vielleicht schmeicheln, andere Teile werden Ihnen nicht gefallen. Also bitte ich Sie, junger Freund, da ich Ihren streitbaren Geist und Ihre Hartnäckigkeit ausreichend habe kosten dürfen, mich ausreden zu lassen.«

Heller schoss das Blut in den Kopf. Junger Freund. Das war Ehrung genug, mehr brauchte er gar nicht zu hören. Er nickte, und seine Knie wurden vor Aufregung steif.

»Scheinbar war dieser Krause einigen hier schon lange ein Dorn im Auge. Dieser Kerl hat so eine Art Imperium aufgebaut, dagegen waren Ullrichs Machenschaften der reinste Kinderkram. Offenbar hatte Krause auch Leute im Finanzministerium in seiner Hand. Und dieser Stachel saß bei einigen im Regierungsrat und im Polizeipräsidium besonders tief im Fleisch. Der Fall Sobotka bietet nun endlich genügend Anlass, dem Mann und seinen Kumpanen auf den Zahn zu fühlen. Und da werden einige bestechliche Köpfe rollen, so viel ist sicher. Das ist Ihr Verdienst, lieber Heller, und das wird von einigen hier sehr anerkennend wahrgenommen.

Gleichzeitig wird Ihnen dies auch eine erste Lektion sein. Denn merken Sie sich eines: Jemand, der Anerkennung und Lob erntet, wird gleichermaßen mit Neid und Missgunst leben müssen. Einige der Männer, die nun ihre Stellung verlieren, werden sich wie verletzte Raubtiere in ihre Höhlen zurückziehen und auf die nächstbeste Gelegenheit warten, Ihnen an die Kehle zu springen.«

Pohl sah ihn kurz von der Seite an. Heller schwieg. Er wusste, der Kriminalinspektor war noch nicht fertig. Als sie die große Treppe hinab zum Schloss und der Hofkirche erreicht hatten, sprach er weiter.

»Eine weitere Angelegenheit wird Ihnen wohl ebenso bitter aufstoßen wie mir. Menschen wie Sie und ich und wie auch Ihr Großvater einer war, werden immer wieder an eine Grenze stoßen. Diese Grenze besteht nicht aus Gräben und Stacheldraht; sie besteht aus einer unüberwindlichen Mauer, deren Ziegel aus Geld und Macht gebrannt sind. Wenn man jung ist und voller Kraft, dann glaubt man immer wieder, gegen sie anrennen zu müssen. Weil man meint, irgendwann müsste sie brechen. Das tut sie aber nicht, und man ist gut beraten, mit seinen Kräften hauszuhalten. Denn sie sind endlich. Anstatt also Kraft zu verschwenden und sich ewig zu grämen, sollte man sich anderen wichtigen Dingen zuwenden.«

Heller schwieg weiter. Sie liefen Richtung Hoftheater und steuerten auf die Lücke zum Zwinger zu.

»Ich habe mit Funke gesprochen. Er wird dafür sorgen, dass man Sobotka vom Vorwurf des Mordes entlastet. Er wird freikommen und wieder mit seiner Familie zusammengeführt. Wie es mit ihnen weitergehen soll, werden wir sehen, doch sie werden nicht mehr auf sich allein gestellt sein. Der feige Mord an Frau Lorenz wird Friedrich Horn angelastet. Die von Ihnen entdeckten Indizien sollten als Beweis genügen. Aber Heller, es wird zu keinerlei Ermittlungen gegen Voigt kommen.«

Pohl sah ihn erneut an, und Heller bestand die Prüfung, indem er weiter schwieg, obwohl die Entrüstung aus ihm herausplatzen wollte.

»Glauben Sie mir, Heller, nichts wäre mir lieber, als diesem Mann ebenso das Handwerk zu legen wie Krause. Inzwischen weiß ich, dass auch das Haus, in dem die Sobotkas wohnen, ihm gehört. Der Kreis schließt sich also. Voigt könnte von Horn gewusst haben, auch vom Zustand der Familie Sobotka und von dem Gerücht, Frau Lorenz wäre eine Hexe. Es scheint fast logisch, dass Voigt dieses Wissen nutzte, um an das Grundstück der Frau zu gelangen. Doch es ist ganz und gar unmöglich, diesem Verdacht nachzugehen. Voigt hat seine Hände überall, er diniert mit allen Größen der Stadt, er hat ihnen Villen und Häuser gebaut, er verschafft ihnen lukrative Geschäfte. Durch die Inflation ist er im Prinzip vollkommen entschuldet, da seine Grundstücke später denselben Wert besitzen werden wie vor der Inflation, seine Verbindlichkeiten aber völlig entwertet sind. Er wird aus dieser Sache als einer der reichsten Männer der Stadt hervorgehen, wenn nicht ganz Sachsens. Eine Anstiftung zum Mord seinerseits ist fast unmöglich zu beweisen. Außerdem grenzt schon der Versuch, ihm das nachzuweisen, an Selbstmord. Wenn man Verhungern als Möglichkeit betrachtet, sich umzubringen.«

Wieder sah er Heller an. Inzwischen hatten sie den Zwingerteich umrundet.

»Und nun zu Ihnen!«, sagte Pohl mit neuer Entschlossenheit.

»Zu mir, Herr Kriminalinspektor?«

»Jawohl, zu Ihnen. Ich für meinen Teil habe es nie bereut, dass ich Ihnen angeraten habe, zur Polizei zu gehen. Wie steht es mit Ihnen? Sind Sie zufrieden?«

Das war eine gute Frage. Zufriedenheit war etwas, das man meist nur wahrnahm, wenn es nicht vorhanden war. Zufriedenheit bedeutete, über seinen Zustand nicht nachzudenken. Und davon konnte keine Rede sein.

»Mit meinem Gehalt bin ich zufrieden, es sichert mein

Einkommen. Und ich mag es, draußen unterwegs zu sein. Die Menschen zu beobachten.«

»Und weiter, Heller?«

»Nun, es erfüllt mich nicht so, wie ich erhofft hatte. Nicht dass ich die Arbeit der Schutzpolizei nicht zu würdigen wüsste, es ist nur …«

»Dass Ihnen Ihre Frau noch nicht den Kopf abgerissen hat wegen Ihrem Herumgedruckse«, lachte Pohl. »Zukünftig werden Sie noch lernen müssen, zu sagen, was sie sagen wollen. Nur wenige Leute bringen die Geduld auf, aus Ihren Worten den wahren Inhalt zu lesen. Heller, ich werde eine Empfehlung aussprechen, Ihnen ein Studium an der Landespolizeischule Meißen zu ermöglichen. Und ich habe vorhin mit Staatsanwalt Funke besprochen, dass er eine solche Bewerbung unterstützen würde. Gleichermaßen können Sie sich der Empfehlung von Kriminalrat Assmann sicher sein.«

Heller fürchtete, röter konnte sein Kopf nicht mehr werden, sonst müsste er explodieren. Er blieb stehen. »Herr Kriminalinspektor«, stieß er hervor und konnte kaum atmen. »Ihr Engagement ehrt mich über alle Maßen. Und im Gegensatz zu meiner Zögerlichkeit im Jahre neunzehn würde ich gern sofort Ja rufen. Jedoch habe ich bald eine Familie zu ernähren und werde aus diesem Grunde ablehnen müssen.«

Pohl wirkte keineswegs überrascht oder gar beleidigt. Er lachte nur und fasste Heller am Oberarm, um ihn zum Weitergehen zu animieren.

»Ich bin mir sicher, es werden sich Förderer finden, die Ihnen ein Stipendium zukommen lassen. Einen kleinen zinsfreien Studienkredit kann ich Ihnen sicherlich auch gewähren.«

»Aber in diesen Zeiten, Herr Kriminalinspektor …«

»Heller, versuchen Sie nicht, mir das jetzt schlechtzureden. Es werden wieder andere Zeiten kommen, und gute Polizisten werden immer gebraucht, auch wenn man es manchmal nicht wahrhaben will.«

»Wie kann ich Ihnen …«

»Nein, nein, mein Lieber, genug jetzt. Und wissen Sie, ich glaube, wir sprachen schon einmal darüber. Ich bin Ihrem Großvater zu Dank verpflichtet. Er nahm mich damals unter seine Fittiche, so wie ich jetzt Sie. Es ist mir ein Vergnügen, mich auf diese Art zu revanchieren, zumal ich in Ihnen einen wirklichen Kriminalpolizisten erkenne. Und nun kommen Sie, wir wollen sehen, ob wir einen kleinen Imbiss für uns finden. Ich müsste noch ein paar Millionen Mark einstecken haben.«

1924

Die Rentenmark, im November des vorherigen Jahres eingeführt, brachte die Inflation schließlich zum Stillstand. Es war längst noch nicht alles gut. Die Wirtschaft erholte sich nur langsam. Noch gab es die großen Geldscheine, denn so schnell konnte das neue Geld nicht verteilt werden. Ein Großteil des Mittelstandes fand sich in Armut wieder, die Armen sowieso. Die Reichen dagegen waren immer noch reich. Doch die Leute fanden wieder Arbeit und Vertrauen. Es gab Waren zu annehmbaren Preisen. Es gab Lebensmittel.

Armin hatte geheiratet. Es war eine ebenso bescheidene Hochzeit wie die der Hellers gewesen. Emmas Bauch hatte sich unter dem schlichten Hochzeitskleid deutlich abgezeichnet, doch jedermann sah gnädig darüber hinweg.

Heller machte sich gut als Trauzeuge und trug seine Paradeuniform. Weil er stolz darauf war, sie zu tragen, aber auch, weil er keinen guten Anzug hatte.

Er hatte sein Studium begonnen, und alles hatte sich so gefügt, wie Pohl es versprochen hatte. Man hatte ihm ein Stipendium sowie einen zinsfreien Kredit bewilligt, den er über die nächsten Jahre abstottern konnte.

Gelegentlich besuchte er Thomas, der eine Altersanstellung in einem Pillnitzer Gestüt gefunden hatte. Von ihm erfuhr er immer wieder neue Geschichten über seinen Großvater, die meist verblüffend waren, manchmal absurd und brüllend komisch, und die ihn und Großvaters alten Weggefährten oft genug melancholisch stimmten.

Jetzt aber war all das egal. Er war auf die Straße verbannt worden, dazu verdonnert, mit den Händen in den Hosentaschen nervös auf- und abzugehen. Dazu verurteilt, immer wieder hinaufzusehen, zu den Fenstern ihrer Wohnung, sich die schlimmsten Gedanken zu machen, alle Emotionen zu durchleben, die auf der Skala der menschlichen Gefühle zu finden waren.

Die Wehen hatten eingesetzt, nachdem Karin das Fruchtwasser verloren hatte und Heller nahezu seinen Kopf. Karin schickte ihn los, um die Hebamme zu holen, und musste trotz der Aufregung und Schmerzen über ihn lachen, weil er erst in Hausschuhen auf die Straße und dann ihren Mantel anziehen wollte.

Schließlich kam die Hebamme mit einer Schülerin. Die beiden bewegten sich so gemütlich und in aller Ruhe voran, dass Heller fast verrückt wurde. Nur mit Mühe konnte er sich zurückhalten, die beiden Frauen anzutreiben. Es wäre ihm lieber gewesen, Karin wäre in ein Krankenhaus gegangen, doch sie wollte nicht, und die Hebamme bestärkte sie noch in ihrem Entschluss. Es gäbe keinen Grund zur Besorgnis, meinte sie, und Hellers Bedenken prallten an einer dicken Schicht aus jahrzehntelanger Erfahrung mit Entbindungen und nervösen jungen Vätern ab. Dann hatten sie ihn weggeschickt. Das hier war Frauensache, sagten sie.

Zum wohl hundertsten Male sah er nun auf die Uhr, dachte jede Minute daran, zu Armin zu gehen, um sich abzulenken. Doch dann würde er nicht sofort erfahren, ob alles gut gegangen war. Er wagte sich ja nicht mal außer Sichtweite seines Wohnhauses. Warum dauerte das so? Wie lang durfte so etwas dauern? Es mussten schon Stunden vergangen sein. Was, wenn es nicht gut ging? Nein, er wollte nicht daran denken, durfte das nicht in seinen Kopf lassen. Es würde gut gehen, ganz sicher. Es musste.

Noch einmal sah er hinauf, lief wohl das tausendste Mal die Straße hinab bis zum Schuhmacher und dann wieder zurück. Er hielt es nicht mehr aus. Sah noch einmal auf die Uhr – vier Stunden. Jetzt war es genug, befand er. Keine Minute länger hielt er es aus. Er eilte ins Haus und stürmte die Treppe hinauf. Es war viel zu still. Karin stöhnte nicht, kein Kind schrie, niemand sprach. Die Angst verkrampfte sich in Hellers Magen zu einem Klumpen.

Direkt vor seinen Augen öffnete sich die Tür, und die Hebammenschülerin sah ihn verblüfft an. »Ich wurde gerade geschickt, um Sie zu holen«, sagte sie. »Kommen Sie!«

Heller folgte ihr ins Schlafzimmer. Dort lag Karin auf dem Bett, verschwitzt, abgekämpft, sah ihn und lächelte. Seine Knie wurden weich. Auf ihrer Brust lag etwas, ein kleines Bündel. Es regte sich. Die Hebamme hatte ein Gespür für den richtigen Moment und ließ Heller jetzt zu seiner Frau und dem Kind. Seinem Kind. Ihrem Kind.

»Er ist ganz ruhig«, sagte Karin und hob das Tuch an. Eine winzige Hand streckte sich nach dem Licht, ein winzig kleines Gesicht kam zum Vorschein.

»Sollte er nicht schreien?«, fragte Heller flüsternd.

»Der schreit schon noch«, raunte die Hebamme aus der anderen Ecke. »Es ist alles heil an ihm.«

»Ich nenne ihn Klaus«, sagte Karin. So hatten sie es ausgemacht, wenn es ein Junge würde. Der Vater ihrer Mutter hatte diesen Namen getragen.

»Ist er nicht ganz wunderhübsch?«, fragte Karin. Heller konnte nur nicken, denn gerade erdrückten ihn Freude und Sorge zugleich. Und die riesige Last der Verantwortung.

»Es wird uns schon alles gut gelingen«, flüsterte Karin, doch nun sah Heller Tränen in ihren Augen.

»Was ist?«, fragte er leise und augenblicklich besorgt.

»Es ist niemand mehr da außer uns. Keine Großeltern, keine

Onkel und Tanten. Er wird nur uns haben«, hauchte Karin und lächelte traurig.

Und jetzt, da sie es gesagt hatte, wurde es ihm noch einmal mit aller Deutlichkeit bewusst. Mutter, Vater, Großvater. Auch Karins Vater. Und, natürlich, ihre Mutter. Ihm stieg die Schamesröte ins Gesicht. Ein solcher Esel war er. Nie hatte er Karin danach gefragt, was für ein Mensch ihre Mutter gewesen war, wie sie ausgesehen hatte, wie sehr Karin sie vermisste. Er hatte an seine Sorgen gedacht, an seine Eltern, an den Streit mit ihrem Vater, an seine Arbeit. An alles hatte er gedacht, nur nicht daran, Karin nach ihrer Mutter zu fragen.

Und einmal mehr zeigte sie ihm, was für eine aufmerksame und herzensgute Frau sie war. Denn sie sah ihm seine Not an und wusste den Moment zu retten.

»Es ist schon gut, Max«, sagte sie, strich mit dem Handrücken über seine Wange und lächelte ihre Tränen weg. »Wir wollen nach vorn schauen. Wir sind jetzt eine Familie und haben alles, was wir brauchen, hörst du, Max?«

Er nickte. Sie hatten sich und ihren kleinen Sohn. Mehr brauchten sie nicht. Und zum ersten Mal seit Langem senkte sich der Friede wie eine warme Decke auf ihn hinab.

Leseprobe

ISBN 978-3-423-26385-6

Pillnitz bei Dresden, 1879

1

Gustav Johann Heller, Kriminalrat der Dresdner Staatspolizei, brachte mit einer knappen Straffung der Zügel sein Pferd zum Stehen. Der Hengst, ein englischer Vollblüter, schnaubte und tänzelte unter ihm. Der kurze Ritt hatte seinem ausgeprägten Bewegungsdrang längst nicht Genüge getan.

»Ruhig, Bursche«, mahnte Heller und klopfte ihm mit der flachen Hand den Hals. Heller war der Einzige auf dem Hof, der dieses Pferd beherrschte, und selbst das nur an guten Tagen. Der Fuchs war nicht böse, doch irgendetwas musste ihm bei seinem Vorbesitzer geschehen sein, sodass er zu niemand anderem Vertrauen aufbaute. Das Pferd biss und schlug aus. Man musste immerzu aufmerksam sein, beim Putzen, Striegeln, Satteln, durfte sich niemals hinter ihn wagen, durfte sich keinen Moment in Sicherheit wiegen, egal ob man neben ihm herging oder auf ihm saß.

Mit der Linken nahm Heller nun seinen breitkrempigen Hut ab und wischte sich mit dem Unterarm den Schweiß von der Stirn, während unter ihm der Fuchs so gespannt wie eine Sprungfeder war und jeden Augenblick loszuschnellen drohte.

»Wirst du!«, zügelte Heller das schöne Tier mit dem Keilstern auf der Stirn. Er klemmte sich den Hut unter den Arm, um sich noch einmal über das lange Haar zu streichen, bevor er ihn wieder aufsetzte. Trotz der Störrigkeit und Wildheit war ihm dieses Pferd das liebste von allen auf dem Hof. Er mochte es noch mehr als den stolzen Rappen, seinen zweiten Zuchthengst.

Heller sah sich um. Es war ein prächtiger Tag, der Himmel fast wolkenlos, die Äpfel- und Quittenbäume in voller Blüte, das Gras der Elbwiesen hochstehend. Es versprach schon vor dem ersten Sommertag gute Heuernte. Die Vögel zwitscherten, Insekten summten, beim Weiher schnatterten die Enten aufgeregt. Hinter sich wusste Heller die kleine Ortschaft Oberpoyritz, wo sich sein Hof befand. Es war ein großer Hof von mehr als einem Hektar Fläche mit Wohnhaus, Scheune, Stall und kleinen Paddocks. Eine große Koppel außerhalb des Hofes gehörte ebenfalls dazu. Weiter vor ihm, hinter den weiten Wiesen und ein Stück den Fluss hinab, lag das Pillnitzer Schloss. Von dort war es nur ein gemütlicher Ritt von einer Viertelstunde bis zur Stadtgrenze von Dresden.

Ein Stück elbaufwärts, wo eins dieser neuartigen Dampfschiffe sich die Elbe hinauf kämpfte, stieg eine schwarze Rauchwolke in den Himmel. Dampfschiffe gab es schon länger – Heller konnte sich entsinnen, sie bereits als Kind beobachtet zu haben –, doch in den letzten Jahren wurden es immer mehr. Heller wusste nicht, ob er diese Entwicklung gutheißen sollte. Einerseits beschleunigte sie ganz sicher den Transport, denn auch wenn sich die großen Schiffe nur quälend langsam gegen die Strömung behaupteten, so waren sie doch allemal schneller als die Treidler oder die Elbsegler, die nur bei gutem Wind in Fahrt kamen. Doch der Anblick der schwarzen Rauchwolke missfiel ihm, brachte eine Dissonanz in den herrlichen Morgen. Er fragte sich, wohin das führen sollte. Wenn schon Eisenbahnen sämtliche Entfernungen schrumpfen ließen und Schiffe ganz ohne Wind fuhren, würde es dann auch bald Kutschen geben, die schwarze Rußwolken ausstießen und keine Pferde mehr benötigten? Was würde aus den Menschen, wenn Maschinen ihnen die Arbeit abnahmen? Am Rande der Stadt waren schon die ersten Fabriken entstanden, deren hohe Schornsteine Rauch in den Himmel stießen.

Noch waren es wenige, noch schien eine solche Entwicklung in ferner Zukunft zu liegen, tröstete sich Heller. Hier, wo er lebte, gab es keine Maschinen, keine qualmenden lärmenden Geräte. Hier verrichtete jeder sein Tagwerk noch mit der Hand.

Nicht weit von ihm krähte ein Hahn. Von der Schmiede her vernahm Heller metallische Geräusche. Der Zimmermann hatte Nägel bestellt, und der Schmied tat seit Tagen nichts anderes, als Stabeisen zu ziehen, abzuschoten und die Köpfe zu stauchen. Ein Stück elbaufwärts muhten Kühe, die gemolken werden wollten. Recht spät dafür, dachte sich Heller, immerhin war es schon früher Vormittag.

Ein Mann kam des Weges. Heller kannte ihn, es war ein Knecht des Bauern Kubjuweit. Er hatte schon losreiten wollen, hielt das Pferd jedoch noch kurz zurück. Es sollte nicht aussehen, als scheute er die Begegnung.

»Gott zum Gruße, Herr Rittmeister.« Der Mann lüftete seinen Hut.

Heller griff sich an die Hutkrempe. Die meisten in der Gegend kannten ihn und benutzten seinen militärischen Rang, den er aus dem Krieg einundsiebzig mitgebracht hatte, wenn sie ihn trafen. Er war es leid, sie ständig zu korrigieren. Außerdem mochte er es, Rittmeister genannt zu werden. Zumal er einen großen Teil seines Einkommens mit der Zucht von Pferden für Militär und Polizei bestritt.

Der Hengst schnaubte ungeduldig und wollte dem Mann sein Hinterteil zukehren.

»Halt er lieber Abstand«, riet Heller dem Bauernknecht

und hatte Mühe, der Bewegung des Pferdes etwas entgegenzusetzen.

»Sehr wohl, gnädiger Herr.« Der Mann machte einen großen Bogen um Pferd und Reiter. »Wünsche noch einen guten Tag!«

»Besten Dank«, entgegnete Heller. Dann zerriss völlig unvermittelt ein Donnerhall das ländliche Idyll, wie es sonst höchstens geschah, wenn bei einem Gewitter ein Blitz in unmittelbarer Nähe einschlug. Vögel flatterten hastig davon. Der Hengst wollte aufsteigen. Heller hatte alle Mühe, ihn zu bändigen. »Ho!«, rief er, lehnte sich vor, zog gleichzeitig die Zügel straff. Dann klopfte er dem Fuchs den Hals. »Ruhig, es ist gut«, konnte er das Pferd besänftigen.

»Was war denn das?«, rief der Knecht.

Heller dachte, dass es sich wie Kanonendonner angehört hatte, wie im Krieg, wenn die größten Kaliber abgefeuert wurden. Doch von seinem erhöhten Sitz aus sah er, was dem Mann wohl entgangen war. Eine riesige Wolke aus schwarzem und weißem Rauch stieg von dort auf, wo Heller noch vor ein paar Augenblicken die Schornsteine des Elbdampfers hatte sehen können.

»Eine Kesselexplosion«, rief der Knecht, der die Wolke jetzt auch erkennen konnte. »Das hat sicher Tote gegeben!«

Heller gab nichts darauf zurück. Er wollte nicht mutmaßen, sondern es mit eigenen Augen sehen. »Los!«, rief er dem Hengst zu und gab die Zügel frei. Das Tier schoss nach vorn und trug Heller im Galopp über die Wiesen. Heller duckte sich, wich den Ästen der Obstbäume aus, lenkte das Tier der Wolke entgegen, die nun hoch in den Himmel aufgestiegen war und langsam begann, sich aufzulösen. Schon gerieten die wenigen Häuser der Elbsiedlung Söbrigen in sein Blickfeld. Hier wohnten hauptsächlich Fischer mit ihren Familien, und in einer billigen Herberge, kaum mehr als eine Scheune, fanden Treidler Unterkunft und Kost nach ihrem schweren Arbeitstag, genau wie zur Erntezeit die Wanderarbeiter.

Bald war er heran und musste wieder das Pferd zügeln, denn der Donnerhall hatte jedermann auf die Straße getrieben, zum Ufer hin, um zu sehen, was vor sich ging.

»Platz da!«, rief Heller, schuf sich und seinem unbändigen Hengst einen Weg. Als er an der letzten Hütte vorbei war, hatte er endlich freie Sicht auf die Elbe und ein großes Schiff mit zerrissenem Rumpf, dort, wo einst die Maschine gewesen sein mochte. Die Schornsteine waren nur noch zerfetztes Metall, die Schaufelräder standen still. Das Schiff, wohl zwanzig Meter lang, sank jedoch nicht; vielmehr drehte es sich steuerlos und allen Vortriebs beraubt im Strom und hatte schon begonnen, mit der Strömung wieder elbabwärts zu treiben.

Man hatte bereits Boote ausgebracht, um zu helfen. Auch am anderen Elbufer, bei Zschieren, riefen die Leute. Auf dem Wasser trieben hölzerne Wrackteile, und Menschen kämpften wild gegen das Ertrinken. Die Elbe, sonst kein reißender Fluss und nicht sehr tief, doch immer wieder tückisch – besonders in den Kurven, die sie beschrieb, und bei den Elbinseln –, trug von den letzten Frühjahrsregengüssen viel Wasser mit sich. Die Strömung in der Mitte war stark und für einen ungeübten Schwimmer kaum zu bewältigen. Für jemanden, der nicht schwimmen konnte, war sie zwangsläufig tödlich, wenn ihn nicht der Zufall ans Ufer trieb oder ihm irgendetwas einen Halt gab.

Jetzt hatte die Strömung die Schiffbrüchigen bereits an Heller vorbeigetrieben. Sie riefen panisch um Hilfe und schlugen im Wasser wild um sich.

»Macht den Weg frei!«, rief Heller und riss den Hengst herum. Er musste das Pferd nicht einmal antreiben, es galoppierte ganz von allein die staubige Dorfstraße hinab.

»Platz da!«, warnte er die Leute auf der Straße, und viele sprangen erst im letzten Moment beiseite. Als er die Siedlung durchquert hatte, wurde die Straße zum Feldweg, der sich landeinwärts bog. Heller ließ den Hengst nach links auf die Wiese springen, bremste ihn nicht ab, auch wenn er damit riskierte, dass das Tier in Maulwurfshügel oder Furchen trat. Er überholte einen Ertrinkenden, den es in die Nähe des rechten Elbufers getrieben hatte und der doch nicht in der Lage war, die letzten Meter zum rettenden Festland zu schwimmen.

»Hilfe!«, gurgelte der Mann. Heller ritt an ihm vorbei, noch fünfzig, hundert Meter. Dann zog er mit Leibeskräften die Zügel.

»Brrrrrrrrr!«, befahl er dem Pferd und sprang ab, kaum dass das Tier stand. Er rannte zum Flussufer, schnallte seinen Säbel ab, riss den Hut vom Kopf, zerrte sich Überrock und Weste vom Leib und die Stiefel von den Füßen. Nur mit Bluse und Hose bekleidet sprang er ins Wasser und schwamm dem Mann entgegen.

Das Wasser war kälter als gedacht, und obwohl er sich der starken Strömung bewusst gewesen war, überraschte ihn die Kraft des Wassers. Heller schwamm, wie er es einst von seinem Vater gelernt hatte, versuchte gar nicht erst, gegen die Strömung anzukämpfen, sondern nur in die Bahn des Ertrinkenden zu gelangen, um ihn einzufangen. Der Mann sah ihn, schlug wild mit den Armen, die Augen in Todesangst weit aufgerissen.

»Halt still!«, rief Heller, schluckte Wasser, spuckte. Schon war der Mann heran, Heller griff zu, erfasste seine Jacke. Der andere griff nach ihm und versuchte in seiner Panik, an Heller hinaufzuklettern, schlug um sich, drohte sie damit beide ins Ungemach zu stürzen.

»Halt still, Dummkopf!«, schimpfte Heller, kämpfte gegen

das Wasser und den Ertrinkenden gleichermaßen an. »Wirst du aufhören!«

Der andere zerrte wild an ihm herum, riss ihn nun selbst unter Wasser, brachte ihn in höchste Not. Heller fand einen Moment lang festen Boden unter den Füßen, stieß sich ab, durchbrach die Wasseroberfläche und schnappte nach Luft. Der andere dagegen konnte und wollte offenbar nicht verstehen, dass er sie beide umbrachte. So sah Heller sich gezwungen, dem Mann einen festen Hieb ins Gesicht zu verpassen, der ihn augenblicklich lähmte. Nun konnte er ihn packen und sich darauf konzentrieren, ans Ufer zu kommen. Dort waren laut rufende Männer zusammengekommen, die Seile ins Wasser warfen. Er bekam eins davon zu fassen und wickelte es sich ums Handgelenk, ließ sich und den Geretteten ans Ufer ziehen, sank erleichtert und erschöpft auf der Kiesbank nieder. Er musste verschnaufen, während andere den halbtoten Mann die Böschung hinaufzerrten. Auf der anderen Elbseite zog man inzwischen einen leblosen Körper aus dem Fluss, den man mit großen Haken und Seilen aus dem Wasser gefischt hatte – wie es die Ärmsten nach Unwettern mit Baumstämmen und Ästen taten, die auf dem Wasser trieben, um später das Holz zu verkaufen oder es selbst zum Kochen zu gebrauchen. Einen weiteren leblosen Körper sah Heller in der Mitte des Flusses treiben. Von den anderen Männern, die um Hilfe gerufen hatten, war inzwischen nichts mehr zu sehen. Das Schiff hatte sich derweil gedreht und trieb nun den Fluss hinab auf die Elbinsel zu. Heller sah ihm nach, beobachtete, wie es noch vor der Insel an einer Untiefe hängen blieb und zur Seite kippte.

»Gnädiger Herr«, sprach ihn kurz darauf jemand schüchtern an. Heller sah auf. Ein junger Mann hatte seine Kleidung, die Stiefel und den Hut eingesammelt, der Säbel lag oben auf dem kleinen Stapel.

»Hab Dank!« Heller erhob sich. Er war völlig durchnässt, und auch wenn es in der Sonne recht warm schien, war es wohl besser, er zog die Stiefel und die Weste über. Er nahm dem jungen Mann die Sachen ab. »Weißt du, wo mein Hengst geblieben ist?«

»Jawohl, er steht da drüben, doch niemand wagt sich heran.« Der Mann zeigte in Richtung einer kleinen Obstplantage, wo der Braune ganz unbeteiligt stand.

»Geh und sag den Männern, sie tun gut daran, es so zu belassen. Ich komme gleich und binde ihn fest. Weißt du, wie es dem Mann ergeht, den ich aus dem Wasser geholt habe?«

»Jawohl, Herr. Er lebt. Zumindest atmet er.«

»Ist recht.« Mit einiger Genugtuung zog Heller sich die Weste über, entledigte sich der nassen Wickelsocken und fuhr barfuß in die Stiefel. Schließlich quetschte er sich noch das restliche Wasser aus dem Haar, schnallte sich den Säbel wieder um und setzte seinen Hut auf. Derart gerüstet, konnte er den Leuten nun gegenübertreten.

Als er sich der Gruppe näherte, die sich um den Geretteten versammelt hatte, traten alle beiseite.

»Danke, Herr!« Der Mann richtete sich auf, als er in Heller seinen Retter erkannte. »Vielen Dank für Ihre Hilfe! Ich wäre sonst ersoffen.«

»Das ist der Rittmeister!«, mahnte ihn ein anderer, damit Heller den gebührenden Respekt bekam.

»Schon gut«, wiegelte Heller ab. »Waren Sie auf dem Schiff? Sind Sie Matrose?«

»Jawohl, war gerade am Heck, als der Kessel in die Luft ging. Mich hat es hinausgeschleudert, gelobt sei Gott, sonst hätte mich das kochende Wasser verbrüht.« Offenbar hatten ihm der Schock der Explosion und der Todeskampf im Wasser die Sinne getrübt; denn er schien nicht zu spüren, dass seine Haut im Gesicht und an den Armen verbrüht war und bereits begann, Blasen zu schlagen.

»Ihr Name!«, forderte Heller. Er musste den Moment nutzen, ehe der Mann von Schmerzen überwältigt wurde.

»Kleibig, Justus.«

»Wie alt sind Sie?«

»Siebenunddreißig Jahre, mein Herr.«

»Haben Sie ein Papier bei sich?«

Der Mann glotzte ihn einen Moment lang verständnislos an, dann nickte er und begann an seiner nassen Jacke zu nesteln. Schließlich gelang es ihm, mit seinen verbrühten Fingern ein gefalztes Papier herauszuziehen.

Heller nahm es entgegen, entfaltete das feuchte Schreiben vorsichtig und las. Es bestätigte, dass der Mann Justus Kleibig hieß und vor einigen Monaten als einfacher Matrose auf dem Schiff angeheuert hatte.

»Wie viele Menschen waren an Bord?«

»Nun, zehn müssten es gewesen sein. Der Kapitän, ein Offizier und gleichzeitig Ingenieur, sieben Matrosen und ein Maschinist.«

»War etwas geladen?«

»Nein, Herr. Eine Leerfahrt, zur Probe sozusagen. Aber warum fragen Sie all das?«

»Das gehört zu meinem Beruf. Wenn ich mich vorstellen darf: Kriminalrat Heller.«

Kleibig richtete sich noch ein wenig mehr auf. »Lieber Herr Kriminalrat, der Himmel hat Sie im rechten Moment geschickt. Dass Sie mich gerettet haben, das wird Ihnen der liebe Gott nie vergessen.«

Nun fiel Kleibigs Blick doch auf die verbrühte Haut seiner Arme, und seine Augen wurden groß.

»Können Sie aufstehen?«, fragte Heller schnell. »Ich kenne einen Arzt in der Nähe, der wird sich das ansehen.«

»Ich weiß nicht, mir sind die Beine zu schwach zu laufen.«

»Ob Sie aufstehen können, habe ich gefragt, nicht, ob Sie laufen können«, murrte Heller. »Bleiben Sie, ich hole das Pferd.«

Als wäre er das bravste Tier im Stall, war der Hengst dort stehen geblieben, wo er ihn zurückgelassen hatte, fraß vom Gras und drehte nur die Ohren, als Heller näher kam. Er ließ sich problemlos am Zügel nehmen.

»Guter Junge«, lobte Heller. Er wusste, dass dies nur einer Laune des Hengstes zu verdanken war, nicht seinem wahren Gemüt. Heller schwang sich in den Sattel. Es wurde Zeit, dass er heimkam, um die nassen Sachen auszuziehen. Noch eine kranke Person im Haus wurde nicht gebraucht. Er schnalzte mit der Zunge und ließ den Hengst mit gemächlichen Schritten zu Justus Kleibig traben. Dieser hatte sich inzwischen mithilfe der Umstehenden aufrichten können. Man sah ihm an, dass er nun doch große Schmerzen litt.

Heller saß ab. »Du da!«, sprach er den jungen Mann an, der ihm die Kleidung und den Säbel gebracht hatte. »Lauf zur Wache am Schloss und berichte in meinem Namen, was geschehen ist. Das Wrack muss gesichert werden, der Fluss nach weiteren Toten abgesucht.«

»Jawohl, gnädiger Herr!« Der junge Mann eilte davon.

»Sie sitzen auf!«, befahl Heller nun Kleibig, der daraufhin ängstlich die Augen aufriss. Angesichts der vielen Fremden um sich herum begann der Hengst schon wieder zu schnauben und klopfte mit dem Huf.

»Wirst du!«, knurrte Heller das Tier an. Dann wandte er sich erneut an Kleibig. »Hinauf jetzt! Ich halte ihn, dann spurt er. Oder wollen Sie nicht, dass Ihnen geholfen wird?«

»Gnädiger Herr, einen Arzt kann ich mir nicht leisten.«

»Das lassen Sie meine Sorge sein. Hinauf jetzt!«

Kleibig tat schließlich wie geheißen und saß auf.

»Ruhig, Brauner«, beruhigte Heller das Pferd. Mit Mühe gelang es ihm, den Elbmatrosen hinaufzuschieben. Bis er saß, hatte Heller Mühe, das tänzelnde Pferd zu halten. Dann aber, mit seinem Herrn am Zügel, ließ es die fremde Last auf seinem Rücken zu.

»Na also«, brummte Heller zufrieden. »Dir werde ich schon noch Manieren beibringen.«

Zu Fuß war es ein recht weiter Weg zurück. Was einem Pferd im Galopp in einigen Minuten gelang, würde ihn mit dem Verletzten auf dem Rücken des Hengstes sicher eine halbe Stunde oder mehr kosten.

Auf dem halben Weg zur Elbsiedlung machte er direkt am Ufer eine Bewegung aus. »Wer da?«, rief Heller.

Gerade dass es so still blieb, machte es noch verdächtiger. An der Böschung wuchs mannshohes, dichtes Gebüsch, dessen unterste Zweige bis ins Wasser hingen. Darin schien sich jemand zu verstecken.

»Was geht da vor sich?«, fragte Heller.

»Herr Rittmeister«, stöhnte Kleibig und taumelte im Sattel. »Warum halten wir?«

»Wer da, hab ich gefragt!«, ignorierte Heller den verletzten Mann. »Bekomme ich Antwort!«

Heller reichte Kleibig die Zügel hinauf. »Festhalten!«, befahl er.

»Aber Herr Rittmeister …«

»Keine Widerrede! Halt die Zügel ganz straff, dann bleibt er stehen.« Heller wartete gar nicht ab, ob der Mann zugriff. Er ließ die Zügel los und zog seinen Säbel. Das Gebüsch wuchs auf einer Fläche von sicher zwanzig Metern Länge oder mehr. Egal von welcher Seite er sich näherte – wer auch immer sich dort versteckte, würde sicher in die andere Richtung flüchten. Auf eine solche Spielerei würde er sich nicht einlassen.

»Ich bin bewaffnet mit Säbel und Pistole! Wer immer sich da versteckt, kommt heraus!«, befahl er.

Es begann zu rascheln. Dann teilten sich die Zweige, und zwei Männer traten hervor, ihrem Aussehen nach Landstreicher oder Tagelöhner.

»Herr, wir haben uns nur ausgeruht«, begann der eine.

»Ach ja, hat euch der Donnerknall nicht gestört dabei?«

»Er hat uns allerdings aufgeschreckt.«

»Was verbergt ihr da?«, fragte Heller.

»Gar nichts, Herr!«

Heller war sicher, dass die Männer sich etwas in die Jacken oder den Hosenbund gesteckt hatten. Er ging auf sie zu und deutete mit dem Säbel auf die Stelle im Gebüsch, von der sie gekommen waren. »Hinein, ihr beiden voran. Vorwärts, sonst mach ich euch Beine.«

Angesichts seines herrischen Auftretens versuchten die Männer keinen weiteren Widerstand. So wie sie herausgekommen waren, krochen sie wieder ins Gebüsch. Heller hatte keine Lust, sich zu bücken oder seine Kleidung zu zerreißen, also schlug er mit dem Säbel eine Schneise, als wäre er ein Amazonas-Forscher mit Machete.

»Hab ich's geahnt«, knurrte er.

»Herr, wir haben nichts getan. Im Gegenteil, an Land gezogen haben wir ihn. Wäre sonst vorbeigetrieben.«

Heller trat näher an den Leichnam heran, der auf dem Bauch lag. Die Männer hatten ihn nur notdürftig geborgen, sein Oberkörper lag an Land, und von der Hüfte abwärts befand er sich noch im Wasser. Sicher hätte er seine Reise bald fortsetzen sollen. Vielleicht hatten die Männer sogar versucht, ihn schnell wieder loszuwerden, als sie Heller hatten kommen hören. Dass ihre Beine bis zu den Knien nass waren, bestätigte diese Vermutung.

Die beiden sahen an sich herab. »Herr, wir haben ihn gerade an Land gezogen, da kamen Sie!«

»Ihr lügt. Der liegt hier, seit das Schiff explodierte, sonst wäre er schon längst die Elbe hinab!«

Die beiden Männer schwiegen betroffen. Hellers Autorität verbot ihnen jede weitere Lüge.

»Zieht ihn ganz heraus!«, befahl Heller. Eilfertig bückten sich die Männer, nahmen die Arme des Toten und zerrten ihn auf den Kies. Heller ging näher, hockte sich nieder und drehte die Leiche um.

»Herrgott«, entfuhr ihm ein leiser Fluch. Offenbar hatte der Mann ganz nah bei der Explosion gestanden. Sie hatte ihm buchstäblich die Haut bis zu den Ohren vom Gesicht gefetzt. Ein Schädel mit riesigen Augenhöhlen starrte Heller an. Tröstlich war nur, dass der Tod durch die Wucht der Explosion so unvermittelt und schnell eingetreten war, dass der Mann rein gar nichts davon mitbekommen haben dürfte.

Heller ließ von dem grausigen Anblick ab, griff dem Mann in die Jackentaschen, suchte den Hosenbund ab. Dann sah er zu den Männern auf.

»Er hat wohl nichts dabei«, sagte einer von ihnen.

Heller stand auf und hob die Säbelspitze an. »Ich bringe euch beide wegen Leichenfledderei an den Galgen, wenn diese Lügerei kein Ende hat.« Der Tote musste seiner guten Kleidung nach wenigstens der Kapitän oder Erster Offizier gewesen sein.

»Und wenn ihr nicht gleich mit der Brieftasche herausrückt, mach ich euch auf der Stelle nieder!«

Der bisher stumme Mann stieß den anderen mit dem Ellbogen an. Dieser sah sich nun genötigt, die Brieftasche des

Toten aus dem hinteren Hosenbund zu ziehen. Er reichte sie Heller, wobei er dem Säbel vorsichtig auswich.

»Sonst nichts?«

»Beim Leben meiner Mutter«, schwor der Mann.

»Seid ihr angestellt beim Bauern, oder habt ihr ein anderes Auskommen hier?«

»Nein, Herr, nur auf der Durchreise.«

Heller dachte kurz nach. »Jetzt geschieht Folgendes«, begann er dann. »Ihr lauft in den Ort, gebt dort Bescheid, dass ein weiterer Toter geborgen ist und Kriminalrat Heller befiehlt, ihn bis auf Weiteres aufzubewahren. Dann verschwindet ihr von hier. Und dass ihr mir hier nicht noch einmal unter die Augen lauft!«

»Herr? Wir dürfen gehen?«

»Habe ich so undeutlich gesprochen? Abmarsch!«

»Sehr wohl, habt Dank, gnädiger Herr!«